高职高专"十一五"规划教材

物业设备设施维护与管理

刘绪荒 主编

化学工业出版社
·北京·

本书根据建筑居住小区物业管理中设备设施管理岗位应具备的知识和技能要求编写而成，内容包括：物业设备管理的基础知识；建筑给排水；饮水和燃气供应；暖通和空调；建筑电气；建筑消防；常见的建筑弱电系统。重点介绍了物业中主要设备以及物业管理过程中对设备如何管理与维护。在章节的编排上，既强调系统性，又自成体系，内容丰富，实用性强。通过本课程的学习，可使学生掌握物业设备设施的基础知识，能正常理解设备设施使用、维护、保养的基本要求，为以后的工作打下基础。

本书是高等职业院校物业管理专业教材，也可供工民建专业、监理专业、房地产经营管理专业等相近专业学生以及物业管理企业的工作人员参考。

图书在版编目（CIP）数据

物业设备设施维护与管理/刘绪荒主编. —北京：化学工业出版社，2008.7（2023.9重印）
高职高专"十一五"规划教材
ISBN 978-7-122-03055-9

Ⅰ.物… Ⅱ.刘… Ⅲ.物业管理-设备管理-高等学校：技术学院-教材 Ⅳ.F293.33

中国版本图书馆 CIP 数据核字（2008）第 087935 号

责任编辑：李彦玲　于　卉　　　　　　文字编辑：项　潋
责任校对：顾淑云　　　　　　　　　　　装帧设计：史利平

出版发行：化学工业出版社（北京市东城区青年湖南街 13 号　邮政编码 100011）
印　　装：北京科印技术咨询服务有限公司数码印刷分部
787mm×1092mm　1/16　印张 17¼　字数 456 千字　2023 年 9 月北京第 1 版第 8 次印刷

购书咨询：010-64518888　　　　　　　售后服务：010-64518899
网　　址：http://www.cip.com.cn

凡购买本书，如有缺损质量问题，本社销售中心负责调换。

定　　价：38.00元　　　　　　　　　　　　　　　　　　　　　版权所有　违者必究

前　言

物业设备维护与管理是以物业设备的管理与经营为研究对象的一门新兴学科，具有涉及内容广泛、综合性较强的特点。近年来，随着房地产业的快速发展和住宅消费观念的不断更新，人们对建筑的舒适性和安全性提出了更高的需求，为了满足这种需求，大量的新技术、新设备、新材料和新技术不断应用到物业设备中来，物业设备维修与管理的内容发生了一些新的变化，本书编写的目的之一就是力求反映这些变化。

本教材在现有各种物业设备管理教材的基础上，充分汲取了近年来高职院校在物业技能型人才培养方面的成功经验，在注重教材的系统性和全面性的基础上，对近年来专业发展的新技术、新设备、新材料进行了补充，同时对物业设备中应用越来越广泛的物业安防系统做了更为全面和系统的阐述，基本反映了目前物业设备管理行业出现的新变化。

本书共十一章，第一章介绍了物业设备管理的基础知识；第二、三章为建筑给排水系统；第四章为热水、饮水及燃气供应；第五、六章为暖通和空调；第七、八章为建筑电气；第九章为建筑消防；第十、十一章主要介绍了几种常见的建筑弱电系统。

本书是高等职业院校物业管理专业教材，也可供其他相近专业学生以及物业管理企业的工作人员参考。

本书第一、二、十章及第三章第五节由刘绪荒编写，第三章第一、二、三、四、六节由李鹏编写，第四、六章由杨福深编写，第五、十一章由史小来编写，第七、八、九章由郭冰编写。全书由刘绪荒统稿。

由于编者水平有限，书中难免有不妥之处，敬请读者批评和指正。

编　者
2008 年 6 月

目 录

第一章 物业设备管理基础 ... 1
第一节 物业设备管理的目的和意义 ... 1
一、物业设备管理的目的 ... 1
二、物业设备管理的意义 ... 1
第二节 物业设备及其管理 ... 2
一、物业设备概述 ... 2
二、物业设备管理的主要内容 ... 3
第三节 物业设备管理的机构设置和管理制度 ... 6
一、机构设置 ... 6
二、物业设备管理制度 ... 7
复习思考题 ... 8

第二章 建筑给水系统 ... 9
第一节 建筑给水系统概述 ... 9
一、建筑给水系统的分类 ... 9
二、建筑给水系统的组成 ... 10
三、建筑给水系统的给水方式 ... 11
第二节 建筑给水管道及主要设备 ... 15
一、常用给水管材、管件及其连接 ... 15
二、常用给水管道附件 ... 19
三、常用给水仪表 ... 21
四、常用给水设备设施 ... 21
第三节 建筑给水管道的布置与敷设 ... 23
一、给水管道的布置要求 ... 24
二、引入管道的布置与敷设 ... 24
三、室内给水管道的布置与敷设 ... 25
四、管道防护 ... 25
第四节 建筑中水给水系统 ... 26
一、中水及中水原水 ... 26
二、中水系统的分类和组成 ... 27
三、中水给水系统 ... 28
第五节 建筑给水系统的维护管理 ... 28
一、给水系统维护管理 ... 28
二、建筑给水系统常见故障及处理 ... 30
复习思考题 ... 31

第三章 建筑排水系统 ... 32
第一节 建筑排水系统分类和组成 ... 32
一、排水系统的分类 ... 32

二、排水系统的组成 ·· 32
　第二节　室内排水系统常用的管材、管件和安装 ····························· 35
　　一、管材和管件 ·· 35
　　二、建筑排水系统的安装 ·· 37
　　三、管道布置、敷设的要求与措施 ·· 37
　第三节　卫生器具 ··· 39
　　一、便溺用卫生器具 ·· 39
　　二、盥洗器具 ··· 40
　　三、淋浴用卫生器具 ·· 40
　　四、洗涤用卫生器具 ·· 41
　　五、卫生器具的设置、布置与安装要求 ····································· 42
　第四节　屋面雨水排水系统 ·· 43
　　一、外排水系统 ·· 43
　　二、内排水系统 ·· 45
　第五节　城市污水处理 ·· 47
　　一、污水处理基础知识 ··· 47
　　二、污水处理基本方法与工艺流程 ·· 48
　　三、污水处理主要设备与构筑物 ··· 49
　第六节　室内排水系统发生故障的后果、原因及其预防措施 ············· 55
　　一、污水管道故障 ··· 55
　　二、雨水管道故障 ··· 57
　复习思考题 ··· 58
第四章　热水、饮水及燃气供应 ··· 59
　第一节　热水供应系统 ·· 59
　　一、热水供应系统的组成 ·· 59
　　二、热水加热方式和供应方式 ·· 60
　　三、热水供应系统的主要设备 ·· 61
　　四、热水管网的布置与敷设 ··· 64
　第二节　饮水供应 ··· 66
　　一、饮水的类型和标准 ··· 66
　　二、饮水制备 ··· 67
　　三、饮水的供应方式 ·· 67
　　四、饮水供应中应注意的问题 ·· 70
　第三节　燃气供应 ··· 70
　　一、燃气的种类 ·· 70
　　二、燃气供应方式 ··· 71
　　三、室内燃气管道 ··· 72
　　四、燃气用具 ··· 72
　　五、燃气供应系统的管理与维护 ··· 73
　复习思考题 ··· 75
第五章　建筑供暖系统 ·· 76
　第一节　供暖系统概述 ·· 76
　　一、供暖系统的组成 ·· 76
　　二、供暖系统的分类 ·· 77

第二节　热水供暖系统 ·· 78
　　　一、热水供暖系统的工作原理 ··· 78
　　　二、热水供暖系统的形式 ··· 79
　　第三节　蒸汽供暖系统 ·· 82
　　　一、蒸汽供暖系统的工作原理 ··· 82
　　　二、蒸汽供暖系统的特点 ··· 83
　　　三、蒸汽供暖系统的形式 ··· 83
　　第四节　热源设备 ·· 85
　　　一、锅炉 ·· 85
　　　二、换热器 ·· 88
　　　三、燃气采暖热水器 ·· 91
　　第五节　其他供暖设备 ·· 92
　　　一、散热器 ·· 92
　　　二、水泵 ·· 96
　　　三、供暖管道及附件 ·· 96
　　第六节　供暖系统的维护与管理 ·· 100
　　　一、锅炉及锅炉房的维护与管理 ·· 100
　　　二、供暖网络的维护与管理 ·· 102
　　　三、用户管理 ·· 103
　　　四、供暖系统常见故障与处理 ··· 104
　复习思考题 ·· 104

第六章　建筑通风与空气调节
　第一节　通风概述 ·· 106
　　　一、建筑通风的任务和意义 ·· 106
　　　二、通风系统的分类 ·· 107
　第二节　通风管道及设备 ··· 112
　　　一、风机的分类和性能 ·· 112
　　　二、通风管道 ·· 113
　　　三、风阀 ·· 114
　　　四、风口 ·· 114
　　　五、除尘设备 ·· 115
　第三节　空调概述 ·· 115
　　　一、空气的组成和状态参数 ·· 115
　　　二、空调系统的基本构成与工作原理 ··· 116
　　　三、空调系统的分类 ·· 117
　　　四、几种常见的空调系统 ··· 119
　第四节　常用空调设备 ·· 122
　　　一、表面式换热器及其空气处理 ·· 122
　　　二、喷水室 ·· 123
　　　三、空气的加湿与减湿处理设备 ·· 124
　　　四、空气净化处理设备 ·· 126
　　　五、空气输送与分配设备 ··· 128
　第五节　空调制冷 ·· 130
　　　一、制冷装置 ·· 130

  二、冷冻水系统 ……………………………………………………………… 131
  三、冷却水系统 ……………………………………………………………… 131
 第六节 空调系统的维护与管理 ……………………………………………… 131
  一、空调系统维护管理的意义 …………………………………………… 131
  二、空调系统的运行管理 ………………………………………………… 132
  三、空调系统的维护 ……………………………………………………… 132
  四、空调设备的维护 ……………………………………………………… 134
  五、制冷机的运行与维护 ………………………………………………… 135
  六、制冷机与辅助设备的常见故障及处理 ……………………………… 136
  七、大修后的制冷剂充注 ………………………………………………… 138
  八、冷却塔的维护 ………………………………………………………… 140
  九、制冷机房的维护与管理 ……………………………………………… 141
 复习思考题 …………………………………………………………………… 141

第七章 建筑强电系统 …………………………………………………………… 143
 第一节 电工学基本知识 ………………………………………………………… 143
  一、电路基本知识 ………………………………………………………… 143
  二、交流电 ………………………………………………………………… 144
  三、电力变压器 …………………………………………………………… 147
  四、电动机 ………………………………………………………………… 149
 第二节 供配电系统 …………………………………………………………… 150
  一、供配电系统概述 ……………………………………………………… 150
  二、供配电线路 …………………………………………………………… 150
  三、变配电室 ……………………………………………………………… 154
  四、建筑物的变配电所 …………………………………………………… 156
  五、变配电主要电气设备 ………………………………………………… 157
 第三节 电气照明 ……………………………………………………………… 159
  一、照明基础知识 ………………………………………………………… 159
  二、常用电光源及灯具 …………………………………………………… 161
 第四节 建筑强电系统的维护与管理 ……………………………………… 165
  一、供配电系统的管理 …………………………………………………… 165
  二、供配电系统的维护 …………………………………………………… 168
  三、电气照明的常见故障与维护 ………………………………………… 170
 复习思考题 …………………………………………………………………… 170

第八章 电梯 …………………………………………………………………… 172
 第一节 电梯的基本知识 ……………………………………………………… 172
  一、电梯的分类和组成 …………………………………………………… 172
  二、电梯的基本结构 ……………………………………………………… 174
  三、电梯的工作原理 ……………………………………………………… 177
  四、自动扶梯 ……………………………………………………………… 177
 第二节 电梯的主要设备 ……………………………………………………… 179
  一、曳引设备 ……………………………………………………………… 179
  二、轿箱设备 ……………………………………………………………… 179
  三、井道设备 ……………………………………………………………… 179
  四、厅门设备 ……………………………………………………………… 180

五、装在其他处的部件 ……………………………………………………… 180
　第三节　电梯的管理与维护 …………………………………………………… 180
　　一、电梯的使用管理 ……………………………………………………… 180
　　二、电梯的维护管理 ……………………………………………………… 183
　复习思考题 ……………………………………………………………………… 186

第九章　建筑消防系统 …………………………………………………………… 187
　第一节　建筑消防系统概述 …………………………………………………… 187
　　一、建筑火灾的成因及特点 ……………………………………………… 187
　　二、建筑消防系统的特点和重要性 ……………………………………… 188
　　三、建筑物高度分界线 …………………………………………………… 189
　　四、建筑消防系统的结构与组成 ………………………………………… 189
　　五、其他常用灭火装置 …………………………………………………… 191
　第二节　建筑消防给水系统 …………………………………………………… 192
　　一、室内消火栓系统 ……………………………………………………… 192
　　二、自动喷水灭火系统 …………………………………………………… 195
　第三节　其他常用灭火系统 …………………………………………………… 200
　　一、二氧化碳灭火系统 …………………………………………………… 200
　　二、干粉灭火系统 ………………………………………………………… 201
　　三、泡沫灭火系统 ………………………………………………………… 202
　　四、卤代烷灭火系统 ……………………………………………………… 203
　　五、移动式灭火器 ………………………………………………………… 203
　第四节　高层建筑的防火与排烟 ……………………………………………… 204
　　一、概述 …………………………………………………………………… 204
　　二、高层建筑防烟、排烟形式 …………………………………………… 205
　　三、防火、排烟设备及部件 ……………………………………………… 207
　第五节　火灾自动报警及联动控制系统 ……………………………………… 213
　　一、火灾自动报警及联动控制系统的基本组成 ………………………… 213
　　二、火灾自动报警系统的分类 …………………………………………… 214
　　三、火灾自动报警系统常用设备 ………………………………………… 216
　　四、消防联动控制 ………………………………………………………… 217
　第六节　建筑消防系统维护管理 ……………………………………………… 219
　　一、建筑消防给水系统维护管理 ………………………………………… 219
　　二、建筑防火与排烟系统的维护与管理 ………………………………… 221
　　三、火灾自动报警及联动控制系统维护与管理 ………………………… 221
　复习思考题 ……………………………………………………………………… 222

第十章　安全防范系统 …………………………………………………………… 223
　第一节　概述 …………………………………………………………………… 223
　　一、安全防范基础 ………………………………………………………… 223
　　二、安全防范系统的组成 ………………………………………………… 224
　第二节　入侵报警系统 ………………………………………………………… 225
　　一、入侵报警系统的结构和组成 ………………………………………… 225
　　二、入侵报警系统主要设备 ……………………………………………… 226
　第三节　电视监控系统 ………………………………………………………… 229
　　一、电视监控系统概述 …………………………………………………… 229

  二、电视监控系统主要设备 …… 230
  三、传输线路 …… 236
 第四节 出入口控制系统 …… 237
  一、出入口控制系统功能 …… 237
  二、出入口控制系统的分类 …… 237
  三、出入口控制系统的结构和组成 …… 237
  四、出入口控制系统常用设备 …… 238
 第五节 电子巡更系统 …… 239
  一、电子巡更系统的分类 …… 240
  二、电子巡更系统的组成 …… 241
  三、电子巡更系统的主要设备 …… 241
 第六节 停车场管理系统 …… 242
  一、停车场管理系统的组成 …… 242
  二、停车场管理系统工作流程 …… 243
  三、停车场管理系统主要设备 …… 244
 第七节 楼宇保安对讲系统 …… 244
  一、楼宇保安对讲系统结构和组成 …… 245
  二、楼宇保安对讲系统工作原理 …… 245
  三、楼宇保安对讲系统主要功能 …… 245
  四、楼宇保安对讲系统主要设备 …… 246
 第八节 安全防范系统维护与管理 …… 247
  一、安全防范系统的管理内容 …… 247
  二、安全防范系统的维护保养 …… 248
  三、安全防范系统常见故障及检修 …… 248
 复习思考题 …… 251

第十一章 广播、有线电视及通信系统 …… 252
 第一节 广播音响系统 …… 252
  一、广播音响系统的分类和组成 …… 252
  二、广播音响系统常用设备 …… 253
 第二节 有线电视系统 …… 254
  一、有线电视系统的组成 …… 254
  二、有线电视系统主要设备及功能 …… 255
 第三节 通信系统 …… 258
  一、电话通信系统 …… 258
  二、计算机网络系统 …… 260
 第四节 广播、有线电视及通信系统维护与管理 …… 262
  一、广播及有线电视系统的管理与维护 …… 262
  二、电话通信系统的管理与维护 …… 262
 复习思考题 …… 263

参考文献 …… 265

第一章 物业设备管理基础

【学习目标】
通过本章学习，了解物业设备管理的目的、意义以及物业设备管理机构的设置和物业设备管理的相关制度，掌握物业设备的分类、组成和物业设备管理的工作内容。

【本章要点】
1. 物业设备的分类和组成。
2. 物业设备管理的主要内容。
3. 物业设备管理机构的设置。

第一节 物业设备管理的目的和意义

随着社会和经济的不断发展，人们对建筑物的要求不仅仅局限于传统的住和用，而是日趋多样化。为了满足对建筑的多种需求，人们不断把现代科技的最新成果应用于物业设备设施中，物业设备设施正向着舒适、豪华、复杂化、多样化的方向发展。物业设备设施种类繁多，技术含量也越来越高，合理使用和管理这些设备设施，使之安全、经济地运行，是物业设备设施管理工作的主要任务。

一、物业设备管理的目的

物业设备设施管理的目的，就是通过合理、有效的管理，保证物业设备处于良好的工作状态，尽量避免其使用价值的下降。在保证和提高各种设备设施功能的同时，最大限度地发挥其综合效益，为业主或使用人提供舒适、安全的工作和生活条件。

二、物业设备管理的意义

从物业设备管理的目的不难看出，设备管理的意义主要表现在以下几方面：

① 物业设备是物业的物质基础之一，是物业管理工作运行的物质平台，是维护物业本身，使之正常发挥使用功能的保证。

许多物业管理活动如供水、供热、安保、绿化、办公等，都涉及物业设备设施，物业设备设施运行和维护管理的好坏，直接影响物业管理工作的进行。没有物业设备设施，物业管理就成了无源之水、无本之木。

② 良好的物业设备管理可以为业主及使用人创造优美舒适的环境和工作、生活条件。

物业设备设施不仅是保障人们生产、生活正常进行所必需的物质基础，也是影响社会发展和人们生活水平提高的重要因素，物业设备设施运行的好坏，直接影响物业的使用水平，没有良好的物业设备设施运行和维护管理，就不可能为业主和使用人提供安全、舒适的工作和生活环境。

③ 良好的物业设备管理，是延长物业使用年限，提高物业价值与使用价值，使物业保值、增值的有效手段。

良好的物业设施设备管理，可以使物业设备设施处于最佳的运行状态，减少不必要的损坏，提高设备设施的利用率，延长设备设施的寿命，这不仅可以节约资金，也为物业的保值、增值打下了基础。

④ 良好的物业设备管理能为物业公司树立良好的企业形象，带来可观的经济效益，从而提高企业的市场竞争能力。

物业设备是物业企业的窗口，是人们直接看得到和感受得到的，物业设备设施运行的好坏直接反映出物业企业的服务质量优劣和技术水平的高低，从而反映出物业企业的管理形象。在市场经济条件下，良好的企业形象就是市场、竞争力和经济效益。

⑤ 物业设备管理是城市文明和发展的需要，对精神文明建设和物质文明建设起到保驾护航的作用。

随着生活水平的日益提高，人们对物业的要求不仅要经济适用，而且要环保，从而达到人的生存与环境的和谐统一。这一切都离不开对物业设备设施的良好管理。不同类型和功能的物业设备设施的使用，体现了城市的发展水平和文明程度。

第二节　物业设备及其管理

一、物业设备概述

1. 物业设备

物业设备是物业附属设备的简称，它既包括室内设备设施，也包括物业管理区域内的室外设备设施，是物业建筑实体的有效组成部分。具体有给排水、消防、供热、供电、空调与通风、电梯、安防、通信等设备设施。

一般情况下，建筑物的级别越高，配备的设备设施越完备，相对而言功能也就越完善，人们的生活和工作环境就越舒适。随着经济的发展和科学技术的不断进步，物业设备的配备逐步向着先进、合理、智能化、多样化和综合性的方向发展，新的设备和技术不断地应用到物业中，这就要求物业设备设施管理部门不仅要通过科学的管理和维护充分挖掘和利用现有物业设备设施的潜力，而且还要全面考虑物业设备设施的更新和技术改造，为人们的工作和生活提供更加优越、便利的条件。

2. 物业设备的分类

物业设备一般分为：给排水设备；热水与燃气供应设备；采暖、通风与空气调节设备；消防设备；建筑电气设备；电梯设备等。

（1）给排水设备

① 给水设备　给水设备是指物业设备中用人工方法提供水源，以创造适当的工作或生活条件的设备，它主要由供水管网、供水泵、供水箱、水表四部分组成。

② 排水设备　排水设备指物业设备中用来排除生活污水和屋面雨雪水的部分，它包括排水管、通气管、清通设备、抽升设备、室外排水管道等。

（2）饮水与燃气供应设备

① 饮水供应设备　饮水供应设备用于饮水的制备和供应，主要由饮水供水管网、水处理（加热、消毒、制冷）设备等组成。

② 燃气供应设备　燃气供应设备用于燃气供应，主要包括燃气管网、燃气入室管道、燃气表、用气设备等。

（3）采暖、通风与空气调节设备

① 采暖设备　采暖设备主要用于为建筑提供采暖热量，由供暖锅炉、锅炉辅助设备、供热管网、散热设备等组成。

② 通风设备　通风设备主要用于为建筑内部提供新鲜空气和排除污浊空气，由空气处理设备、风机动力设备、空气输送风道设备以及各种控制装置组成。

③ 空气调节设备　空气调节设备是指对空气进行各种处理，使室内空气的基本参数达到某种要求的设备。一般由冷（热）水机组、空调机、风机盘管、冷却塔、管道系统和控制

装置等组成。

（4）消防设备　消防设备主要用于防火和灭火，根据消防等级的不同，一般由消防给水系统、火灾自动报警与灭火系统、人工灭火设备等组成。

（5）建筑电气设备

① 物业供电设备　物业供电设备指物业附属设备中的供电部分，包括供电线路、变配电装置、电表、户外负荷开关、避雷针、插座等。

② 物业弱电设备　物业弱电设备指物业附属设备中的弱电设备部分。弱电是相对建筑物的动力、照明用强电而言的，一般把动力、照明这种输送能量的电力称为强电，而把以信号传输、信息交换的电能称为弱电。目前，物业弱电设备主要包括：通信系统、广播音响系统、共用天线电视系统和安防系统等。

（6）电梯设备　电梯设备指物业附属设备中的载运人或物品的一种升降设备，是高层建筑中不可缺少的垂直运输工具。电梯中以升降梯和扶梯最为常见。升降梯主要包括机房、轿厢、井道等部分。

二、物业设备管理的主要内容

物业设备管理是物业管理的基础工作之一，它的主要工作内容包括设备档案管理、设备运行管理、设备维修管理、备品备件管理等。

1. 物业设备档案管理

设备档案管理是设备管理的基础性工作，良好的设备档案管理可以为设备管理与维护提供可靠的依据和保证。设备档案主要包括设备技术资料、设备管理资料等。

（1）设备技术资料

① 设备原始资料　包括设备清单或装箱单、产品质量合格证明书、设备开箱验收报告、工程竣工验收报告及验收记录等。

上述资料应在设备、工程验收之前或同时取得。

② 设备卡片与台账　物业管理公司一旦开始接管物业，设备管理人员就应根据设备的分类和目录，对设备进行登记，建立设备卡片与台账，以便清查与核对。设备卡片与台账的主要内容包括：设备名称、规格型号、生产厂家、出厂日期、主要技术指标、价值等。

设备建档一般在移交前就开始，通过汇集和积累资料，形成较完整的设备档案，为分析研究设备改进措施、探索管理和保养维修规律打好基础。因此必须制定一套设备档案管理的办法，以保证其完善和有效。

③ 图纸资料　包括竣工图、设备安装图、电路图、易损件加工图等。图纸资料是最重要的技术资料，没有它设备维护管理工作就无法进行。

④ 操作说明书　包括设备操作说明书和系统操作说明书，主要用于对设备或设备系统的使用进行指导和说明，防止误操作。操作说明书表达方式要灵活、直观、简明，以便于查阅。

⑤ 设备运行与维修记录　每一台主要设备都应有运行与维修记录，反映设备运行与维修的真实情况，用于指导设备管理的实际工作。

⑥ 技术标准　包括《饮用水水质卫生标准》、《环境空气的质量标准》、《锅炉烟尘排放标准》、《锅炉给水标准》、《区域环境噪声标准》、《废（污）水排放标准》等，这些技术标准是国家及政府各专业部门根据实际要求制定的，具有权威性，物业设备管理部门在工作中必须遵照执行。

（2）设备管理资料

① 操作规程与规章制度　操作规程与规章制度是物业企业内部制定的管理文件。操作规程主要是规范进行设备维修与操作的程序；规章制度主要是确定各岗位的职责和对员工进

行管理，它们是企业进行管理的重要依据。物业设备管理部门的主要操作规程与规章制度有：水泵房操作规程、锅炉房操作规程、电气焊维修操作规程；工程部经理岗位职责、技术主管岗位职责；考勤制度、例会制度等。

② 政府职能部门颁发的有关政策、法规、条例等强制性文件 包括环境保护、消防方面的法规；建筑的设计、施工、验收、使用管理以及设备的配备、材料的购买等方面的法律规范。此外，电梯设备、变配电设备、燃气设备、给排水设备的运行和维护等都有政府部门的法规及条例进行监督和约束。

这些文件具有法律约束性，设备管理部门应保有相关文件，并严格贯彻执行。

（3）设备档案管理的要求

① 设备档案要分类存放，科学编制目录，以方便使用时查找。

② 设备一般在投入使用一个月内建档。

③ 设备档案归档时必须进行认真验收，文件资料须字迹工整，禁止用铅笔、圆珠笔书写文件，文件资料必须完整准确。

④ 实物资料必须使用档案柜存放，电脑资料应进行备份存储。

⑤ 设备档案应按月或季度进行整理，对有缺陷的档案要及时进行修补。

⑥ 借阅的档案应手续齐备并及时归档。

⑦ 档案室要做到防火、防盗、防潮、防虫、防尘、防高温、防有害气体。

2. 物业设备运行管理

物业设备管理的目的，就是通过对员工的培训和管理、科学制定操作规程、加强设备的维护保养、严格控制设备运行成本等手段，在使物业设备处于最佳工作状态的同时，最大限度地减少投入，从而保证设备安全、合理、经济地运行。设备运行管理的主要内容有：

（1）员工管理 物业设备管理部门要对上岗人员进行岗前培训，使之能够掌握本岗位的专业知识和操作技能，考试合格后方能上岗。对政府规定的某些需持证上岗的工种，如锅炉工、高低压电工、电梯维修工等，必须要求持证上岗。

物业设备管理部门还要根据岗位的实际情况，采取合理的劳动组织来配置操作人员，提倡使用一专多能的复合型人才，杜绝人工浪费，减少人工成本。

（2）科学制定操作规程 在设备管理工作中，应针对设备的特点，科学地制定切实可行的操作规程，以保证各项操作有章可循，杜绝由于误操作带来的设备损坏和安全事故。主要操作规程包括变配电室操作规程、锅炉房操作规程、水泵房操作规程、水箱清洗操作规程、电气焊操作规程等，各项规程下面还应制定相应的子规程。操作人员应认真学习并掌握相关岗位的操作规程，设备管理部门也应定期对操作人员进行考核评定。

（3）加强维护保养工作 设备在使用过程中会发生污染、松动、泄漏、堵塞、磨损、震动、发热、压力异常等各种故障，影响设备正常使用，严重时会酿成设备事故。设备操作人员在使用和操作设备的同时，应认真做好维护保养工作，确保设备始终保持完好能用状态。维护保养工作的主要内容如下。

① 加强巡视，通过"听（有无异常声响）、摸（有无异常温升和振动）、看（有无跑、冒、滴、漏）、闻（有无异气味）"等手段，对设备的运行状况进行了解，有条件的企业，也可采用计算机对设备进行远程监视。

② 加强设备的日常及定期维护保养，其主要内容为：设备的清洁和清扫；润滑设备的转动部位；紧固松动的螺钉、螺母；调整设备错位等，通过对设备的保养，确保设备始终保持完好的状态。

③ 设备点检是指根据要求用检测仪表或依靠人的感觉器官，对设备及其维修用具的缺损和某些关键部位进行的有无异常情况的盘点和检查。通过点检，可以及时发现设备及其维

修用具的隐患和缺损情况，避免和减少突发故障，提高设备的使用率，同时也为计划检修提供了正确的信息依据。主要设备点检的内容、方法、周期以及标准等一般由设备制造厂家提供。

设备的点检包括日常点检与计划点检。设备的日常点检由操作人员随机检查。日常点检内容主要包括：运行状况及参数；安全保护装置；易磨损的零部件；易污染堵塞、需经常清洗更换的部件；在运行中经常要求调整的部位；在运行中经常出现不正常现象的部位等。设备的计划点检一般以专业维修人员为主，操作人员协助进行，计划点检内容主要有：记录设备的磨损情况；发现其他异常情况；更换零部件；确定修理的部位、部件及修理时间；安排检修计划。

④ 设备中的仪表（如压力表、安全阀等）、安全附件必须定期校验，确保灵敏可靠。压力表、安全阀的定期校验工作应由法定部门负责，校验报告应妥善保管。

（4）强化设备成本管理，确保设备经济运行　物业设备运行管理的另一个主要任务是在设备安全、正常运行的前提下，尽可能地节约各种费用。其内容包括投资成本管理、运行成本管理、维修成本管理等。通过强化设备成本管理，堵塞漏洞，杜绝浪费，确保经济效益最大化。

3. 物业设备维修管理

物业设备维修是通过修复或更换磨损部件，调整精度，排除故障，恢复设备原有功能所进行的技术活动。物业设备维修一般分为设备计划性检修、设备更新改造和用户维修等。

（1）物业设备的计划性检修　物业设备的计划性检修是保证物业设备正常运行的主要手段，计划性检修是指根据设备运行规律及计划点检的结果确定其检修间隔期，以检修间隔期为基础，编制检修计划，对设备进行预防性修理的工作。实行计划性检修，可以在设备发生故障之前就对它进行修理，使设备一直处于完好能用状态。计划性检修工作一般分为小修、中修、大修和系统大修 4 种。

① 小修　主要是对设备进行检修和为排除运行故障而进行的局部维修，通常包括清洗、更换和修复少量易损件；调整较少部分的机件和精度；紧固和润滑等。小修一般由维修人员负责，操作人员协助。

② 中修　是指对设备进行正常的和定期的全面检修，除包括小修内容之外，对设备的主要零部件进行局部修复和更换，从而保证设备能恢复和达到应有的标准，使设备能正常运转到下一周期再修理。中修零配件更换率一般为 10%～30%。

③ 大修　是指对设备进行定期的全面检修，对设备进行局部或全部的解体，更换主要部件，修复不合格的零部件，使设备基本恢复原有的技术特性。大修零配件更换率一般超过 30%。

中修、大修应由专业检修人员负责，操作人员只能做一些辅助性的协助工作。

④ 系统大修　是指对一个系统或几个系统甚至整个物业设备系统的停机大检修。系统大修的范围很广，通常将所有设备和相应的管道、阀门、电气系统及控制系统都安排在系统大修中进行检修。在系统大修过程中，所有的相关专业检修人员以及操作人员、技术管理人员都应参加。

（2）物业设备的更新改造　设备更新改造就是以新型的设备来替代原有的旧设备，或者应用现代科学的先进技术，对原有的设备进行技术改进，提高设备的技术性能及经济特性。

当物业设备使用到一定的年限以后，技术性能逐渐落后，工作效率降低，能耗和污染增大，一方面导致设备的运行成本增加，另一方面还可能引发事故，因此如果设备达到了它的技术寿命或经济寿命就必须进行更新改造。相对于设备更新而言，设备改造所需费用要少得多，因此，如果设备在达到其运行寿命后状况较好，通过技术改造可以达到同样的目的，一般就不采用更新的方式。

(3) 用户维修　用户室内物业设备的维修也是设备维修管理的日常性工作,维修的主要内容为给排水系统管道、管件和器具;进户供电装置;燃气设备;有线电视和网络通信系统线路等。用户维修的内容虽然简单,但体现了物业管理企业的管理水平和服务质量,设备管理部门接到用户报修后应限时上门维修,用户维修可适当收取零配件费和工时费。

(4) 设备维修管理工作程序　设备维修管理工作程序有设备请修程序(图1-1)、设备检修程序(图1-2)、设备事故处理程序(图1-3)和设备更新改造程序(图1-4)。

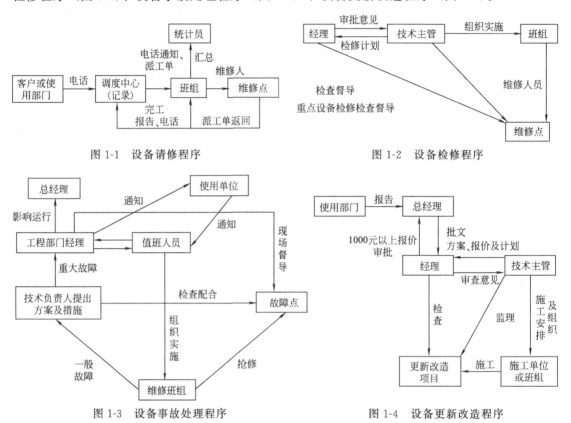

图1-1　设备请修程序　　　　　　图1-2　设备检修程序

图1-3　设备事故处理程序　　　　图1-4　设备更新改造程序

第三节　物业设备管理的机构设置和管理制度

一、机构设置

根据管理和服务对象的不同,物业公司设立了各种机构,如董事会、总经理、办公室、客服部、工程部、保安部、财务部、环保部等。目前,各物业公司中与设备管理联系最紧密、最主要的部门是工程部,公司其他部门则是处在参与设备使用、维护和配合管理的地位。工程部在其他部门的配合下进行日常工作,遇到设备大修、更新改造等重大项目,则要依靠设备管理部门和物业管理公司领导部门共同决策。

物业设备管理的机构设置要根据物业公司管理的设备规模和种类来确定,设置方式是多种多样的,有的按专业系统设置,有的按设备划分区域设置,也有的按管理性质设置。无论采用哪种方式,都要符合"满足需要,责任明确,精简高效"的原则。

设备管理机构按专业系统划分而设置,对管理者来说,较易发现一些设计上的不合理现象和施工遗留问题,也能较快熟悉物业的各种设备和系统,这对参加物业管理前期介入设计、施工、竣工验收的管理者来说,更为有利。下面对这种设置方式进行重点介绍。

按专业系统划分的设备管理机构设置（图1-5）一般按照金字塔形式，从上到下依次为：部门经理（统一领导），1~2个副经理（专业工程师），若干个专业作业组（工程技术人员）。

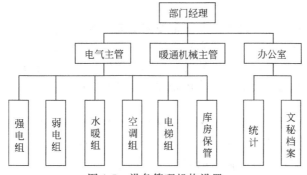

图1-5 设备管理机构设置

这种机构设置，对于不同规模的物业均有较强的适用性。它的优点是维修服务质量高、专业性强。缺点是工种之间的配合性较差、互补性效率较低。因此，必须强调专业之间的配合，在订立岗位责任制时，一定要分工明确。

二、物业设备管理制度

现代企业离不开各项管理制度，管理制度是企业进行管理的重要依据，也是企业员工的工作准则。设备管理部门各项管理制度的制定必须符合国家各项有关规定，有利于物业设备的正常运行。物业设备的管理制度主要有：

1. 人员管理方面的制度

（1）岗位责任制度　根据岗位制定员工责任制，从制度上明确各工作岗位的工作内容和责任，保证设备的正常运行和良好状态。工程部的主要岗位职责有：工程部经理岗位职责、技术主管岗位职责、班组长岗位职责、维修人员（技术工人）岗位职责、库房保管员岗位职责、资料统计员岗位职责等。

（2）考勤和请假制度　主要规定工作时间，迟到、早退、旷工的处理办法，请假的手续和准假权限等方面的内容。

（3）交接班制度　主要包括交接班时间、交接内容和程序等方面的内容。

（4）值班制度　设备的运行离不开人的管理，通过值班制度的建立可以及时发现事故隐患并排除故障，从而保证设备正常运行，因此必须建立值班制度。值班制度的内容包括：值班纪律、值班工作内容、值班期间设备故障处理程序和要求等。

2. 设备管理方面的制度

（1）物业设备接管验收制度　设备验收工作是设备安装或检修停用后转入使用的重要过程，因此在设备的运行管理和维修管理之前，首先要做好设备的接管验收工作。接管验收不仅包括对新建房屋附属设备的验收，而且包括对维修后设备的验收以及委托加工或购置的更新设备的开箱验收。验收后的设备基础资料要保管好。

（2）物业设备的技术操作规程和安全操作规程　物业设备种类较多，维修手段各不相同，涉及水暖、电工电子、机械、消防、通信、计算机、电气焊等多个专业，只有针对性地进行相应的操作，才能保证设备正常运转和维修的顺利进行。制定合理的技术操作规程和安全操作规程，可以保证设备的正常使用，同时也可以延长设备使用寿命。

（3）物业设备的保养及维修制度　包括设备的日常保养制度和计划性检修制度。日常保养制度主要包括设备保养的部位、保养内容和保养程序；计划性检修制度主要包括制定设备的维修保养计划，确定设备的维修保养类别、等级、周期、内容，计划性检修制度的实施，以及监督检查等。

（4）设备运行管理制度　包括巡视抄表制度、安全运行制度、经济运行制度、文明运行制度等。此外，特殊设备还需另行制定一些制度，如电梯安全运行制度、应急发电运行制度等。

（5）设备事故分析制度　设备因非正常原因造成停水、停电、停热、停煤气、停梯，以及消防系统等设备故障影响物业运转和正常使用时，设备管理部门应派人员紧急抢修，配合有关主管部门进行事故调查，并对事故的起因和发生做出客观、正确的分析，对有关部门和责任人追究其责任。因此，设备事故分析处理要建立相应的制度。

3. 物资管理方面的制度

物资管理方面的制度主要包括设备维修器材、工具、零配件的采购、保管和领用等方面的制度。设备维修器材的采购、保管和领用要按照既定的程序和手续进行，并由专人负责。对于高额物品的管理应采用以旧换新的制度。

【复习思考题】

1. 物业设备管理的目的和意义是什么？
2. 物业设备分为哪几类？各由哪些设备组成？
3. 设备技术资料有几种？包括哪些内容？
4. 什么是计划性检修？计划性检修有哪些内容？
5. 简述设备事故处理程序。
6. 设备管理方面有哪些制度？

第二章　建筑给水系统

【学习目标】

学完本章后，应掌握以下内容和知识点。
1. 建筑给水系统的分类和组成。
2. 建筑给水系统常用的给水方式。
3. 建筑给水系统常用的设备和给水管道附件。
4. 给水管道的布置和敷设。
5. 给水系统的管理、维护及常见故障处理的方法。

【本章要点】

主要介绍建筑给水系统的分类和组成、给水管道及设备、给水系统的维护、管理、常见故障处理以及建筑中水系统等。

第一节　建筑给水系统概述

人类的生产、生活都离不开水，为了保证建筑物内生产、生活等活动的需要，建筑物内要设立给水系统。

建筑给水系统就是将市政给水管网或自备水源中的水，输送到装置在建筑物内的指定用水点，用以满足日常生活、生产及消防所需的水量、水压、水质的要求的相关系统。

一、建筑给水系统的分类

根据供水用途，建筑给水系统基本上可分为以下三类。

(1) 生活给水系统　为民用、公共建筑和工业企业建筑的饮用、烹调、盥洗、洗涤、淋浴、冲洗等生活上提供用水的给水系统。

(2) 生产给水系统　为生产设备冷却、原料和产品的洗涤，以及各类产品制造过程中所需提供用水的给水系统。生产用水必须满足生产工艺对水质、水量、水压及安全方面的要求。

(3) 消防给水系统　为层数较多的民用建筑、大型公共建筑及某些生产车间的消防设备提供用水的给水系统。主要有消火栓系统和自动喷淋系统等。

不同的给水系统对给水的要求是不同的。

生活给水系统对水质要求最高，其水质必须严格符合国家规定的生活饮用水卫生标准，同时要满足水压、水量的要求。

生产给水系统根据用途、生产工艺等的不同，对供水的要求是不同的。如食品、药品等企业的产品用水对水质的要求十分严格；设备冷却用水对水量、水压要求较高，对水质要求则不高；锅炉用水对水的硬度要求较高。

消防用水对水质要求不高，但必须按建筑防火规范保证供给足够的水量和水压。

在实际应用中，上述三种给水系统不一定需要单独设置，可根据水质、水压等用水要求，考虑技术、经济和安全等条件，将上述三类基本给水系统或其中两类基本系统组合成不同的共用给水系统，如：生活-消防给水系统；生产-消防给水系统；生活-生产给水系统；生活-生产-消防给水系统。根据具体情况，有时将上述三类基本给水系统再划分，例如，生活给水系统分为饮用水系统、杂用水系统（中水系统）；生产给水系统分为直流给水系统、循环给水系统、复用水给水系统、软化水给水系统、纯水给水系统；消防给水系统分为消火栓给水系统、自动喷水灭火给水系统。

二、建筑给水系统的组成

一般而言，建筑给水系统如图 2-1 所示，一般由以下几个基本部分组成。

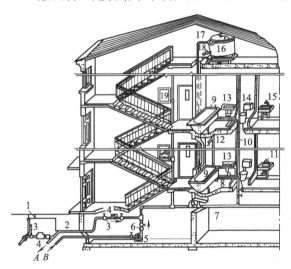

图 2-1　建筑给水系统
1—阀门井；2—引入管；3—闸阀；4—水表；5—水泵；6—止回阀；7—干管；8—支管；9—浴盆；10—立管；11—水龙头；12—淋浴器；13—洗脸盆；14—马桶；15—洗涤盆；16—水箱；17—进水管；18—出水管；19—消火栓；A—入储水池；B—来自储水池

1. 引入管

对于单幢建筑物，引入管是室外给水管网和建筑物内管网之间的管段，也称进户管。对于一个工厂、一个建筑小区、一所校区，引入管是指总进水管。引入管的设置要考虑可靠性和配水平衡，因此，引入管应从建筑物用水量最大和不允许断水处引入。

2. 水表节点

水表节点是指引入管上装设的水表及其前后设置的闸门、泄水装置等的总称。水表节点一般设在引入管室外部分离开建筑物适当位置处的水表井内，用于对该节点以后管网用水进行计量与控制。闸门用以关闭管网，以便修理和拆换水表；泄水装置用以检修时放空管网、检测水表精度及测定进户点压力值。水表节点形式多样，选择时应按用户要求及所选的水表型号等因素决定。

3. 管道系统

管道系统是指给水干管、立管、支管等组成的配水管网。

干管是将引入管送来的水输送到各立管中去的水平管道，干管应尽量靠近用水量最大的设备或不允许中断的用水处，以确保供水的可靠性，同时减少管道传输流量，使大口径管道长度最短，一般敷设在建筑的地下室、技术层、吊顶或管沟内；立管是将干管送来的水送到各楼层的竖直管道，一般敷设在建筑的管道井内，住宅建筑多敷设于厨房和厕所内；支管由立管分出，供给每一层配水装置的用水。室内给水管道宜明设，如建筑有美观性等特殊要求时，可以暗设，但应便于安装和检修。

4. 配水装置和用水设备

配水装置和用水设备是指各种生活、生产用水设备或其他用水器具，如消火栓等。

5. 给水附件

给水附件指管路上的各种阀门及水龙头等。其主要用途为调节水压（减压阀）、水量（水龙头、闸阀），关断水流（闸阀），控制水流方向（止回阀）以及检修等。

6. 升压和储水设备

在室外给水管网压力不足或室内对安全供水、水压稳定有要求时，需设置各种附属设备，如水箱、水泵、气压给水设备、水池等。水泵、气压给水设备主要用于增大室内管网的水压；水箱兼有储压和储水作用；水池一般用于储水。

7. 室内消防设备

按照建筑物的防火要求及规定需要设置消防给水时,一般应设消火栓消防设备。有特殊要求时,另专门装设自动喷洒消防或水幕消防设备。

三、建筑给水系统的给水方式

1. 给水系统的供水压力

在讨论给水方式之前,应先了解一下建筑给水系统的压力,给水系统的给水方式是和建筑给水系统所需的压力密切相关的。建筑给水系统的压力,必须能将需要的流量输送到建筑物内最不利点(通常为最高最远点)的配水龙头处,并保证有足够的流出水压。

建筑给水系统所需的水压,由图2-2分析可按下式计算:

$$p=p_1+p_2+p_3+p_4 \tag{2-1}$$

式中 p——建筑给水系统所需的总水压,kPa;

p_1——最不利点与给水引入管起点高差所需水压,kPa;

p_2——计算管路的压力损失,kPa;

p_3——水流通过水表的压力损失,kPa;

p_4——计算管路最不利点配水龙头的流出水压,kPa。

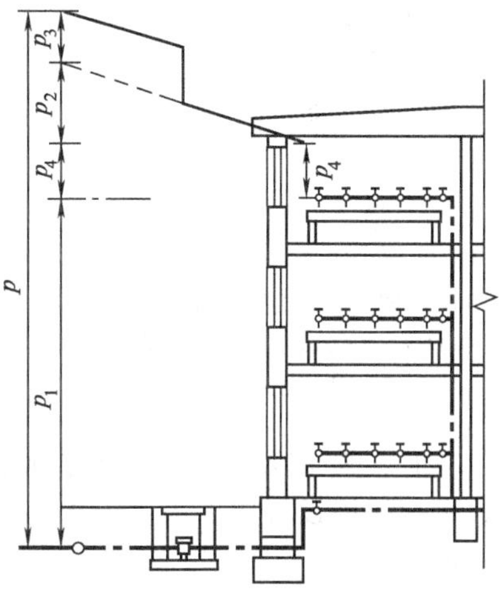

流出水压是指各种配水龙头或用水器具,为获得规定的出水量(额定流量)所需的最小压力,它是供水时克服配水龙头内的摩擦、冲击、流速变化等阻力所需的静水压。

为了在初步设计阶段能估算出室内给水管网所需的压力,对层高不超过3.5m的民用建筑,给水系统所需的压力(从室外地面算起)可按以下经验方法估算:一层为100kPa,二层为120kPa,三层及三层以上每增加一层,增加40kPa。

2. 给水系统的给水方式

图2-2 建筑给水系统所需水压示意图

给水方式即指建筑内部给水系统的供水方案。合理的供水方案,应综合考虑工程涉及的各方面因素,如技术因素、经济因素、社会和环境因素等进行综合评判确定。

技术因素包括:供水可靠性,对室外给水系统的影响,节水节能效果,操作管理方便等;经济因素包括:初投资,年运行费用等;社会和环境因素包括:对建筑立面和城市观瞻的影响,对结构和基础的影响,占地面积,对环境的影响,抗寒防冻性能,建设难度和建设周期等。

给水方式的基本类型有以下几种。

(1) 直接给水方式 室外给水管网的水量、水压在一天内任何时间均能满足建筑物内用水要求时,可采用此种方式,如图2-3所示。即建筑给水系统直接在室外管网压力作用下工作,为最简单的给水方式。采用这种方式,水经由引入管、给水干管、给水立管和给水支管由下向上直接供到各用水或配水设备,中间无任何增压储水设备,水的上行完全由室外给水管网的压力推动。

特点:由于室外管网可以满足建筑物内用水的各项要求,建筑物内不需要设置水箱、水泵等其他设备,因而投资较少,施工方便,并且容易维护管理,水质不易被二次污染。但这种方式对供水管网水压依赖程度较高,当供水管网出现意外压力不足时可能导致高层用户供水中断,而且,由于重力作用,不同楼层的出水压力不一致。

直接给水方式适用于低层建筑、多层建筑。

(2) 设水箱的给水方式　当室外给水系统的水量能满足建筑给水系统的要求，但水压呈周期性变化且大部分能满足室内压力要求时，可采用设有水箱的给水方式。如图2-4（a）所示，在室外管网压力足够时，由室外管压直接向建筑内给水系统供水，同时向水箱供水，水箱储备水量。高峰用水时，室外管网水压不足，则由水箱向建筑内给水系统供水。

当室外管网水压偏高或不稳定时，为保证建筑内给水系统的良好工况或满足稳压供水的要求，也可采用全部由水箱向建筑内给水系统供水的方式，如图2-4（b）所示。

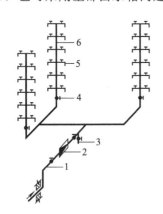
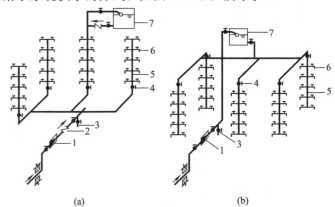

图2-3　直接给水方式
1—进户管；2—水表；3—泄水管；4—阀门；
5—配水龙头；6—立管

图2-4　设水箱的给水方式
1—水表；2—止回阀；3—泄水阀；4—阀门；
5—立管；6—配水龙头；7—水箱

有时，为了充分利用室外给水管网的水压，将下部楼层设置成直接由室外给水管网供水，上部楼层设置成由水箱供水的方式，这样，水箱仅为上部楼层服务，容积可以减小，从而降低投资。

特点：不需要专门设置升压设备，利用管网的压力将一定量的水储存在水箱中，从而保证不间断供水，供水较安全。但由于增加了水箱，如果管理不当，容易产生二次污染，同时也增加了造价。

(3) 设水泵的给水方式　若室外给水管网的水压经常不足时宜采用设水泵的给水方式。当建筑内用水量大且较均匀时，可用恒速水泵供水；当建筑内用水不均匀时，宜采用一台或多台水泵变速运行供水，以提高水泵的工作效率。为充分利用室外管网压力，节省电能，当水泵与室外管网直接连接时，应设旁通管，如图2-5（a）所示。当室外管网压力足够大时，可自动开启旁通管的逆止阀直接向建筑内供水。

水泵直接从室外管网抽水时，会使室外管网压力降低，影响附近用户用水，严重时还可能造成外网负压，在管道接口不严密时，其周围土壤中的渗漏水会吸入管内，污染水质。当采用水泵直接从室外管网抽水时，必须得到供水部门的批准。为避免上述问题，可在系统中增设储水池，采用水泵与室外管网间接连接的方式，如图2-5（b）所示。

特点：供水可靠，但一次性投资较大，运行成本较高，图2-5（a）所示方式处理不当易产生水质污染，必须得到供水部门的批准。

(4) 设水泵和水箱的给水方式　当室外给水管网压力低于或经常不能满足建筑内给水管网所需的水压，且室内用水不均匀时宜采用如图2-6所示的设水泵和水箱的给水方式。设水泵和水箱的给水方式是应用比较广泛的一种供水方式，由于水泵可及时向水箱充水，可使水箱容积大为减小；又因为水箱的调节作用，再加上液位自动控制系统，可使水泵在额定转速下运行，工作效率较高。

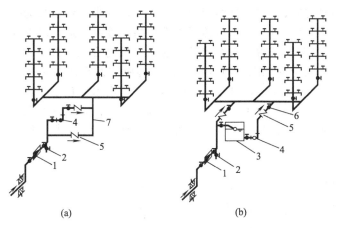
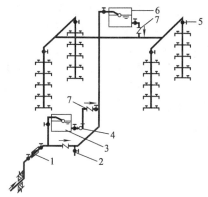

图 2-5 设水泵的给水方式
1—水表；2—泄水管；3—储水池；4—水泵；
5—止回阀；6—阀门；7—旁通管

图 2-6 设水箱和水泵的联合给水方式
1—水表；2—泄水管；3—储水池；4—水泵；
5—阀门；6—水箱；7—止回阀

特点：采用这种给水方式技术上合理，供水可靠，供水压力稳定且易实现水泵启闭自动化。但一次投资较大，运行费用较高，维护管理较复杂。

（5）分区给水方式　在层数较多的建筑物中，室外给水管网水压往往只能满足建筑物下面几层的需要，为充分有效地利用室外管网水压，可将建筑物分成上、下两个供水区。下区直接由室外管网供水，上区则由储水池、水箱和水泵联合供水，水池、水泵和水箱按上区需要设计。两区间也可由一根或两根给水立管相连通，在分区处设阀门，以备下区进水管发生故障或外网压力不足时，打开阀门由上区水箱向下区供水。

这种给水方式对建筑物底层设有用水量较大的洗衣房、浴池、厨房和餐厅等建筑物尤有经济意义。

（6）气压给水方式　在室外给水管网压力低于或经常不能满足建筑内给水管网所需水压，室内用水不均匀，且不宜设置高位水箱和水塔的情况下，可采用图 2-7 所示的气压给水方式。气压给水方式，就是在给水系统中设置气压给水设备，利用该设备的气压水罐内气体的可压缩性进行储存、调节和压送水量供水。气压水罐的作用相当于高位水箱或水塔。

特点：这种设备便于隐蔽，建设速度快，容易拆迁，灵活性大，且水在密封系统中流动，不会受到污染，也有利于抗震和消除管道中水锤和噪声。但调节能力小，运行费用高，耗用钢材较多，供水压力变化幅度较大，不适于用水量大和要求水压稳定的用水对象，因此使用受到一定限制。

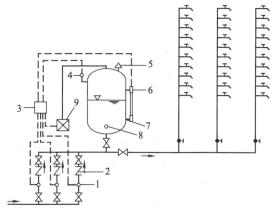

图 2-7 气压给水方式
1—水泵；2—止回阀；3—控制器；4—压力信号器；
5—安全阀；6—液位信号器；7—气压水罐；
8—排气阀；9—补气装置

（7）变频调速给水方式　在用水量较大、用水不均匀比较突出的建筑如住宅、高层建筑，同时室外给水管网压力又低于或经常不能满足建筑内给水管网所需水压，且不宜设置高位水箱的情况下，宜采用变频调速给水方式。图 2-8 和图 2-9 分别是变频调速给水方式中的两种。图 2-8 为恒压变量供水设备，设备在水泵出水管附近安装压力传感器控制水泵按设计给定的压力工作,其中一台水泵为变频调速泵,其余泵是恒速泵。如储水池中水位过低,水位传感器发出指令停泵,运行时首先变频调速泵工作,当调速泵不能满足用水量要求时,自动启动恒速泵;反之亦然。图2-9为变压变量供水设备(带小气压罐),设备在管网末端设有遥传式压力传感器及在水泵出水管附近设有流量传感器。其中一台水泵为变频调速泵,其余泵为恒速泵。当用水量较小时,由小气压罐系统供水。当小气压罐系统供水不能满足用水量时,变频调速泵工作,当调速泵还不能满足用水量要求时,自动启动恒速泵。供水压力使供水量随着管网用水曲线变化而改变。

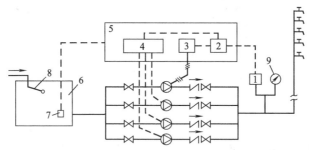

图 2-8 变频调速给水(恒压变量供水)

1—压力传感器;2—数字式PID调节器;3—变频调速器;4—恒速泵控制器;5—电控柜;
6—储水池;7—水位传感器;8—液位自动调节阀;9—压力表

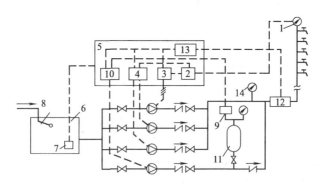

图 2-9 变频调速给水(变压变量供水)

1—压力传感器;2—数字式PID调节器;3—变频调速器;4—恒速泵控制器;5—电控柜;
6—储水池;7—水位传感器;8—液位自动调节阀;9—压力开关;10—水泵控制器;
11—小气压罐;12—流量传感器;13—流量控制器;14—压力表

特点:变频调速给水方式一次性投资较大,年运行费用也较高,但供水可靠性好,有利于保证水质,也有利于抗震和节能。在建筑设备技术不断发展更新,给水系统建设逐步趋于取消高位水箱的情况下,变频调速给水正得到愈来愈多的应用。

3. 高层建筑的给水方式

对于高层建筑,如果采用上述几种方式,由于水的自重的作用,低层的静水压要比高处楼层的静水压大,低层管道比高层管道承受的压力要大很多,对供水管道自身的安全不利,也是不科学的。解决办法是将建筑物进行竖向分区,将其供水分成若干竖向区段,低层部分可利用室外供水管网的压力,直接采用下行上给的方式供水;上层依据不同高度,选用不同扬程的水泵将水送至不同的水箱,再从各水箱把水供至合适的楼层。采用竖向分区可以避免建筑物下给水系统管道及设备承受过大的压力而损坏;防止管道内流速过大而引起的水锤和各种噪声;减轻下层给水系统中水龙头流出水头过大而引起的水流喷溅。

高层建筑给水系统竖向分区主要有以下两种形式：

（1）分区减压给水方式 分区减压给水方式有分区水箱减压和分区减压阀减压两种形式，如图 2-10（a）、(b) 所示。

① 分区水箱减压 整幢建筑物内的用水量全部由设置在底层的水泵提升至屋顶总水箱，然后再分送至各分区水箱，分区水箱起减压作用。

特点：水泵数量少，设备费用较低，管理维护简单，同时水泵房面积小，各分区减压水箱调节容积小。但水泵运行费用高，屋顶总水箱容积大，对建筑的结构和抗震不利。

② 分区减压阀减压 其工作原理与分区减压水箱供水方式相同，不同之处在于用减压阀来代替减压水箱。

特点：减压阀不占楼层面积，使建筑面积发挥最大的经济效益。但水泵运行费用较高。

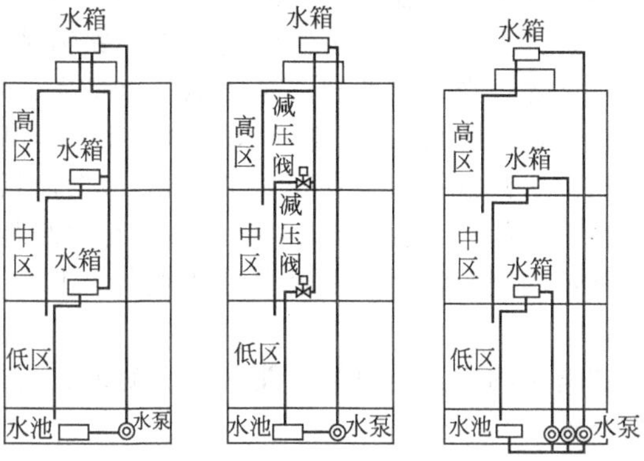

(a) 分区水箱减压给水方式　(b) 分区减压阀减压给水方式　(c) 分区并联给水方式

图 2-10 高层建筑的室内给水方式

（2）分区并联给水方式 分区并联给水方式是在各区独立设水箱和水泵，且水泵集中设置在建筑物底层或地下室，分别向各区供水，如图 2-10（c）所示。

特点：各区是独立给水系统，互不影响，某区发生事故时不影响其他区的供水，供水安全可靠，而且各区水泵集中设置，管理维护方便。但水泵台数多，水泵出水高压管线长，设备费用增加，分区水箱占建筑层若干面积，减少了建筑使用面积，影响经济效益。

第二节　建筑给水管道及主要设备

建筑给水系统是由各种管道及附件、计量仪表、升压设备、储水设备等组成的，了解给水系统中的各种材料与设备的品种、规格、性能及适用情况，对于建筑给水系统的维护与管理至关重要。

一、常用给水管材、管件及其连接

1. 常用给水管材

给水管材应具有足够的强度，具有安全可靠、无毒、坚固耐用、便于安装加工等特点。常用的给水管材有钢管、铸铁管、塑料管等。管材的选用应根据所输送的介质要求的水压、水质等因素来确定。

（1）钢管 钢管过去是给排水设备工程中应用最广泛的金属管材，多用于室内给水系统。钢管分焊接钢管和无缝钢管两种。

焊接钢管是用带钢卷焊而成的，按表面质量分为镀锌和非镀锌钢管，镀锌钢管习惯上称为白铁管。镀锌钢管就是在钢管内外表面均镀上一层锌，目的是防锈、防腐，不使水质变坏，延长使用年限。生活给水管道一般应采用热浸锌工艺生产的镀锌钢管。非镀锌钢管习惯上称为黑铁管，生产和消防给水管道可采用黑铁管。钢管按管壁厚度分为薄壁、普通和加厚钢管三种。室内给水管道通常用普通和加厚钢管。

焊接钢管的优点是强度高，承受流体的压力大，抗震性能好，长度大，接头少，加工安装方便，缺点是造价较高，耐蚀性差。

无缝钢管是通过专用轧钢机轧制而成的，价格较高，在给水系统中采用较少。这种钢管具有强度高、可承受较大的内压力、内表面光滑、水力条件好等优点。

一般焊接钢管的规格以公称直径（也称通径）表示，即用字母 DN 其后附加公称直径数值。公称直径是为了使管子、管件、阀门等相互连接而规定的标准直径。公称直径的数值近似于管子内径的整数或与内径相等，例如 $DN40$，则表示公称直径为 40mm 的管子、管件。钢管的公称直径是系列的。无缝钢管则以外径乘以壁厚来表示其规格。

（2）铸铁管　给水铸铁管是使用生铁铸造而成的，与钢管相比具有耐蚀性强、造价低、耐久性好等优点，它的缺点是质脆、重量大、单管长度小等。我国生产的给水铸铁管有低压管（≤0.44MPa）、中压管（≤0.736MPa）、高压管（≤0.981MPa）三种，给水管道一般使用低压给水铸铁管。在管径大于 75mm 埋地敷设管道中广泛采用给水铸铁管。

（3）塑料管　从 2000 年起，塑料管逐渐替代钢管被应用在建筑工程中。塑料管品种较多，常用的塑料管材有硬聚氯乙烯塑料（UPVC）管材、聚乙烯（PE）管材、三型聚丙烯（PP-R）管材。

塑料管的优点是化学性能稳定、耐蚀、重量轻、管内壁光滑、加工安装方便等，缺点是不耐高温，强度较低。

（4）复合管材　近年来，我国给水管材的开发与应用工作取得了很大进展，如开发出了兼有钢管和塑料管优点的钢塑复合（SP）管材以及以铝合金为骨架的铝塑复合（PAP）管材。它们除具有塑料管的优点外，还有耐压强度好、耐热、可曲挠和美观等优点，现已大量应用于给水支管的安装。

2. 管材的选择

由于钢管易锈蚀、结垢和滋生细菌，且寿命短（一般仅 8～12 年，而一般的塑料管寿命可达 50 年），因此，不少发达国家早已规定在建筑中不准使用镀锌钢管。我国也规定，自 2000 年起新建、改建、扩建的各类建筑物、构筑物、住宅小区的给水管道工程（除消防管道外），停止使用普通镀锌钢管，一律采用塑料给水管。其中城市供水管道（φ400mm 以下）和住宅小区室外给水管道应使用硬聚氯乙烯、聚乙烯塑料管；大口径城市供水管道可选用钢塑复合管，而住宅室内给水管道、热水管道和供暖管道优先选用铝塑复合管、交联聚乙烯管等新型管材。

3. 常用给水管件

给水管道进行连接就必须采用各种管件，管件可用钢、铸铁、铜等材料制作，与相应的管材配合使用。常用管件有钢管管件、铸铁管管件、塑料管管件和复合管管件等。

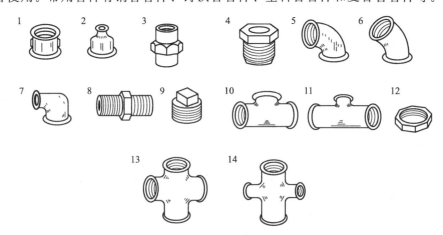

图 2-11　常用钢管管件

1—管箍；2—异径管箍；3—活接头；4—补心；5—90°弯头；6—45°弯头；7—异径弯头；8—外接头；
9—丝堵；10—等径三通；11—异径三通；12—根母；13—等径四通；14—异径四通

(1) 钢管管件　钢管用螺纹连接时，无论是使管子延长、分支或者转弯、变径等，都要用到各种管件。常用管件包括管箍、弯头、三通、四通、异径管箍、活接头、补心、外接头等，如图 2-11 所示。各种管件用途如下：

① 管箍　又称直接头、内螺丝等，用于直线连接两根公称直径相同的管子。

② 异径管箍　又称大小头，用来连接两根公称直径不同的直线管子，作为变径用。

③ 补心　又称内外丝，用于直线管路变径处。与异径管箍的不同点在于它的一端是外螺纹，另一端是内螺纹，外螺纹一端通过带有内螺纹的管配件与大管径管子连接，内螺纹一端则直接与小管径管子连接。

④ 活接头　又称由任，作用与管箍相同，但比管箍装拆方便，用于需要经常装拆或两端已经固定的管路上。

⑤ 弯头　包括 90°弯头和 45°弯头，用于连接两根公称直径相同的管子，使管路作相应角度的转弯。

⑥ 异径弯头　又称大小弯，使管道在改变方向的同时改变管径。

⑦ 等径三通　由直管中接出垂直支管用，连接的三根管子公称直径相同。

⑧ 异径三通　与等径三通作用相似，使管道分支并变径。

⑨ 等径四通　是用来连接四根公称直径相同并成垂直相交的管子。

⑩ 异径四通　与等径四通相似，但管子的公称直径有两种，其中相对的两根管子公称直径是相同的。

⑪ 外接头　又称外丝、短接，用于连接距离很短的两个公称直径相同的内螺纹管件或阀件。

⑫ 丝堵　又称管塞，用于堵塞管配件的端头或堵塞管道预留管口。

⑬ 管帽　用于堵塞管子端头，管帽带有内螺纹。

(2) 铸铁管管件　铸铁管管件的种类和用途与钢管管件基本相同，如图 2-12 所示，包括弯头、三通、四通、异径管等。弯头用来使管道转弯，分为 90°、45°、22.5°三种；三通、四通用于管道汇合或分支处；异径管用于管道直径改变处等。

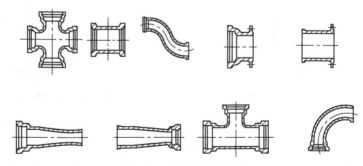

图 2-12　常用铸铁管管件

(3) 塑料管管件与复合管管件　塑料管管件和复合管管件有三通、四通、弯头等。它们的用途与钢管管件相同。

4. 给水管道的连接

根据所使用管材的不同，给水管道的连接方法有螺纹连接、法兰连接、焊接、承插连接、粘接和热熔连接等。

(1) 钢管的连接　钢管的连接方法有螺纹连接、焊接和法兰连接三种方法。

① 螺纹连接　用于 $PN \leqslant 1.0 MPa$ 的给水与热水管道、$PN \leqslant 0.06 MPa$ 的饱和蒸汽管道和 $PN \leqslant 0.02 MPa$ 的煤气管道。螺纹连接多是利用配件连接，如图 2-13 所示，配件为钢制

或由可锻铸铁制成，配件为内螺纹，施工时在管端加工外螺纹。螺纹处一般要加填充材料，用以增加管子螺纹接口的严密性和用于螺纹防锈。常用的填料：介质温度低于115℃时，可以采用聚四氟乙烯胶带或麻丝蘸白铅油（铅丹粉拌干性油）；介质温度超过115℃的管路，接口可采用黑铅油（石墨粉拌干性油）和石棉绳。

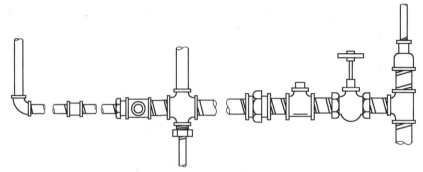

图2-13 钢管的螺纹连接

② 焊接 焊接用于不经常拆卸的管道上，一般采用手工电弧焊和氧-乙炔气焊，接口牢固严密，焊缝强度一般可达管子强度的85%以上。焊接只能用于非镀锌钢管，因为镀锌钢管焊接时锌层被破坏，反而加速锈蚀。

③ 法兰连接 法兰连接是将法兰盘采用焊接或用螺纹连接在需连接的管端如图2-14所示，再以螺栓连接的方法将管子连接在一起。法兰连接一般用于带法兰的阀件和需要经常检修的管道上，在较大管径的管道上（DN50以上）也常用。法兰连接的接口为了严密，必须加垫圈，法兰垫圈厚度一般为3~5mm。常用的垫圈材质有石棉橡胶板等。

（2）铸铁管的连接 铸铁管一般采用承插连接，在与阀件连接时也采用法兰连接。铸铁管连接一般无须专门的管件，只需将直管一端插入即可，见图2-15。但在转向、变径时须使用相应的管件。承插连接接口密封的方法有：石棉水泥接口、铅接口、沥青水泥砂浆接口、膨胀性填料接口和水泥砂浆接口等。

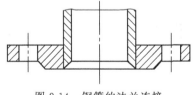 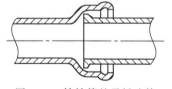

图2-14 钢管的法兰连接　　　　　图2-15 铸铁管的承插连接

（3）塑料管的连接 塑料管的连接方法有螺纹连接、粘接、热熔连接和法兰连接等。

① 粘接 其方法是先用砂纸将管端外表面和管件内表面打毛，用抹布将管端擦干净，再用小刷子在管端和管件粘接处均匀涂上黏胶，然后将管子插入管件内，5min后成型，24h后方可使用。

② 热熔连接 热熔连接需要专用的加热工具，其方法是先选择与管子外径和管件内径相对应的管模安装在加热器上，将管模加热，通过管模同时将管件的内径和管子的外径加热至部分熔化状态，取出后迅速将管子插入管件中，经过冷却即可使用。

（4）复合管的连接 复合管的连接方法有挤压式连接和卡环螺母锁紧连接等。

① 挤压式连接 挤压式连接需要专用工具，安装时将管端清除毛刺后插入带O形密封圈的管件内，然后用电动或手动挤压工具将管件与管子连接处夹紧即可。

② 卡环螺母锁紧连接 此方法需用专用管件，安装时先用整圆器将管端整圆，并将管内倒角，穿入铜制锁紧螺母与C形铜环，用扳手拧紧螺母即可。

二、常用给水管道附件

给水管道附件是安装在管道及设备上的启闭和调节装置的总称。一般分为配水附件和控制附件两类。

1. 配水附件

配水附件就是装在卫生器具及用水点的各式水龙头，也称配水水嘴，如图 2-16，用以调节和分配水流。

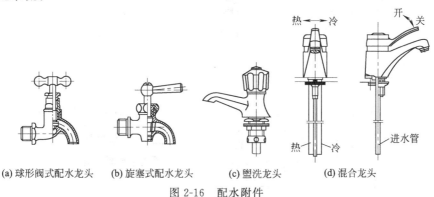

图 2-16　配水附件

（1）球形阀式配水龙头　如图 2-16（a）所示，水流经过此种龙头因改变流向，故阻力较大。其最大工作压力为 0.6MPa，主要安装在洗涤盆、污水盆、盥洗槽上。

（2）旋塞式配水龙头　如图 2-16（b）所示，这种龙头旋转 90°即完全开启，其优点是水流直线通过，阻力较小，可短时获得较大流量，缺点是启闭迅速，容易产生水锤，使用压力宜在 0.1MPa 左右，目前已基本不用。

（3）盥洗龙头　如图 2-16（c）所示，为单放型，装设在洗脸盆上单供冷水或热水用。其形式很多，有莲蓬头式、鸭嘴式、角式、长脖式等。

（4）混合龙头　如图 2-16（d）所示，这种龙头可以调节冷、热水的流量，进行冷、热水混合，以调节水温，供盥洗、洗涤、沐浴等用。

2. 控制附件

控制附件是指用来开启和关闭水流，控制水流方向，调节水量、水压的各类阀门，如图 2-17 所示。

（1）截止阀　如图 2-17（a）所示，用于启闭水流，这种阀门关闭严密，但水流阻力大，一般适用于 $DN \leqslant 50mm$ 的管道上。截止阀安装时有方向要求，应使水低进高出，防止装反，一般阀上标有箭头指示方向。

（2）闸阀　如图 2-17（b）所示，用于启闭水流，也可以调节水流量。全开时水流呈直线通过，阻力小，但水中有杂质落入阀座后易产生磨损和漏水。一般适用于 $DN \geqslant 70mm$ 的管道上。

（3）旋塞阀　如图 2-17（c）所示，作启闭、分配和改变水流方向用，其优点是启闭迅速，缺点是密封困难。一般装在需要迅速开启或关闭的地方，为了防止因迅速关断水流而引起水击，适用于压力较低和管径较小的管道。

（4）蝶阀　如图 2-17（d）所示，蝶阀的阀瓣绕阀座内的轴在 90°范围内转动，可起调节、节流和关闭作用，操作转矩小、启闭方便、结构紧凑，适用于室内外较大的给水干管上。

（5）球阀　如图 2-17（e）所示，主要作切断、分配和变向用。球阀操作方便，流体阻力小。

（6）止回阀　止回阀又称单向阀或逆止阀，是一种用以自动启闭阻止管道中水的反向流动的阀门，主要有两种类型：旋启式止回阀、升降式止回阀，另外还有消声止回阀和梭式止

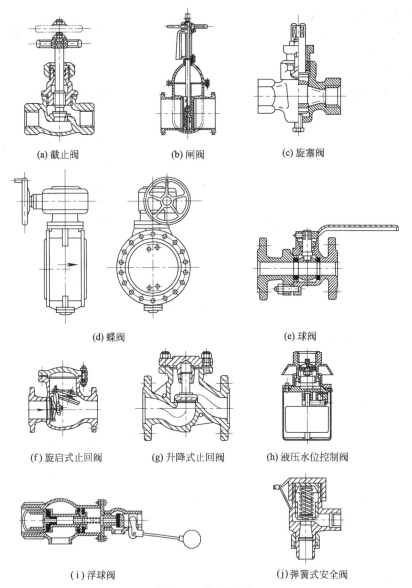

图 2-17 控制附件

回阀等。

① 旋启式止回阀，如图 2-17（f）所示，一般直径较大，水平、垂直管道上均可装置。

② 升降式止回阀，如图 2-17（g）所示，装于水平管道上，水头损失较大，只适用于小管径。

（7）液位调节阀 是一种自动控制水箱、水池等储水设备水位的阀门，包括液压水位调节阀和浮球阀。

① 液压水位调节阀，如图 2-17（h）所示，水位下降时阀内浮筒下降，管道内压力将阀门密封面打开，水从阀门两侧喷出，水位上升，浮筒上升，活塞上移阀门关闭停止进水。是浮球阀的升级换代产品。

② 浮球阀，如图 2-17（i）所示，当水箱充水到设计最高水位时，浮球浮起，关闭进水口；当水位下降时，浮球下落，开启进水口，于是自动向水箱充水。

（8）安全阀 安全阀是一种为了避免管网、设备中压力超过规定值而使管网、用水器具或密闭水箱受到破坏的安全保障器材。其工作原理是：当系统的压力超过设计规定值时，阀门自动开启放出液体，直至系统压力降到允许值时才会自动关闭。一般有弹簧式［图 2-17（j）］、杠杆式两种。

三、常用给水仪表

给水系统常用仪表包括用以计量用水量的水表和流量计、用以测量和指示压力的压力表和用以指示水位的液位计等。这里主要介绍水表。

水表是一种用以计量建筑用水量的仪表。目前室内给水系统中广泛采用流速式水表，流速式水表是根据管径一定时，通过水表的水流速度与流量成正比的原理来测量的。水流通过水表时推动翼轮旋转，旋转次数经轮轴联动齿轮传递到计数装置，在计数度盘指针指示下便可读到流量的累积值。

流速式水表按翼轮构造不同分为旋翼式和螺翼式，如图 2-18 所示。旋翼式的翼轮转轴与水流方向垂直，水流阻力较大，多为小口径水表，一般用在 $DN \leqslant 50mm$ 的管道中。螺翼式的翼轮转轴与水流方向平行，阻力较小，一般用在 $DN \geqslant 50mm$ 的管道中。旋翼式和螺翼式水表又分为干式和湿式两种，干式水表的计数装置和表盘与水隔离，湿式水表的计数装置和表盘浸在水中。由于湿式水表机件较简单，计量较准确，阻力比干式小，因此被广泛应用。

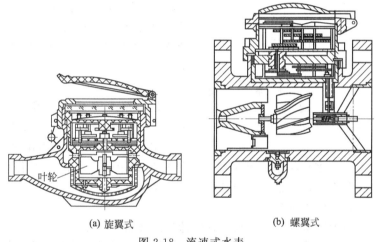

(a) 旋翼式　　　　(b) 螺翼式

图 2-18　流速式水表

四、常用给水设备设施

在建筑给水系统中，为了满足用户用水的压力和水量的要求，常用到以下给水设备。

1. 水泵

水泵是给水系统中主要的升压设备，高层建筑的供水都离不开水泵。水泵的种类很多，有离心泵、轴流泵、混流泵、真空泵等。离心泵具有结构简单、体积小、效率高、运行平稳、便于维修等特点，因此在建筑给水系统中常采用离心泵。

(1) 离心泵的分类和组成　离心泵的工作方式有吸入式和灌入式两种。泵轴高于吸水池水面的称为吸入式；吸水池水面高于泵轴的称为灌入式。

如图 2-19 所示，离心泵主要由叶轮、泵轴、泵壳、吸水管、压水管等部分组成。

(2) 离心泵的工作原理　离心泵是通过离心力的作用来输送和提升水体的，其工作原理如下：在水泵启动前，先将泵内充满水，以排除泵内空气。水泵启动后，水体在高速旋转的叶轮作用下，产生离心力，叶片间的水被甩向泵壳，使水获得动能和压力能。因而水泵出口处的水具有较高的压力和流速。在叶片间的水被甩走的同时，水泵进口处形成真空，水池中的水在大气压力的作用下，不断地被压入水泵。由于叶轮是在电动机的带动下连续旋转，因此上述过程循环往复，水就会连续不断地从水泵中流出。

（3）离心泵主要性能参数

① 流量（Q）　在单位时间内通过水泵的水的体积，单位 L/s 或 m^3/h。

② 扬程（H）　单位质量的液体通过水泵后所获得的能量再除以重力加速度，单位 m。

③ 轴功率（N）　消耗从电动机处所获得的全部功率，单位 kW。

④ 转速（n）　水泵轴每分钟转动的次数，单位 r/min。

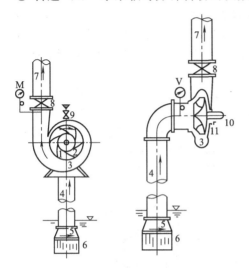

图 2-19　离心泵

1—叶轮；2—叶片面；3—泵壳；4—吸水管；5—底阀；6—拦污栅；7—压水管；8—阀门；9—加水漏斗；10—泵轴；11—填料函；M—压力计；V—真空计

（4）离心泵选择与设置　离心泵的选择应以供水安全和经济为原则。一般情况下，如系统内设有高位水箱时，可选择恒速泵；如系统中未设水量调节设施时，可选择装有自动调速装置的变速泵。

离心泵的设置，按进水方式有水泵直接从室外给水管网抽水和水泵从储水池抽水两种。在很多情况下，水泵直接从管网抽水会使室外管网压力降低（甚至出现负压），影响对周围其他用户的正常供水，许多城市都对直接从管网抽水加以限制。通常建筑内部都建有储水池，水泵可从储水池中抽水。储水池既可用来储存一定的水量，也可作调节池用。

2. 水箱

建筑给水系统中，凡需要增压、稳压、减压或者需要储存一定的水量时，可设置水箱。根据用途的不同，水箱可分为高位水箱、减压水箱、冲水水箱等多种类别。其形状多为圆柱形或矩形。水箱一般用钢板、钢筋混凝土、玻璃钢等材料制作。玻璃钢水箱因其重量轻，强度高，耐蚀，安装维修方便，大容积水箱可现场组装等，目前应用较多。

水箱由箱体、各种管道及阀门组成，其构造如图 2-20 所示。

（1）进水管　进水管管径按水泵流量或室内设计秒流量计算确定。当水箱直接由市政管网供水时，为防止溢流，进水管上应装设水位调节阀。为了检修的需要，水位调节阀前应设置阀门。当水箱利用水泵压力进水，一般应设置水箱液位自动控制装置来控制水泵启闭。

（2）出水管　出水管管径按设计秒流量计算。管口应高出水箱底 50mm，以防污物流入配水管网。出水管上应设置阀门以便检修。对生活与消防共用水箱，出水管口应设在消防储水量对应的水位之上。

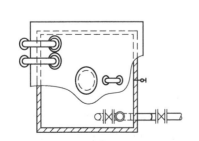

图 2-20　水箱

(3) 溢流管　溢流管管径按水箱最大流入量计算，其管口应高于设计最高水位 50mm，溢流管上不得装设阀门，不得直接与排水系统相连。

(4) 泄水管　泄水管管径为 40～50mm，从水箱底部最低处接出，用以检修或清洗水箱时泄水。在泄水管上应设置阀门，泄水管出口可与溢流管连接。

(5) 通气管　供生活饮用水的水箱应设有通气管，以使箱内空气流通，保持水的新鲜。通气管上不得装设阀门，管口应朝下并装设防虫网罩。通气管管径一般不小于 50mm。

(6) 水位信号管　安装在水箱壁溢流管口以下 10mm 处，管径为 15mm，水位信号管另一端通到经常有值班人员的房间的污水池上，以便随时发现水箱浮球阀是否失灵。

水箱一般根据系统压力的需要设置在屋顶或相应高度楼层的水箱间内，水箱间应采光、通风良好，净高不低于 2.2m，室内温度不低于 5℃，寒冷地区应采取保温和防结露措施。

水箱的有效容积主要根据它在给水系统中的作用来确定。如果仅作为水量调节用，其有效容积即为调节容积；若生活水箱和消防水箱共用时，水箱的有效容积应根据调节水量和消防储水量确定。

水箱的设置高度应使其最低水位的标高满足建筑物内最不利配水点所需的流出水头，并经管道的水力计算确定。

3. 储水池

储水池是储存和调节水量的构筑物，在不允许从市政供水管网直接抽水的情况下，建筑内部应设储水池。同水箱一样，储水池也应设进水管、出水管、溢流管、泄水管和水位信号装置，其有效容积应根据生活调节水量、消防储备水量等确定。

4. 气压给水设备

气压给水设备是利用密封储罐内的压缩空气，把罐中的水压送到用水点的一种升压给水装置，其作用相当于高位水箱或水塔。

(1) 气压给水设备的组成　如图 2-21 所示，气压给水设备由以下几个基本部分组成。

① 密封罐：内部储存压缩空气和水。

② 水泵：将水送到管网和密封罐内。

③ 补气设备：空气压缩机等。

④ 控制装置：用以启动水泵等装置。

(2) 气压给水设备的分类　气压给水设备按气压给水设备输水压力稳定性不同，分为变压式和定压式两类；按密封罐内气、水接触方式不同，可分为补气式和隔膜式两类。

(3) 变压式气压给水设备的工作原理　罐内水在压缩空气的起始压力 P_2 作用下被送至管网。随着罐内水量的减少，水位下降，罐内的空气容积增大，压力即逐渐减小。当压力降到设计最小工作压力 P_1 时，水泵便在压力继电器的作用下启动，将水压入罐内，同时供入管网。当罐内压力上升到 P_2 时，水泵又在压力继电器的作用下停止工作，如此往复。

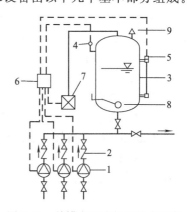

图 2-21　单罐变压式气压给水设备
1—水泵；2—止回阀；3—密封罐；4—压力信号具；5—液位信号器；6—控制器；7—补气装置；8—排气阀；9—安全阀

第三节　建筑给水管道的布置与敷设

建筑给水管道的布置与敷设，必须根据建筑物的性质、结构形式、用水要求和用水设备的类型及位置等条件进行综合考虑。

一、给水管道的布置要求

① 根据管道的数量、管径大小、排列方式、维修条件，结合住宅的结构和敷设形式等合理确定。

② 给水管道一般布置成枝状、单向供水。管道布置和敷设应力求最短，尽可能呈直线走向，一般与墙、梁、柱平行布置。

③ 给水干管道尽可能靠近用水量大或不允许间断供水的用水处。

④ 给水管道不得穿过设备基础，避免布置和敷设在可能被重物震动处；不得布置或敷设在遇水容易引起爆炸、燃烧的地方，也不能布置或敷设在建筑物的伸缩缝处。

⑤ 给水管道与排水管道平行埋设（或交叉埋设）时，给水管道应布置或敷设在排水管道上面。对于平行埋设时，两管的最小距离为 0.5m；对于交叉埋设时，两管的最小距离为 0.15m。

⑥ 给水管道与其他管道（如排水管道、冷冻管道和热水管道或蒸汽管道）同沟或供架敷设时，给水管道应布置在排水管道、冷冻管道的上面，热水管道或蒸汽管道的下面。

⑦ 管道上安装仪表用的各种测点（如压力测点、流量测点等）的连接件，应与管道同时进行安装，以免管道安装完工后再打孔。

⑧ 采用成品冲压件（如弯头、大小头）时，不宜直接与平焊法兰焊接，其间要加一段直管，按规定，直管长度不小于 100mm，并不得小于管子外径。

⑨ 对于暗装管道或地下管道敷设完工时，应及时进行试压和保温。

二、引入管道的布置与敷设

1. 引入管道的布置

住宅引入管道一般宜从建筑物用水量最大处接入，并在引入管道上装有总水表，以便对建筑物的总用水量进行计量。根据建筑物和供水要求不同，引入管道的有如下几种布置方式。

① 对用水设备和卫生器具分布均匀的建筑物，引入管道应从建筑物的中部接入，这样可以使大口径管段最短，并且便于平衡水压，如图 2-22（a）所示。

② 对不允许间断供水，又受条件限制的建筑物，应由室内环网同侧引入。引入时，两条引入管的间距不得小于 10m，并在节点间的室外管网上设置阀门，或者设水箱、蓄水池及第二水源等保证安全供水，如图 2-22（b）所示。

③ 对不允许间断供水的建筑物，应从建筑物管网不同侧面设两条或两条以上的引入管，在室内连成环状或贯通枝状双向供水，如图 2-22（c）所示。

2. 引入管道的敷设

在住宅内的引入管道上均应安装阀门和水表，必要时还应有泄水装置，以便于管网检修

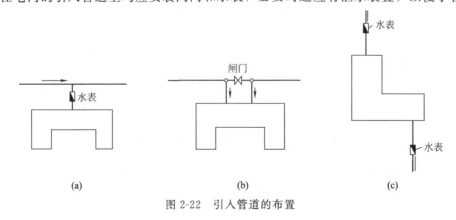

图 2-22 引入管道的布置

时放水。引入管道应有不小于0.003的坡度,坡向室外管网或泄水装置。引入管道与室内排水管道的水平间距,在室外不得小于1.0m,在室内平行安装时不得小于0.5m,在室内垂直安装时不得小于0.15m,且给水管道在上面。在引入管道上安装水表时,水表可以设置在住宅内,也可以设置在住宅外,并在水表前设置检修阀门。引入管道穿过承重墙或基础时,应预留孔洞。管顶上部净空不得小于住宅建筑的沉降量(一般不大于0.1m)。当沉降量较大时,应由结构设计人员提交资料决定。

三、室内给水管道的布置与敷设

1. 室内给水管道的布置

室内给水管道的布置与建筑物性质、建筑物外形、结构状况、卫生用具和生产设备布置情况以及所采用的给水方式等有关,并应充分利用室外给水管网的压力。室内给水管道的布置形式,按水平干管的敷设位置可分为下行上给式、上行下给式和中分式三种。

(1)下行上给式 水平干管敷设在建筑物底层,如底层地面下、地下室内、专设的管沟内或底层走廊内,由下向上供水。这种方式多用于利用室外给水管网水压直接供水的建筑物,参见图2-3。

(2)上行下给式 水平干管设在顶层天花板下、吊顶内或技术夹层中,在无冰冻地区设于平屋顶上,由上向下供水。这种方式一般用于采用下行布置有困难或需设置高位水箱的建筑,参见图2-4(b)。

(3)中分式 水平干管敷设在中间技术层或中间某层吊顶内,由中间向上、下两个方向供水。这种方式一般用于屋顶有他用或中间有技术夹层的高层建筑。

2. 室内给水管道的敷设

室内给水管道敷设时应力求长度最短,尽可能呈直线走向,与墙、梁、柱平行,兼顾美观,并要考虑施工检修方便。根据建筑对卫生、美观方面要求的不同,室内给水管道的敷设分为明装和暗装两类。

(1)明装 管道在室内沿墙、梁、柱、天花板下、地板旁暴露敷设。明装管道造价低,施工安装、维护修理均较方便。缺点是由于管道表面积灰、产生凝结水等影响环境卫生,而且明装有碍房屋美观。一般民用建筑和大部分生产车间均为明装方式。

(2)暗装 管道敷设在地下室、天花板下或吊顶中,或在管井、管槽、管沟中隐蔽敷设。管道暗装时,卫生条件好,房间美观。标准较高的建筑、宾馆等均采用暗装。在工业企业中,出于生产工艺要求,有些精密仪器或电子元件车间要求室内洁净无尘时,也采用暗装。暗装的缺点是造价高,施工、维护均不便。

给水管道除单独敷设外,亦可与其他管道一同架设,考虑到安全、施工、维护等要求,当平行或交叉设置时,对管间的相互位置、距离、固定方法等应按有关管道综合要求统一处理。

四、管道防护

(1)防腐 明装和暗装的金属管道都要采取防腐措施,以延长管道的使用寿命。通常的防腐做法是管道除锈后,在外壁刷涂防腐涂料。防腐涂料一般有樟丹防锈漆、银粉、沥青等。

(2)防冻与防结露 设置在温度在0℃以下地方的设备和管道,应当采取保温措施,以防管道冻裂。保温结构一般由防锈层、保温层、保护层防腐层及识别标志等组成。通常保温的做法是:在进行防腐处理后,包扎矿渣棉、石棉硅藻土、玻璃棉、膨胀蛭石等保温材料,或用泡沫水泥、珍珠岩瓦制品作保温层,再外包保护层等方法处理。

在厨房、洗澡间等湿热的环境中,暖湿空气遇到水温较低的给水管道时,明设管道的外表面有可能产生凝结水,影响使用和卫生,损坏墙面和装饰,为此根据建筑物的性质及使用要求，可采取防结露措施，其做法与保温方法相同。

(3) 防漏 由于管道布置不当，或管材质量和施工质量低劣，均能导致管道漏水。防漏的主要措施是在设计和施工时避免将管道布置在易受外力损坏的位置，或采取必要的保护措施，避免其直接承受外力。并要健全管理制度，加强管材质量和施工质量的检查监督。在湿陷性黄土地区，可将埋地管道敷设在防水性能良好的检漏管沟内，一旦漏水，水可沿沟排至检漏井内，便于及时发现和检修。

(4) 防噪声 管网或设备在使用过程中常会发生噪声，噪声会沿建筑物结构和管道传播，造成噪声污染。

防止噪声的措施主要有：在建筑设计时使水泵房、卫生间不靠近卧室及其他需要安静的房间，必要时可做隔声墙壁；在管道布置时，应避免管道沿卧室或卧室相邻的墙壁敷设；为防止管道的损坏和噪声的污染，在设计给水系统时应控制管道的水流速度，应选用质量良好的配件、器材，尽量减少使用电磁阀或速闭型水栓；住宅建筑进户管的阀门后（沿水流方向），宜装设可挠曲橡胶接头进行隔振，并可在管支架、吊架内衬垫减振材料，以减小噪声的扩散；此外，提高水泵机组装配和安装的准确性，采用减振基础及安装隔振垫等措施，也能减弱或防止噪声的传播。

第四节 建筑中水给水系统

随着我国经济建设的不断发展，人们生产生活用水量急剧增加。对于淡水资源缺乏，城市供水严重不足的缺水地区，利用生活污废水经适当处理后回用于建筑物和建筑小区供生活杂用，既节省水资源，又使污水无害化，是保护环境、防治水污染、缓解水资源不足的重要途径。

建筑中水给水系统是指民用建筑物或居住小区内使用后的各种排水如生活排水、冷却水及雨水等经过适当处理后，回用于建筑物或居住小区内，作为杂用水的供水系统。杂用水其水质介于给水和排水之间，主要用来冲洗便器、冲洗汽车、绿化和浇洒道路。

一、中水及中水原水

1. 中水

中水，是指生活污水经过处理后，达到规定的水质标准，可在一定范围内重复使用的非饮用水。中水水质必须满足下列基本要求：

① 卫生上安全可靠 无有害物质，其主要衡量指标有大肠菌群数、细菌总数、余氯量、悬浮物量、生化需氧量、化学需氧量等。

② 外观上无不快的感觉 其主要衡量指标有浊度、色度、臭气、表面活性剂和油脂含量等。

③ 不引起设备、管道等的严重腐蚀、结垢和不造成维护管理的困难 其主要衡量指标有pH、硬度、蒸发残留物、溶解性物质等。

中水水质的具体要求见《生活杂用水水质标准》（CJ 25.1—89）。

2. 中水原水

中水原水是指选作中水水源而未经处理的水。建筑中水原水来自建筑物内部的生活污水、生活废水和冷却水。按污染程度轻重，将可作为中水原水的水源分为以下6类。

(1) 冷却水 主要是空调机房冷却循环水中排放的部分废水，特点是水温较高，污染较轻。

(2) 沐浴排水 是淋浴和浴盆排放的废水，有机物浓度和悬浮物浓度都较低，但皂液的含量高。

(3) 盥洗排水 是洗脸盆、洗手盆和盥洗槽排放的废水，水质与沐浴排水相近，但悬浮物浓度较高。

(4) 洗衣排水　指宾馆洗衣房排水，水质与盥洗排水相近，但洗涤剂含量高。

(5) 厨房排水　包括厨房、食堂和餐厅在进行炊事活动中排放的污水，污水中有机物浓度、浊度和油脂含量高。

(6) 厕所排水　大便器和小便器排放的污水，有机物浓度、悬浮物浓度和细菌含量高。

前四种排水属于优质杂排水，其有机物浓度和悬浮物浓度都低，水质好，处理容易，处理费用低，应优先选用。

二、中水系统的分类和组成

1. 中水系统的分类

按中水系统服务的范围，可将其分为三类：建筑中水系统、小区中水系统和城市中水系统。

(1) 建筑中水系统　是指单幢建筑物或几幢相邻建筑物所形成的中水系统，如图2-23 (a) 所示。建筑中水系统的特点是以优质杂排水或杂排水作为中水水源，处理方便，流程简单，投资省，占地少，管道短，施工方便，处理水量容易平衡。适用于大型公共建筑、公寓、旅馆和办公楼等建筑。

(2) 小区中水系统　小区中水系统 [图2-23 (b)] 的中水原水取自居住小区内各建筑物排放的污废水。根据居住小区所在城镇排水设施的完善程度确定室内排水系统，但应使居住小区给排水系统与建筑内部给排水系统相配套。目前，居住小区内多为分流制，以优质杂排水或杂排水为中水水源。居住小区和建筑内部供水管网分为生活饮用水和杂用水双管配水系统。小区中水系统可节水30%。其特点是工程规模较大，管道复杂，但集中处理费用较低。此系统多用于居住小区、机关大院和高等院校等。

(3) 城市中水系统　城市中水系统的水原水水质复杂，需配套建设污水处理厂，其特点是工程规模大，投资大，处理水量大，处理工艺复杂，涉及城市规划，一般短时间内难以实现。城市中水系统如图2-23 (c) 所示。

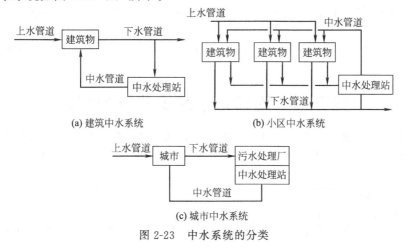

图2-23　中水系统的分类

2. 中水系统组成

中水系统由中水原水系统、中水处理设施和中水供水系统三部分组成。中水原水系统是指收集、输送中水原水到中水处理设施的管道系统和一些附属构筑物。中水处理设施的设置应根据中水原水水量、水质和中水使用要求等因素，经过技术经济比较后确定。一般将整个处理过程分为前处理、主要处理和后处理三个阶段。中水供水系统应单独设立，包括配水管网、中水储水池、中水高位水箱、中水泵站或中水气压给水设备。

三、中水给水系统

1. 中水供水管道系统供水方式

中水供水管道系统和给水供水系统相似，主要有余压供水（靠最后处理工序的余压将水供至用户）、水泵水箱系统供水和气压供水系统供水，如图 2-24 所示。

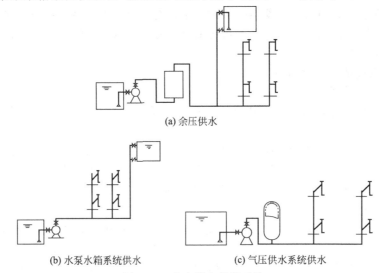

图 2-24　中水供水管道系统

2. 对中水供水管道和设备的要求

① 中水管道必须具有耐蚀性，因为中水保持有余氯和多种盐类，会产生化学和电化学腐蚀，采用塑料管、衬塑复合钢管和玻璃钢管比较适宜。

② 中水管道、设备及受水器具应按规定着色，以免误用。《建筑中水设计规范》规定为浅绿色。

③ 不能采用耐蚀材料的管道和设备应做好防腐蚀处理，使其表面光滑，易于清洗、清垢。

④ 中水用水最好采用使中水不与人直接接触的密闭器具，冲洗、浇洒采用地下式给水栓。

第五节　建筑给水系统的维护管理

建筑给水系统为用户提供生产和生活用水，其运行质量的高低对用户的生产和生活会产生极大的影响，物业设备管理部门应从系统的维护和管理两方面工作抓起，确保系统安全、稳定运行。

一、给水系统维护管理

1. 强化系统的接管验收

（1）在系统的设备安装阶段介入，对设备安装过程中存在的问题及时纠正并做到心中有数。

（2）系统接管前，必须进行验收，其主要内容为：

① 打压试验　试验压力为管网最大工作压力加上 0.5MPa，但总压力不应超过 1.0MPa，达到规定的压力后，保持 10min 以上，如果压力下降不超过 0.1MPa，即认为合格。

② 管道检查　主要检查管道的直线性、支撑是否坚固、是否有必要的坡度、焊缝和接头有无漏水。

③ 附件检查 主要检查各种附件的规格、数量是否与图纸相符，各种阀门安装位置是否正确，开关是否灵活，有无漏水现象。

④ 设备仪表检查 主要检查水表、水泵、电动机等动作是否准确，水箱设置是否正确，焊缝有无漏水。

⑤ 资料的收集 包括设备技术资料、设备试运行记录、施工图、竣工图、设备和材料合格证等。

2. 加强给水系统日常维护管理

（1）进一步完善给水系统的管理制度和工作程序，做到有章可循，保证管理的科学化和制度化。主要制度和程序有：

① 岗位责任制和奖惩制度 通过制度的建立，明确物业管理人员和维修人员各自的分工和职责，奖惩有据，促进物业设备的管理和维护工作的开展。

② 设备操作规程 包括水泵房的运行操作规程、水箱清洁操作规程、电气焊维修操作规程等。

（2）给水系统维护

① 日常巡检 物业设备管理和维修人员应经常对系统进行例行检查，以便及时发现问题进行解决，并为定期检修提供依据。日常巡检的主要内容有：

a. 查看地面有无渗水现象，以判断埋地管道是否漏水。

b. 检查室内各种管道、器具有无漏水和滴水现象。

c. 检查水箱人孔盖是否盖严，通气管、溢流管上的网罩是否完好。

d. 检查水泵运行过程中有无异响和异常温升，各种仪表批示是否正常。

② 定期检修 除对给水系统进行日常巡检外，还要进行定期检修，其内容为：

a. 系统外观检查，主要包括管道连接严密度、腐蚀程度、支（托）架及管卡牢固度等内容。

b. 对于水泵及其电气装置应进行检修，检查电线是否老化损坏，水泵零件是否磨损，变频系统是否正常，对水泵和电动机还应定期清洗和润滑。

c. 检查给水系统中的各个阀门，看其是否启闭自如，能否起到控制作用，及时更换失灵的阀门，并对阀门清洗加油。

d. 检验水箱或水池的水质，若水质不符合国家《生活饮用水卫生标准》，则应立即检查消毒设备，不能正常工作的消毒设备应进行修理或更换，若是由于水箱污染造成的水质变坏，则应清洗水箱。

③ 用户维修 为及时解决住户内部给水管道和器具出现的问题，物业管理部门应设立报修电话。对用户提出的报修，工程部应开具维修单，维修人员持维修单上门维修，维修完成后用户应在维修单上签字确认，实行有偿服务的，还要开具相关收据。对用户的维修应及时快捷。

3. 完善给水系统的档案管理

档案管理是设备管理的一项基础性工作，它在设备保养、检修、故障分析、备品备件准备等方面具有举足轻重的作用。因此设备管理部门应对有关的给水排水系统资料进行整理、归类，并妥善保管。应存档的资料包括给水设备技术资料、图纸；给水工程设计资料、给水工程竣工验收资料；设备运行、巡检、维修情况等原始记录；各种规章制度，有关会议记录等。以便在系统出现故障时，参考有关资料进行故障分析，及时找出问题并组织检修，最大限度地减少停水时间和停水范围。

4. 积极开展宣传教育活动

除保证给水系统的正常运行外，物业管理部门应承担起向用户宣传正确使用给排水设备和保证系统正常运行的责任，如向用户宣传节约用水的重要性及节水方法以及一些简单的维修和保养常识等，从而减少故障概机率，保证系统正常运行。

二、建筑给水系统常见故障及处理

1. 给水管道故障

给水管道常见故障是漏水，造成漏水的原因主要有水管或配件锈蚀、爆破、开裂、接头松动等，给水管道的其他故障还有阀门开关不灵或关不紧，水表不准等。具体维修方法如下：

① 钢管开裂或穿孔可用电焊补焊，也可在管外用自制叠合套管箍住，再用螺栓固定，一般管子和叠合套管之间应垫有橡胶垫。

② 铸铁管如损坏严重时需更换新管。如果只有微小裂缝，可采用叠合套管箍住，再用螺栓固定。

③ 塑料管损坏的维修方法与铸铁管基本相同。

④ 水泥管损坏需更换新管。

⑤ 接头松动需卸下重新安装。

⑥ 管件损坏需更换新件后重新安装。

⑦ 阀门开关不灵或关不紧的主要原因是生锈、有异物进入阀底或密封皮钱损坏造成的，可拆开阀体进行润滑、清除异物或更换密封皮钱。

⑧ 水表不准应予更换。

2. 水箱溢水或漏水

水箱溢水是由于进水控制装置或水泵启闭失灵所致。若属于进水控制装置的问题，应立即关闭水泵和进水阀门，进行检修；若属于水泵启闭失灵，则应切断电源后再检修水泵。引起水箱漏水的原因是水箱上的管道接口发生问题或是箱体出现裂缝。

3. 给水龙头出水量过小或过大

给水龙头出水量过小或过大主要是给水压力不均匀造成的，一般来说，建筑底层容易出现水龙头出流量过大过急、水流喷溅的现象，而高层用户出水量则易出现水流过小的现象。解决办法：可在下层用户进水管上安装减压阀或在水龙头中安装节流塞；上层可考虑提高水泵的扬程或在水箱出水管上安装管道泵。

4. 水质污染

水质污染一般有浊度超标、细菌总数或大肠菌群数超标、出水铁含量超标等几种情况。

（1）浊度超标　一般是由于水中落入灰尘或其他杂质引起的。应检查水箱的人孔盖是否盖严，通气管、溢流管管口网罩是否完好；水箱内是否有杂质沉淀；埋地管道有无渗漏现象等。

（2）细菌总数或大肠菌群数超标　可能是由于水中落入灰尘或其他杂质、消毒器工作不良、混入污水或污浊空气等原因引起的。除应进行上述检查外，还应检查消毒器的工作情况；检查水箱排水管、溢流管和排水管道是否有空气隔断，是否造成了回流污染。

（3）出水铁含量超标　一般是由钢制水箱顶板或四壁防腐层脱落造成的。应及时进行除锈和防锈处理。

除上述水质污染现象外，还可能存在其他水质指标不合格的情况，可以请有关部门，如卫生防疫站、自来水公司等帮助进行分析，找出污染原因，制定解决办法。

5. 振动和噪声

给水系统的振动和噪声，主要是由于管道附件使用不当造成的水锤、管道中水流速度过快、供水设备运行等原因。减小振动和噪声的方法是：选用合适的管道附件；经常检查支架、吊环、管件、螺栓等是否松动；水泵房位置是否合理，设备运行是否有异常声响等。

【复习思考题】
1. 建筑给水系统分为哪几类?
2. 简述给水系统的组成。
3. 常见的给水方式有哪几种?各自的适用场合及特点是什么?
4. 常见的管材有哪几种?各自如何连接?
5. 给水管道的布置要求有哪些?
6. 对中水给水系统的管道和设备有哪些特殊要求?
7. 建筑给水系统常见故障有哪些?如何处理?

第三章　建筑排水系统

【学习目标】
1. 掌握建筑排水系统的分类和组成、排水器具与管材、系统维护管理与常见故障的处理。
2. 详细了解室内排水系统的布置形式。
3. 了解城市污水处理的方法、工艺以及常用设备。

【本章要点】
主要介绍建筑排水系统的分类和组成，排水系统的主要设备、器具和管道材料，室内排水管道的布置形式，屋面雨水排放系统以及排水系统的维护与常见故障处理。简要介绍了城市污水处理的工艺及主要设备。

建筑排水系统的任务，是将房屋卫生设备和生产设备排除出来的污水（废水），以及降落在屋面上的雨雪水，通过室内排水系统（室外墙壁上的水落管）排到室外排水系统中去。必须保证室内不停积、漫漏污水、废水和雨水，不逸入、滞留毒气、臭气和秽气，不污染周围的环境卫生。

第一节　建筑排水系统分类和组成

一、排水系统的分类
按建筑排除的污（废）的性质，建筑物的排水系统分为三类。

1. 生活污水系统

人们日常生活中排除的洗涤水和粪便污水总称为生活污水。生活污水多含有有机物和细菌。

2. 工业污（废）水系统

生产过程排除的水，其中未受污染或轻微污染以及水温稍有升高的称为生产废水（如工艺过程用过的冷却水），可作为杂水水源，也可经简单处理后回用或排入水体；生产污水为污染较重的工业废水以及水温过高排放后造成热污染的工业废水。各类生产污水化学成分复杂，通常含有强酸、强碱、铬等对人体有害的成分，必须经处理达到排放标准才能排放。

3. 雨（雪）水系统

屋面上的雨水和融化的雪水，应由管道系统排除。

二、排水系统的组成
建筑排水系统（图3-1）一般由污（废）水受水器、排水管系统、通气管系统、清通设备等组成，如污水需处理时还应有局部水处理构筑物。

1. 污（废）水受水器

受水器是指各种卫生器具、雨水斗和排放工业废水的设备等，是污水排水系统的起点。

2. 排水管系统

排水管系统由器具排出管（连接卫生器具和排水横支管的短管）、有一定坡度的横支管、

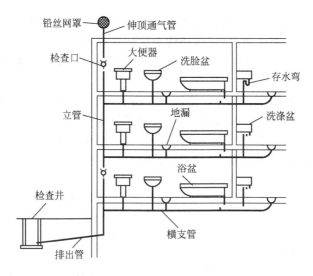

图 3-1 建筑排水系统示意图

立管及埋设在室内地下的总横干管和排至室外的排出管所组成。

3. 通气管系统

通气管系统的作用有：

① 防止系统排水时，管道系统中的空气被大量抽走而形成真空进而破坏水封。
② 将管道系统中的臭气和有害气体排到大气中去。
③ 使管道系统中保持新鲜空气流通，可减轻废气对管道的锈蚀，延长管道使用寿命。
④ 系统排水时有空气补充，排水实质上是一种气水混合物，可减轻冲击和噪声。

通气管的设置要求：

① 对于层数不多、卫生器具较少的建筑物，仅设排水立管，将上部延伸出屋面（伸顶通气管）。伸顶通气管是指从最高层立管检查口至伸出屋面立管管口的管段，如图 3-2 所示。通气管管口高出屋面的距离不得小于 0.3m，且必须大于建筑所在地区的最大积雪厚度（防止积雪堵管），在其出口 4m 之内有门窗时，须高出门窗过梁 0.6m 或引向无门窗的一侧，在经常有人停留的平屋面上应高出 2m（还要考虑防雷装置），其出口不宜设在房屋挑出部分

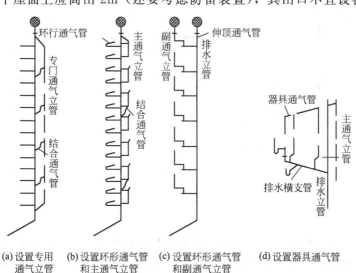

(a) 设置专用通气立管　(b) 设置环形通气管和主通气立管　(c) 设置环形通气管和副通气立管　(d) 设置器具通气管

图 3-2 专用通气管道的类型

(如屋檐、阳台、雨篷)的下面。为避免通气管在穿过刚性屋面处渗漏雨水(因屋面材料与管料的膨胀系数不同而易产生裂缝),可在管上设防水翼环嵌。

② 防止固体杂物堵塞通气管出口,顶端须设通气帽,其尺寸与做法参见国家标准图集。

4. 清通设备

(1) 地漏 用于排泄厕所、浴室、盥洗室等用水间的地面积水(也用在小便槽和落地式拖布池中),须设在不透水地面的最低处(地漏箅子顶应比地面低5~10mm),而且周围地面必须坡向地漏(其坡度不小于1%),$DN50$和$DN100$地漏的集水半径分别为6m和12m,浴室内有1~2个(或3~4个)淋浴器时可分别设置一个直径50mm(或100mm)的地漏。如有集水明沟,则可每8个淋浴器合用一个直径为100mm的地漏。地漏按构造可分为自带水封和不带水封两种,前者又名钟罩式,因摘去其钟罩即可清通管道,故如果用在排水管始端时还可兼作清扫口。但它的水封浅,对于使用较少的卫生间宜改用不自带水封的地漏(因其下方要专设一个水封较深、干枯较慢的存水弯),见图3-3。

(2) 检查口和清扫口 专供清通管道堵塞物用,检查口又名扫除口,可双向清通,清扫口又名掏堵,仅能单向清通。

在生活污水和工业废水的立管上每隔两层应设一个检查口,而且在最低层和有卫生器具的最高层必须设置(如有乙字形管段,则应在其上部设置),二层建筑可只设在第一层,检查口中心距地面一般为1m,以便于拆、装操作,且应高出卫生器具上边缘0.15m,以防止漏水和清通时影响卫生器具的使用;在有2个及2个以上大便器或3个及3个以上卫生器具的污水横管起端,应设清扫口。

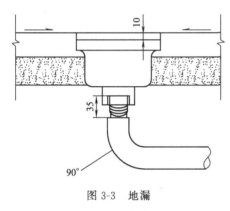

图3-3 地漏

清通设备见图3-4,污水横支管的直线管段上检查口或清扫口之间的最大距离见表3-1。

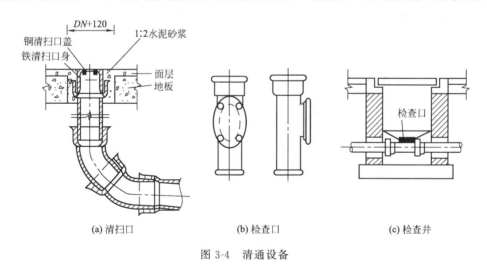

图3-4 清通设备

5. 存水弯

用途:靠它的水封隔绝和防止有害、易燃气体及虫类通过卫生器具泄水口进入室内。

构造、类别和设置要求:管式存水弯(其水封深度常为60~70mm,清管丝堵供清理堵塞物用),按其接头方式可分为承插式和丝扣两类,从其外形又可分为S形(亦名N形)和

表 3-1　污水横支管的直线管段上检查口或清扫口之间的最大距离　　　　　　　　　　mm

公称直径	清通设备	生产废水	生产污水及与生活污水成分接近的生产污水	含有大量悬浮物和沉淀物的生产污水
50~70	检查口	15	12	10
	清扫口	10	8	6
100~150	检查口	20	15	12
	清扫口	15	10	8
200	检查口	25	20	15

P形两种。凡有隔绝臭气要求的卫生器具和工业废水受水器之泄水口下方均需设置，在安装不便处可改用水封井（水封深度不得小于100mm）在同室的成组洗脸盆数为6个以下时可合用一个存水弯（但管径不宜小于50mm，带清扫口，且对称地设在中部）。对于蹲式大便器，S形存水弯用于底层，P形存水弯用于其他楼层。

防止水封失效的要点：

① 设通气管通气，以防止因用具排水导致立管内呈负压或正压（这种情况将分别在满流水塞急速向下运动或同时在立管下段某处又受堵而无通气管的条件下发生），使水封水被强行吸干或被挤走。

② 尽量缩短和控制从卫生器具到污水立管间连接管的垂直投影长度，以防止管过长而产生虹吸作用将水封水吸干。

③ 卫生器具泄水口宜设格栅，以减慢泄水末尾速度，防止因卫生器具内污水快速泄尽，导致断流使水封失去尾水补充的机会。

④ 不设长期不用的卫生器具，以防止水封因自然蒸发干涸而又得不到补充。

⑤ 尽量保持存水弯内壁的光洁度，不滞留纤维质废物，因纸片、毛发、布条等的毛细管作用会将水封水吸向排水管。

⑥ 洗脸盆、盥洗台等泄水口可用塑料水封，当检修、清堵时便于拆装。

第二节　室内排水系统常用的管材、管件和安装

一、管材和管件

选用管材应按污水特性，对管道参数的要求、敷设位置等因素综合考虑。

1. 排水铸铁管

比给水铸铁管壁薄，价格低，常用作生活污水管和雨水管，必须是钢模机制铸铁管，但其不耐高压与酸性腐蚀，因此高度大于30m的生活污水立管下段和出户管、微酸性生产废水管常改用给水铸铁管。接头为承插式，用水泥砂浆或膨胀水泥接口，有供连接管道用的弯头、三通等定型管件。建筑内常用排水铸铁管规格见表3-2。排水铸铁管及管件见图3-5。其连接方式见图3-6。

2. 石棉水泥管

质轻、壁光、耐蚀，但材质脆弱，故只可用作生活污水的通气管段，常用双承口铸铁管箍或套箍连接。

3. 硬聚氯乙烯塑料管

硬聚氯乙烯塑料管具有重量轻、耐压强度高、管壁光滑阻力小、耐化学腐蚀性能强、安装方便、投资低、节约金属等特点。塑料管承插件的形状同排水铸铁管，承插口用胶黏剂粘接。由于管道受环境温度和污水温度变化而伸缩，当管道伸长超出允许值时需设伸缩节。

表 3-2 建筑内常用排水铸铁管规格

公称直径/mm	外径/mm	壁厚/mm	参考质量/kg·m⁻¹
50	59	4.5	5.55
75	85	5	9.05
100	110	5	11.88
125	136	5.5	16.24
150	161	5.5	19.35
200	212	6	27.96

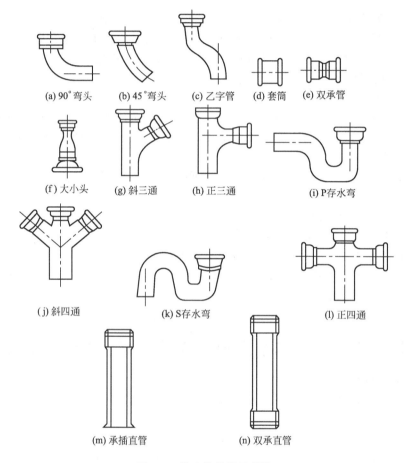

图 3-5 排水铸铁管及管件

4. 焊接钢管

焊接钢管用作卫生器具及生产设备的非腐蚀性排水支管。管径小于或等于 50mm 时可用配件连接或焊接。

5. 无缝钢管

对于检修困难，机器设备震动较大的部位管段及管道内压力较高的非腐蚀排水管，可采用无缝钢管。无缝钢管连接采用焊接或法兰连接。

6. 陶土管

陶土管具有良好的耐蚀性，多用于排除弱酸性生产污水。

7. 耐酸陶土管

适用于排除弱酸性生产污水。

8. 特种管道

在工业废水管道中，需排除各种腐蚀性污水、高温及毒性污水，因此常用特种管道，如不锈钢管、铅管、高硅铁管。

二、建筑排水系统的安装

1. 室内埋地横干管的安装

室内地下排水管敷设应在土建基础工程基本完成，管沟已按图纸需求挖好，位置、标高坡度经检查符合工艺要求，沟基进行了相应处理并达到施工强度，基础及过墙穿管的孔洞已按图纸的位置、标高和尺寸预留好时进行。

敷设时首先按设计要求确定各管段的位置与标高，在沟内按承口向来水方向排列管材、管件，可以截短以适应安装要求，使管线就位，然后预制各管段，并进行防腐处理，下管对接；最后进行注水试验、检查和回填。

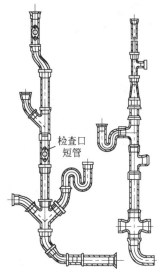

图 3-6　铸铁管管件连接

2. 室内排水立管的安装

室内排水立管的安装应在地下管道敷设完毕，各立管甩头已按图纸要求和有关规定正确就位后进行。首先，自顶层楼地板找出管中心位置，先打出一个直径20mm左右的小孔，用线坠向下层楼板吊线，逐层凿打小孔，直至地下排水立管甩头处，定位准确后将小孔扩大（比管子外径大40～50mm）；然后预制安装，经检查符合要求后，栽立管卡架，固定管道，最后堵塞楼板眼。注意：打楼板眼时不可用大锤，应钻眼成孔，管道安装前应堵好空心楼板孔；堵楼板时将模板支严、支平，将细石混凝土灌严实，平整。

3. 室内排水横支管安装

当排水立管安装完毕，立管上横支管分岔口标高、数量、朝向均达到质量要求后，可进行横支管安装。首先修整凿打楼板、穿墙孔洞，再按设计要求（或规范规定）栽牢支架、拖架或吊架，找平找正，待砂浆达到安装强度后安装管道，最后安装卫生器具，下穿楼板短管。安装时下料尺寸要准确，严格控制标高和坐标，使其满足各卫生器具的安装要求。

以上工作完成后，即可进行卫生器具的安装。

最低横支管与立管连接处至立管管底的垂直距离见表3-3。

表3-3　最低横支管与立管连接处至立管管底的垂直距离

立管连接卫生器具的层数/层	垂直距离/m	立管连接卫生器具的层数/层	垂直距离/m
≤4	0.45	13～19	3.0
5～6	0.75	≥20	6.0
7～12	1.2		

三、管道布置、敷设的要求与措施

（1）力求管线短而直，使污水以最佳的水力条件快速地排至室外，并节省造价。采取的相应措施有：层高小，卫生器具间距大的房屋以立管多用、横管少用的方法为好，层高大，卫生器具间距小的房屋则反之；尽量横平竖直少用弯管；应将污水立管布设在邻近排水量大、最脏、固体杂质最多的排水点（如大便器）处。

（2）防止以下情况发生。

① 漏水导致发生事故　其措施为：不得布置在遇水会引起燃烧、爆炸物品或会损坏原

料、产品和设备的上方。

② 滴水损坏物具　其措施为：在管外壁有可能结露处，须按房屋性质与使用要求采取防结露措施。

③ 屋外地下水入室　其措施为：管道穿越地下室外墙或地下构筑物的墙壁处，应采取防水措施。

（3）不因管道而妨碍、影响房屋及其室内设备的功能和正常使用。

其措施为：架空管道不得敷设在有特殊卫生要求的厂房、食品及贵重品仓库、通风小室和变配电间内；管道不得穿过烟道和风道；污水立管应避免靠近与卧室相邻的内墙；管道应沿墙、柱布置，少占空间；必须不影响门窗的启闭和暖气片、配电箱的装修。

（4）力求管道牢固耐用、不裂不漏。

① 防外力损坏管道　其措施为：管道不得穿过沉降缝，并避免穿过伸缩缝；管道应避免布置在可能受重物压坏处，不得穿越生产设备基础，在特殊情况下要与有关专业人员协商处理。

② 防止房屋下沉或横向位移损坏管道　其措施为：管道穿过承重墙或基础处应预留孔洞，且管顶上部净空不得小于房屋的沉降量；对于高层建筑的管道接头填料应考虑能适应屋层间的横向位移。

③ 防止自重或外物碰撞损坏管道　其措施为：悬空管道须用管卡、吊架固定，其间距对于横管，铸铁管不大于每根管长；对于立管，不大于3m。

④ 防腐蚀损坏管道　其措施为：埋地或暗装于管沟中的铸铁管，在外壁刷石油沥青2道；明装的铸铁管及吊具等零件可在外壁刷樟丹1道，再刷银粉或其他色漆2道。

（5）力求污水、污物在管道流程中畅通无阻，不淤积，不堵塞。

① 防急转弯和流道不光滑而受阻堵塞　措施为：排出管与室外排水管连接的水流转角不小于90°；横管与横管或与立管的连接，须用斜三通、斜四通管件；立管与排出管的连接，应用2个45°弯头或曲率半径不小于4倍管径的90°弯头。

② 防冻、重压损坏管道和污水倒灌　排出管的埋深取决于室外管道标高、冻土深度和外力条件。一般用管顶平接法，且须满足覆土深度的防冻、防压要求；在室内避免布设在易冻处。

（6）便于安装、维修和清堵。

其措施为：避免与其他管道或设备交叉，管道穿过楼板或承重墙基础处应预留孔洞，管道一般应在地下埋设或在地面上、楼板下明装，有特殊要求时才在管槽、井、沟或吊顶内暗装，但须考虑安装、检修的方便，并按规定设置检查口或清扫口；对于有不散发有害气体或大量蒸汽且属于污水中含大量悬浮沉淀物，在生产设备排水支管多、用管连接难、排水点不固定或地面须常冲洗四种情况之一者，可用有盖或无盖的明沟排水，当有粗大杂物时应在明沟接至管道处设拦污格栅。

表3-4　排水管道的通用坡度和最小坡度

管径/mm	工业废水管道（最小坡度）		生活排水管道		管径/mm	工业废水管道（最小坡度）		生活排水管道	
	生产废水	生活污水	通用坡度	最小坡度		生产废水	生活污水	通用坡度	最小坡度
50	0.020	0.030	0.035	0.025	150	0.005	0.006	0.010	0.007
75	0.015	0.020	0.025	0.015	200	0.004	0.004	0.008	0.005
100	0.008	0.012	0.020	0.012	250	0.0035	0.0035		
125	0.006	0.010	0.015	0.010	300	0.0033	0.0033		

（7）不因立管长或下游被堵时，致上层污水经底层卫生器具冒涌而出或冒气泡污染室内环境。

其措施为：大于10层的房屋，底层生活污水应设单独管道排至室外。

排水管道的通用坡度和最小坡度见表3-4。

第三节 卫 生 器 具

卫生器具是建筑排水系统的重要组成部分，用来满足日常生活中洗涤等卫生用水以及收集、排除生产、生活中产生污水的设备。常用卫生器具按其用途可分为：便溺用卫生器具、盥洗器具、淋浴用卫生器具、洗涤用卫生器具等几类，本节将分别介绍各种卫生器具及安装常识。

一、便溺用卫生器具

便溺用卫生器具有大便器、大便槽、小便器和冲洗设备等。

1. 大便器

大便器有坐式大便器、蹲式大便器和大便槽。

坐式大便器（图3-7）大多用在宾馆、住宅等建筑的卫生间内，按水力冲洗原理，近年来多采用虹吸式。

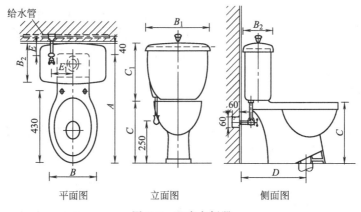

图 3-7 坐式大便器

蹲式大便器（图3-8）多装设在公共卫生间、学校等一般建筑内，多使用延时自闭式冲洗阀冲洗。

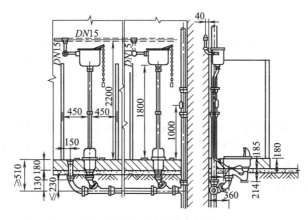

图 3-8 蹲式大便器

大便槽常用于学校、火车站、码头等卫生标准不高的公共场所。其槽宽一般为200～300mm，起端槽深350mm，槽底坡度不小于0.015，末端设有高出槽底150mm的挡水坎，排水口需设存水弯。

2. 小便器

小便器设于公共场所的男厕所内，有挂式、立式和小便槽三种。挂式小便器悬挂在墙上，每只小便器都设存水弯，一般采用冲洗阀，也可自动冲洗。立式小便器（图3-9）用于卫生标准较高的公共场所内，采用自动冲洗方式。小便槽结构简单，造价低，用在人员较多的公共场所，槽宽300～400mm，起端槽深不小于100mm，槽底坡度不小于0.01。凡是设小便器的地板上都应设置地漏或排水沟。

3. 冲洗设备

冲洗设备是便溺器具的重要配套设备，一般有冲洗水箱和冲洗阀。其中冲洗水箱的种类较多，按冲洗原理有冲洗式和虹吸式，目前多为后者；按启动方式有手动式和自动式；按安装位置有高水箱和低水箱。冲洗阀多采用延时自闭式，它体积小，占用空间少，外表美观整洁，可直接安装在大小便器冲洗管上，可用在住宅、公共建筑及火车的厕所内，但它所要求的水压较高，构造复杂，容易阻塞损坏。

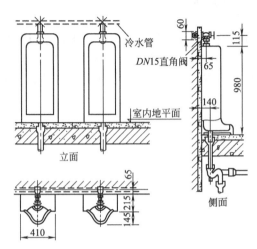

图3-9 立式小便器

二、盥洗器具

1. 洗脸盆

洗脸盆（图3-10）设置在盥洗室、浴室、卫生间内，多为陶瓷制品，其形状为长方形、三角形、椭圆形等，安装方式有墙架式、柱脚式和台式。

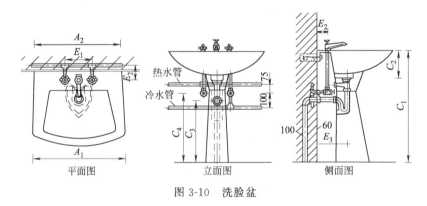

图3-10 洗脸盆

2. 盥洗槽

盥洗槽是由瓷砖或水磨石类材料现场建造的卫生设备，装置在同时有多人需要使用盥洗的地方，如集体宿舍、工厂生活间等。盥洗槽有长条形和圆形两种，槽内靠墙边设有泄水沟，污水沿沟流到沟端排水口，也有排水口设在槽中间的。

三、淋浴用卫生器具

1. 浴盆

浴盆（图3-11）设置在住宅、宾馆、医院等卫生间及公共浴室内，多为长方形，一般

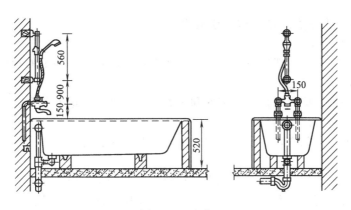

图 3-11 浴盆

有铸铁搪瓷浴盆、陶瓷浴盆和玻璃钢浴盆等。浴盆配有冷、热水龙头或混合龙头,有的还配有固定式或软管活动式淋浴莲蓬头。

2. 淋浴器

与浴盆相比,淋浴器具有占地面积小、耗水量少、投资少、卫生条件好等优点,广泛用于集体宿舍或公共浴室中。

四、洗涤用卫生器具

1. 洗涤盆

洗涤盆通常设在住宅厨房和公共食堂厨房内,供洗涤蔬菜、餐具等。有的洗涤盆也设置在医院的诊室、治疗室。洗涤盆多为陶瓷,较高质量的为不锈钢制品,有双格和单格之分,按安装方式有墙架式(图 3-12)、柱脚式和台式。

2. 污水盆

污水盆(图 3-13)常安装在公共建筑的厕所和盥洗室内,供洗涤拖把、打扫厕所、倾倒污水之用,多用砖砌瓷砖贴面。

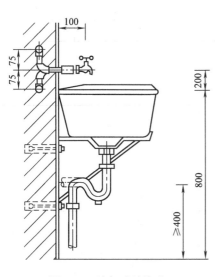

图 3-12 墙架式洗涤盆

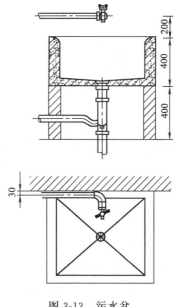

图 3-13 污水盆

五、卫生器具的设置、布置与安装要求

1. 卫生器具的设置

在住宅的卫生间内,一般应设坐便器、淋浴器和洗脸盆。在住宅的厨房内,一般设洗涤盆,空间大的设两个单格的洗涤盆。

在宾馆的客房内,应设坐便器、浴盆和洗脸盆,且洗脸盆应安装在盥洗台内。同时,还应设毛巾架、化妆镜、烘手器等。

在公共建筑的卫生间内,常设蹲便器、洗脸盆和污水盆等。

2. 卫生器具布置

布置卫生器具时,应根据厨房、卫生间和公共厕所的平面位置、面积大小、卫生器具数量与单件尺寸、有无管道井和管槽等条件,以满足使用方便、容易清洁、管线短且转弯少等要求全盘考虑。

3. 安装要求

卫生器具的安装应满足以下两个条件:一是土建施工基本完成但尚未收尾;二是给水管道和排水管道已随土建进度安装完毕。给水支管的镶接是在卫生器具安装完毕后进行的。

卫生器具安装的基本要求:

(1) 位置正确 卫生器具的安装位置包括平面位置和立面位置,一般由设计确定。当需要由安装者现场定位时,主要考虑使用方便、舒适、易检修等因素,尽量做到与建筑布置的整体协调和美观。施工时要特别注意器具排水管中心位置的准确性。一般是按照《施工安装图册》指示的有关尺寸来进行安装,部分卫生器具的安装高度见表3-5,连接卫生器具的排水管径和最小坡度见表3-6。

(2) 安装稳固 卫生器具的安装是否稳固,在很大程度上取决于器具底座、支腿和支架安装的稳固,因此,在施工中要特别注意。

(3) 安装严密 为防止卫生器具使用时漏水,要注意与给水管道镶接处和与排水管道连接处的施工,加橡胶软垫的地方要压挤紧密,填油灰的地方要填塞密实。

表3-5 部分卫生器具的安装高度

序号	卫生器具名称		卫生器具边缘离地高度/mm	
			居住和公共建筑	幼儿园
1	架空式污水盆、洗涤盆(至上边缘)		800	800
2	落地式污水盆(至上边缘)		500	500
3	洗脸盆、盥洗槽(至上边缘)		800	500
4	浴盆(至上边缘)		480	—
5	蹲、坐式大便器(从台阶面至高水箱底)		1800	1800
6	坐式大便器(至低水箱底)	虹吸喷射式	470	370
		外露排出管式	510	—
7	坐式大便器(至上边缘)	虹吸喷射式	380	—
		外露排出管式	400	—
8	大便槽(从台阶面至冲洗水箱底)		≥2000	—
9	挂式小便器(至受水部分上边缘)		600	450
10	立式小便器(至受水部分上边缘)		100	—
11	小便槽(至台阶面)		200	150

表 3-6　连接卫生器具的排水管径和最小坡度

项次	卫生器具名称	排水管管径/mm	管道的最小坡度	项次	卫生器具名称	排水管管径/mm	管道的最小坡度
1	污水盆(池)	50	0.025	5	小便器 　手动冲洗阀 　自动冲洗水箱	 40～50 40～50	 0.020 0.020
2	单双格洗涤盆(池)	50	0.025	6	妇女卫生盆	40～50	0.020
3	淋浴器	50	0.020	7	饮水器	25～50	0.01～0.02
4	大便器 　高、低水箱 　自闭式冲洗阀 　拉管式冲洗阀	 100 100 100	 0.012 0.012 0.012	8	浴盆	50	0.020
				9	洗脸盆、洗手盆	32～50	0.020

（4）易拆性　安装时，在给水支管与卫生器具的最近连接处加活接头，器具与排水短管、存水弯的连接处，应用油灰填塞密实。

（5）安装美观　卫生器具的安装应端正平直，施工时应随时用线坠、水平尺等工具进行检验和校正。在管子配件与卫生器具的结合处应加橡胶软垫。

（6）成品保护　卫生器具安装好后应进行适当保护，如切断水源、用草袋覆盖、封闭敞开的排水口等，同时要注意防止施工时向敞开的排水口内倾倒废水和垃圾。

第四节　屋面雨水排水系统

对于降落在屋面上的雨水和雪、冰雹的融化水，除矮小房屋和积灰特别多的屋面任其沿屋檐自由落水（常称为无组织排水）外，其他的屋面皆须有专用设施排泄（常称有组织排水）。按照雨水管道是否在屋内通过，屋面雨水排水系统可分为外排水系统和内排水系统。

一、外排水系统

外排水系统的雨水管道不设置在室内，而是沿外墙敷设。这种系统的优点在于不会在室内产生雨水管道的跑、冒、滴、漏等问题，并且系统简单，易于施工，工程造价低。外排水系统又分为檐沟外排水系统和天沟外排水系统。

1. 檐沟外排水系统

檐沟外排水系统（水落管外排水系统）由檐沟和水落管组成，如图 3-14 所示。屋面雨水沿具有一定坡度的屋面集流到檐沟中，然后再由水落管引到地面、明沟或经雨水口流入雨水管道。因屋面用于承接降水，保护建筑物的其余部分不受雨淋和冰害，故除了要求它不渗漏雨水外，尚应使雨水尽快流离屋面，其坡度 i 和用料的类别均直接影响着雨水在屋面上逗留时间 t 的长短，虽然从理论上可以求得 i 为 1 时 t 最短，但是在实践中却因为同时还要综合考虑屋面的构造与造价，用料的性能和降雨量的大小等因素，所以常常是令 $i<1$（坡屋面约为 0.1～0.5，平屋面约为 0.02～0.04）。大屋顶是我们祖先早在古代就已将数学理论用于设计屋面排水的光辉实例之一，它不仅起着使建筑显得雄伟壮丽的作用，而且更重要的是在屋脊和屋檐高差相同的条件下，它具有雨水在屋面上的逗留时间 t 最短的功能和独特优点（因其剖面是呈摆线状，摆线又名旋轮线或最快下降曲线、等下降曲线，用数学方法可以证明它的 t 比斜屋面的要短）。

檐沟用于集接屋面的雨、雪水，常以镀锌铁皮或石棉水

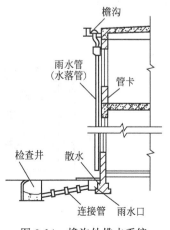

图 3-14　檐沟外排水系统

泥制成。近年多采用彩钢板组装而成。

水斗虽然形似装饰件（其正面常有艺术图案），但是实际上它还有更重要的断流、补压、气水分离、缓冲等功能，同时也有防止水落管被压扁、压碎和雨水沿檐沟全线漫溢等特殊作用，因为当暴雨使水落管呈满流状态时，其底端断面上的水流速度是与檐沟的位置高度（即位置水头）正相关的，但水落管的上、下段管径常是不变的，这就意味着沿其竖向各个断面上的速度水头也是一个不变的常数，然而位置水头却是随着断面的位置升高而增大的，故按能量守恒定律可知，各个断面上的压强水头肯定沿着水落管的末端（最低点）升高而逐渐减小，即其顶部的真空值最大，如无水斗，则必受到大气压力的作用（如一段直径和长度均为100mm 的水落管周围所受大气压力的总和将达近 3000N），因其有缝、敞口，可让空气进入管内，而且水斗断面放大，又有一定的容积，故不仅可起到断流、补压、减速、增压的作用，并且尚具有气水分离让水中的空气尽快排除，缓冲和让过量的雨水集中从此一处漫溢的功能，避免了暴雨沿檐沟全线漫溢而影响行人和房屋勒脚。

水落管用于将雨水从水斗中引下，其常用材料有镀锌铁皮管、铸铁管，也可采用 UP-VC 塑料管、石棉水泥管等，管径为 75mm 或 100mm，镀锌铁皮管的断面可为矩形，断面尺寸通常为 80mm×100mm 或 80mm×120mm。水落管的断面尺寸和设置间距要依据当地降雨量大小和屋面条件确定，依据经验水落管的间距：民用建筑约为 8～16m，工业建筑约为 18～24m。

雨水口和连接管的用途是将雨水汇集经水落管排至屋外管道中去，墙脚处无明沟时每一根水落管要配一套雨水口和连接管，有明沟时则可几根水落管合用一套。

檐沟外排水系统适用于普通住宅、屋面面积不大的公共建筑和单跨工业厂房，但无法解决多跨厂房内跨的雨水排除问题。

2. 天沟外排水系统

近年来，在工程实践中常采用天沟外排水的方式排除大型屋面的雨、雪水。该系统由天沟、雨水斗和立管组成，见图 3-15。天沟设置在两跨中间并坡向端墙，一般雨水斗设在伸出山墙的天沟末端，并与沿外墙布置的立管相连接。屋面雨水沿坡向天沟的屋面汇集到天沟，再沿天沟流入雨水斗，经立管排至地面、明沟或雨水管道。

天沟断面多为矩形，最小坡度为 0.003，坡度过小在实际施工中难以做到，并可能形成局部倒坡积水。为防止天沟通过伸缩缝或沉降缝漏水，故应以伸缩缝或沉降缝为分水线，在其两端设置。天沟单向长度一般不宜大于 50m。为了避免天沟积水过多，产生溢水现象，天沟末端的端壁上应设置溢流口，见图 3-15（b）。天沟外排水系统适用于长度不超过 100m 的多跨工业厂房。

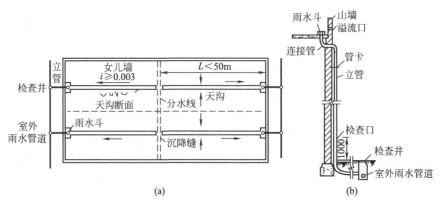

图 3-15 天沟外排水系统

二、内排水系统

内排水系统的雨水管道设置在室内，屋面雨水沿具有坡度的屋面汇集到雨水斗，经雨水斗流入室内雨水管道，最后排到室外雨水管道。内排水系统适用于长度特别大或屋面有天窗的多跨工业厂房、大面积平屋顶建筑、寒冷地区的建筑和采用外排水有困难的建筑。

内排水系统见图3-16，由雨水斗、连接管、悬吊管、立管、排出管、埋地管及检查井等组成。

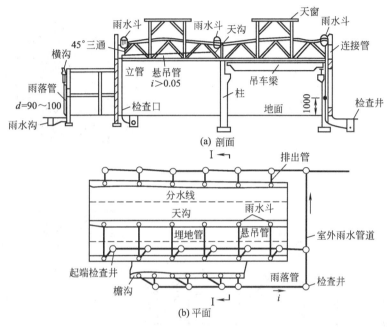

图 3-16 内排水系统

内排水系统按照悬吊管连接的雨水斗数量的不同，可分为单斗系统和多斗系统。单斗系统的悬吊管只连接一个雨水斗，或不设悬吊管而将雨水斗与立管直接连接；多斗系统的悬吊管上连接的雨水斗不止一个，但不多于4个。由于单斗系统的雨水斗在排水时，掺气量小，排水能力大，故设计时应尽量选用单斗系统。按照室内是否设置检查井，内排水系统又分为敞开式和密闭式。

下面介绍内排水系统的各组成部分：

1. 雨水斗

雨水斗（图3-17）是屋面雨水的进水口，其作用是排除雨水、拦截污物和杂质以免管道堵塞，疏导水流，减小水流掺气量。

雨水斗的数量及间距应经水力计算确定，布置时应以伸缩缝、沉降缝和防火墙为分水线，两边各自设为一套系统。若分水线两侧的两个雨水斗需要连接在同一根立管或悬吊管上时，应采取柔性接头，并保证密封、不漏水。在布置雨水斗时还应使每个雨水斗的集水面积均匀，并便于与悬吊管或立管连接。

2. 连接管

连接管一般采用铸铁管或钢管，是连接雨水斗和悬吊管的一段竖向短管，其直径一般与雨水斗短管的管径相等，但不宜小于100mm，并应牢固地固定在建筑物的承重结构上。

3. 悬吊管

悬吊管用于承接连接管排来的雨水并将其排入立管，当室内地下不宜敷设雨水横管时，

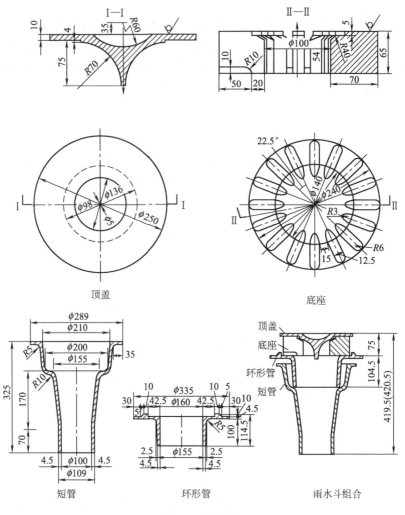

图 3-17 雨水斗

可采用悬吊管排水。悬吊管一般采用铸铁管，在可能受到振动或生产工艺有特殊要求时，也可采用钢管焊接连接。悬吊管一般明装，沿屋架或梁敷设，并牢固地固定在其上。悬吊管的管径不得小于与之相连的连接管的管径，也不宜大于300mm，其最小坡度为0.005。为了便于清通，当悬吊管长度超过15m时，应在悬吊管端头和管中装设检查口或带法兰盘的三通，其间距不得大于20m，并应靠近墙、柱敷设。悬吊管与立管的连接宜采用2个45°三通或45°四通和90°斜三通或90°斜四通。

4. 立管

立管一般沿墙、柱设置，其管材与悬吊管相同，用于承接悬吊管或雨水斗排来的雨水，并将其引入埋地管或排出管。立管管径不得小于与之相连的悬吊管管径，也不宜大于300mm，一根立管连接的悬吊管不应多于2根，且接入同一立管的雨水斗，其安装高度一般应相同。立管上应设检查口，从检查口中心到地面的距离宜为1.0m。

5. 排出管

排出管是将立管的雨水引入检查井的一段埋地横管，其管径不得小于与之相连的立管管径，管材一般采用铸铁管。当排出管在穿越基础墙时，应预留孔洞，管上不得接入其他排水管道。

6. 埋地管

埋地管是指敷设在室内地下的横管,用来承接立管排来的雨水,并将其引入室外雨水管道。埋地管的最小坡度与生产废水管道的最小坡度相同,其最小管径为200mm,最大不超过600mm,最小埋深应满足污水管道埋深的规定。埋地管可采用承压铸铁管、混凝土管、钢筋混凝土管、陶土管和石棉水泥管等。

7. 雨水系统的附属构筑物

雨水系统的附属构筑物主要包括检查井、检查井口和排气井等。

检查井用于连接立管或埋地管。在敞开式内排水系统中,在排出管与埋地管连接处、埋地管转弯、变管径、变坡度、管道交汇等处以及长度超过30m的直线管管段上,都应设检查井。检查井深不小于0.7m,井径不小于1.0m,井内设高流槽,用于疏导水流,以防溢水。

在密闭式内排水系统中,埋地管上应设检查口,以便维修。检查口放在检查井内,这种井称为检查口井。

在敞开式内排水系统中,排气井的作用是避免雨水从检查井内上冒。在靠近埋地管起端的几根排出管宜先接入排气井,使水流在排气井中经过耗能、气水分离后再平稳流入检查井,而气体则由排气管排出,见图3-18。

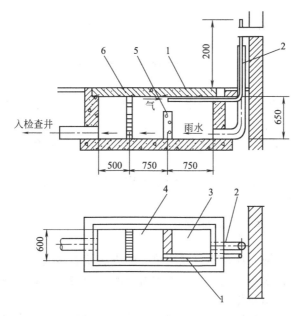

图3-18 排气井
1—排气管;2—立管;3—消能室;4—整流室;5—溢流室;6—整流隔栅

第五节 城市污水处理

一、污水处理基础知识

1. 污水的产生

水体污染主要来源于人类的各种活动排放的污染物,这些污染物进入河流、湖泊、海洋或地下水等水体中,使水和水体的物理、化学性质发生了变化从而降低了水体的使用价值。

水体污染有两类:一类是自然污染,主要是由自然因素造成的;另一类是人为污染,主要是人类在生产和生活过程中产生的污废水对水体的污染,后者是主要的。人为污染源一般分为生活污水、工业废水和农业废水。

2. 污染物种类

污水中的污染物从大的方面可分为物理性污染物、化学性污染物和生物性污染物。其中物理性污染物包括固体污染物、感官性污染物、放射性污染物及热污染等；化学性污染物包括需氧污染物、营养性污染物、酸碱污染物、有毒污染物、油类污染物；生物性污染物包括病菌、病毒、寄生虫等。

3. 水质指标

水质指标是指水和其中所含杂质共同表现出来的物理、化学和生物学特性，水质指标种类很多，但一般可分为如下三类。

(1) 物理性指标

① 感官性指标 包括色度、臭味、温度等。

② 固体含量指标 常用悬浮物和浊度来表示。

(2) 化学性指标

① 无机物指标 包括酸碱度和氮、磷、无机盐及重金属离子含量等。

② 有机物指标 有机物种类繁多，现有的分析技术难以区分定量，但它们都可以被氧化，根据这一特性，一般都采用氧化过程所消耗的氧量来作为有机物总量的综合指标来进行定量。具体指标如下。

生化需氧量（BOD）：在水温20℃的条件下，由于微生物（主要是细菌）的生活活动，将有机物氧化成无机物所消耗的溶解氧量。

化学需氧量（COD）：用强氧化剂（重铬酸钾）在酸性条件下，将有机物氧化成 CO_2 和 H_2O 所消耗的氧量。

总需氧量（TOD）：有机物（主要组成元素是C、H、O、N、S等）被氧化后（分别产生 CO_2、H_2O、NO_2、SO_2 等）所消耗的氧量。

总有机碳（TOC）：是近年来发展起来的一种水质快速测定方法，用于测定水中的有机碳的总含量。

(3) 生物性指标 污水中的微生物以细菌和病菌为主。其指标有大肠菌群数、大肠菌群指数、病毒及细菌总数。

二、污水处理基本方法与工艺流程

1. 污水处理基本方法

污水中的污染物质多种多样，不可能用单一的方法就能够完全处理干净。污水处理的基本方法，就是采用多种技术与手段，将污水中所含的污染物质分离去除、回收利用，或将其转化为无害物质，使水得到净化。

现代污水处理技术，按原理可分为物理处理法、化学处理法和生物化学处理法3类。

(1) 物理处理法 利用物理作用分离污水中呈悬浮状态的固体污染物质。方法有筛滤法、沉淀法、上浮法、气浮法、过滤法和反渗透法等。

(2) 化学处理法 利用化学反应的作用，分离回收污水中处于各种形态的污染物质（包括悬浮的、溶解的、胶体的等）。主要方法有中和、混凝、电解、氧化还原、汽提、萃取、吸附、离子交换和电渗析等。化学处理法多用于处理生产污水。

(3) 生物化学处理法 是利用微生物的代谢作用，使污水中呈溶解、胶体状态的有机污染物转化为稳定的无害物质。主要方法可分为两大类，即利用好氧微生物作用的好氧法和利用厌氧微生物作用的厌氧法。前者广泛用于处理城市污水及有机性生产污水，其中有活性污泥法和生物膜法两种；后者多用于处理高浓度有机污水与污水处理过程中产生的污泥，现在也开始用于处理城市污水与低浓度有机污水。

① 活性污泥法 活性污泥法是应用最广泛的污水处理技术之一，它是一种以含于污水中的有机污染物为微生物的营养物质，在有溶解氧的条件下，连续地培养活性污泥，再利用

其吸附凝聚和氧化分解作用净化水中有机污染物的方法。

"活性污泥"是在污水中形成的一种呈黄褐色的絮凝体，主要由大量繁殖的微生物群体所构成，它易于沉淀与水分离并使污水得到净化、澄清。

② 生物膜法　是和活性污泥法并列的一种污水好氧微生物处理技术。这种处理法的实质是使细菌和菌类等微生物或原生动物、后生动物等微型动物附着在滤料或某些载体上生长繁育，并在其上形成膜状生物污泥——生物膜。污水与生物膜接触，污水中的有机污染物作为营养物质，为生物膜上的微生物所摄取，污水得到净化，微生物自身也得到繁衍增殖。

属于生物膜处理法的工艺有生物滤池、生物转盘、生物接触氧化设备和生物流化床等。

现代污水处理技术，按处理程度可分为一级、二级和三级处理。

① 一级处理　主要目的是去除污水中呈悬浮状态的固体污染物质，调节污水 pH 值，减轻废水的腐化程度等。物理处理法大部分只能完成一级处理的要求。经过一级处理后的污水，BOD 一般可去除 30％左右，达不到排放标准。一级处理属于二级处理的预处理。

② 二级处理　主要去除污水中呈胶体和溶解状态的有机污染物质（即 BOD、COD 物质），去除率可达 90％以上，使有机污染物达到排放标准。二级处理的主体工艺是生物化学处理。

③ 三级处理　是在一级、二级处理后，进一步处理难降解的有机物、磷和氮等能够导致水体富营养化的可溶性无机物等。主要方法有生物脱氮除磷法、混凝沉淀法、砂滤法、活性炭吸附法、离子交换法和电渗析法等。

2. 污水处理工艺流程

对于某种污水采用哪几种处理方法组成工艺系统，要根据污水的水质、水量，回收其中有用物质的可能性、经济性、受纳水体的具体条件，并结合调查研究与经济技术比较后决定，必要时还需进行试验。图 3-19 为城市污水处理的典型流程。

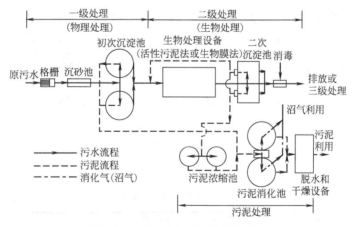

图 3-19　城市污水处理的典型流程

三、污水处理主要设备与构筑物

1. 格栅

格栅由一组平行的金属栅条或筛网制成，安装在污水渠道、泵房集水井的进口处或污水处理厂端部，用以截留较大的悬浮物或漂浮物，如纤维、碎皮、毛发、木屑、果皮、蔬菜、塑料制品等，以减轻后续处理构筑物的负荷，并使之正常运行。

按形状，格栅可分为平面格栅和曲面格栅两种。

平面格栅由栅条和框架组成，分 A 型、B 型两种，如图 3-20 所示，A 型平面栅条布置在框架的外侧，适用于机械清渣或人工清渣；B 型平面栅条布置在框架的内侧，在格栅的顶

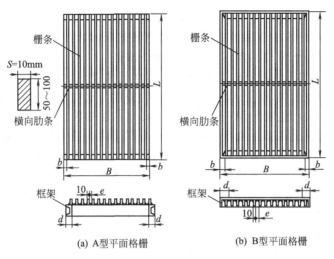

(a) A型平面格栅　　　　(b) B型平面格栅

图 3-20　平面格栅

部设有起吊架，可将格栅吊起，进行人工清渣。平面格栅的框架用型钢焊接，当格栅的长度大于1m时，框架应增加横向肋条。

曲面格栅又可分为固定曲面格栅和旋转鼓筒式格栅两种，见图 3-21，图（a）为固定曲面格栅，由格栅和清渣浆板组成，清渣浆板由水流推动进行转动除渣；图（b）为旋转鼓筒式格栅，污水从鼓筒内向鼓筒外流动，栅渣由冲洗水管 2 冲入渣槽（带网眼）内排出。

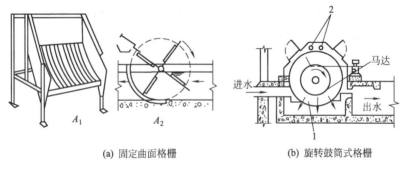

(a) 固定曲面格栅　　　　(b) 旋转鼓筒式格栅

图 3-21　曲面格栅

1—鼓筒；2—冲洗水管

2. 破碎机

破碎机的作用是把污水中较大的悬浮固体破碎成较小的、较均匀的碎块，仍留在污水中，随水流至后续污水处理构筑物进行处理。破碎机一般安装在格栅后、污水泵前，作为格栅的补充，防止污水泵被阻塞并提高与改善后续处理构筑物的处理效能。也可安装在沉砂池之后，使破碎机的磨损减轻。

破碎机如图 3-22 所示，其主要部件是半圆柱形固定滤网与同心的圆柱形转动切割盘。污水流过时，半圆柱形固定滤网截留悬浮固体，然后被不断旋转的圆柱形转动切割盘切碎后，随水流走。

3. 沉砂池

沉砂池的功能是去除相对密度较大的无机颗粒（如泥砂、煤渣等，它们的相对密度约为 2.65）。沉砂池一般设于泵站、倒虹管前，以便减轻无机颗粒对水泵、管道的磨损；也可设于初次沉淀池前，以减轻沉淀池负荷及改善污泥处理构筑物的处理条件。常用的沉砂池有平

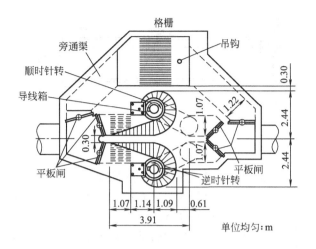

图 3-22 破碎机

流沉砂池、曝气沉砂池、多尔沉砂池和钟式沉砂池等。

图 3-23 是平流沉砂池，由入流渠、出流渠、闸板、水流部分及沉砂斗组成。它具有截留无机颗粒效果较好、工作稳定、构造简单、排沉砂较方便等优点。

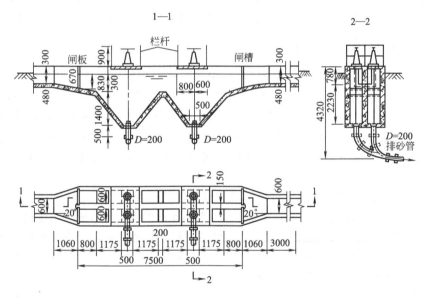

图 3-23 平流沉砂池

4. 沉淀池

按工艺布置的不同，沉淀池可分为初次沉淀池和二次沉淀池。初次沉淀池是一级污水处理厂的主体处理构筑物，或作为二级污水处理厂的预处理构筑物设在生物处理构筑物的前面。处理的对象是悬浮物质（英文缩写为 SS，约可去除 40%～55% 以上），同时可去除部分 BOD_5（约占总 BOD_5 的 20%～30%，主要是悬浮性 BOD_5），可改善生物处理构筑物的运行条件并降低其 BOD_5 负荷。

沉淀池按池内水流方向的不同，可分为平流式沉淀池、辐流式沉淀池和竖流式沉淀池。

图 3-24 为平流式沉淀池，由流入装置、流出装置、沉淀区、缓冲层、污泥区及排泥装置等组成。

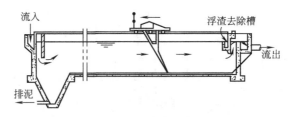

图 3-24　平流式沉淀池

5. 曝气池

曝气池是活性污泥系统的主要处理构筑物，也叫活性污泥反应器，活性污泥处理系统的净化效果，在很大程度上取决于曝气池的功能是否能够正常发挥。

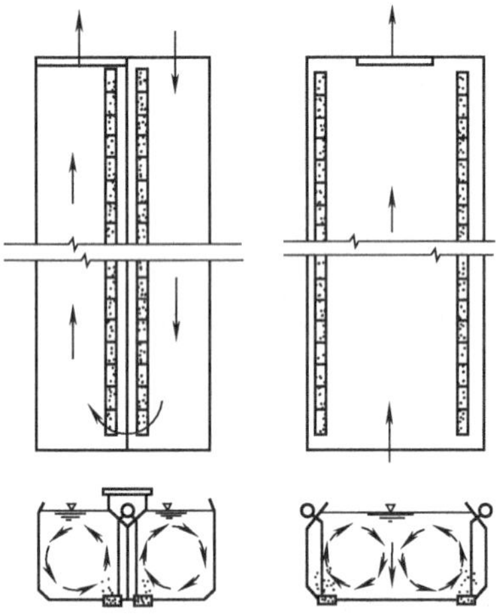

按混合液流动形态不同，曝气池可分为推流式、完全混合式和循环混合式三种；按采用的曝气方法不同，又可分为鼓风曝气池、机械曝气池以及两者联合使用的机械-鼓风曝气池。

推流式曝气池一般呈长方形，如图 3-25 所示。推流，就是污水（混合液）从池的一端流入，在后继水流的推动下，沿池长度流动，并从池的另一端流出池外。推流式曝气池多采用鼓风曝气系统，但也可以考虑采用表面机械曝气装置。

图 3-25　推流式曝气池

6. 曝气装置

曝气装置也称空气扩散装置，是活性污泥系统中重要的设备之一。其主要作用是将空气中的氧（或纯氧）转移到混合液中的活性污泥絮凝体上，以供应微生物呼吸之需，另外，通过搅拌、混合，使曝气池内的混合液处在剧烈的混合状态，使活性污泥、溶解氧、污水中的有机污染物三者充分接触。同时，也起到防止活性污泥在曝气池内沉淀的作用。

活性污泥系统的曝气装置分为鼓风曝气和机械曝气两大类。

鼓风曝气系统由空压机、空气扩散装置和一系列连通的管道所组成。空压机将空气通过一系列管道输送到安装在曝气池底部的空气扩散装置，经过扩散装置，使空气形成不同尺寸的气泡。气泡在扩散装置出口处形成，尺寸则取决于空气扩散装置的形式，气泡经过上升和随水循环流动，最后在液面处破裂，在这一过程中产生氧向混合液中转移的作用。鼓风曝气系统的空气扩散装置主要分为微气泡、中气泡、大气泡、水力剪切、水力冲击及空气升液等类型。

图 3-26 是两种微气泡空气扩散装置。

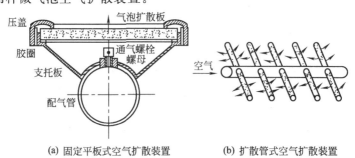

(a) 固定平板式空气扩散装置　　　(b) 扩散管式空气扩散装置

图 3-26　微气泡空气扩散装置

机械曝气装置安装在曝气池水面上、下，在动力的驱动下转动，通过下列3项作用使空气中的氧转移到污水中去。

① 曝气装置（曝气器）转动，水面上的污水不断地以水幕状由曝气器周边抛向四周，形成水跃，液面呈剧烈的搅动状，使空气卷入。

② 曝气装置转动，具有提升液体的作用，使混合液连续地上、下循环流动，气、液接触界面不断更新，不断地使空气中的氧向液体内转移。

③ 曝气装置转动，其后侧形成负压区，能吸入部分空气。

按传动轴的安装方向，机械曝气器可分为竖轴（纵轴）式机械曝气器和卧轴（横轴）式机械曝气器两类。

竖轴式机械曝气器又称竖轴叶轮曝气机，在我国应用比较广泛。常用的有泵形、K形、倒伞形和平板形四种。图3-27为泵形叶轮曝气器的结构，图3-28为K形叶轮曝气器的结构。

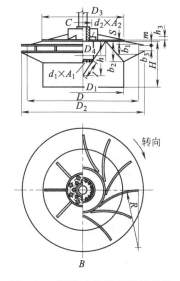

图3-27 泵形叶轮曝气器的结构

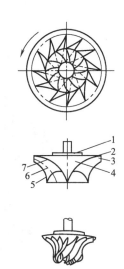

图3-28 K形叶轮曝气器的结构

目前应用的卧轴式机械曝气器主要是转刷曝气器。转刷曝气器主要用于氧化沟，它具有负荷调节方便、维护管理容易、动力效率高等优点。

转刷曝气器由水平转轴和固定在轴上的叶片所组成，转轴带动叶片转动，搅动水面溅成水花，空气中的氧通过气液界面转移到水中。图3-29所示为转刷曝气器的一种，应用较多，其特点是将位于同一圆周上的转刷叶片用螺栓连接成为一个整圆，在螺栓的作用下，转刷叶片紧紧地夹住转轴，并传递转矩。

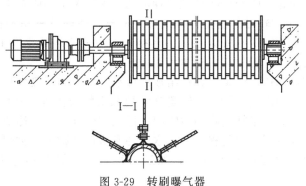

图3-29 转刷曝气器

7. 生物滤池

生物滤池是以土壤自净原理为依据，在污水灌溉的实践基础上，经较原始的间歇砂滤池和接触滤池而发展起来的生物处理技术。

生物滤池分为普通生物滤池、高负荷生物滤池、塔式生物滤池和曝气生物滤池等。普通生物滤池是生物滤池的早期类型，主要由池体、滤料、布水装置和排水系统等部分组成（图3-30）。

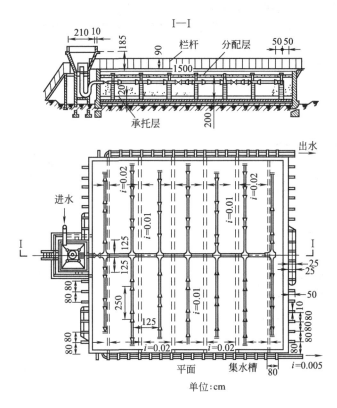

图 3-30　普通生物滤池

8. 生物转盘

生物转盘处理技术诞生于20世纪60年代，是一种净化效果好、能源消耗低的生物处理技术。

在生物转盘处理系统中，除核心装置生物转盘外，还包括污水预处理设备和二次沉淀池。二次沉淀池的作用是去除经生物转盘处理后的污水所夹带的脱落生物膜。

如图3-31所示，生物转盘是由盘片、接触反应槽、转轴及驱动装置所组成。盘片串联成组，中心贯以转轴，转轴两端安设在半圆形接触反应槽两端的支座上。转盘面积的40%左右浸没在槽内的污水中，转轴高出槽内水面10～25cm。

由电动机、变速器和传动链条等部件组成的传动装置驱动转盘以较低的线速度在接触反应槽内转动。接触反应槽内充满污水，转盘交替地和空气与污水相接触。经过一段时间后，转盘上即附着一层栖息着大量微生物的生物膜。微生物的种属组成逐渐稳定，其新陈代谢功能也逐步发挥出来，并达到稳定的程度，污水中的有机污染物为生物膜所吸附降解。

生物转盘除有效去除有机污染物外，如运行得当，还能够具有硝化、脱氮与除磷的功能。

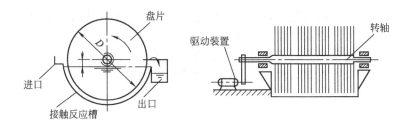

图 3-31 生物转盘

9. 生物接触氧化池

生物接触氧化池是生物接触氧化处理系统的核心处理构筑物。生物接触氧化是一种介于活性污泥法与生物滤池两者之间的生物处理技术，兼具两者的优点。如图 3-32 所示，生物接触氧化池是由池体、填料、格栅支架及曝气装置、进出水装置以及排泥管道等部件所组成。目前，生物接触氧化池在形式上，按曝气装置的位置，分为分流式与直流式；按水流循环方式，又分为填料内循环与外循环式。

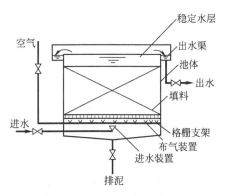

图 3-32 生物接触氧化池

第六节 室内排水系统发生故障的后果、原因及其预防措施

一、污水管道故障

1. 局部堵塞

后果：

（1）管道堵塞处的上游各卫生器具被迫停用（因污水无法排走），严重妨碍生活与工作。

（2）管堵塞处地下段各层用具水封失效，臭气入室，严重妨碍卫生。

（3）失去房屋的卫生使用功能。

原因：

（1）卫生器具泄水口处忘设格栅，或设而不完善，而污水中常有油脂、泥砂、纸片、破布、碎骨、毛发、食品、垃圾等混入，故弯头、三通等处极易堵塞，对于大、小便器，因污水属于碱性，更易生垢堵塞。

（2）横管长度过大；管道公称直径和管道坡度偏小；节点处转角偏小或不光滑，或其断面、底坡突然变小处；或施工时管内遗有异物未清洗干净。

（3）施工、验收不严。

预防措施：

（1）设计、施工、验收（后二者宜将要点注在设计图纸上）严格各项要求，横管长度不宜过大，管道公称直径和管道坡度不宜偏小。

（2）宜采用带清堵孔塞和转角光滑的存水弯和三通等管件。

（3）严格按要求设检查口与清扫口，以便局部堵塞后能及时清通。

2．污水漫漏

后果：

（1）污水入室，严重损坏板墙、构件和室内各种设施。

（2）卫生间被迫停用。

原因：

（1）因管道下游某处阻塞，则其上游器具所泄污水必经位置稍低处的器具，向室内翻冒。

（2）管材质地差，施工马虎，或管道在寒天受阻，水满后因冻胀裂开漏水。

（3）房屋不均匀沉降或变位，使管坡变小（甚至反坡）或损害管道，屋内湿度大或有腐蚀性气体（如厨房或某些车间）加速腐蚀管道。

（4）检查口低于本层卫生器具上边缘，且不严密。

（5）地漏顶高于地板面或地板面有倒坡，致使地漏不漏，污水积流。

（6）忘设地漏。

预防措施：

（1）建筑物的底层设单独出户的管道系统。

（2）严格管材及施工要求，寒区应注意防止冻裂。

（3）设计时充分考虑穿墙管道顶上留足适当沉降量的孔洞和必要时须用能适应房屋变位的接口材料；注意防腐、防湿。

（4）要在设计图上标明或注明检查口的位置（标高）。

（5）厕所、盥洗室、卫生间及其他需要经常从地面排水的房间，应设置地漏。

（6）地漏应设置在易溅水的器具附近地面的最低处，地漏顶必须低于地板面，地板面必须坡向地漏。

3．室内腐臭

后果：

（1）严重妨碍卫生、健康。

（2）有损房屋正常的功能。

（3）气既可入，则屋外小虫也可沿腐气的通道侵入室内，污损衣物。

原因：

（1）存水弯内无水。

（2）立管上段某处受堵，以致产生上述情况，且腐气也会在正压下挤穿薄层水封而入室。

（3）堵塞处的脏物腐烂发臭。

（4）即时水封完好，但如管子接头或附件处不严密，则腐臭气仍要漏入室内。

（5）化粪池隔墙上忘设通气孔，井盖又不严密，臭气经门、窗袭入。

预防措施：

（1）见本章中第一节中"防止水封失效的要点"。

（2）设计、施工、验收时，采取严格措施保证立管和通气管不堵塞，水封不破坏和管道严密不漏。

（3）对化粪池的施工管理严格要求，将其尽量设立在房间的下风方向。

二、雨水管道故障

1. 室内雨水管道溢水

后果：雨水入室必损害屋内各种器物（如是生产车间，可能造成严重事故、损失和被迫停产）。

原因：

(1) 设计时未考虑到从雨水斗吸卷带入的空气流量（因立管顶部负压区之抽吸作用，掺气量 $q_气$ 常大于实际排水流量 $q_水$），导致虽尚未达设计 P 值时之"中雨"，$q_水$ 尚小于埋地管之最大设计流量 Q，但（$q_水 + q_气$）却已大于 Q，故从检查井冒水。

(2) 各种管子的公称直径配得不当，立管的公称直径偏大后会增大"$q_气$"值；横管的公称直径偏小后要减小 Q 值；立管之 $Q_立$ 值远大于埋地横管 $Q_横$ 值。以上情况均要造成冒水。

(3) 设计降雨量 h 值取小了，因此埋地管口径也小。

预防措施：

(1) 优先采用长天沟外排水或悬吊管式内排水法，以根除室内检查井冒水之患。

(2) 充分考虑 $q_气$ 值，埋地管按非满流设计。

(3) 适当放大埋地管的直径。

(4) 立管下段宜用弯管接入检查井，井内砌高流水槽，以畅排水。

(5) 检查井盖上留足泄气孔，将井下游一段管径放大，使速度和水头损失减小，让它起到"气水分离器"的作用，让空气由井盖泄气孔排走，确保埋地管的有效排水能力。

原因：埋地管段某处部分受堵（排水不畅）而产生上游水位抬高，使始端检查井首先冒水。

预防措施：采用密闭系统取代敞开系统，即用检查口代替普通检查井。

2. 天沟翻水溢水

后果：

(1) 增加天沟和屋面的积水深度，增加了屋面和承重构件的荷载，影响房屋的寿命与安全。

(2) 增大了天沟和屋面漏水的可能性。

(3) 大量雨水从天沟溢流口（或天沟上缘）溢出（或翻水），有损房屋外周。

原因：

(1) 未设雨水斗，致粗物（屋面杂物、树叶等）掉入立管并积聚在其弯管处造成阻塞，或施工时让屋面防水层料掉入立管而致局部断面变小产生堵塞。

(2) 不要用地漏代替雨水斗，因地漏缝隙小，极易被树叶、废纸、纤维物所堵；有的屋面积灰厚（如工厂烟灰）且未及时清扫，因而管道堵塞。

(3) 悬吊管的坡度值过小、长度过大或远近雨水斗及连管布局不当，远斗的流量小于近斗的流量，产生远斗处天沟积水、漫水。

(4) 埋地管的过气段截面积不够。

预防措施：

(1) 对于"雨水斗内排水"一定要用性能良好的雨水斗，施工、验收从严要求。

(2) 勿用地漏代替雨水斗，对积灰多的屋面，须定期清扫。

(3) 悬吊管的坡度要足够，长度还要过大，要有好的水力条件和清扫口；距立管远、近不同的雨水斗及连接管的布置，须与其流量相适应。

(4) 埋地管的公称直径须足够大（宜按非满流设计）。

【复习思考题】

1. 建筑排水系统可分为哪几类?
2. 室内排水系统由哪几部分组成?
3. 通气管的作用是什么?有哪几种形式?
4. 建筑排水系统常用管道材料有哪些?
5. 简述建筑排水系统管道的布设要求和采取的措施。
6. 常用的卫生器具有哪几种?安装的基本要求是什么?
7. 什么是天沟外排水系统?
8. 存水弯的作用是什么?简述防止水封失效的要点。
9. 简述建筑排水管道堵塞的原因及预防措施。
10. 在污水处理系统中,曝气装置的作用是什么?
11. 格栅的作用是什么?分为几种?

第四章 热水、饮水及燃气供应

【学习目标】
1. 了解饮水制备的方法、供应方式以及饮水制备的工艺过程。掌握热水供应系统的组成和主要设备以及热水的加热方式、供应方式。
2. 了解燃气种类、供气方式,掌握燃气管道的布置要求及燃气供应系统的管理维护。
3. 了解热水管网的布置、敷设要求,掌握热水系统附件的原理及使用方法,能够解决热水及燃气供应中出现的实际问题。

【本章要点】
1. 热水供应系统的主要设备及其使用场合。
2. 热水管网的布置、敷设。
3. 燃气供应系统的维护、管理。

第一节 热水供应系统

一、热水供应系统的组成

热水供应是指为医院、宾馆、浴室、住宅区、车间以及其他公共场所提供符合卫生条件的热水。热水供应系统一般均由三部分组成,即:热介质系统、热水管网系统及热水附件系统。如图 4-1 所示。

1. 热介质系统

热介质系统(又称第一循环系统)是由热源、水加热设备和热介质管网组成。其作用是制备热水,由热源(锅炉)生产的蒸汽或过热水通过热介质管网输送到水加热设备,经热交换将冷水加热。同时,蒸汽因散热变成冷凝水,靠余压经疏水器流入凝结水池,再由泵将冷凝水送回锅炉生产蒸汽,循环往复完成热水的制备。在制备热水的过程中,若冷凝水有损失,则需要定期补充预先软化的新水。

2. 热水管网系统

热水管网系统(也称第二循环系统)是由热水配水管网和回水管网组成。其作用是将满足水温要求的热水输送到各用水点。

冷水被加热到设计温度时,由水加热器出口经配水管网输送到各配水点,为满足各用水点的水温要求,一般要设立回水管,并且在立管和水平干管上设置循环水泵。对水温要求不高的场合,可以不设回水管。

3. 热水附件

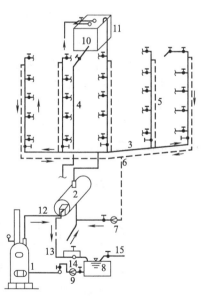

图 4-1 热水供应系统
1—锅炉;2—水加热器;3—配水干管;4—配水立管;5—回水立管;6—回水干管;7—循环泵;8—凝结水池;9—冷凝水泵;10—给水箱;11—透气管;12—蒸汽管;13—冷凝水管;14—疏水器;15—冷水补水管

热水附件一般包括三大块，一是热水参数（温度、压力、流量）控制附件，如温度自动调节器、减压阀、疏水器、排气阀。二是管道连接附件；三是保证系统安全运行的附件，如安全阀、膨胀罐、管道补偿器等。

二、热水加热方式和供应方式

1. 热水加热方式

根据热水加热方式的不同，可分为直接加热方式和间接加热方式。

直接加热方式（图4-2）也称一次加热方式，是利用热水锅炉把冷水直接加热到规定的温度，或将蒸汽直接通入冷水中与之混合，制备热水。这种加热方式设备简单、热效率高、节能。但使用蒸汽加热时，噪声大，冷凝水不能回收，造成水资源浪费，并需要定期向锅炉补充预先软化的水，而且蒸汽的质量要求也比较高，致使制水成本较高。这种方式适用于对噪声无特别要求的公共浴室、洗衣房等建筑。

间接加热方式也称二次加热方式，是利用热介质通过水加热器将热量间接传递给冷水，将冷水加热到设计温度，由于在热水加热过程中，热介质和冷水不直接接触，故称间接加热方式。这种加热方式较直接加热方式噪声低，被加热水不会造成污染，但设备较复杂，适用于宾馆、医院、办公楼等大型场所。

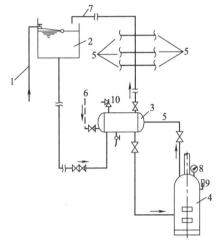

图4-2 直接加热方式

1—给水；2—给水箱；3—热水罐；4—锅炉；5—热水；6—回水；7—膨胀管；8—压力表；9—温度计；10—安全阀

2. 热水供应方式

（1）全循环、半循环、无循环　按照热水系统是否设置回水管道，热水供应方式可分为全循环、半循环、无循环，如图4-3所示。全循环热水供水方式即所有配水干管、立管和分支管均设有相应的回水管道，以保证各供水点随时得到温度符合要求的热水。当分支管很短或无温度要求时，可不设回水管道。该方式适用于高级宾馆、养老院以及有特殊要求的科研院所等。半循环热水供水方式仅在热水干管上设有相应的回水管道，只能保证干管上的热水达到设计温度。而无循环供水方式不设回水管道，只有放掉管网中的冷水后才能使用，显然这种供水方式水资源浪费严重，只适用于水温要求不高的场所，如公共浴室、洗衣房等。

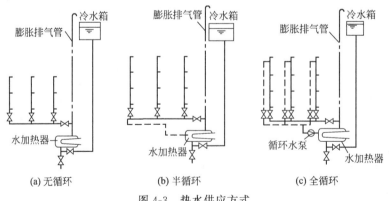

图4-3 热水供应方式

（2）机械循环、自然循环方式　按照配水管网终端是否设置循环水泵，热水供应方式可分为机械循环（强制循环）、自然循环两种方式。按照新的设计规范，热水供应系统应采用机械循环方式。

(3) 开式和闭式　按照热水系统管网压力工况特点可分为开式和闭式两种，开式热水供应方式一般在热水系统管网顶部设有开式水箱，水箱高度由设计压力计算确定，管网与大气相通，供水压力比较稳定。闭式热水供应方式管网是封闭的，水质不易受到污染，但安全阀易失灵，安全可靠性较差，这两种方式都需在管路上加膨胀阀和自动放气阀，以保证安全。

(4) 同程式、异程式　全循环热水供水方式中，各循环管路的长度可设置成相等或不等，据此可分为同程式和异程式。同程式是指每一个热水循环环路长度相等，对应管段管径相同，所有环路的压力损失相同，如图 4-4 所示。而异程式是指每一个热水循环环路长度不等，对应管段管径也不相同，所有环路的压力损失也不相同，如图 4-5 所示。

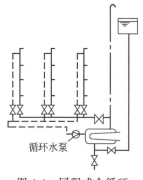

图 4-4　同程式全循环

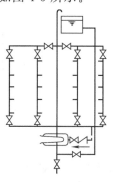

图 4-5　异程式自然全循环

三、热水供应系统的主要设备

1. 水加热设备

(1) 热水锅炉　直接热水供应方式中可采用低压热水锅炉将冷水加热到规定的温度，锅炉的燃料有煤、油、燃气和电。

(2) 直接加热水箱　直接加热水箱是一种简单而不密闭的加热设备，在水箱中装有多孔蒸汽管或蒸汽喷射器，使蒸汽和水直接混合，从而将水加热。

(3) 表面式水加热器　表面式水加热器是指热介质与冷水不直接接触，而是通过金属表面进行热交换，属间接加热方式。常见的有以下几种：

① 容积式水加热器　容积式水加热器是用钢板制造的密闭容器，其内部设有热介质盘管，热介质为蒸汽或过热水，既能将冷水加热，又能储存一定量的热水。容积式水加热器有卧式和立式之分，其主要部件有外壳、加热盘管（热介质盘管）、调节阀、安全阀、压力表、温度计等，如图 4-6 所示。

② 快速水加热器　快速水加热器有蒸汽-冷水、过热水-冷水两种类型。加热器内加热管

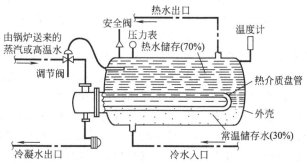

图 4-6　卧式容积式水加热器

有单管和多管之分，多管式快速水加热器内装有多根加热小管，由起端直通末端，两端有小储水室，如图4-7所示。冷水由加热器起端下部进水管进入加热器，随即进入上部小管，最后热水由起端上部小储水室流出。蒸汽（过热水）由加热器起端上部进入，在加热器内与加热小管中的冷水进行热交换，凝结水由加热器末端流出。单管式快速水加热器是由两种不同直径的钢管制成的同心套管。在快速水加热器中，水在加热小管中的流速很大，因此，传热很快，热效率较高，并且容积小，占用建筑空间小。但快速水加热器没有储存空间，在热介质或热水压力不稳定时，出水温度波动较大，并且压力损失较大，适用于用水量较大并且较均匀的建筑。若在用水不均匀的场合中使用，则需加设热水储存设备。

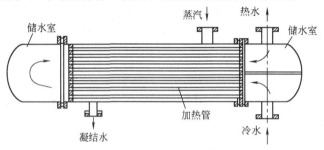

图4-7 快速水加热器

③ 加热水箱 进行表面换热的加热水箱中安装金属排管或盘管，蒸汽从管中通过，与水箱中的冷水进行热交换。加热水箱可用于公共浴室、洗衣房等。

④ 半容积式水加热器 半容积式水加热器是具有适量的储存容积且罐内装有快速换热器的容积式水加热器。这类加热器的特点是：加热快、换热充分、供水温度稳定、容积利用率达到100%，因而容积小。适用于机械循环的热水供应系统。

⑤ 半即热式水加热器 半即热式水加热器是带有预测温装置，具有少量储存容积的快速水加热器。其特点是在加热器的热水出水端装有感温元件，感温元件可读出瞬间流入加热器的冷水和流出加热器的热水的平均温度，并可随时向热介质调节阀发出信号，按需要调节热介质量，以保证输出的热水达到规定的温度。只要一有热水需求，感温元件立即测温并开启调节阀，自动响应能力强。

半即热式水加热器的换热速度快，热水储存容积小（仅为半容积式水加热器的20%），节省空间和面积，并可使传热盘管自动除垢。适用于各种机械循环热水供应系统。

加热设备是热水供应系统的重要组成部分，关系到能否为用户提供符合温度要求的热水和系统能否正常运行。加热设备的选择，应根据热源条件、建筑物性质、耗热量、热水用水规律、加热间面积等因素，经综合分析后确定。目前，半即热式和半容积式水加热器正在得到越来越多的应用。

⑥ 太阳能热水器 太阳能热水器是将太阳能转换成热能并将水加热的绿色环保装置。其结构简单、维护方便、安全、节省燃料、运行费用低、不存在污染环境等问题等。但受自然条件（如天气、季节、地理位置）的影响比较大。为解决这个问题，个别厂家在太阳能热水器上加上了电热辅装置，使其能全天候运行。这种热水器应用越来越广泛。

太阳能热水器主要由集热器、储热水箱、太阳能真空管等组成，如图4-8所示。

太阳能热水器常布置在平屋顶上，在坡屋顶的方位和倾角合适时，也可设置在坡屋顶上，如图4-9所示。对于小型家用集热器也可以利用向阳晒台栏杆和墙面设置。同时太阳能热水器的设置应避开其他建筑物的阴影，避免设置在烟囱和其他产生烟尘的设施的下风向，以防烟尘污染透明罩影响透光。避开风口，以减少集热器的热损失。除考虑设备载荷外，还应考虑风压影响，并应留有0.5m的通道供检修和操作。

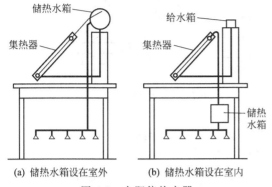
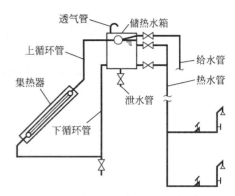

(a) 储热水箱设在室外 (b) 储热水箱设在室内

图 4-8 太阳能热水器

图 4-9 坡屋顶上设置太阳能热水器

2. 热水储存设备

在热水供应系统中，加热器的产水量和建筑用水量往往不一致，当用水量变化很大时，应设置热水储存设备，以调节二者之间的差值。

热水锅炉、加热水箱、容积式水加热器既是加热设备，又可储存一定的水量。当采用加热水箱、容积式水加热器和容量较大的热水锅炉时，系统中可不设专门的热水储存设备。当采用快速式水加热器和容量较小的热水锅炉，并且用水量又不均匀时，系统中应设置专门的热水储存设备。热水储存设备有热水箱和热水罐两种。热水箱是一种开式容器，设置在建筑物顶部，其安装高度应能满足最不利配水点的水压要求。热水罐是一种密闭容器，可设置在建筑物的下部。

3. 主要器材

由于热水供应系统输送的水温度较高，所以存在一些冷水系统所没有的问题，如温度控制、管道膨胀、凝结水回收等，因此，需装设一些特殊的器材和附件。

（1）自动温度调节装置 水加热器生产的热水有一定的温度标准，超过或未达到规定温度，除给使用者带来不便外，温度过高时，可能会造成烫伤。控制水加热器的出水温度，可采用直接式自动温度调节器或间接式自动温度调节器。

直接式自动温度调节器见图 4-10，它是由温包、感温元件和调节阀组成。温包放置在水加热器热水出口附近，它感受温度变化并传导给装设在热介质管道上的调节阀，自动控制进入水加热器的热介质流量，从而达到自动调节水温的目的。自动温度调节器的安装方法见图 4-11，调节器必须直立安装，避免振动，温包要浸入被测温的热水中，密封、不漏水。

温度调节器的调温范围有：0～50℃、20～70℃、50～100℃、70～12℃、100～150℃、150～200℃ 等温度等级，公称压力为 1.0MPa。使用的环境温度宜为 -20～50℃。

间接式自动温度调节器是由温包、感温元件、温度计、电动阀门、变速箱、电气设备组成。温度计内设有控制温度的两个触点，当温包把探测到的温度传导到触点温度计时，若温度过高，温度计指针与上触点接触，则启动电动机关小阀门，减少热介质流量，使水温降低；若温度过低，温度计指针与下触点接触，则启动电动机开大阀门，增加热介质流量，使水温升高。若水温符合规定要求，则温度计指针处于上下两触点之间，电动机停止工

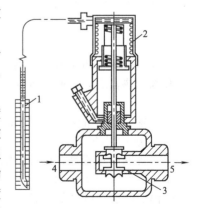

图 4-10 直接式自动温度调节器
1—温包；2—感温元件；3—调节阀；
4—热介质进口；5—热介质出口

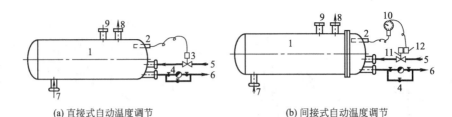

(a) 直接式自动温度调节　　　　　　　(b) 间接式自动温度调节

图 4-11　自动温度调节器安装示意图

1—加热设备；2—温包；3—自动调节器；4—疏水器；5—蒸汽；6—凝结水；7—冷水；
8—热水；9—装安全阀门；10—电触点温度计；11—开关阀门；12—电动机

作。间接式自动温度调节器的工作可靠，可在各种规模的热水供应系统中使用。

（2）减压阀　若采用的水加热器以蒸汽为热介质时，应在加热器的热介质供应管上设置减压阀。当蒸汽管网的压力远大于水加热器所规定的蒸汽压力时，减压阀会把蒸汽压力降到规定的数值，以确保加热器安全、正常运行。减压阀有波纹管式、活塞式、膜片式等几种类型，其作用原理是水流通过阀瓣产生压力损失而减压。减压阀应安装在水平管段上，阀体直立，安装节点还应设置闸门、安全阀、压力表、旁通管等附件。

当热水供应系统采用以蒸汽为热介质的间接加热方式时，在系统第一循环的凝结水管上应装设疏水器。其作用是保证蒸汽凝结水及时排放，同时又防止蒸汽漏失。疏水器按其工作压力有高压疏水器和低压疏水器之分，热水系统通常采用高压疏水器。

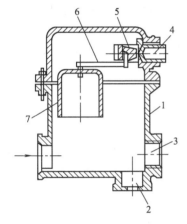

图 4-12　自动排气阀构造示意
1—阀体；2—直角安装出水口；
3—水平安装出水口；4—阀座；
5—滑阀；6—杠杆；7—浮钟

（3）自动排气阀　为排除上行下给式管网中积聚在干管中的气体，保证管内热水畅通，减少气体对管道的腐蚀，应在管网的最高处设置自动排气阀，其构造见图 4-12。自动排气阀采用水平安装还是直角安装，应根据上行干管最高点的位置决定。自动排气阀有多种类型可供选择。

（4）膨胀管、膨胀水箱及膨胀罐　膨胀管、膨胀水箱及膨胀罐的作用是排除或容纳热水系统中水温升高后膨胀的水量，以保证系统的正常工作。在开式热水供应系统中，应设置膨胀管，膨胀管可由水加热设备出水管上引出，将膨胀水引入高位冷水箱中，见图 4-1，膨胀管上不得装设阀门，并应采取防冻措施。其设置高度应经计算确定，管径应根据加热器的传热面积确定，一般为 25～50mm。当热水系统不宜设置膨胀管或膨胀水箱时，可设置膨胀罐。膨胀罐是一种隔膜式密闭压力罐，利用其容积调节热水系统中水受热后的膨胀量，可安装在热水管网和水加热器之间，亦可安装在水加热器冷水进水管或热水回水管上，具有储水和稳压作用。

四、热水管网的布置与敷设

1. 热水管网的布置

热水管网的布置是在设计方案已确定和设备选型后，在建筑图上对设备、管道及附件进行定位。热水管网布置除满足给水要求外，还应注意因水温高而引起的体积膨胀、管道补偿、保温、防腐、排气等问题。

热水管网的布置，可采用下行上给式或上行下给式。下行上给式布置时，水平干管可布置在地沟内或地下室顶部，一般不允许埋地。干管的直线段应布置伸缩器，尤其是线胀系数大的管材要特别注意直线管段的补偿，并利用最高配水排气。上行下给式的热水管网，水平干管可布置在建筑最高层吊顶内或专用技术设备夹层内。为满足整个热水供应系统的水温均匀，可按同程式方式来进行管网布置。

高层建筑热水供应系统，应与冷水给水系统一样，采取竖向分区，这样才能保证系统内的冷、热水压力平衡，便于调节冷、热水混合龙头的出水温度，且要求各区的水加热器和储水器的进水均应由同区的给水系统供应。若需减压则减压的条件和采取的具体措施与高层建筑冷水给水系统相同。

2. 热水管网的敷设

热水管网的敷设，根据建筑的使用要求，可采用明装和暗装两种形式。明装尽可能敷设在卫生间、厨房，并沿墙、梁、柱敷设。暗装管道可敷设在管道竖井或预留沟槽内。

热水立管与横管连接处，为避免管道伸缩应力破坏管网，应采用乙字弯管，如图4-13所示。

热水管道在穿楼板、基础和墙壁处应设套管，让其自由伸缩。穿楼板的套管应视其地面是否积水，若地面有积水可能时，套管应高出地面50~100mm，以防止套管缝隙向下流水。

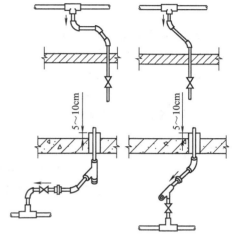

图4-13 立管与水平干管的连接方式

为满足热水管中循环流量的平衡调节和检修的需要，在配水管道或回水管道的分管处，配水立管和回水立管的端点，以及居住建筑和公共建筑中每户或单元的热水支管上，均应设阀门。

热水管道中水加热器或储水器的冷水供水管和机械循环第二循环回水管上应设止回阀，以防加热设备内水倒流被泄空而造成安全事故和防止冷水进入热水系统影响配水点的供水温度。

3. 热水管道的保温与防腐

热水管网若采用镀锌钢管和设备时，会受到氧气、二氧化碳、二氧化硫和硫化氢的腐蚀，金属表面还会产生电化学腐蚀，又加之热水水温高，气体溶解度低，管道内壁氧化活动强烈，更易使金属管材腐蚀。腐蚀后，管道和设备的壁变薄，甚至漏水，系统将遭到破坏。所以要在金属管材和设备外表面、内壁涂抹防腐材料，来阻止腐蚀作用。常用防腐材料为耐高温的防锈漆，它又分为底漆和面漆。防锈漆在金属表面打底，具有附着、防水和防锈功能，银浆漆起耐水和覆盖、美化功能。

在热水系统中，10%~15%的热量损失是管道散热造成的，因此，对管道和设备进行保温非常重要，其目的是为了减少热介质在输送过程中的能量散失，提高运行的经济性，另外，从安全角度考虑，对管道和设备进行保温，可使蒸汽和热水管道在保温后其外表面温度不致过高，以避免烫伤或积尘等，从而创造良好的安全工作环境。

保温材料的选择要遵循的原则是：热导率低、具有较高的耐热性、不腐蚀金属、材料密度小并具有一定的孔隙率、低吸水率和具有一定的机械强度、易于施工、成本低等。常用的保温材料有石棉、矿渣棉、蛭石硅藻土、膨胀珍珠岩、玻璃棉等。

管道和设备保温层厚度，均需按经济厚度计算法计算确定，并应符合GB 4272—84《设备及管道保温技术通则》中的规定。为了简化设计时的计算过程，给水排水标准图集87S159中提供了管道和设备保温的结构图和直接查表确定厚度的图表，同时也为施工提供了详图和工程量的统计计算方法。随着科学技术的发展，越来越多的质优价廉的新型保温材料不断出现，性能可靠，施工方便，满足消防要求。设计选用时可直接按产品样本提供的计算公式、设计参数进行计算，并按要求进行施工。

在施工保温前，均应将金属管道和设备进行防腐处理，将表面清除干净，刷防锈漆2遍。同时，为增加保温结构的机械强度和防水能力，应根据采用的保温材料在保温层外面加上保护层。

第二节 饮水供应

饮水供应是建筑给水系统的一个子系统。随着人们生活水平的不断提高，人们自我保健意识逐渐增强，对饮用水水质的要求越来越高。

为满足人们的饮水要求，制备饮水的方法、设备也越来越多。目前，我国东部发达的沿海城市已经陆续推出"管道直饮水"工程，将居民的一般生活用水和饮用水分管道供给。

一、饮水的类型和标准

1. 饮水的类型

目前饮水供应的类型主要有两类，一类是开水供应系统，另一类是冷饮水供应系统。采用何种类型主要依据人们的生活习惯和建筑物的使用要求确定。办公楼、旅馆、大学学生宿舍、军营等多采用开水供应系统，大型娱乐场所等公共建筑、工矿企业生产车间多采用冷饮水供应系统。

2. 饮水标准

（1）饮水量定额 根据建筑物的性质或劳动性质以及地区的气候条件，按表4-1选用，表中所列数据适用于开水、温水、饮用自来水、冷饮水供应。但注意制备冷饮水时其冷凝器的冷却用水量不包括在内。

表4-1 饮水量定额及小时变化系数

建筑物名称	单　位	饮水量定额	小时变化系数K_h	开水温度/℃	冷饮水温度/℃
热车间	L/(人·班)	3～5	1.5	100(105)	14～18
一般车间	L/(人·班)	2～4	1.5	100(105)	7～10
工厂生活间	L/(人·班)	1～2	1.5	100(105)	7～10
办公楼	L/(人·班)	1～2	1.5	100(105)	7～10
集体宿舍	L/(人·班)	1～2	1.5	100(105)	7～10
教学楼	L/(人·班)	1～2	2.0	100(105)	7～10
医院	L/(床·班)	2～3	1.5	100(105)	7～10
影剧院	L/(人·班)	0.2	1.0	100(105)	7～10
招待所	L/(人·班)	2～3	1.5	100(105)	7～10
体育场(馆)	L/(人·班)	0.2	1.0	100(105)	7～10
饭店、冷饮店	L/(小时·班)	0.31～0.38	1.0	100(105)	4.5～7

注：1. 开水温度，括号内数字为闭式开水系统。
2. 小时变化系数指开水供应时间内的变化系数。

（2）饮水水质 各种饮水水质必须符合现行《生活饮用水水质标准》，除此之外，作为饮用的温水、生水和冷饮水，还应在接至饮水装置之前进行必要的过滤或消毒处理，以防储存和运输过程中的再次污染。

（3）饮水温度

① 开水 应将水烧至100℃后并持续3min，计算温度采用100℃。饮用开水是目前我国采用较多的饮水方式。

② 温水 计算温度采用50～55℃，目前我国采用较少。

③ 生水 一般为10～30℃，国外较多，国内一些饭店、宾馆提供这样的饮水系统。

④ 冷饮水 国内除工矿企业夏季劳保供应和高级饭店外，较少采用。目前在一些高级宾馆中直接为客人提供瓶装矿泉水等饮用水。

二、饮水制备

1. 开水制备

开水可通过开水炉将生水烧开制得，这是一种直接加热方式，常采用的热源为燃煤、燃油、燃气、电等，另一种方法是利用热介质间接加热制备开水（图 4-14）。这两种都属于集中制备开水的方式。

目前在办公楼、科研楼、实验室等建筑中，常采用小型的电热水器，灵活方便，可随时满足需求。也有的设备可制备开水，同时也可制备冷饮水，能满足人们不同层次的需要，使用方便。这些都属于分散制备开水的方式。

图 4-14 热介质间接加热制备开水

2. 冷饮水制备

冷饮水的品种很多，但常规的制备方法有以下几种：

① 自来水烧开后再冷却至饮水温度；
② 自来水经净化处理后再经水加热器加热至饮水温度；
③ 自来水经净化后直接供给用户或饮水点；
④ 天然矿泉水取自地下深部循环的地下水；
⑤ 蒸馏水是通过水加热汽化，再将蒸汽冷凝；
⑥ 纯水是通过对水的深度预处理、主处理、后处理等；
⑦ 活性水是用电场、超声波、磁力或激光等将水活化；
⑧ 离子水是将自来水通过过滤、吸附离子交换、电离和灭菌等处理，分离出碱性离子水供饮用，而酸性离子水供美容。

三、饮水的供应方式

1. 开水集中制备、集中供应

这种方式是在开水间集中制备开水，人们到开水间用容器取水。开水制备可采用直接加热方式，也可采用间接加热方式。开水间宜设在靠近锅炉房、食堂、公共浴室等有热源的地方。每个开水间的服务范围半径不宜大于 250m，否则应考虑设几个开水间。

2. 开水分散制备、分散供应

在建筑中把热介质输送至每层，再在每层设开水间制备开水（图 4-15）。每个开水器的服务半径不宜大于 70m。这种供应方式使用方便，但不宜管理，能耗大，投资高。旅馆、饭店、医院等建筑广泛采用这种方式。

3. 开水集中制备、分散供应

在开水间统一制备开水，通过管道输送至开水取水点，这种系统对管道材质要求较高，确保水质不受污染。为保证这种供应方式各饮水点的水温，系统需设全循环管道和循环水泵。这种供应方式设备易于管理，使用方便，可保证各饮水点的水温，但能耗大，投资高，一般用于标准要

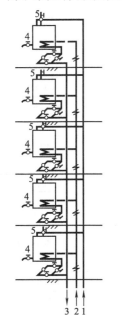

图 4-15 开水分散制备、分散供应
1—给水；2—蒸汽；3—冷凝水；
4—开水器；5—安全阀

求较高的建筑物。

4. 冷饮水集中制备、分散供应

对中、小学校、体育场（馆）、车站、码头等人员流动较集中的公共场所，可采用冷饮水集中制备，再通过管道输送至饮水点。

5. 管道直饮水供应

管道直饮水属于可直接饮用的冷饮水。其水质标准较自来水更高，应符合我国建设部颁布的《饮用净水水质标准》（CJ/94—1999）的要求，见表4-2。

表4-2 饮用净水水质标准（CJ/94—1999）

项 目		限 值
感官性状	色	5度
	浊度	1NTU
	臭和味	无
	肉眼可见度	无
一般化学指标	pH值	6.0～8.5
	硬度（以碳酸钙计）	300mg/L
	铁	0.2mg/L
	锰	0.05mg/L
	铜	1.0mg/L
	锌	1.0mg/L
	铝	0.2mg/L
	挥发酚类（以苯酚计）	0.002mg/L
	阴离子合成洗涤剂	0.2mg/L
	硫酸盐	100mg/L
	氯化物	101mg/L
	溶解性总固体	500mg/L
	高锰酸钾消耗量（COD_{Mn}，以氧计）	2mg/L
	总有机碳（TOC）	4mg/L
理化指标	氟化物	1.0mg/L
	氰化物	0.05mg/L
	硝酸盐（以氮计）	10mg/L
	砷	0.01mg/L
	硒	0.01mg/L
	汞	0.001mg/L
	镉	0.01mg/L
	铬（六价）	0.05mg/L
	铅	0.01mg/L
	银	0.05mg/L
	氯仿	0.03mg/L
	四氯化碳	0.002mg/L
	DDT	0.0005mg/L
	六六六	0.0025mg/L
	苯并(a)芘	0.00001mg/L

项 目		限 值
微生物指标	细菌总数	50cfu/mL
	总大肠菌数	0cfu/mL
	粪大肠菌数	0cfu/mL
	游离余氯(管网末端水)(如用其他消毒法则可不列入)	≥0.05mg/L
放射性指标	总α放射性	0.1Bq/L
	总β放射性	1Bq/L

注：1. 浊度、铝、高锰酸钾消耗量按 GB/T 8538 方法测定。
　　2. TOC 按 CJ 3023 附录 C 规定的方法测定。
　　3. 其他各项按 GB/T 5750 规定的方法测定。

6. 管道直饮水的处理方法

管道直饮水的原水应采用市政集中式供水（自来水）或其他符合卫生要求的水源水。原水经深度处理后送入饮水管道供用户饮用。深度处理的目的是去除水中残存的胶体、悬浮物、有机物以及一些离子，保证饮用净水的质量。较简单的管道直饮水处理工艺流程见图 4-16，较完整的管道直饮水处理工艺流程见图 4-17。

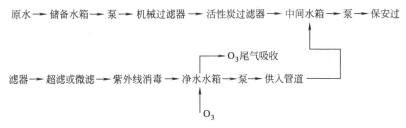

图 4-16　简单的管道直饮水处理工艺过程

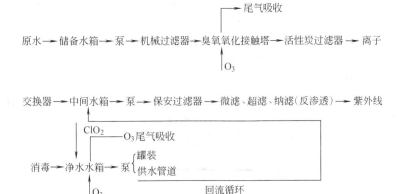

图 4-17　完整的管道直饮水处理工艺过程

在上述工艺流程中，各设备或构筑物的作用如下：

（1）储备水箱　由于不允许用泵直接从市政管网上抽取自来水，因此应设储备水箱储存自来水，以供后续处理工艺使用。如果市政管网有足够的压力，且压力较稳定，也可不设储备水箱，而将自来水直接引入机械过滤器，以节省能耗，但此时在自来水管道上一定要设置倒流防止器。

（2）机械过滤器　一般采用压力式机械过滤器，其作用是截留水中铁锈、胶体和悬浮物质。应利用储备水箱中的自来水对过滤器进行定期冲洗。

（3）臭氧氧化接触塔　其作用是利用臭氧氧化水中的还原物质和有机物质，以使活性炭更好地发挥吸附作用。若水中有机物较少时，可不设臭氧氧化接触塔。

（4）活性炭过滤器　其主要作用是吸附水中的有机物质，同时也可去除水中的余氯。

（5）离子交换器　若其中只装有钠离子交换树脂，则可降低水的硬度；若其中装有阴、阳离子交换树脂，则可降低水的含盐量。使用离子交换器，可以减轻后续的纳滤膜和反渗透膜的负担，防止膜上结硬垢。离子交换树脂需要进行再生，根据树脂的不同，再生剂有盐、盐酸和碱等。若水中无机盐含量较少时，可不设离子交换器。

以上构筑物进行的水处理可以称为预处理，是为后续的膜过滤作准备的。

（6）中间水箱　其作用是将预处理后的水储存起来，以便用高压泵将水送入膜组件进行处理。

（7）保安过滤器　截留细小杂质，保护膜组件不受颗粒污染。

（8）微滤、超滤、纳滤或反渗透膜组件　这些膜的孔径大小是不同的，可以分别用来除水的浊度、有机物、细菌、病毒及无机离子。应根据原水水质和出水水质要求，选用不同的膜组件。膜组件需定期进行反冲洗，有的还需进行化学清洗。

（9）紫外线或臭氧消毒　其作用是利用光辐射或氧化作用灭菌，但均没有持续的消毒效应，因此往往还需投加其他消毒剂，如二氧化氯等。

7. 管道直饮水的供应方式

管道直饮水处理站一般设在住宅小区或公共建筑内，也有一些城市准备建集中的管道直饮水处理站，并在全市范围内建直饮水管网。

管道直饮水系统一般采用变频调速泵直接供水，并应设循环管道，循环回水接入中间水箱，以便进行处理和消毒，确保饮用净水水质。

四、饮水供应中应注意的问题

① 饮水供应一定要防止饮水被污染。为防止管道材料对饮水产生不良影响，饮水管道应采用铜管、不锈钢管、优质塑料管或铝塑复合管等，管道配件材料应与管材相同。饮水器应采用不锈钢、铜镀铬或瓷质、搪瓷制品。开水管道应选用工作温度大于100℃的金属管材。

② 饮水供应点不得设在易被污染的地点，其设置点通风和照明设施应良好。

③ 制备饮水的设备和容器上的溢流管、泄水管不得直接与排水管道连接。通气管必须引至室外，并在管口加防虫网。

④ 开水管道上的配水龙头应采用旋塞式。饮水器喷嘴应倾斜安装，避免饮余水回落到喷嘴上，同时喷嘴还应有防护措施，防止饮水者直接触及喷嘴。喷嘴孔口的设置高度，应在饮水器的收水盆沿之上，以防排水管道堵塞时孔口被淹没。

第三节　燃气供应

一、燃气的种类

燃气供应系统是复杂的综合性设施，主要由燃气管网、燃气储配站（门站、分配站）和调压站（或调压箱）等部分组成。燃气系统应保证安全、经济、可靠地向各类用户供应燃气。

燃气是指可以作为燃料的气体，它通常是以可燃气体为主要成分的多组分混合气体。其中可燃成分有氢气（H_2）、一氧化碳（CO）、甲烷（CH_4）及碳氢化合物（烃类）等；不可燃成分有二氧化碳（CO_2）、氮气（N_2）等惰性气体；部分燃气还含有氧气（O_2）、水（H_2O）及少量杂质。

燃气按照其来源及生产方法，大致可分为四大类：天然气、人工燃气、液化石油气和生物气（人工沼气）等。其中，天然气、人工燃气、液化石油气可作为城镇气源，生物气由于热值低、二氧化碳含量高而不宜作为城镇气源，但可以作为农村的洁净能源使用、发展。

1. 天然气

天然气包括由气田开采出来的纯天然气，与石油共生的、伴随石油一起开采出来的石油伴生气和含有少量石油轻质馏分（如汽油、煤油成分）的凝析气田气等。

天然气以其热值高、清洁卫生等优势，成为理想的城镇气源。随着天然气资源的开发、利用，已有越来越多的城镇选择天然气作为气源，一些天然气资源匮乏的国家和地区，也在利用进口液化天然气（LNG）来发展城镇燃气。液态天然气的体积为气态时的1/600，这一特点有利于天然气的运输和储存。

2. 人工燃气

人工燃气是指以固体或液体可燃物为原料加工生产的气体燃料。一般将以煤为原料加工制成的燃气称为煤制气；用石油及其副产品（如重油）制取的燃气称为油制气。人工燃气包括焦炉煤气、发生炉煤气、油制气等。生产人工燃气是进行煤和石油深加工、提高能源利用率、减少污染的有效措施。目前，人工燃气仍然是我国城镇燃气的重要气源之一。

3. 液化石油气

液化石油气是石油开采、加工过程中的副产品，通常来自炼油厂。液化石油气的主要成分是丙烷（C_3H_8）、丙烯（C_3H_6）、丁烷（C_4H_{10}）和丁烯（C_4H_8）等。液化石油气作为一种烃类化合物因其具有加压或降温即可变为液态，以进行储存和运输，常温下减压即可气化的特性而成为一种单独的气源种类。液态液化石油气的体积约为气态时的1/250。

发展液化石油气具有投资少、设备简单、建设速度快、供应方式灵活（管道或瓶装供应）等特点。目前，液化石油气已成为一些中小型城镇和城镇郊区、独立居民小区的应用气源。其中，液化石油气强制气化和液化石油气掺混空气管道供应方式应用较为广泛。液化石油气掺混空气后其性能接近天然气，因而，还可以作为向天然气管道供应的过渡气源。

二、燃气供应方式

燃气供应方式分为管道输送和瓶装两种。

1. 管道输送

天然气或人工煤气经过净化后，便输入城镇燃气管网。根据输送压力的不同，城镇燃气管网可分为如下几种：

① 低压管网　　输送压力 $p \leqslant 0.01 \text{MPa}$
② 中压管网　　$0.2\text{MPa} \leqslant p \leqslant 0.4\text{MPa}$
③ 次高压管网　$0.8\text{MPa} \leqslant p \leqslant 1.6\text{MPa}$
④ 高压管网　　$2.5\text{MPa} \leqslant p \leqslant 4\text{MPa}$

城镇燃气管网包括街道燃气管网和庭院燃气管网两部分。

在供气区域较大的大城市，街道燃气管网可采用高压管网或次高压管网，以利远距离输送，在小城镇内，一般采用中、低压管网。无论采用何种压力的街道管网，在接入庭院燃气管网供居民使用之前，必须降至低压范围，通过调压站进行减压而实现。

燃气管道是承受压力的，而且所输送的燃气是有毒、易爆的气体。因此，不仅要求燃气管道要具有足够的强度，而且要具有气密性、耐蚀等性能，其中最主要的是气密性。

2. 瓶装

目前供应的液化石油气多采用瓶装。在储配站（灌瓶站）设储气罐，通过专用设备把储罐内的液化石油气灌入气瓶内，供用户使用。

根据用气量的大小可采用单瓶或瓶组供气。其中单瓶供应采用15kg钢瓶连同燃具供家庭使用；瓶组是把钢瓶并联供应给气量较小的用户使用。钢瓶内液化石油气的饱和气压为0.07~8 MPa，在室温下可自然气化。在供燃具使用时，要经瓶上的减压阀减压至0.0028~

0.0005MPa。钢瓶在运输过程中，应严格按规程进行，严禁乱扔乱抛。残液严禁倒入下水道，以免发生火灾。

三、室内燃气管道

1. 管道系统

室内燃气管道系统由引入管、立管和支管组成，见图4-18。室内燃气管道多采用水煤气钢管，它属于低压管材，采用螺纹连接。埋地部分应涂防腐剂，明敷管道最好采用镀锌钢管。室内管道不允许有漏气，在安装时对严密性的要求极高，安装后必须做压力试验，并做好隐蔽工程验收记录。

引入管不得敷设在卧室、浴室、地下室及烟道等地方。所输入的为人工煤气时，管径不得小于25mm。引入管应有一定坡度坡向入口一端，以防止或减少凝结水进入户内。在穿越建筑物基础或管沟时，均应加装套管。

室内燃气管道一般为明装。为了使用安全及布置合理，燃气管道应设在走廊的一端或在其他房屋角落处竖立安装，在不影响装拆的情况下，尽量靠近墙角。为了保证安全，室内燃气管道不得穿越卧室。立管（进户干管）上应设总阀门，阀门为旋塞式（严密性应良好）。立管一般采用同一管径从底层直通上部各楼层。每层接出的水平支管通过煤气表后再配送至用气点。水平支管沿顶棚下安装，然后再折向各用气点（煤气用具）。

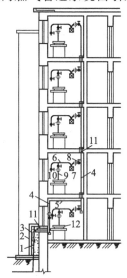

图4-18 室内燃气管道系统
1—引入管；2—砖台；3—保温层；4—立管；5—水平干管；6—支管；7—计量表；8—阀门；9—灶具连接管；10—热水器接管；11—套管；12—燃气用具

当室内燃气管道系统设水平管时，水平管不得埋地敷设或在其他管沟内敷设。当建筑物有地下室时，分配管可敷设在有通风设施的地下室上部。分配管应有一定坡度坡向引入管，以便于排除凝结水。在有可能出现冻结的地方，室内煤气管道应进行防冻措施处理。

2. 燃气表

燃气表是计量燃气用量的仪表。目前我国常用的为带有安全切断装置及预收费系统的智能卡式燃气表，其额定流量为3~100m³/h，适用于室内低压燃气供应系统。

四、燃气用具

1. 民用燃具

根据我国居民的生活习惯和生活水平，一般家庭燃具设置多为燃气灶具（双眼灶或烤箱灶）和快速热水器的组合形式；部分居民用户配有燃气热水炉（用户独立采暖用）。

(1) 民用燃气灶具 民用燃气灶具有单眼灶、双眼灶（图4-19）、三眼灶、烤箱灶、燃气火锅、燃气饭煲等。

(2) 燃气热水器 我国家用燃气热水器多为快速式热水器。这种热水器体积小、热效率高、使用方便；随用随开，不需等候即可连续不断地供应温度稳定的热水（一般热水温度为40~60℃）。这种热水器按排烟方式可分为：直排式燃气热水器、烟道式燃气热水器、平衡式燃气热水器等。

① 直排式燃气热水器 直排式热水器运行时，燃气燃烧所需的空气取自室内，燃烧后的烟气也排放在室内（图4-20）。这种热水器一般都是小型的，热水产率小于或等于6L/min。

由于烟气直接排放在室内，容易造成室内空气污染，加上一些用户在使用过程中不注意

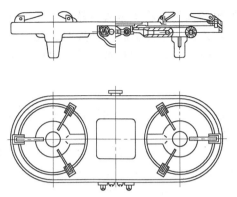

图 4-19 双眼灶结构示意图

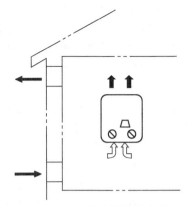

图 4-20 直排式燃气热水器

通风，常常造成事故。因此，有关方面已规定，不再允许生产、销售直排式燃气热水器。

② 烟道式热水器　烟道式热水器运行时，燃气燃烧所需空气取自室内，而燃烧后的烟气通过烟道排至室外，烟气不会造成室内空气污染。烟道式热水器有两种排烟方法，一种是自然排烟式（图 4-21），其烟气靠烟道的自然抽力排出。烟气排放状况与烟道的安装和室外风压等因素有关：当烟道过长或室外风压较大时，烟气将不能很好排出。另一种是强制排烟式（图 4-22），在这种热水器的烟道上装有一个小型抽风机，烟气靠抽风机强制排出，有效地防止了烟气在室内的存留。

③ 平衡式燃气热水器　这种热水器燃烧时所需空气通过进气筒取自室外，燃烧后的烟气通过排气筒排至室外（图 4-23）。这是一种封闭式燃气热水器，热水器的燃烧系统封闭在外壳内，与室内空气隔离，进气筒和排气筒通过墙壁伸向室外。这种热水器燃烧时不会造成室内空气污染，能有效防止中毒事故。但这种热水器安装时需要在墙壁上开较大的洞。因此，一般安装平衡式燃气热水器需要在建筑物设计时预留墙洞。

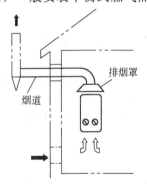

图 4-21 自然排烟烟道式
燃气热水器工作原理图

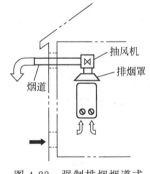

图 4-22 强制排烟烟道式
燃气热水器工作原理图

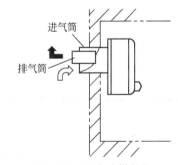

图 4-23 平衡式燃气热
水器工作原理图

2. 商业用户使用的燃具

商业用户使用的灶具主要有多火眼中餐灶、炸锅等。

商业用户及居民楼栋集中热水供应多使用全自动开水炉、茶浴炉等。

五、燃气供应系统的管理与维护

燃气是易燃、易爆、有一定毒性的气体，其燃烧后的烟气中含有有害物质。燃气泄漏或不完全燃烧以及烟气聚积等可能引起中毒、火灾和爆炸事故。

燃气运行管理部门的工作人员应向用户宣传正确使用燃气的方法和安全知识，遇到燃气系统故障及突发事故，应能采取有效措施，并及时向有关部门报告；如发生燃气泄漏或人员中毒事件，应迅速关断燃气阀门，切断气源；疏散现场人员，将中毒人员救离现场；打开门窗，通风换气；禁绝火种，严禁使用电气设备；能正确使用消防器材，扑灭初起火灾。

为使用安全，燃气用具的安装及改动均需到当地燃气管理部门报批。严禁用户或非专业人员进行燃气管道及设备的安装、改动。

1. 定期检修

为保证用户安全和室内燃气系统始终处于良好的工作状态，应定期进行检修。室内燃气管道一般应每1～2年进行一次检修，检修内容包括：

（1）对整个系统进行全面的外观检查　检查穿墙、穿楼板及敷设在潮湿房间和地下室的管道、暗管有无腐蚀；燃气表运转是否正常；连接燃具的胶管是否老化，烟道是否通畅等。

（2）清洗和更换易损件　对所有的阀门均应清洗加油，并更换已磨损的阀门阀芯；清除燃具喷嘴、燃烧器火孔和喉管等处的污垢、锈渣及灰尘；更换燃具上损坏的零件。

2. 常见故障及处理

（1）漏气　漏气是室内燃气系统最常见的故障。

① 漏气原因　施工或设备质量问题造成连接不严密；阀门及接口松动或老化；管道腐蚀穿孔；胶管老化开裂或使用不当等。

② 检漏方法　一般要眼看、鼻闻、耳听、手摸等方法相结合查找漏气点，对可能漏气点及接口处用肥皂液涂刷。

在进行室内燃气管道系统漏气检查时，严禁用明火检查漏气，以免发生爆炸和火灾事故。

③ 漏气处理　首先要打开门窗通风，严禁一切明火，迅速关闭阀门，组织力量及时抢修。一般管道、管件及接口漏气，要拆掉重装或更换新管及管件；胶管老化及开裂，亦应视其损坏程度切除漏气部分或更换新胶管；燃气表发现漏气一般应更换新表。

（2）管道堵塞

① 堵塞原因　多是由于燃气中含有的水、萘、焦油等杂质附着在管壁及阀门等处，形成堵塞。寒冷地区也有水分凝结成霜或冰，造成冰堵的现象。

② 堵塞部位的查找　首先应检查燃具，可用细铁丝等物清理喷嘴，然后逐段检查燃气表及各管段。

③ 堵塞处理　燃气表堵塞一般要更换新表。阀门堵塞，可拆卸下来，清洗或更换新阀门；立管堵塞，可用带真空装置的燃气管道疏通机或人工方法清堵；引入管的萘或冰堵，可将上部三通丝堵打开，向管内倒入热水，使萘或冰融化；如因管道保温不好造成萘或冰堵，则应重做保温。

3. 燃气表的故障及处理

燃气表的检定有效年限一般为5～7年。超过检定期限应进行检修。燃气表的故障通常有漏气、不通气、计量不准及外力作用破坏等。一般燃气表出现故障即应换新表，不得自行处理。

燃气表的维修工作有地区校验和定期检修。按照计量部门的要求，燃气表的地区校验每1年进行一次，使用误差不大于4%。当用户燃气表的计量有疑问时也要采用地区校验，以检验计量是否有误差。

4. 燃具的故障及处理

燃气灶具常见的故障有不正常燃烧、点不着火及漏气等。一般应先查清故障原因或漏气点，清除喷嘴及旋塞阀处的污垢，适当调整挡风板。如仍不能正常使用，应由专业人员进行修理。

燃气热水器在使用过程中，由于燃气供气压力不稳定、水压不足、点火装置或水控装置故障及燃烧器污垢、积炭等，可能出现点不着火、热水出不来、供水不足及燃烧异常等。

燃气热水器内部的故障一般需要专业人员进行修理，用户应经常检查热水器燃气进口阀和热水器内部有无燃气泄漏，水管有无泄漏。热水器在使用2年后或发现燃烧状况不好时，应请专业人员清洗热水器，以清除积炭。

【复习思考题】

1. 集中热水供应系统由哪些部分组成？各组成部分的作用是什么？
2. 从不同的角度简述热水供应方式及其特点。
3. 加热设备有哪些类型？各有何优缺点？
4. 热水供应系统有哪些特殊的器材和附件？它们的作用是什么？
5. 热水管道敷设中应注意哪些问题？
6. 如何保证饮水供应的安全？
7. 简述城镇燃气的气源种类及特点。
8. 燃气用户分为几类？各类用户需要的供气压力有何不同？
9. 室内燃气管线及燃具的布置应遵循哪些原则？
10. 民用燃具应符合哪些安全、技术要求？
11. 简述民用燃气热水器的种类及特点。

第五章 建筑供暖系统

【学习目标】
通过本章的学习，要求读者熟悉供暖系统的基本组成；掌握热水供暖系统的工作原理、热水供暖系统的形式及其维护与管理方法；了解蒸汽供暖系统的工作原理及蒸汽供暖系统的形式；认识供暖系统组成中的各种设备的原理构造；懂得排除供暖系统中的简单常见故障。

【本章要点】
1. 供暖系统的分类、组成及工作原理。
2. 供暖系统的主要形式及特点。
3. 供暖系统的主要设备。
4. 供暖管道及附件。
5. 供暖系统的维护与管理。

第一节 供暖系统概述

人体的体温大约是 36℃，而在寒冷的冬季，人们在室内适宜的温度一般是 20℃ 左右，由于室外温度大大低于 20℃，热量就不断地经过建筑物的墙、屋顶、门窗和地面等围护结构向外散失。同时，冷空气由门、窗缝隙进入室内以及外门开启冷空气的进入，消耗室内的热量，造成室内温度下降。为了维持室内所需要的温度，保证人们在室内的正常工作、学习和生活，就必须向室内供应一定的热量。这种向室内提供热量的工程设备称为供暖系统，如图 5-1 所示。

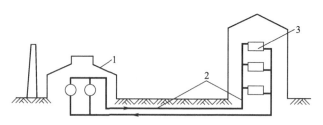

图 5-1 供暖系统图
1—锅炉房；2—输热管道；3—散热器

一、供暖系统的组成

供暖系统主要由热介质制备、热介质循环输送和热介质利用三大部分组成。

热介质制备（热源）——供暖系统的热源一般是锅炉，锅炉把燃料的化学能通过燃烧转换成热能。

热介质利用（散热设备）——供暖系统的散热设备一般是散热器，通过散热器的散热，补偿冬季房屋的热量损耗，维持一定的室温。

热介质循环输送（输热管道）——热源和散热设备用管道连接起来，利用热介质把热量输送到散热设备,热介质放出热量又回到热源继续加热,循环使用。

热介质是携带热量的物质,现在使用的主要是水和蒸汽。

供暖系统的基本工作过程是:低温热介质在热源中被加热,吸收热量后,变为高温热介质,经输送管道送往室内,通过散热设备放出热量使室内温度升高,散热后温度降低,变成低温热介质,再通过管道返回热源继续加热,进行循环使用。如此不断循环,从而使室内保持一定的温度。

二、供暖系统的分类

1. 按热介质分类

按系统中所用的热介质不同,供热系统可分为三类:热水供暖系统、蒸汽供暖系统和热风供暖系统。

(1) 热水供暖系统 在热水供暖系统中,热介质是水。散热设备通常为散热器,管道中的水在热源被加热,经管道流到房间的散热器中放热,然后再流回热源。

根据系统中有无水泵作为热介质循环动力,热水供暖系统可分为两类:有水泵的称为机械循环热水供暖系统,常用于大面积供热;无水泵的称为自然循环热水供暖系统,常用于小面积供热,其原理是靠供、回水密度差使水循环的。

按热水温度的不同又可分为低温水供暖系统(供水温度小于100℃)和高温水供暖系统(供水温度大于或等于100℃)。常用的低温水供暖系统的供、回水温度分别为95℃/70℃,常用的高温水供暖系统的供、回水温度分别为110℃/70℃、130℃/70℃、150℃/70℃。

(2) 蒸汽供暖系统 在蒸汽供暖系统中,热介质是蒸汽,散热设备通常为散热器。蒸汽含有的热量由两部分组成:一部分是水在沸腾时含有的热量;另一部分是从沸腾的水变为饱和蒸汽的汽化潜热。在这两部分热量中,汽化潜热占绝大部分。

按热介质压力的不同又分为低压蒸汽供暖系统(供汽压力小于或等于70kPa)和高压蒸汽供暖系统(供汽压力大于70kPa)。

(3) 热风供暖系统 热风供暖系统以空气作为热介质。在热风供暖系统中,首先将空气加热,然后将高于室温的空气送入室内,热空气在室内降低温度,放出热量,从而达到供热的目的。

2. 按范围分类

按供暖范围的大小,供热系统可分为三类:局部供暖系统、集中供暖系统和区域供暖系统。

(1) 局部供暖系统 热介质制备、热介质循环输送和热介质利用3个主要组成部分在构造上都在一起的供暖系统,称为局部供暖系统,如烟气供热(火盆、火炉、火墙和火炕等)、电热供热和燃气供热等。虽然燃气和电能通常由远处输送到室内来,但热量的转化和利用都是在散热设备上实现的。

(2) 集中供暖系统 热源和散热设备分别设置,用热介质管道相连接,由热源向各个房间或各个建筑物大面积供给热量的供暖系统称为集中供暖系统。在住宅小区、企业单位、国家机关、学校、公共建筑等都是采用集中供暖系统。

(3) 区域供暖系统 在集中供暖的基础上,由热源集中向一个城镇或多个住宅小区、多个企业单位、多个政府机关、多个公共单位等供给热量的供暖系统称为区域供暖系统,也称为联片供暖系统。区域供暖已成为现代化城镇的重要基础设施之一,是现代化城市供暖系统的发展方向。

区域供暖系统由热源、热力网和热用户三部分组成。区域供暖系统可分为两类:以区域锅炉房为热源的称为锅炉房区域供暖系统;以热电厂作为热源的称为热电厂区域供暖系统。

第二节 热水供暖系统

以热水作为热介质的供暖系统，其室温比较稳定，散热器上的尘埃不会升华，卫生条件好；可集中调节水温，便于根据室外温度变化情况调节散热量；水的热惰性大，房间升温、降温速度较慢；系统使用的寿命长，一般可使用 25 年。但当建筑物较高时，系统的静水压力大，散热器容易产生超压现象；热水放得不净时，容易发生冻裂事故。根据热水供暖系统的特点，现在绝大多数情况使用的是热水供暖系统。

一、热水供暖系统的工作原理

1. 自然循环热水供暖系统的工作原理

图 5-2 为自然循环热水供暖系统的工作原理图。假设热水在管道中流动损失的热量忽略不计，水温只在锅炉中心和散热器中心发生变化，假设系统有一个加热中心（锅炉）和一个冷却中心（散热器），用供水管和回水管把散热器和锅炉连接起来。在系统的最高处连接一个膨胀水箱，用它来容纳水受热膨胀而增加的体积，并可作为系统最高排气点。

运行前，先将系统内充满水，水在锅炉中被加热后，密度减小，热水沿供水管进入散热器，在散热器中的水放热降温，密度增大，密度较大的回水再沿回水管返回锅炉重新加热，这种密度差形成了推动整个系统中的水沿管道流动的动力。

图 5-2 自然循环热水供暖系统工作原理图
1—锅炉；2—供水管；3—水箱；
4—散热器；5—回水管

假想回水管路的最低点断面 A—A 处有一个阀门，若阀门突然关闭，A—A 断面两侧会受到不同的水柱压力，两侧水柱压力差就是推动水在系统中循环流动的自然循环作用的动力。

A—A 断面两侧水柱压力分别为

$$p_{左}=g(h_1\rho_h+h\rho_g+h_2\rho_g) \tag{5-1}$$

$$p_{右}=g(h_1\rho_h+h\rho_h+h_2\rho_g) \tag{5-2}$$

系统的循环作用力为 $\Delta p=p_{右}-p_{左}=gh(\rho_h-\rho_g)$ (5-3)

式中 Δp——自然循环系统的作用压力，Pa；

g——重力加速度，m^2/s；

h——加热中心至冷却中心的垂直距离，m；

ρ_h——回水密度，kg/m^3；

ρ_g——供水密度，kg/m^3。

从式 (5-3) 可以看出，自然循环作用压力的大小与供、回水的密度差和锅炉中心与散热器中心的垂直高度有关。低温热水供暖系统，供、回水温度一定（95℃/70℃）时，为了提高系统的循环作用压力，锅炉的位置应尽可能降低。由于自然循环系统的作用压力一般都不大，作用半径以不超过 50m 为宜。

在自然循环热水供暖系统中，热水受热后体积会膨胀，系统压力会升高，需在系统最高点设置膨胀水箱，以容纳水受热后膨胀的体积，同时，可利用膨胀水箱排除系统中的空气。为便于系统排气，自然循环热水供暖系统干管的坡度为 0.005，支管的坡度也不应小于 0.01。

2. 机械循环热水供暖系统的工作原理

图 5-3 所示为机械循环热水供暖系统的工作原理图。在机械循环热水供暖系统中，靠水泵的扬程产生循环动力推动热水循环流动。水在锅炉中被加热后，沿总立管、供水干管、供

水立管进入散热器,放热后沿回水立管、回水干管由水泵送回锅炉。

为排除系统中的空气,在供水干管的高位点设置排气设备集气罐。

膨胀水箱设在系统的最高点,连接在回水干管水泵的吸入口上,可使整个系统在正压下工作,保证了系统中的水不致发生汽化,使系统热水正常循环。

机械循环热水供暖系统的压力大,因此系统作用半径大,供热的范围就大,但系统运行耗电量大,系统管道设备的维修量也大。

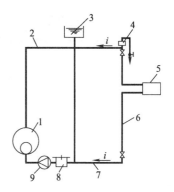

图 5-3 机械循环热水供暖系统的工作原理图

1—锅炉;2—供水干管;3—水箱;4—集气罐;5—散热器;6—立管;7—回水干管;8—除污器;9—水泵

二、热水供暖系统的形式

1. 自然循环热水供暖系统的形式

(1) 单管上供下回式热水供暖系统 图 5-4 所示为单管上供下回式热水供暖系统。由于各层散热器串联,通过各层散热器只形成一条循环环路,所以称为单管系统,由于给水干管在上面,回水干管在下面,所以称为上供下回式。单管系统的特点是热水送入立管后由上向下顺序流过各层散热器,水温逐层降低,各组散热器串联在立管上。每根立管(包括立管上各层散热器)与锅炉、供、回水干管形成一个循环环路,各立管环路是并联关系。

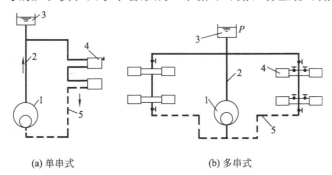

(a) 单串式　　　　　(b) 多串式

图 5-4 单管上供下回式热水供暖系统

1—锅炉;2—供水管;3—水箱;4—散热器;5—回水管

图 5-4 (a) 所示为所有散热器都是串联的,图 5-4 (b) 所示为每层散热器是并联的,层间散热器是串联的,左侧为顺流式,右侧为跨越式。

(2) 双管上供下回式热水供暖系统 图 5-5 所示为双管上供下回式热水供暖系统。其特点是各层散热器都并联在供、回水立管上,水经回水立管、干管直接流回锅炉,而不经过下层的散热器,如果不考虑水在管路中的冷却,则进入各层散热器的水温相同。由于这种系统中的散热器都并联在两根立管上,一根为供水立管,一根为回水立管,故这种系统为双管系统。这种系统的散热器都自成一独立的循环环路,在散热器的供水支管上可以装设阀门,所以可以调节通过散热器的水流量,达到调节室内温度的目的。

2. 机械循环热水供暖系统的形式

(1) 上供下回单管热水供暖系统 图 5-6 所示为上供下回单管热水供暖系统。该系统结构简单,上、下层供暖温度有一定差异,由上向下温度逐渐降低,不能调节温度,适用于要求不高的建筑。

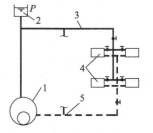

图 5-5 双管上供下回式热水供暖系统

1—锅炉;2—水箱;3—供水管;4—散热器;5—回水管

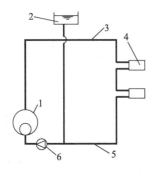
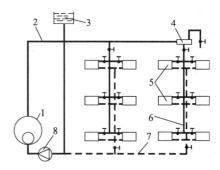

图 5-6 上供下回单管热水供暖系统
1—锅炉；2—水箱；3—供水管；
4—散热器；5—回水管；6—水泵

图 5-7 上供下回双管热水供暖系统
1—锅炉；2—供水干管；3—水箱；4—集气罐；
5—散热器；6—立管；7—回水干管；8—水泵

(2) 上供下回双管热水供暖系统　图 5-7 所示为上供下回双管热水供暖系统。因各层散热器并联在供、回水立管间，所以每组散热器可单独调节温度，但由于自然压力的存在，上、下层散热环路之间压力由上向下增大，因而仍会产生"上热下冷"的现象，但比上供下回单管热水供暖系统要好多了，因此应用较多。

(3) 上供下回单双管热水供暖系统　图 5-8 所示为上供下回单双管热水供暖系统。具有前两种系统的特点，实际中应用较多。

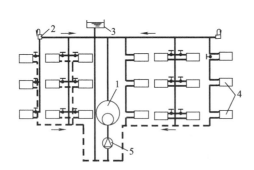
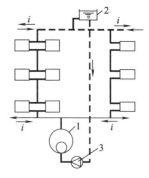

图 5-8 上供下回单双管热水供暖系统图
1—锅炉；2—集气罐；3—水箱；4—散热器；5—水泵

图 5-9 下供上回单管热水供暖系统
1—锅炉；2—膨胀水箱；3—水泵

(4) 下供上回单管热水供暖系统　图 5-9 所示为上供下回单管热水供暖系统。该系统的供水干管设在所有散热器设备的下面，回水干管设在所有散热器上面，膨胀水箱连接在回水干管上。回水经膨胀水箱流回锅炉房，再被循环水泵送入锅炉。这种系统的特点是由于热介质自下而上流过各层散热器，与管内空气泡上浮方向一致，因此，系统排气好，无需设置集气罐等排气装置；水流速度可增大，节省管材；底层散热器内热介质温度高，可减少散热器片数，有利于布置散热器。该系统适于高温水采暖，由于供水干管设在底层，可降低高温水汽化所需的水箱标高，减少布置高架水箱的困难。但是这种系统由于散热器是下进上出的连接方式，其平均温度低，散热系数低，通常比上供下回式的低 15%～20%，采用的散热器较多。

(5) 下供下回双管热水供暖系统　图 5-10 所示为下供下回双管热水供暖系统。系统的供水和回水干管都敷设在底层散热器下面。在设有地下室的建筑物，或在平屋顶建筑顶棚下难以布置供水干管的场合，常采用下供下回式系统。

机械循环下供下回式热水供暖系统在地下室布置供水干管，管路直接散热给地下室，无效热损失小。在施工中，每安装好一层散热器即可供暖，给冬季施工带来很大方便，但它排

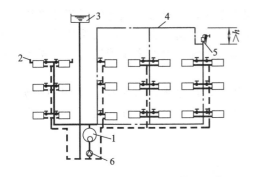
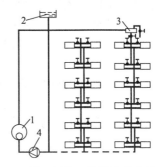

图 5-10 下供下回双管热水供暖系统
1—锅炉；2—冷风阀；3—膨胀水箱；
4—空气管；5—集气罐；6—水泵

图 5-11 上供下回单双管混合热水供暖系统
1—锅炉；2—膨胀水箱；3—集气罐；4—水泵

除系统中的空气较困难。下供下回式系统排除空气的方式主要有两种：通过顶层散热器的冷风阀手动分散排气或通过专设的空气管手动或自动集中排气。

(6) 上供下回单双管混合热水供暖系统 图 5-11 所示为上供下回单双管混合热水供暖系统。该系统将每根立管的散热器分为若干组，每组包括 2~3 层，同一组内各散热器按双管形式连接，而各组之间按单管形式连接。这种散热器适用于高层建筑的供暖系统中。

(7) 中供式热水供暖系统 图 5-12 所示为中供式热水供暖系统。系统总水平供水干管水平敷设在系统的中部。下部系统呈上供下回式；上部系统可采用下供下回式，也可采用下供上回式。中供式系统可避免由于顶层梁底标高过低，致使供水干管挡住顶层窗户的不合理布置，并减少了上供下回式楼层过多，易出现垂直失调的现象；但上部系统要增加排气装置。

中供式系统可用于在原有建筑物上加层后或"品"字形建筑（上部建筑面积少于下部的建筑面积）的供暖上。

(8) 同程式与异程式热水供暖系统 图 5-13 所示为同程式热水供暖系统。在供暖系统供、回水干管布置上，通过各个立管的循环环路的总长度相等的布置形式称为同程式系统。通过各个立管的循环环路的总长度不相等的布置形式则称为异程式系统。前面介绍的基本都是异程式热水供暖系统。

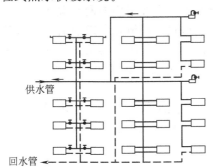
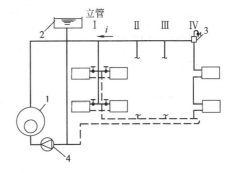

上部系统为下供下回式；下部系统为上供下回式
图 5-12 中供式热水供暖系统

图 5-13 同程式热水供暖系统
1—锅炉；2—膨胀水箱；3—集气罐；4—水泵

在机械循环系统中，由于作用半径较大，连接立管较多，异程式系统各立管循环环路长短不一，各个立管环路的压力损失较难平衡，会出现近处立管流量超过要求，而远处立管流量不足，在远、近立管处出现流量失调而引起在水平方向冷热不均的现象，称为系统的水平失调。

为了消除或减轻系统的水平失调,可采用同程式系统,通过最近立管的循环环路与通过最远立管的循环环路的总长度都相等,因而压力损失易于平衡。由于同程式系统具有上述优点,在较大的建筑物中,常采用同程式系统。但同程式系统管道的金属消耗量通常要多于异程式系统。

(9) 水平单管热水供暖系统 图 5-14 所示为水平单管热水供暖系统。左侧为顺流式,右侧为跨越式。前面所述的都是垂直式系统。水平式是指同一水平位置(同一楼层)的各个散热器用一根水平管道进行连接的方式。

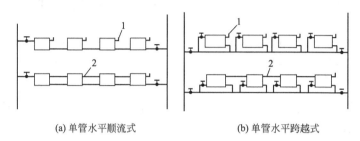

(a) 单管水平顺流式 (b) 单管水平跨越式

图 5-14 水平单管热水供暖系统
1—冷风阀;2—空气管

水平式系统的排气方式比垂直式上供下回系统复杂些。它需要在散热器上设置冷风阀分散排气,或在同一层散热器上部串联一根空气管集中排气。对较小的系统,可用分散排气方式。对散热器较多的系统,宜采用集中排气方式。

水平式系统与垂直式系统相比,具有如下优点:

① 系统的总造价一般要比垂直式系统低。

② 管路简单,无穿过各层楼板的立管,施工方便。

③ 有可能利用最高层的辅助空间(如楼梯间、厕所等)架设膨胀水箱,不必在顶棚上专设安装膨胀水箱的房间。

④ 对各层有不同使用功能或不同温度要求的建筑物,采用水平式系统更便于分层管理和调节。

(10) 混合式热水供暖系统 图 5-15 所示为混合式热水供暖系统。系统的 I 区直接引用外网高温水,采用下供上回(倒流)的系统形式,经散热器散热后,I 区的回水温度应满足 II 区的供水温度要求,再引入 II 区,II 区采用上供下回低温热水供暖形式,II 区回水水温降至最低后,返回热源。

以上各种机械循环热水供暖系统,选用时要根据实际情况,因地制宜,参考相同或相近的现成建筑,根据经验确定。

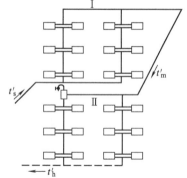

图 5-15 混合式热水供暖系统

第三节 蒸汽供暖系统

一、蒸汽供暖系统的工作原理

以水蒸气作为热介质的供暖系统称为蒸汽供暖系统,图 5-16 所示为蒸汽供暖系统的原理图。水在锅炉中被加热成具有一定压力和温度的蒸汽,蒸汽靠自身压力作用通过管道流入散热器内,在散热器内放出热量后,蒸汽变成凝结水,凝结水靠重力经疏水器(阻汽疏水)后沿凝结水管道返回凝结水箱内,再由凝结水泵送入锅炉重新被加热变成蒸汽。

二、蒸汽供暖系统的特点

蒸汽供暖与热水供暖相比有以下特点。

① 在一般热水供暖系统中，供水温度为95℃，回水温度为70℃，散热器内热介质的平均温度为82.5℃。而在低压及高压蒸汽供暖系统中，散热器内热介质的温度等于或高于100℃。并且蒸汽供暖系统散热器的传热系数也比热水供暖系统散热器为高。这就使蒸汽供暖系统所用散热器的片数比热水供暖系统的约少30%。

② 由于热水供暖系统的流量大，允许流速小，因此热水供暖系统的管径比蒸汽供暖系统的

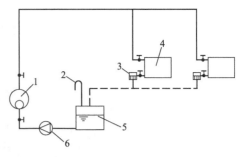

图 5-16 蒸汽热水供暖系统原理图
1—锅炉；2—空气管；3—疏水器；4—散热器；
5—凝结水箱；6—凝结水泵

管径大，所以在管路造价方面，蒸汽供暖系统也比热水供暖系统要少。因此，蒸汽供暖系统的初期投资少于热水供暖系统。

③ 由于蒸汽供暖系统系间歇工作，管道内时而充满蒸汽，时而充满空气，管道内壁的氧化腐蚀要比热水供暖系统快。因而，蒸汽供暖系统的使用年限要比热水供暖系统短，特别是凝结水管，更易损坏。

④ 在蒸汽供暖系统中，蒸汽的密度很小，当蒸汽充满系统时，由本身重力所产生的静压力也很小，因此蒸汽供暖系统适用于高层建筑。而热水的密度远大于蒸汽的密度，当热水供暖系统高到30~40m时，最底层的铸铁散热器就有被压破的危险。因此，在高层建筑中采用热水供暖系统时，就要将供水系统在垂直方向分成几个互不相通的分系统。

⑤ 一般蒸汽供暖系统不能调节蒸汽温度。当室外温度高于供暖室外计算温度时，蒸汽供暖系统必须运行一段时间，停止一段时间，即采用间歇调节。间歇调节会使房间温度上下波动，而从卫生角度来看，室内温度波动过大是不合适的。

⑥ 蒸汽供暖系统由于散热器表面温度高，当人的皮肤碰到会发生烫伤，万一散热器跑汽，会把人烫坏。

⑦ 蒸汽供暖系统中，由于热胀冷缩、疏水器失灵等原因容易形成跑、冒、滴、漏。特别是疏水阀不好用，致使有大量蒸汽通过疏水阀流入凝结水管中，最后经凝结水箱排入大气。这种情况对热能的节约是不利的。

⑧ 蒸汽供暖系统的热惰性很小，即系统的加热和冷却过程都很快。对于人数不定或不经常有人停留而要求迅速加热的建筑物，如工业车间、会议厅、剧院等是比较合适的。

⑨ 在低压蒸汽供暖系统中，散热器表面温度始终在100℃左右，有机灰尘剧烈升华，对卫生不利。而在热水供暖系统中，散热器表面温度较低，从卫生角度看采用热水供暖系统为佳。因此，对卫生要求较高的建筑物，如住宅、学校、医院、幼儿园等目前皆广泛采用热水供暖系统，热水供暖系统是物业管理涉及最多的供暖系统。

三、蒸汽供暖系统的形式

1. 低压蒸汽供暖系统

(1) 双管上供下回式蒸汽采暖系统　图 5-17 所示为双管上供下回式低压蒸汽供暖系统。该系统是低压蒸汽供暖系统常用的一种形式。从锅炉产生的低压蒸汽经分汽缸分配到管道系统，蒸汽在自身压力的作用下，克服流动阻力经室外蒸汽管、室内蒸汽主管、蒸汽干管、立管和散热器支管进入散热器。蒸汽在散热器内放出汽化潜热变成凝结水，凝结水从散热器流出后，经凝结水支管、立管、干管进入室外凝结水管网流回锅炉房内凝结水箱，再经凝结水泵注入锅炉，重新被加热变成蒸汽后送入供暖系统。

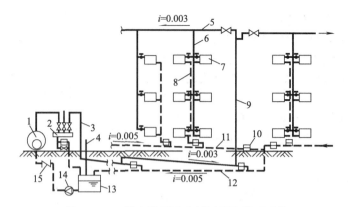

图 5-17 双管上供下回式低压蒸汽供暖系统
1—锅炉；2—分汽缸；3—室外蒸汽管；4—空气管；5—蒸汽干管；6—蒸汽立管；
7—散热器；8—凝结水立管；9—蒸汽主管；10—疏水器；11—凝结水干
管；12—室外凝结水管；13—凝结水箱；14—凝结水泵；15—止回阀

（2）双管下供下回式蒸汽供暖系统　图 5-18 所示为双管下供下回式蒸汽供暖系统。该系统的室内蒸汽干管与凝结水干管同时敷设在地下室或特设地沟。在室内蒸汽干管的末端设置疏水器以排除管内沿途凝结水，但该系统供蒸汽立管中，凝结水与蒸汽逆向流动，运行时容易产生噪声，特别是系统开始运行时，因凝结水较多容易发生水锤现象。

（3）双管中供式蒸汽供暖系统　图 5-19 所示为双管中供式蒸汽供暖系统。该系统适于多层建筑顶层或顶棚下不便设蒸汽干管时，中供式系统不必像下供式系统那样需设置专门的蒸汽干管末端疏水器，总立管长度也比上供式小，蒸汽干管的沿途散热也可得到有效利用。

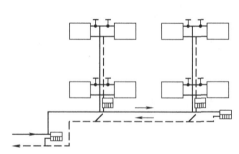

图 5-18　双管下供下回式
蒸汽供暖系统

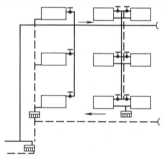

图 5-19　双管中供式蒸汽供暖系统图

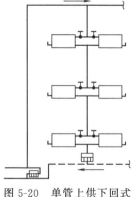

图 5-20　单管上供下回式
蒸汽供暖系统

（4）单管上供下回式蒸汽供暖系统　图 5-20 所示为单管上供下回式蒸汽供暖系统。该系统采用单根立管，可节省管材，蒸汽与凝结水同向流动，不易发生水锤现象，但低层散热器易被凝结水充满，散热器内的空气无法通过凝结水干管排除。

2. 高压蒸汽供暖系统

（1）上供下回式蒸汽供暖系统　图 5-21 所示为上供下回式蒸汽供暖系统。如果外网蒸汽压力超过该系统的工作压力，应在室内系统入口处设置减压装置。高压蒸汽供暖系统在每个环路凝结水干管末端集中设置疏水器，在每组散热器的进出口支管上均安装阀门，以便调节供汽量和检修散热器时关断管路。

（2）上供上回式蒸汽供暖系统　图 5-22 所示为上供上回式蒸

汽供暖系统。当室内地面的上面不便布置凝结水管时，也可将该系统的供汽干管和凝结水干管设于房屋上部，即采用上供上回式系统。凝结水靠疏水器之后的余压作用上升到凝结水干管，再返回室外管网。

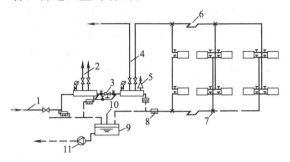 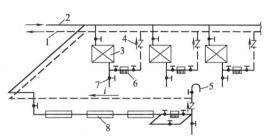

图 5-21　上供下回式蒸汽供暖系统
1—室外蒸汽管；2—室内高压蒸汽供热管；3—减压装置；
4—室内高压蒸汽供暖管；5—安全阀；6—补偿器；
7—固定支点；8—疏水器；9—开式凝结水箱；
10—空气管；11—凝结水泵

图 5-22　上供上回式蒸汽供暖系统
1—凝结水管；2—蒸汽管；3—暖风机；4—止回阀；
5—空气管；6—疏水器；7—泄水管；8—散热器

第四节　热源设备

一、锅炉

锅炉是供热之源，是供暖系统中最常用的设备，它把燃料燃烧时所放出的热能，经过热传递使水变成蒸汽（或热水），即锅炉及锅炉房设备生产出蒸汽（或热水），然后通过热力管道，将蒸汽（或热水）送往热用户，以满足生产工艺或生活供热等方面的需要。通常，将用于工业及供暖方面的锅炉称为供热锅炉，而将用于动力、发电方面的锅炉称为动力锅炉。

1. 供热锅炉的类型

锅炉分蒸汽锅炉与热水锅炉两大类。对供热锅炉来说，每一类又可分为低压锅炉与高压锅炉两种。在蒸汽锅炉中，蒸汽压力小于 70kPa 的称为低压锅炉；大于或等于 70kPa 的称为高压锅炉。在热水锅炉中，温度低于 115℃ 的称为低压锅炉；温度高于或等于 115℃ 的称为高压锅炉。低压锅炉用铸铁或钢制造，高压锅炉则完全用钢制造。

锅炉除了使用煤作燃料外，还能使用石油冶炼中生产的轻油、重油以及天然气、煤气等作为燃料。通常把用煤作为燃料的锅炉称为"燃煤锅炉"；把用油品气体作为燃料的锅炉称为"燃油燃气锅炉"。

当蒸汽锅炉工作时，在锅炉内部要完成 3 个过程，即燃料的燃烧过程、烟气与水的热交换过程以及水的受热汽化过程。热水锅炉则只完成前两个过程。

2. 燃煤锅炉的工作过程

（1）燃料的燃烧过程　如图 5-23 所示，燃料由

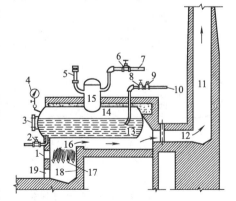

图 5-23　燃煤锅炉的工作原理
1—炉门；2—排水阀；3—水位表；4—压力表；
5—安全阀；6—主汽阀；7—蒸汽管道；8—给水阀；9—回水阀；10—给水管；11—烟囱；12—烟道；13—汽锅；14—蒸汽空间；15—干汽室；16—炉膛；17—炉箅；18—灰坑；19—灰门

炉门投入炉膛中,铺在炉箅上燃烧;空气受烟囱的引风作用,由灰门进入灰坑,并穿过炉箅缝隙进入燃料层助燃。燃料燃烧后变成烟气和炉渣,烟气流向汽锅的受热面,通过烟道经烟囱排入大气。

(2) 烟气与水的热交换过程　燃料燃烧时放出大量热能,这些热能主要以辐射和对流两种方式传递给汽锅里的水,所以,汽锅也就是个热交换器。由于炉膛中的温度高达1000℃以上,因此,主要以辐射方式将热量传递给汽锅壁,再传给锅炉中的水。在烟道中,高温烟气冲刷汽锅的受热面,主要以对流方式将热量传给锅炉中水,从而使水受热并降低了烟气的温度。

(3) 水受热的汽化过程　由给水管道将水送入汽锅里至一定的水位,汽锅中的水接受锅壁传来的热量而沸腾汽化。沸腾水形成的气泡由水底上升至水面以上的蒸汽空间,形成汽和水的分界面——蒸发面。蒸汽离开蒸发面时带有很多水滴,湿度较大,到了蒸汽空间后,由于蒸汽运动速度减慢,大部分水滴会分离下来,蒸汽上升到干汽室后还可以分离出部分水滴,最后带少量水分由蒸汽管道送出。

3. 燃油燃气锅炉的工作过程

当人们的生活提高到一定程度,必然对大气环境提出较高的要求,大气环境的好坏不仅直接影响人们的身体健康和寿命的长短,而且也标志着一个国家的发展状况和文明程度。影响环境的因素很多,在我国北方,影响冬季大气环境质量的最重要因素就是供暖所用的燃料形式和成分。燃煤造成的大气污染,是大气污染的重要原因之一。用燃气代替燃煤供暖是改善北方地区冬季(大气)环境质量的重要措施。在所有的燃煤设备中,燃煤锅炉的耗煤量最多,尤其在冬季,大量供暖用燃煤锅炉的使用,使得供暖季内燃煤量是其他时期的几倍,二氧化硫和烟尘的排放量也大大高于其他季节。许多城市政府作出规定,市区内禁止新上燃煤锅炉,原有的2t以下的燃煤锅炉也要限期改造,改用清洁燃料。因此,目前我国燃气锅炉的产量大量增加,推广燃气采暖是治理环境污染的一项重要举措,特别是现在推广的燃气供暖热水两用器,使用越来越多。

燃油燃气锅炉可以是蒸汽锅炉,也可以是热水锅炉。这里主要介绍在建筑工程中正日益广泛使用的燃油燃气热水锅炉。图5-24所示的是采用三回火烟气燃烧系统的燃油燃气热水锅炉的工作原理。锅炉由炉体、燃烧器、控制电路等组成,与进出水系统、供油系统相连接,便组成了热水供应系统。

炉体大部分采用优质不锈钢制造,保证水质清洁,经久耐用。燃烧器一般用轻质柴油作燃料,根据不同需要也可用重油或天然气作燃料。燃烧器内的高压泵及送风机将柴油雾化后送至燃烧室,自控电路自动测量油雾浓度,当符合风油比例后,延时2～4s送10000V高压电点燃油雾。油雾点燃后,由自动电眼感应一定温度后停止高压送电,燃烧器投入正常工作。油气在圆柱状的燃烧室内燃烧,加热四周的回水,烟气流入管状的一级加热面,再经

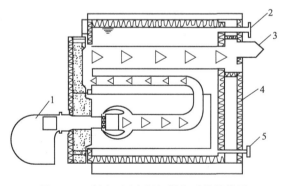

图5-24　采用三回火烟气燃烧系统的燃油
燃气热水锅炉的工作原理
1—燃烧器;2—热水出口;3—烟气出口;
4—保温壳体;5—热水回水

最上方的片形散热管,形成第三回烟管道。这样,能充分利用烟气的热量,增强传热效果。热水回水由下部进入,通过第三回火烟管加热后,从上部离开热水锅炉。

此类热水锅炉的一个显著特点是常压(亦称"无压")。这种锅炉在热水回水进锅炉之前设置开式回水箱,锅炉承受的只是水池与锅炉间的水位差压力,压力很小,因此,从根本上

消除了蒸汽锅炉存在的爆炸隐患,安全可靠。

4. 锅炉的基本构造

锅炉本体的基本组成是汽锅和炉子两大部分。燃料在炉子里进行燃烧,燃烧的产物高温烟气以对流和辐射的方式,通过汽锅的受热面把热量传递给汽锅内温度较低的水,水被加热,形成热水或者沸腾汽化形成蒸汽。为了充分利用高温热量,在烟气离开锅炉本体之前,应让其先通过省煤器(用来预热锅炉给水的换热器)和空气预热器(用来预热参与炉膛燃烧的空气的换热器)。此外,为了保证锅炉能安全可靠地工作,还应当配备水位表、压力表、温度计、安全阀、主汽阀、排污阀、止回阀等附件。

燃油燃气锅炉的构造一般比较简单,可没有安全阀,不用考虑出炉渣等装置。

图 5-25 所示的是一种燃煤锅炉的结构,此锅炉属于卧式结构。在卧式锅筒内,布置了许多烟管,烟管外是需要加热的水。锅炉燃煤由运煤设备输送到炉前的煤斗中,煤借自重落到链条炉排上,由自前至后移动的链条炉排带入炉内,随着链条炉排向后缓慢移动,逐渐完成预热干燥、燃烧、燃尽各个阶段,最后形成灰渣落入沉渣池。燃烧形成的高温烟气加热锅筒的外壁及四周的水冷壁,然后在炉内向后流出炉膛,进入下半部烟管,通过对烟管的冲刷来加热烟管外面的水,烟气流动至炉前再经前烟箱导入上半部烟管,进一步对水加热,水被加热沸腾形成蒸汽,聚集在锅筒上部,经排气管引出。烟气在炉后汇集进入尾部受热面(省煤器、空气预热器),用烟气的余热对锅炉的进水、进风进行预热,此后烟气经除尘净化后由引风机排入烟囱。

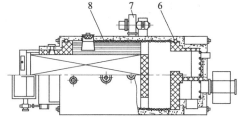

图 5-25 燃煤锅炉结构
1—链条炉排;2—前烟管;3—锅筒;4—烟管;
5—省煤器;6—下降管;7—送风机;8—水冷壁管

5. 锅炉的技术性能

(1) 锅炉的容量 是指锅炉在单位时间内产生热水或蒸汽的能力,单位为 t/h。

(2) 工作压力 是指锅炉出汽(水)处蒸汽(热水)的额定压力,单位为 MPa。

(3) 温度 是指锅炉出汽(水)处的蒸汽(热水)的温度,单位为 ℃。

(4) 热效率 是指锅炉的有效利用热量与燃料输入热量的比值。它是锅炉最重要的经济指标。一般锅炉的热效率在 60%~80% 左右。

燃煤锅炉的容量有 1t/h、2t/h、4t/h 等多种规格,工作压力有 0.8MPa 和 1.3MPa 两种,热效率可达 50%~60%。

6. 锅炉房

(1) 各种锅炉房的工艺系统 当使用不同的燃料时,锅炉房的工艺流程也会不同。

① 燃煤锅炉房的系统组成 燃煤锅炉房的系统组成如图 5-26 所示。除了锅炉本体外,还包括以下几个子系统。

运煤、除灰系统:其作用是保证为锅炉运入燃料和送出灰渣。

送、引风系统:其作用是给锅炉送入燃烧所需空气和从锅炉引出燃烧产物烟气,以保证燃烧正常进行,并使烟气以必需的流速冲刷受热面。锅炉的送、引风系统设备主要有送风机、引风机、除尘器和烟囱。

水、汽系统(包括排污系统):汽锅内具有一定的压力,因而给水须借助水泵提高压力

图 5-26 燃煤锅炉房的系统组成

后进入。此外，为了保证给水质量，避免汽锅内壁结垢或受腐蚀，锅炉房通常还设有水处理设备（包括软化、除氧），为了储存给水，还要设置一定容量的水箱等。锅炉的排污水因具有相当高的温度和压力，因此须排入排污减温池或专设的扩容器，进行膨胀降温。

仪表控制系统：除锅炉本体上装有的仪表外，为监督锅炉设备安全经济运行，还常设有一系列的仪表和控制设备，如蒸汽流量计、水量表、烟温计、风压计、排烟二氧化碳指示仪等常用仪表。

② 燃油燃气锅炉房的工艺系统　燃油燃气锅炉房的工艺系统如图 5-27 所示。除了燃油燃气锅炉本体外，还包括燃油燃气供应系统、汽水系统及安全控制系统。燃油供给系统主要由储油罐、输油管道、油泵、室内油箱组成。燃气一般由单独设置的气体调压站，经输气管道送至燃气锅炉。燃油燃气都是易燃易爆物质，锅炉房的安全保障系统尤为重要。

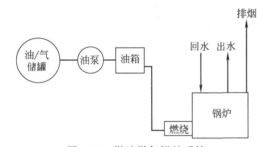

图 5-27 燃油燃气锅炉系统

(2) 锅炉的选择　由于煤的储存、烟气的排放、废渣的处理等，对周围的环境污染十分严重，燃煤锅炉在市区内烟囱的布置、施工难度都很大。同时，燃煤锅炉占地面积大，防火防爆要求高，在城市用地日益紧张的今天，难以满足其要求，因而使燃煤锅炉房的布置越来越困难。油、气是比较清洁的能源，燃油燃气热水锅炉污染物排放浓度基本符合国家关于"三废"的排放标准。而燃油燃气热水锅炉系统简单，结构紧凑，对水质的适应性强，既节省了设备投资，又减少了占地面积，使锅炉房的布置方便、灵活，易于实现，因而使用得越来越多。

二、换热器

换热器是用来把温度较高流体的热能传递给温度较低流体的一种热交换设备，使用的热介质有水和蒸汽，一般被加热介质是水，在采暖系统中得到了广泛应用。

根据热介质种类不同，换热器可分为汽-水换热器（以蒸汽为热介质）和水-水换热器（以高温水为热介质）。根据换热方式不同，换热器可分为表面式换热器、混合式换热器和回热式换热器。

1. 表面式换热器

在这种换热器中，冷、热两种流体之间通过一层金属壁进行换热，两种流体之间没有直接接触，被加热热水与热介质不接触，通过表面进行换热。这种换热器常见的有壳管式、肋片管式、板式、容积式等。

(1) 壳管式汽-水换热器　壳管式单程汽-水换热器如图 5-28 所示，主要包括带有蒸汽进口和冷凝水出口连接短管的圆形外壳，壳内有小直径管子组成的管束，两端有固定管束的管栅板，还有被加热水进出口连接短管的前水室及后水室。蒸汽在管束外表面流过，被加热水在管束的小管内流动，通过管束的壁面进行热交换。为了强化传热，通常在前室和后室中间加隔板，使水由单流程变成多流程，流程通常取偶数，这样进出水口在同一侧，便于管道布置。如图 5-29 所示，在后水室加了隔板 6，使水流变成了双程，进出水口都在右侧。这种换热器只适合小温差、压力低、结垢不严重的场合。当壳程较长时，常需在壳体中部加波形膨胀节，以达到热补偿的目的。

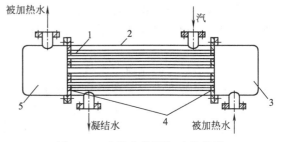

图 5-28　壳管式单程汽-水换热器

1—管束；2—外壳；3—后水室；4—固定管栅板；5—前水室

(2) 肋片管式换热器　肋片管亦称翅片管，图 5-30 所示为肋片管式换热器的结

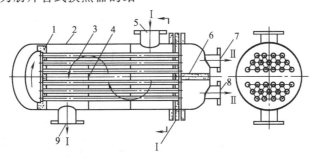

图 5-29　壳管式双程汽-水换热器

1—管板；2—外壳；3—管子；4—挡板；5—壳程进口；
6—隔板；7—管程出口；8—管程进口；9—壳程出口

构示意。在管子外壁加肋，大大增加了空气侧的换热面积，强化了传热，与光管相比，其传热系数可提高 1～2 倍。这类换热器结构较紧凑，适用于两侧流体换热系数相差较大的场合。

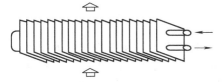

图 5-30　肋片管式换热器的结构示意

(3) 板式换热器　如图 5-31 所示，板式换热器由若干板片叠置压紧而成，板四角有角孔，流体由一个角孔流入，即在两块板形成的流道中流动，而经另一对角线角孔流出（该板的上角孔则由垫片堵住）。该流道很窄，通常只有 3～4mm，冷、热两流体的流道彼此相间隔。为强化流体在流道中的扰动，板面都制成波纹形，板片间装有密封垫片，它既用来防漏，又用以控制两板间的距离。冷、热两流体分别由板的上、下角孔进入换热器，并相间流过奇数及偶数流道，然后再从下、上角孔流出。

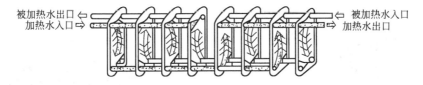

图 5-31　板式换热器（一）

图 5-32 所示的是另一种板式换热器。该种换热器是由许多传热板片叠加而成，板片之间用密封垫密封，冷、热水在板片之间流动，两端用盖板加螺栓压紧。

板式换热器传热系数高、结构紧凑、适应性好、拆洗方便、节省材料。传热板片是板式换热器的关键元件，不同形式的板片直接影响传热系数、流动阻力和随承受压力变化的能力。板片的材料通常为不锈钢，对于腐蚀性强的流体（如海水冷却器），可用钛板。板式换热器传热系数高、阻力相对较小（相对于高传热系数）、结构紧凑、金属消耗量低、使用灵活性大（传热面积可以灵活变更）、拆装清洗方便等，已广泛应用于供暖系统及食品、医药、化工等部门。

板式换热器板片间流通截面窄，水质不好会形成水垢或沉积物堵塞换热器，密封垫片耐温性能差时，容易产生渗漏和影响使用寿命。

（4）容积式换热器　容积式换热器分为容积式汽-水换热器和容积式水-水换热器（图5-33）。这种换热器兼起储水箱的作用，外壳应根据储水的容量确定。换热器中U形弯管管束并联在一起，蒸汽或热水自管内流过。容积式换热器易于清除水垢，主要用于热水供应系统，但其传热系数比壳管式换热器低。

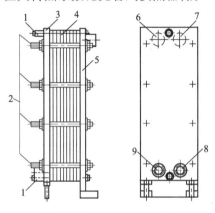

图5-32　板式换热器（二）
1—定位螺栓；2—压紧螺栓；3—活动盖板；4—传热板片；5—固定盖板；6—加热水进口；7—被加热水出口；8—被加热水进口；9—加热水出口

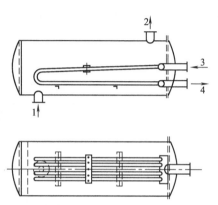

图5-33　容积式水-水换热器
1—冷水进口；2—热水出口；
3—蒸汽进口；4—冷凝水出口

2. 混合式换热器

混合式换热器是一种直接式热交换器，热介质和水在交换器中直接接触，将水加热。淋水式换热器如图5-34所示。蒸汽从换热器上部进入，被加热水也从上部进入，为了增加水和蒸汽的接触面积，在加热器内装了若干级淋水盘，水通过淋水盘上的细孔分散地落下和蒸汽进行热交换，加热器的下部用于蓄水并起膨胀容纳的作用。淋水式换热器可以代替热水供暖系统中的膨胀水箱，同时还可以利用壳体内的蒸汽压力对系统进行定压。淋水式换热器热效率高，在同样负荷时换热面积小，设备紧凑。由于采用直接接触换热，故不能回收纯凝结水，因而会增加集中换热系统的热源水处理设备的容量。

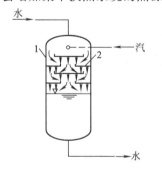

图5-34　淋水式换热器
1—壳体；2—淋水板

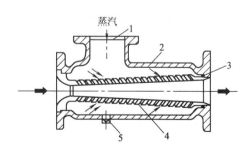

图5-35　中间加热器
1—网盖；2—壳体；3—填料；
4—喷嘴；5—泄水栓

图 5-35 所示为中间加热器。中间加热器也是一种直接加热的水加热器，由壳体、喷嘴、泄水栓、网盖和填料构成。被加热水沿管轴向流入中间加热器，加热流体蒸汽沿垂直于进水方向的进口进入中间加热器，经喷嘴上的倾斜孔喷入与被加热水混合，并将汽化潜热传给被加热水，蒸汽凝结成水与被加热水混合后，流出中间加热器。为了使蒸汽能均匀地进入加热器，在入口处设有网盖，同时为防止中间加热器在工作时的振动与噪声，可以在壳体与喷嘴之间的空间充以金属刨花或金属网。中间加热器具有体积小、制造简单、安装方便、调节灵敏、加热温差大、噪声小以及运行平稳等特点，但设备的传热量受体积所限，难以在大型系统中应用。

3. 回热式换热器

这种换热器通过一个具有较大储热能力的换热面进行间接热交换。运行时热流体通过换热面，温度升高并存储热量；然后冷流体通过换热面，吸收其储存的热量而被加热。

换热器是供暖系统的重要组成部分，作为间接热源，它常设在锅炉房内或单独建造在热交换房内，作为一个独立热源而组成供暖系统。这种系统具有以下几个优点：运行简单可靠；凝结水可循环再用，减少了水处理设施和费用；采用高温水送水可减少循环水量，减少热网的初投资；可根据室外气温以调节低温水量的方法来调节供热量，避免室温过高。

三、燃气采暖热水器

改革开放以前，我国城市燃气以煤制气为主，经济效益差，一直处于政府补贴状态，发展缓慢。燃气仅供应居民炊事使用都很困难，根本谈不上供暖使用。同时由于煤制气源的单一性和生产量的局限性，使之无法进行季节性调峰；再由于燃气供暖在技术上和设备配套上的问题使燃气供暖无法实现。

改革开放以来，城市燃气事业作为城市的基础设施建设也得到了长足的发展。哈尔滨、长春、沈阳、北京、天津等城市，均出现了燃气供大于求的局面。特别是我国能源发展战略中的"西气东输"及陕甘宁天然气进京、四川天然气输送到武汉和青海、新疆天然气输送到珠江三角洲和长江三角洲以及海上气田的开发以及液化石油气的大量进口等，这就给用燃气供暖提供了充足的气源保证。

燃气供暖热水器有壁挂式和半移动式两种。一般采用壁挂式的较多，壁挂式占地面积小，使用方便，不容易出问题；移动式占地面积大，使用灵活，容易出问题。图 5-36 所示为燃气供暖热水器的安装外形图，是壁挂式供暖和供热水两用燃气炉。

1. 燃气供暖热水器的结构

图 5-37 所示的燃气供暖热水器。主要由燃气部分、供暖部分、散热器部分、供热水部分、控制部分、安全部分、各种管路和附件组成。

2. 燃气供暖热水器的特点

① 具有供暖和供热水双重功能。

② 利用专用烟囱，将燃烧产生的烟气排出室外，并从室外吸入所需的新鲜空气，使室内空气免受污染。

③ 根据需要随时调节室内温度，合理使用燃气资源，合理付费。

如配备室内温度控制器，可设定一天至一周各时间段所需的室温。使运行既能获得舒适的室温又经济合理。

④ 运行噪声低于 45dB，即使在深夜也不会影响人的休息。

3. 燃气采暖热水器的安全保护装置

（1）熄火保护装置　在火焰意外熄灭时，燃气炉将自动切断燃气通路以确保使用者安全。

(2) 限温保护装置 限定热水温度不超过 65℃，以避免水系统内结垢及高温热水对人员烫伤。

(3) 过热保护装置 暖气温度限制器的第二层保护装置，如果暖气温度限制器失效，可以防止水温超高引起的意外危险。

(4) 过压保护装置 防止系统由于压力过高而损坏主机及其他设备。

(5) 缺水保护装置 防止系统水压过低或缺水而损坏主机及其他设备。

(6) 强制平衡装置 燃烧室密封与室内隔绝，并具有抗风能力。

(7) 防冻保护装置 防止炉内水系统设备在无人使用时气温寒冷而导致冻裂。

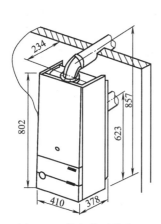

图 5-36 燃气供暖热水器的安装外形图

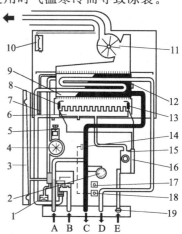

图 5-37 燃气供暖热水器结构图
1—脉冲点火单元；2—供暖温度调节器；3—热水温度调节器；4—温度/压力表；5—膨胀水箱；6—水泵；7—自动排气阀；8—燃烧器；9—热交换器放气管；10—热交换器；11—燃气阀；12—采暖、热水温度传感器；13—点火电极；14—过热保护；15—火焰感应电极；16—缺水保护；17—风机；18—风压开关；19—燃气开关阀；A—采暖回水；B—冷水入水；C—采暖出水；D—卫生热水管；E—燃气管

第五节 其他供暖设备

一、散热器

散热设备是向供暖房间放出热量，以弥补房间的热量损失，从而保证室内所需要的温度，达到供暖的目的。

散热设备的散热过程是散热设备内的热介质将热量以对流换热的方式传递给散热设备的内壁面；内壁面通过导热把热量传递到散热设备外壁面；外壁面通过对流换热把热量传递给室内空气，同时靠辐射把热量传递给人和物体。因此，根据散热设备传热方式的不同，把散热设备分为散热器、暖风机、辐射板 3 种基本形式。

散热器向室内散出热量，在室内形成空气的自然对流，保证室内的空气温度。

暖风机是由空气加热器、通风机和电动机组合而成的联合机组。暖风机加热室内空气，在室内形成空气的强制循环，可用于车间以补充室内的热量，保证供暖效果。

辐射板主要以辐射形式散热，在一定的空间里达到足够的辐射强度来维持房间的供暖效果，辐射散热能提高人体表面的温度，使人体感到更舒适。根据辐射板表面温度的不同，可分为低温辐射（表面温度小于 80℃）、中温辐射（表面温度 80～200℃）和高温辐射（表面温度大于 500℃）3 种形式。

散热器按制作材料可分为铸铁散热器、钢制散热器和铝制散热器三类。

1. 铸铁散热器

铸铁散热器有柱型散热器、翼型散热器等。

(1) 柱型散热器　柱型散热器分为四柱、五柱及二柱三种。图 5-38 所示为四柱 800 型散热片。它有四个中空的立柱，柱的上、下端全部互相连通。在散热片顶部和底部各有一对带螺纹的穿孔供热介质进出，并可借正、反螺纹连接件把单个散热片组合起来，在散热片的中间有两处是横向连通的，即可使散热器表面温度比较均匀，又可以增加结构强度，并且两端散热片必须是带脚的。当组装片数较多时，在散热器中部还应多用一个带脚的散热片，以避免因散热器过长而产生中部下垂的现象。

(2) 翼型散热器　翼型散热器又分为长翼型和圆翼型两种。图 5-39 所示为长翼型散热片，长翼型散热器是一个在外壳上带有翼片的中空壳体。在壳体侧面的上、下端各有一个带螺纹的穿孔，供热介质进出，并可借正、反螺纹连接件把单个散热器组合起来。这种散热器有两种规格，由于其高度均为 600mm，所以习惯上称这种散热器为"大 60"及"小 60"。"大 60"的长度为 280mm，带有 14 个翼片；"小 60"的长度为 200mm，带有 10 个翼片。除此之外，其他尺寸完全相同。

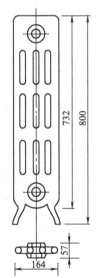

图 5-38　四柱 800 型散热片

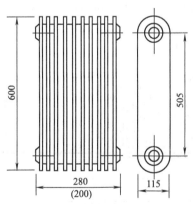

图 5-39　长翼型散热片

图 5-40 所示为圆翼型散热器。它是一根管子外面带有许多圆形肋片的铸铁件，其规格用内径 D 表示，有 $D50$ 和 $D75$ 两种，每根管长 1m，在其两端有法兰与管道相连接。

我国现在还大量使用着铸铁散热器，但是铸铁散热器重量大，表面粗糙，擦洗不方便，

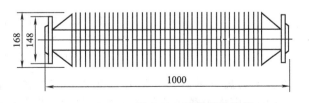

图 5-40　圆翼型散热器

外形不美观,随着人民生活的提高和科技的进步,新建建筑已不使用了,铸铁散热器将逐渐被淘汰。

2. 钢制散热器

钢制散热器现在发展很快,特别是新型的钢制散热器,美观漂亮,表面光滑,有很多种颜色,有各种形状和造型,人们可以根据自己的喜好定制钢制散热器,还可以用于挂毛巾、放各种洗漱用品等,擦洗相当方便。

(1) 钢串片散热器　图 5-41 所示为钢串片散热器,它由钢管、钢串片、联箱、放气阀及管接头组成。钢串片采用厚度为 0.5mm 的薄钢片,并将每个串片两侧折边 90°就形成了许多封闭的垂直空气通道,造成烟囱效应,增加了对流放热能力,而且散热器的强度和安全性也得到了改善。这种散热器属于老式的,容易生锈,时间长了传热效果差,不美观,也不易擦洗。

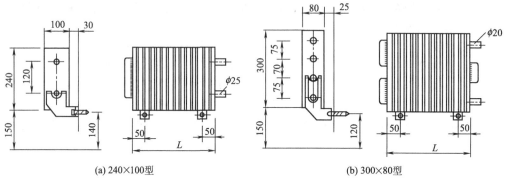

(a) 240×100型　　　　　　　　　(b) 300×80型

图 5-41　钢串片散热器

(2) 板式散热器　图 5-42 所示为板式散热器。它由面板、背板、对流片和进出水管接头等部件组成。背板和面板采用厚为 1.2 mm 的冷轧钢板冲压成形,散热器的竖向水流通道压制在面板上,上、下水平联箱压制在背板上。散热器表面可涂油漆,可作画,挂在墙上,节省空间。

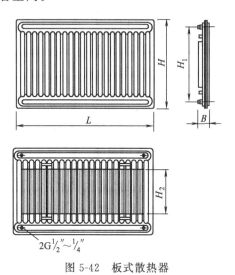

图 5-42　板式散热器

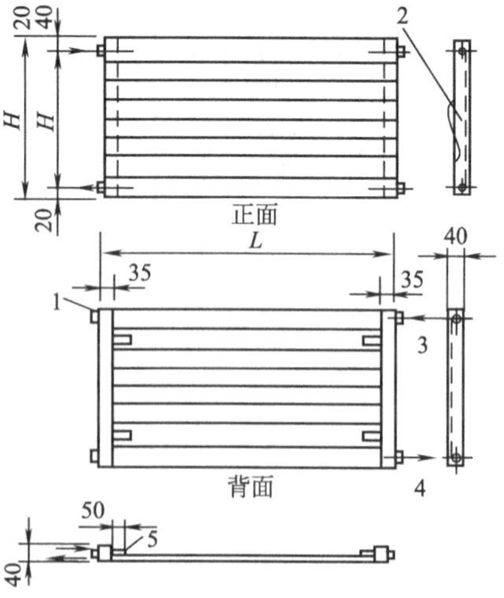

图 5-43　扁管散热器
1—放气丝堵；2—水流隔板；3—供水；
4—回水；5—安装挂钩

(3) 扁管散热器　图 5-43 所示为扁管散热器。扁管散热器是采用高×宽为 52mm×11mm 的水通路,壁厚为 1.5mm 的扁管作为散热器的基本模数单元,将数根扁管叠加焊接在一起，在两端加上断面为 35mm×40mm 的联箱就形成扁管单板散热器。扁管散热器的外形尺寸是以 52mm 为基数，根据需要可叠加成 416mm、520mm 和 624mm 三种高度。长度起点为 600mm，以 200mm 叠加至 2000mm 共 8 种不同长度。这种散热器属于老式的，容易生锈，不美观，也不易擦洗。

（4）钢制柱型散热器 图 5-44 所示为钢制柱式散热器。它是用 1.5～2.0mm 厚的普通冷轧钢板，先通过冲压延伸将其制成片状半柱状叶片，然后经过压力滚焊将两个片状叶片复合成单片，再通过气体弧焊，把单片连接成散热器段。这种散热器重量轻，表面质量好，散热效果好，便于擦洗，但加工复杂。

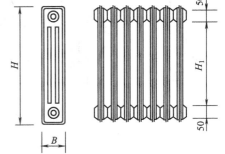

图 5-44 钢制柱式散热器

（5）钢管散热器 这种散热器是最近几年才使用的，主要用于住宅。钢管散热器就是用各种钢管通过焊接连接成各种结构和造型，涂上各种颜色的漆，然后装在现有的供暖管路上。

3. 铝制散热器

图 5-45 所示为一种多联式柱翼型的铝制散热器，它是用耐蚀的铝合金，经过特殊的内防腐处理，采用焊接连接形式加工而成。散热器有 A345 型、B440 型和 C435 型等。A 型长度每片以 305mm 递增；B 型每片从 188mm 起以 66mm 递增；C 型以每片 305mm 递增。散热器宽度为 48mm，其工作压力可达 1.0MPa。

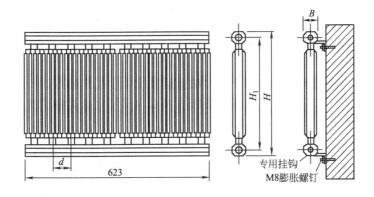

图 5-45 铝制多联式柱翼型散热器

4. 散热器的布置

散热器设置在外墙窗口下最为合理。经散热器加热的空气沿外窗上升，能阻止渗入的冷空气沿墙及外窗下降，因而防止了冷空气直接进入室内工作地区。对于要求不高的房间，散热器也可靠内墙壁设置。

一般情况下，散热器在房间内敞露装置，这样散热效果好，且易于消除灰尘。当建筑方面或工艺方面有特殊要求时，就要将散热器加以围挡。例如某些建筑物为了美观，可将散热器装在窗下的壁龛内，外面用装饰性面板遮住。

安装散热器时，有脚的散热器可直立在地上，无脚的散热器可用专门的托架挂在墙上。在现砌墙壁内埋托架，应与土建平行作业，预制装配建筑，应在预制墙板时埋好托架，如图 5-46 所示。

楼梯间内散热器应尽量放在底层，因为底层散热器所加热的空气能够自行上升，从而补偿上部的热损失。为了防止冻裂，在双层门的外室以及门斗中不宜设置散热器。

二、水泵

在供暖系统中水泵主要用于开始给系统加水，然后维持系统的正常运行，向供暖系统提供循环动力，使管路中的水循环流动。开始加水需要较大的功率，要保证把水充满管路，达到系统的最高最远点。水泵使水循环流动时，由于回水的作用，水泵可减小功率。由于供暖系统的水温高，所以对水泵的要求也较高。水泵的种类很多，有离心泵、轴流泵、混流泵、真空泵等。在建筑供暖系统中，一般采用体积小、结构简单、耐高温、效率高的离心式水泵（离心泵）。

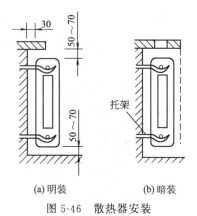

图 5-46 散热器安装

1. 离心泵的基本构造、工作原理和基本参数

见第二章第二节。

2. 水泵的设置

水泵机组通常设置在锅炉房的水泵房内，也可以设在高层建筑的地下室。泵房应有良好的通风、采光、排水和防冻措施。在有防振或对安静要求较高的房间周围不要设置水泵。为减小噪声，通常在水泵机组的基础下设橡胶、弹簧减振器或橡胶隔振垫，在吸水管和压水管上设耐高温的挠曲接头等。泵房的净高 3.2m，水泵之间、水泵与墙之间应留有通道。

三、供暖管道及附件

1. 供暖管道

供暖管道包括室内管道和室外管道，一般室内管道不用加保温层，室外管道必须加保温层，否则会损失大量的热量。室外管道一般埋在地下或地下管沟中。

供暖管道使用钢管，低压供暖系统一般采用焊接镀锌钢管，当系统压力大时需使用无缝钢管。

2. 供暖系统附件

（1）膨胀水箱　膨胀水箱的作用一是容纳供暖系统中水受热膨胀而产生的膨胀水量，二是排除系统中的空气，三是对系统定压。膨胀水箱通常采用钢板焊制而成。按是否与大气相通可分为开式膨胀水箱和闭式膨胀水箱。

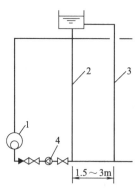

图 5-47　膨胀水箱与机械循环
系统的连接方式
1—热水锅炉；2—膨胀管；
3—循环管；4—循环水泵

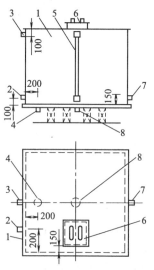

图 5-48　膨胀水箱构造与配管
1—箱体；2—循环管；3—溢流管；
4—排水管；5—水位计；6—人孔；
7—信号管；8—膨胀管

膨胀水箱在系统中的安装位置如图5-47所示，构造与配管如图5-48所示。

膨胀水箱设在系统最高处，系统的膨胀水通过膨胀管进入膨胀水箱。自然循环系统膨胀管接在供水总立管的上部；机械循环系统膨胀管接在回水干管循环水泵入口前。膨胀管不允许设置阀门，以免偶然关断使系统内压力增高，发生事故。

为了防止水箱内的水冻结，膨胀水箱需设置循环管。在机械循环系统中，连接点与定压点应保持1.5～3.0m的距离，以使热水能缓慢地在循环管、膨胀管和水箱之间流动。循环管上也不应设置阀门，以免水箱内的水冻结。

溢流管用于控制系统的最高水位，当水的膨胀体积超过溢流管口时，水溢出就近排入排水设施中。溢流管上也不允许设置阀门，以免偶然关闭，水从人孔处溢出。

信号管用于检查膨胀水箱水位，决定系统是否需要补水。信号管控制系统的最低水位，应接至锅炉房内或人们容易观察的地方，信号管末端应设置阀门。

排水管用于清洗、检修时放空水箱用，可与溢流管一起就近接入排水设施，其上应安装阀门。

(2) 集气罐　集气罐一般是用直径ϕ100～250mm的钢管焊制而成的，分为立式和卧式两种，如图5-49所示。集气罐顶部连接直径ϕ15mm的排气管，排气管应引至附近的排水设施处，排气管另一端装有阀门，排气阀应设在便于操作处。

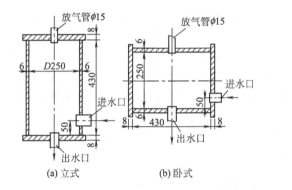

图5-49　集气罐

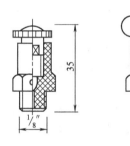

图5-50　手动排气阀

集气罐一般设于系统供水干管末端的最高处，供水干管应向集气罐方向设上升坡度以使管中水流方向与空气气泡的浮升方向一致，以有利于空气聚集到集气罐的上部，定期排除。当系统充水时，应打开排气阀，直至有水从管中流出，方可关闭排气阀。系统运行期间，应定期打开排气阀排除空气。

(3) 自动排气阀　自动排气阀大都依靠水对浮体的浮力，通过自动阻气和排水机构，使排气孔自动打开或关闭，达到排气的目的。水位高时阀芯浮起，阀门关闭，水不能流出，气体多时，把水位压低，水对阀芯的浮力减小，阀芯打开放气。

(4) 手动排气阀　图5-50为手动排气阀。它适用于公称压力$p \leqslant 600$kPa，工作温度$t \leqslant 100$℃的水或蒸汽采暖系统的散热器上。多用于水平式和下供下回式系统中，旋紧在散热器上部专设的螺纹孔上，以手动方式排除空气。

(5) 除污器　除污器是一种钢制筒体，它可用来截流、过滤管路中的杂质和污物，以保证系统内水质洁净，减少阻力，防止堵塞调压板及管路。除污器一般应设置于采暖系统入口调压装置前、锅炉房循环水泵的吸入口前和热交换设备入口前。除污器形式分为立式直通、卧式直通和卧式角通三种。

图5-51所示为采暖系统常用的立式直通除污器。当水从进水管3进入除污器内，因流速突然降低使水中的污物沉淀到筒底，较洁净的水经带有大量过滤小孔的出水管6流出。

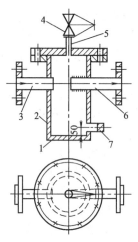

图 5-51 立式直通除污器
1—底板；2—筒体；3—进水管；4—截止阀；
5—排气管；6—出水管；7—排污丝堵

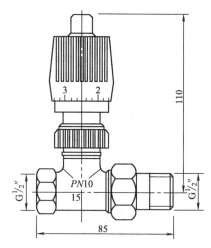

图 5-52 散热器温控阀

(6) 散热器温控阀　散热器温控阀是一种自动控制进入散热器热介质流量的设备，它由阀体部分和感温元件部分组成，如图 5-52 所示。当室内温度高于给定的温度值时，感温元件受热，其顶杆压缩阀杆，将阀口关小，进入散热器的水流量会减小，散热器的散热量也会减小，室温随之降低。当室温下降到设置的低限值时，感温元件开始收缩，阀杆靠弹簧的作用抬起，阀孔开大，水流量增大，散热器散热量也随之增加，室温开始升高。温控阀的控温范围在 13~28℃ 之间，控温误差为 ±1℃。散热器温控阀具有恒定室温、节约热能等优点，但其阻力较大。

(7) 调压板　调压板如图 5-53 所示，当外网压力超过用户的允许压力时，可设置调压板来减少建筑物入口供水干管的压力，其用于压力 $p \leqslant 1000 \text{kPa}$ 的系统中。

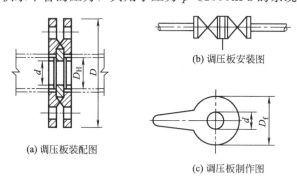

图 5-53 调压板

选择调压板时，孔口直径不应小于 3mm，且调压板前应设置除污器或过滤器，以免杂质堵塞调压板孔口。调压板的厚度一般为 2~3mm，对于其材质，蒸汽采暖系统只能用不锈钢，热水采暖系统可以用铝合金或不锈钢。

(8) 疏水器　疏水器是蒸汽采暖系统中特有的自动阻汽疏水设备。按其工作原理分为机械型疏水器、热动力型疏水器和恒温型疏水器。

机械型疏水器主要有浮筒式、钟形浮子式和倒吊筒式，这种类型的疏水器是利用蒸汽和凝结水的密度差，以及利用凝结水的液位变化，来控制疏水器排水孔自动启闭工作的。图 5-54 所示为机械型浮筒式疏水器，当凝结水进入疏水器外壳内，使壳内水位升高时浮筒浮起，将阀孔关闭，凝结水继续流入浮筒。当水即将充满浮筒时，浮筒下沉阀打开，凝结水借蒸汽压力排到凝水管中。当凝结水排出一定数量后，浮筒的总重量减轻，浮筒再度浮起又将阀孔关闭，如此反复。

热动力式疏水器主要有脉冲式、圆盘式和孔板式等。这种类型的疏水器是利用相变原理靠蒸汽和凝结水热动力学（流动）特性的不同来工作的。图 5-55 所示为圆盘式疏水器。

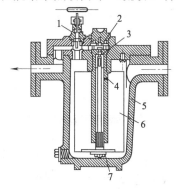
图 5-54　机械型浮筒式疏水器
1—放气阀；2—阀孔；3—顶针；4—套筒排气孔；5—外壳；6—浮筒；7—可换重块

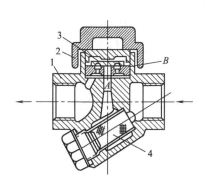
图 5-55　圆盘式疏水器
1—阀体；2—阀盖；
3—阀片；4—过滤器

恒温型疏水器主要有双金属片式、波纹管式和液体膨胀式等。这种类型的疏水器是靠蒸汽和凝结水的温度差引起恒温元件膨胀或变形工作的。图 5-56 是一种温调式疏水器，疏水器的动作部件是一个波纹管的温度敏感元件。波纹管内部充入易蒸发的液体，当具有饱和温度的凝结水通过时，由于凝结水温度较高，使液体的饱和压力增高，波纹管轴向伸长带动阀芯关闭凝结水通路，防止蒸汽逸漏。当疏水器的凝结水向四周散热温度下降时，液体饱和压力下降，波纹管收缩打开阀门，凝结水流出。

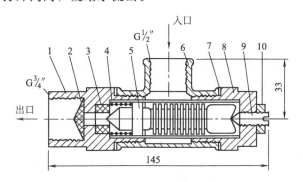
图 5-56　温调式疏水器
1—大管接头；2—过滤网；3—网座；4—弹簧；5—温度敏感元件；
6—三通；7—垫片；8—后盖；9—调节螺钉；10—锁紧螺母

选择疏水器时，要求疏水器的单位压降凝结水排量大，漏汽量小，并能顺利排除空气，对凝结水流量、压力和温度波动的适应性强，而且结构简单，活动部件少，便于维修，体积小，金属耗量少，使用寿命长。

（9）减压阀　减压阀可通过调节阀孔大小来对蒸汽进行节流而达到减压目的，并能自动将阀后压力维持在一定范围内。目前国产减压阀有活塞式、波纹管式和薄片式等几种。图 5-57 所示为波纹管减压阀，其靠通至波纹箱的阀后蒸汽压力和阀杆下的调节弹簧的弹力平衡来调节主阀的开启度，压力波动范围在 ± 0.025 MPa 以内，阀前与阀后的最小调节压差为 0.025MPa。

（10）伸缩器　当系统中管道温度升高时，管道会发生热伸长，管道本身会产生热应力作用，同时会对两端的固定支架施以很大的推力，因此需根据热伸长量的大小选择伸缩器来解决这个问题。

在室内供暖系统中，应尽量利用管道本身的拐弯补偿管道的热伸长，常见的有L形弯管和Z形弯管，称为管道的自然补偿器。在系统管道伸长量较大时，应采用专用伸缩器吸收管道的热伸长量。专用伸缩器有方形伸缩器、套筒伸缩器、波形伸缩器等。

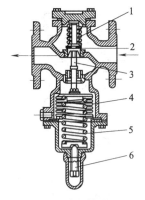

图 5-57　波纹管减压阀
1—辅助弹簧；2—阀瓣；3—阀杆；4—波纹管；5—调节弹簧；6—调整螺钉

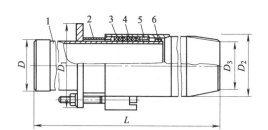

图 5-58　套筒式伸缩器
1—套筒；2—前压兰；3—壳体；4—填料圈；5—后压兰；6—防脱肩

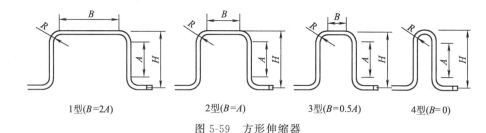

图 5-59　方形伸缩器

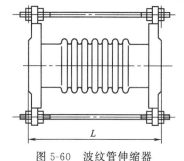

图 5-60　波纹管伸缩器

① 套筒式伸缩器　套筒式伸缩器（图 5-58）具有补偿能力大、占地面积小、安装方便、水流阻力小等优点，但需经常维修、更换填料以免漏气漏水。

② 方形伸缩器　方形伸缩器有四种基本形式，如图 5-59 所示。方形伸缩器安装时要进行预拉伸，预拉伸量为热伸长量的 1/2，一般可用拉管器进行拉伸，方形伸缩器安装应设置伸缩井，做法可参见《国家标准图集》。

方形伸缩器可用无缝钢管弯制而成，安装方便、补偿能力大、不需经常维修，应用较广。

③ 波纹管伸缩器　波形伸缩器（图 6-60）有体积小、结构紧凑、补偿量较大、安装方便等优点，在供暖系统管道补偿中经常使用。

第六节　供暖系统的维护与管理

一、锅炉及锅炉房的维护与管理

1. 锅炉房管理的内容

锅炉是供暖系统的心脏，又是一种承受高温高压、具有爆炸危险的特殊设备，因此，锅炉的安全运行显得特别重要。国务院专门发布了《锅炉压力容器安全监察暂行条例》，由各级劳动部门负责对锅炉的设计、制造、安装、使用、检验、修理和改造等主要环节进行监督检查，各级劳动部门也先后颁布了一系列规程、标准和规定，对锅炉的安全运行进行管理，物业管理人员要认真遵照执行。良好的锅炉房管理是锅炉安全运行的关键，因此，对物业管理公司来说，做好锅炉房的管理显得十分重要。

各供暖单位可结合劳动部发布的《锅炉房安全管理规则》，编制适合本单位情况的供暖人员岗位责任制、锅炉及其辅机的技术操作规程和锅炉房各项规章制度等，并认真贯彻执行。

首先必须制定锅炉房的各项规章制度，有岗位责任制度、安全操作制度、水质处理制度、交接班制度、经济核算制度、锅炉房出入登记制度等，同时还必须编制锅炉房运行操作表，操作表的内容应严密，执行要认真，检查要严格。

锅炉管理人员负责锅炉系统的安全运行操作及运行记录，根据各系统的设计和运行要求，对有关设备进行相应调节；负责锅炉及其所属设备的维修保养和故障检修；严格执行各种设备的安全操作规程和巡回检查制度；坚守工作岗位，任何时候都不得无人值班或私自离岗，值班时间内不做与本岗位无关的事；每班至少冲水位计一次及排污一次，并做好水质处理和水质分析工作；勤检查、勤调节，保持锅炉燃烧情况的稳定，做好节能工作；认真学习技术，精益求精，不断提高运行管理水平。

2. 锅炉的运行管理

锅炉的运行管理是锅炉房管理的核心。

(1) 锅炉操作的岗位责任制和轮班制　利用锅炉产生热量并输出热水和蒸汽的过程是系统化的连续过程。

系统化是指从燃料的填入、燃烧到出渣及热水温度、压力控制、热循环设备等是不可分割的整体，任何部分出了问题，都会影响供暖。同时，由于锅炉运行的自动化水平越来越高，一般锅炉工难以操作，对于燃油、燃气锅炉，锅炉工要提高使用水平，必须认真学习新的锅炉方面的知识。

连续性指供暖必须昼夜24h不间断，客观要求建立轮班制度。每班由1名技术全面的技工带队，配2名壮工（燃油、燃气锅炉不用），每班连续工作8h，工作紧张时，可要求临时工加入。

(2) 锅炉的安全运行　为了使锅炉安全运行，必须做到：

① 防止锅炉超压　锅炉运行过程中要保持锅炉负荷稳定，防止突然降低负荷，致使压力上升；防止锅炉安全阀失灵，每隔1~2天人工排汽一次，并且定期做自动排汽试验，如发现动作迟缓，必须及时修复；定期检验压力表，如发现不准确或动作不正常，必须及时更换。

② 防止过热　防止锅炉运行中缺水，每班冲洗水位表，检查所显示的水位是否正确；定期清理旋塞及连通管，防止堵塞；定期维护、检查水位报警或超温警报设备，保持灵敏可靠，严密监视水位，万一发生严重缺水，绝对禁止马上向锅炉内加水；正确使用水处理设备，保持炉水质量符合标准，认真进行表面排污和定期排污操作，定期清除水垢。

③ 防止腐蚀　根据水质不同，采取有效的水处理和除氧措施，保证供水和炉水质量合格。加强停炉保养工作，及时清除烟尘，涂刷防锈油漆，保持炉内干燥。

④ 防止裂纹和起槽　保持燃烧稳定，避免锅炉骤冷骤热，加强对封头、板边等应力集中部位的检查，一旦发现裂纹和起槽，必须及时处理。

⑤ 防止水锤　勿使锅炉水位骤升、骤降，避免锅炉满水、缺水、汽水共腾等现象

发生。

⑥加强安全保卫工作，提高警惕，严防有人故意破坏。

（3）锅炉的维护管理

①锅炉的定期检查及清扫　每台锅炉需定期检查及对有关部位进行清扫，一般每隔4个月一次。各类控制装置、安全保护装置以及故障报警装置的功能，需在检查时人为动作试验，确认其是否灵敏可靠。同时，对运行时形成的尘埃、烟灰和水垢等进行清扫。检查内容要周到详细，清扫工作要认真彻底，工作时应安排两名工人一起工作，根据事先拟定的检查和清扫程序进行。对于特殊情况需在锅炉运行期间进行检查作业的，检查工作一定要先制定详细的检查计划，不能影响锅炉的正常运行。清扫必须在停炉时进行。

②锅炉的维护　锅炉的维护分运行期间的维护与停运期间的维护。锅炉的大修工作一般安排在供暖前或供暖后停运期间进行，以不影响供暖为原则，时间限制小。大修的目的是对锅炉进行彻底全面的检查，该更换的主要设备要更换，运行中出现的问题要逐一排除解决，千万不能勉强凑合。运行期间设备的维护也是很重要的。在水质硬度高的地区，要定期清除水垢，检查除尘和净化设备，检查各阀门、开关的灵活性和密闭性等，做到随时发现问题，随时维修。运行期间维修时间受到严格限制，不能太长，所以物业管理公司的设备维修部应派人日夜监视锅炉的运行状况。

（4）锅炉故障分析

①锅炉超压　主要原因：安全阀、压力表全部失灵；锅炉工擅离岗位或不注意看管，加上安全阀失灵；锅炉本体的结构错误。

②锅炉附件不全或附件失灵　主要原因：没有安全阀或安全阀结构不合理，安装和调试不符合要求；没有水位表或水位表的设计、安装或使用不当，造成假水位，以致造成缺水等现象；没有压力表或压力表不准或失灵，或锅炉常常高水位运行而使压力表管口结垢导致压力表失灵；给水设备或给水止回阀损坏，如给水泵发生故障或给水止回阀失去作用，都会造成锅炉缺水事故；排污阀设备损坏，如排污阀关闭不严，泄漏后造成锅炉缺水事故；热水锅炉膨胀水箱冻结，或膨胀管堵塞或在膨胀管上设阀门使膨胀受阻，或系统网路排气集气罐、除污器等故障引起热水锅炉事故等。

③锅炉满水或缺水事故　主要原因：锅炉工违反劳动纪律，擅自离开工作岗位或做与操作无关的事，锅炉工在操作锅炉时注意力不集中，不精心监视水位，不及时根据锅炉负荷的升降调节锅炉的给水量；锅炉工操作技术水平低，造成误判断、误操作；水位表汽水连管，水位表、水位柱结构不合理，造成假水位，水位表照明不良，造成观察水位不清楚；高低水位警报器失灵，不报警或误报警；双色水位计失灵；有给水自动调节器的锅炉，给水自动调节器失灵；给水压力突然升高或降低。

④锅炉汽水共腾　主要原因：锅炉水的盐含量和悬浮物过高；没有或不进行表面排污；并炉时开启主汽阀过快；单台锅炉升压后，开启主汽阀过快；锅炉负荷增加过急；锅炉严重超负荷使用；锅炉突然严重渗漏；锅炉水含油或加药不正常。

二、供暖网络的维护与管理

供暖网络是寒冷地区建筑物不可缺少的组成部分。供暖管理日益成为物业管理中重要的组成部分。供暖网络的管理目的主要是使建筑物在供暖期内供暖正常，保证业主（租户）有一个正常的工作、生活或学习环境。

1. 供暖网络管理的内容

供热网络的管理包括热源管理、热网管理和用户管理。

（1）热源管理　热源管理分两种情况：物业管理者负责管理和不负责管理。前者管理者负责锅炉及其附属设施的养护和管理，负责燃料采购、运输，及时清理燃烧炉渣，负责操作工人和维修人员的培训。第二种情况比较简单，即受管物业热源由区域性锅炉或热电站供应，通过输送管道供热，管理者只需按期依耗热量多少与供热单位清算取暖费用。

（2）热网管理　第一种情况下的热网管理须由物业管理公司委托专人管理，第二种情况下双方共同管理，但以供热方为主，物业管理方为辅。

（3）用户管理　这是物业管理者的责任，包括定期挨家挨户检查设备运行情况，定期收取暖费，督促用户严格按照供暖管理规定取暖等。

2. 供暖网络管理的特点

供暖网络管理的特点是由供暖管理对象的性质决定的，它具有如下特点：

（1）系统性和整体性　供暖网络管理对象是由热源管理、热网管理、用户管理3个部分组成的有机整体，缺少任何部分都不能完成供热过程，表现出明显的系统性和整体性。供暖网络管理要和供暖系统相适应，要具备系统性和完整性，致力于保证供暖系统的正常运行。

（2）季节性　供暖具有明显的季节性，一般只在严寒地区冬季才运行供暖网络，随着严冬的过去，供暖网络也将停止运行。

（3）复杂性　供暖管理本身很复杂，主要表现在：

① 管理内容的复杂性　包括设备管理、燃料采购、炉渣外运、人员培训、取暖费收取等。

② 管理用户的复杂性　用户的文化素质不同，收入也有差别，对供暖网络认识也不尽相同等，这些都使管理复杂化。

在制定供暖管理实施方案的操作规程时，一定要根据供暖管理对象及供暖管理的特点，制定供暖管理遵循的普遍原则，为更好地实施管理建立理论基础。

3. 供暖网络充水养护

在非供暖季节，供暖网络停止运行时系统中充满水进行养护称为充水养护。所有的热水、高温水供暖网络均要求充水养护，不论所用散热器是钢制还是铸铁散热器，钢制散热器更强调充水养护。蒸汽供暖系统如采用充水养护，也会延长管道和散热设备的有效寿命。充水养护的具体做法是：

① 供暖季节结束、系统停止运行后，先进行全面检查，并进行修理或将已损坏的零部件或散热器进行更换。

② 将系统充满水并按试压要求进行系统试压。

③ 将系统内的水加热升温至95℃，保持1.5h，然后停止运行。

④ 设有膨胀水箱的系统，在非供暖期要保持水箱有水，缺水时要进行补水。

⑤ 下一个供暖季节开始前，先将系统中的水放空，更换新水（符合系统水质要求的水），方可启动运行。

三、用户管理

供暖用户的管理是供暖过程管理的重要管理环节，目的是使用户最经济合理地取暖，同时遵守物业管理公司制定的物业管理制度。主要内容有：

① 指导用户遇到供暖问题如何与物业管理公司沟通。

② 教育用户如何节约能源，合理取暖。主要包括教育用户自觉控制热水流通量，保持室内适当温度（18℃），不宜造成室内过热过冷或忽热忽冷；用户家中长期无人时，自觉关闭散热器热水入口阀门，减少热量的无故耗散；检查房间的密闭性能，加强保温措施。

③ 用户家庭装修需变动散热器位置、型号时，需取得管理人员的现场认可，否则视为

违约行为,用户承担由此造成的一切后果。更不能无故损坏散热设备,遇有问题不能解决时应请管理人员解决。

四、供暖系统常见故障与处理

1. 供暖系统末端散热器不热

主要原因:

① 各环路压力损失不平衡。

② 水平方向水力失调。

处理方法:

① 从系统始端开始,顺序调小各环路立管或支管上的阀门。

② 系统末端可能有空气,将空气排除。

2. 散热器爆裂

对于高层建筑物的热水供暖系统,特别是锅炉容量较大的供暖系统,循环水泵的循环量较大,当突然发生停电、停泵时,高速旋转的循环水泵突然停止运行,高速流动的循环水,有的可以高达 7atm(1atm=101325Pa),这样就会使低层用户散热器鼓爆,大量的循环水从散热器喷出,造成爆裂事故。

散热器爆裂事故的预防措施包括:

① 做好突然停电、停泵的安全防护工作。

② 提高设计、制造、安装质量。

③ 努力提高锅炉工操作技术知识和实际操作水平。

④ 防止系统或锅炉内发生水分汽化。

3. 局部散热器不热

局部散热器不热应根据具体情况分别予以处理:

(1) 管道堵塞　用手摸一下管道表面,发现有明显温差的地方,可敲击震打,如仍不能解决,需拆开处理。

(2) 散热器存气太多,或散热器进口支管有气塞　可以用手触摸,如果温度不是有明显变化,而是逐渐冷下来,说明里面可能有空气,这时应打开排气装置排除空气。

4. 上层散热器不热

应排除上层散热器积存的空气;如上层散热器缺水,应给系统补水。

5. 热力失调

多层建筑双管系统上供式热水供暖系统会出现热力失调,主要表现在上层散热器过热,下层散热器不热。其主要原因是上层散热器热介质流量过多而下层则相对较少。处理方法是关小上层散热器支管上的阀门。

【复习思考题】

1. 简述建筑供暖系统的原理。
2. 什么是集中供热?它有哪些优越性?
3. 根据自然循环与机械循环原理图,比较二者的主要区别。
4. 热水采暖系统为何要设置膨胀水箱?
5. 简述蒸汽采暖与热水采暖的区别。
6. 水平式供暖系统与垂直式供暖系统相比有哪些优点?
7. 燃油燃气供暖与燃煤供暖相比有哪些优点?
8. 简述燃气采暖热水器的特点。
9. 采暖系统停运后的维护管理工作包括哪几个方面的内容?

10. 简述散热器的工作原理。
11. 简述供暖管路中伸缩器的作用。
12. 简述锅炉管理人员主要应管理的内容。
13. 为了使锅炉安全运行，必须做到哪些？
14. 简述供暖网络充水养护过程。
15. 简述供暖用户的管理内容。

第六章 建筑通风与空气调节

【学习目标】
1. 掌握通风系统的组成和主要设备、设施，了解通风的分类。
2. 掌握自然通风、机械通风的原理及特点。
3. 了解空气的组成和状态参数、空调系统的分类以及常用的空调系统。
4. 掌握制冷装置的组成及工作原理。
5. 了解并掌握常用空调设备的使用要求以及空调系统的维护管理。
6. 了解通风和空调系统中的常见故障，掌握常见故障的解决方法。

【本章要点】
1. 自然通风、机械通风的工作原理及通风管道截面尺寸的确定。
2. 风机的分类及工作原理。
3. 制冷压缩机工作原理；空调系统的主要设备；空调系统的维护与管理。

第一节 通风概述

一、建筑通风的任务和意义

通风，就是把室内被污染的空气直接或经净化后排到室外，把新鲜空气补充进来，从而保持室内空气环境符合卫生标准和满足生产工艺的需要。

不同类型的建筑对室内空气环境要求不尽相同，因而通风装置在不同场合的具体任务及其结构形式也不完全一样。一般的民用建筑和一些发热量小而且污染轻微的小型工业厂房，通常只要求保持室内的空气清洁新鲜，并在一定程度上改善室内的气象参数——空气的温度、相对湿度和流动速度。为此，一般只需采取一些简单的措施，如通过门窗孔口换气，利用穿堂风降温，使用风扇提高空气的流速等。在这些情况下，无论对进风或排风，都不进行处理。

在工业生产中有许多车间，伴随着工艺过程散发大量的热、湿、各种工业粉尘以及有害气体。对这些有害物如果不采取防护措施，将会污染和恶化车间的空气及大气，危害人们的健康，影响生产的正常进行，损坏机器设备及建筑结构，危及周围的动、植物正常生长。另一方面，许多工业粉尘和气体还是值得回收的原料。因此，就要对工业有害物采取有效的防护措施，消除其对工人健康和生产的危害，创造良好的劳动条件。同时尽可能对它们回收利用，化害为利，并切实做到防止大气污染。这样的通风叫做"工业通风"。

此外，在工农业生产、国防工程和科学研究等领域的一些场所，以及某些特殊功能的建筑和大型公共建筑中，根据工艺特点和满足人体舒适的需要，对空气环境提出某些特殊的要求，如有些工艺过程要求保持空气温、湿度恒定在某一范围内；有些需要严格控制空气的清洁度或流动速度；一些大型公共建筑要求保持冬暖夏凉的舒适环境等，为实现这些特殊要求的通风措施，通常称为"空气调节"。

可见，建筑通风不仅是改善室内空气环境的一种手段，而且也是保证产品质量、促进生产发展和防止大气污染的重要措施之一。

二、通风系统的分类

建筑通风,包括把室内被污染的空气排出室外和把室外的新鲜空气送入室内两个过程,这两个过程中前者称为排风,后者称为送风。为实现排风和送风所采用的一系列设备、装置的总体称为通风系统。

按通风系统的作用范围不同,送风和排风都可分为局部的和全面的两种方式。局部通风的作用范围仅限于车间的个别地点或局部区域。局部排风的作用,是将有害物在产生的地点就地排除,以防止其扩散;局部送风的作用,是将新鲜空气或已经过处理的空气送到车间的局部地区,以改善该局部区域的空气环境。而全面通风则是对整个车间或房间进行换气,以改变温、湿度和稀释有害物质的浓度,使作业地带的空气环境符合卫生标准的要求。

按通风系统的工作动力不同,建筑通风可分为自然通风和机械通风两种。自然通风是借助自然压力——"风压"或"热压"促使空气流动的,而机械通风则是依靠风机产生的压力强迫空气流动。

1. 自然通风

风压是由空气流动造成的压力,也称风力。风力是人们常利用的一种最便宜的动力,风车、帆船都是对风力的利用。利用风压也可以造成室内外空气的交换,从而改变室内空气环境。图6-1是利用穿堂风使房间通风换气的示意图。房屋在迎风面形成正压区(大于室内压力),从而风可以从门窗吹入,同时却在背风面形成负压(小于室内压力),室内空气又可以从背风面的门窗压出。屋顶上的风帽、带挡板的天窗(图6-1、图6-2)就是利用风从它们的上部开口吹过造成的负压来使室内空气排出,这也是一种利用风压的自然通风。显然,利用风压的自然通风效果取决于风速的大小及房屋的结构和形状。

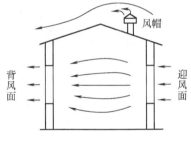

图 6-1 穿堂风通风换气示意

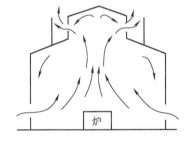

图 6-2 带挡板的天窗

在热压的作用下,室内热空气上升,从建筑的上部开口流出,室外的冷空气从下部的门窗补充进来。从热压的计算式 $P=(\rho_w-\rho_n)gh$(式中,ρ_w 为室外空气密度;ρ_n 为室内空气密度;g 为重力加速度;h 为上下风口之间的高度差)可以看出,房屋高度 h 越大,室内外温度差越大,抽力就越大,其自然通风效果就越好。

为了加强自然通风的效果,对于利用风压通风的建筑,以"穿堂风"样式最好。为了实现穿堂风,必须具备三个条件:一是必须有较为直通的进风口和出风口;二是气流路线应通过人们的活动范围;三是必需有一定速度(一般为 0.3~0.5m/s 以上)的气流。

穿堂风广泛地应用于民用建筑、开敞式厂房中,作为通风降温的一种主要措施。

对于利用热压进行自然通风,其效果的好坏,与天窗排风性能的优劣有密切关系。为了保证气流的稳定性,最重要的是使天窗在任何气象条件下都能顺利地排风,不会发生"倒灌"现象。普通天窗(不加挡板)的迎风面往往存在倒灌风的现象。如图6-2所示,在天窗外面安装了适当的挡风板后,挡风板与天窗之间的空间不论风向如何都处于负压区,这样可以避免风的倒灌现象。天窗挡风板的上缘应与天窗屋檐高度平齐。挡风板与天窗窗扇之间的距离采用天窗高度的 1.2~1.3 倍。挡风板下缘与屋顶间应留 5~10cm 的间隙,以便排泄雨水。挡风板两端应封闭。若挡风板很长，每隔一定距离（一般为50cm）应用横隔板隔开，以防风倒灌，并在每两块横隔板之间的挡风板上开一个小门，以便必要时把门打开进入维修或清扫。挡风板材料通常用钢板、木板、石棉板等。加设挡风板时，必须考虑车间原有屋盖结构的荷重问题，为了使挡风板与屋盖天窗结构结合起来，在新建厂房时，最好采用避风天窗。值得注意的是天井式（或称下沉式）天窗，这种天窗是将部分屋面板铺在屋架下弦，降低了厂房高度，屋盖、柱子、基础的费用也相应减少，而且空气动力性能好，阻力小，通风效果也较好。

穿堂风和避风天窗都可使房屋全面自然通风，利用风管和风帽可以进行局部自然通风（也可以进行全面排风）。如图6-3所示，炉上安装风帽1和与它相连接的风管、炉上排气罩组成利用热压进行局部自然风系统。锻造用的烘炉上和厨房炉灶上常用。风帽的构造如图6-4所示，它由圆形外壳2、伞形的风帽顶1和排风管3组成。在没有风的时候，风帽和天窗一样利用热压排风。在有风的时候，当风绕过圆形的外壳流动，在背风面产生负压，这个负压力就把室内的空气从排气管吸出来，不断地排出室外。但是，如果室外风从上侧倾斜地吹向风帽，倾斜角度过大（大于22°），则可能产生室外风倒灌的现象。伞形的风帽顶可以防止风倒灌到室内，它能保证排风口四周在任何风向下保持负压，室内的空气都能顺利排出，而且可以阻挡雨雪的侵入。

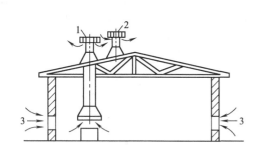

图6-3 利用风帽自然通风
1—炉上安装风帽；2—屋顶安装风帽；3—室外进气

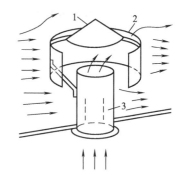

图6-4 风帽的构造
1—风帽顶；2—圆形外壳；3—排风管

利用热压和风压来进行换气的自然通风对于产生大量余热的生产车间是一种经济而有效的通风降温方法。如机械制造厂的铸造、锻工、热处理车间、冶金工厂的轧压、各种加热炉、冶炼炉车间，化工厂的烘干车间以及锅炉房等均可利用自然通风，这是一种既简单又经济的办法。在考虑选择通风系统时，应优先采用。但是，自然通风也有缺点：自然进入的室外空气一般不能进行预先处理，因此对空气的温度、湿度、清洁度要求高的车间来说就不能满足要求；从车间排出来的脏空气也不能进行除尘和净化，会污染周围的环境；受自然条件的影响，风力不大、温差较小时，通风就少，因而效果就较差。如风力和风向一变，空气流动的情况就变了，而且一年四季气温也总是不断变化的。依靠热压力也很不稳定，冬季温差较大，夏季温差较小，这些都使自然通风的使用受到一定的限制。对于一般工厂来说，自然通风效果好坏还与门窗大小、形式、位置有关。在某种情况下，自然通风与机械通风混合使用，可以达到较好的效果。

在工业和民用建筑设计中，应充分利用自然通风来改善室内空气环境，以尽量减少室内环境控制的能耗。只有在自然通风不能满足要求时，才考虑采用机械通风或空气调节。而自然通风的效果是与建筑形式密切相关的。所以通风设计必须与建筑及工艺设计互相配合，综合考虑，统筹安排。下面主要介绍工业厂房的自然通风设计要点。

(1) 建筑形式选择 在决定厂房总图方位时,应尽量布置成东西向,避免有大面积的窗和墙受西晒的影响。厂房的主要进风面一般应与夏季主导风向成 60°~90°,不宜小于 45°。不宜将附属建筑物布置在建筑物的迎风面,以免阻碍自然通风。

热加工厂房的平面布置不宜采用"口"形或"日"形的封闭式的庭院布置,而应该尽量采用"L"形、"Ш"形或"Π"形布置。开口部分应位于夏季主导风向的迎风面,各翼的纵轴与主导风向成 0°~45°。"Ш"形和"Π"形建筑物各翼的间距一般不少于相邻两翼高度和的 1/2,最好在 15m 以上,如建筑物内不产生大量有害物时,其间距可减至 12m。

由于建筑物迎风面的正压区和背风面的负压区都会延伸一定范围,其大小与建筑物的形状和高度有关,因此,在建筑物密集的区域,低矮建筑有可能会受高大建筑所形成的正压区和负压区的影响。为了保证低矮建筑能够正常进行自然通风,各建筑物之间的有关尺寸应保持适当比例。目前还没有为保证建筑物自然通风效果提出最小建筑物间距的设计规范,但有一些学者正在对此问题进行理论或实验研究。为保证建筑密集区域的低矮建筑通风效果,对低矮建筑的风帽和天窗与建筑物之间的间距关系作了规定。

散发大量余热的车间和厂房应尽量采用单层建筑,以增加进风面积。

对于多跨车间,由于外围结构减少,往往造成进风窗孔面积不够,因此需要从某个跨间的天窗引入新鲜空气。而由于热跨间的天窗都是用于排风,就只能依靠冷跨间的天窗进风,因此应将冷、热跨间隔布置,如图 6-5 所示,并使热跨间天窗之间的距离 $L>(2\sim3)h_0$。

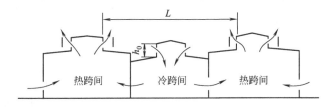

图 6-5 多跨车间的自然通风

在炎热地区的民用建筑和不散发大量粉尘和有害气体的工艺厂房可采用穿堂风作为自然通风的主要途径。常用的穿堂风建筑形式有四种:全开敞式、上开敞式、下开敞式和侧窗式,如图 6-6 所示。

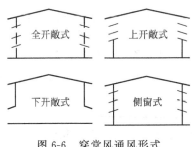

图 6-6 穿堂风通风形式

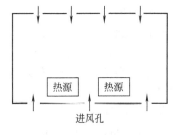

图 6-7 热源与进风口关系

(2) 工艺设备的布置 在多层建筑中,应将热源和有害物源尽量设在该建筑物的顶层,否则应采取措施避免热空气或有害物影响上层各室。如果热源布置在厂房一侧靠外墙处,且外墙与热源之间没有工作人员停留的工作点,则靠近热源一侧的进风口应尽量布置在热源的间断处,尽量使热源不影响气流的通畅,如图 6-7 所示。

车间内的热源一般应布置在夏季主导风向的下风侧。当自然通风以热压为主时,应尽量把散热设备布置在天窗下面。

(3) 进、排风口 厂房的主要进风面一般布置在夏季白天主导风向的上风侧。布置进风口时，即使一侧外墙的进风口面积已满足要求，另一侧外墙也应布置适当数量的进风口以保证通风效果。

夏季进风口的下缘距室内地面的高度越低越有利，一般应取 0.3～1.2m。当进风口较高时，应考虑进风效率降低的影响。冬季采暖时进风口的下缘不宜低于 4m，如低于 4m，应采取措施防止冷空气吹向工作地点。因此，在供暖地区，最好设置上、下两排进风窗，分别供夏季和冬季通风使用；在温暖的南方地区，可以只设一排标高较低的进风窗。

一般厂房采用天窗排风，但由于风向是经常改变的，普通天窗往往在迎风面上发生倒灌现象。因此，为了防止倒灌，保证天窗能够稳定排风，需要采用有特殊构造形式的避风天窗或在天窗附近加设挡风板，使天窗的出口在任何风向时都处于负压区。

挡风板除应沿厂房纵轴方向满布外，还应在端部加以封闭。如果天窗较长，还应每隔一段距离用横向隔板隔开，防止沿厂房轴向吹来的风影响天窗的排风效果。

管道式自然排风系统通过屋顶向室外排风，排风口应高出屋面 0.5m 以上。

当建筑物与其他较高建筑物相邻时，为防止其他建筑物造成的正、负压区引起天窗或风帽倒灌，建筑物的各部分尺寸应满足表 6-1、图 6-8 和图 6-9 的要求。

表 6-1　排风天窗或风帽与建筑物的相关尺寸

Z/a	0.4	0.6	0.8	1.0	1.2	1.4	1.6	1.8	2.0	2.1	2.2	2.3
$(L-Z)/h$	≤1.33	1.4	1.45	1.5	1.65	1.8	2.1	2.5	2.9	3.7	4.6	5.6

注：$Z/a>2.3$ 时，厂房的尺寸可以不受限制。

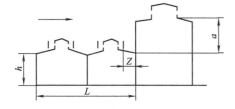

图 6-8　天窗与建筑物的相关尺寸

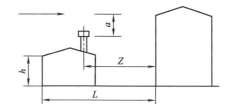

图 6-9　风帽与建筑物的相关尺寸

2. 机械通风

依靠通风机所造成的压力来迫使空气流动，进行室内外空气交换的方式叫机械通风。

与自然通风相比较，由于有通风机的保证，能克服较大的阻力，因此可以和一些阻力较大，能对空气进行加热、冷却、加湿、干燥和净化处理过程的设备用风管连接起来，组成一个机械通风系统，把经过处理达到一定质量和数量的空气送到一定地点。机械通风具有如下许多特点：

① 送入车间或工作房间内的空气可以首先加热和冷却、加湿或减湿。

② 从车间排除的空气可以实行净化和除尘，保证工厂附近的空气不被污染。

③ 能够满足卫生和生产上所要求的房间内人为的空气条件。

④ 可以将吸入的新鲜空气，按照需要送到车间或工作房间内的任何地点，同时也可以将室内污浊的空气和有害气体，从产生地点直接排除到室外去。

⑤ 通风量在一年四季都可以得到保证，不受外界气候的影响，必要时，根据车间或工作房间内的需要，还可以任意调节换气量。

按作用范围，机械通风系统可分为局部送风、局部排风、全面送风、全面排风以及由这四种基本系统任意组合而成的混合通风系统。选用的依据是室内有害物产生及扩散的情况和各种系统的功能特点。

局部排风系统（图 6-10）适用于有害物仅在几个固定的地点产生的情况。系统的各种局部排气罩可以在有害物产生时就立即随空气一起吸入罩内，最后经风帽排至室外。可以尽量减少有害物的扩散以免影响室内空气环境，是比较积极和有效的通风方式。

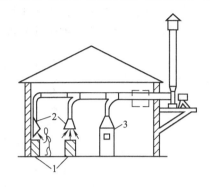

图 6-10 机械局部排风系统
1—工艺设备；2—局部排风罩；3—局部排风柜

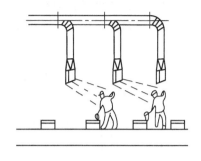

图 6-11 浇铸车间的局部送风系统

局部送风系统（图 6-11）适用于操作地点固定、室内有害物在大面积上产生且不易控制其扩散的情况。局部送风可使所在的局部空间的空气符合卫生要求。

局部送排风系统（图 6-12）适用于局部产生有害物的固定点。作用同局部排风系统，但防止有害物向室内扩散比单纯局部排风更彻底。

当室内有害物产生的位置不固定，或产生有害物的面积较大，以致不能用局部通风控制有害物的扩散，或当用局部通风虽然可以控制有害物扩散，但局部通风装置影响正常工艺操作的情况下，适宜用全面通风。全面通风的作用是不断用不含或少含有害物的空气冲淡室内有害物的浓度，使室内空气有害物浓度达到卫生标准。

全面排风系统（图 6-13）能使室内处于负压状态，保证有害物不向邻室扩散，通过门窗或邻室向室内自由补充新鲜空气。

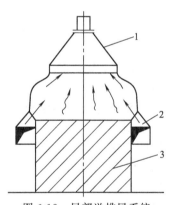

图 6-12 局部送排风系统
1—排气罩；2—送风嘴；3—有害物来源

全面送风系统（图 6-14）在室内送风要求做过滤、加热等处理，不希望室外空气自由进入室内的情况下使用。全面送风系统能保持室内处于正压，排气由门窗等自由排出。

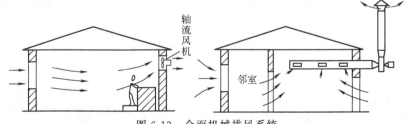

图 6-13 全面机械排风系统

全面送排风系统适用于门窗密闭，自行排风或进风有困难的情况，多为空调房间。其系统组成是将图 6-13 和图 6-14 所示的全面排风和全面送风系统装在同一室内。

混合通风系统一般是由全面送风和局部排风系统组成。适用于门窗需要密闭，局部排风量又要求很大的场合。图6-15所示为石棉加工车间混合通风系统。为了含尘空气不致自由逸出室外、污染周围环境,门窗应当密闭。为了排除各工艺设备产生的大量石棉粉尘,设置了图中用虚线表示的排风效果;夏季炎热,进风应当降温;冬季寒冷,进风应当加热;车间外的空气仍含有少量石棉粉尘,进风需要过滤等,所以对石棉车间的进风要设置图中用实线表示的全面送风系统,该系统中包含了空气处理室,以便对进风进行过滤、加热或降温。

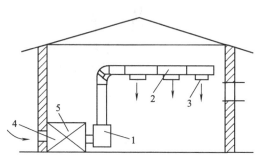

图6-14 全面机械送风系统
1—通风机;2—风道;3—送风口
4—进气口;5—处理小室

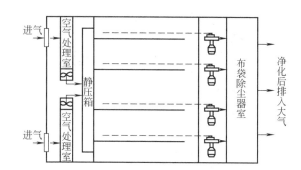

图6-15 石棉加工车间混合通风系统

第二节 通风管道及设备

自然通风系统一般不需要设置设备,机械通风的主要设备有风机、风管或风道、风阀、风口和除尘设备等。

一、风机的分类和性能

1. 风机

风机是通风系统中为空气的流动提供动力以克服输送过程中阻力损失的机械设备。在通风系统中应用最广泛的是离心式通风机和轴流式通风机。

离心式通风机由叶轮、机壳、机轴、吸气口、排气口等部件组成,结构如图6-16所示。当叶轮旋转时,叶片间的气体也随叶轮旋转而获得离心力,气体跟随叶片在离心力的作用下不断流入与流出。

轴流式通风机的构造如图6-17所示。轴流式通风机通常将叶片通过轮毂与电动机直连装在机壳内,电动机带动叶轮旋转后,空气一方面随叶轮做旋转运动,另一方面又因为叶片具有斜面形状,使空气沿着机轴方向向前推进,以一定速度被送出,其原理与家用电扇相类似。这种风机结构简单、噪声小、风量大,主要用于厂房、公共建筑和民用建筑的通风换气。

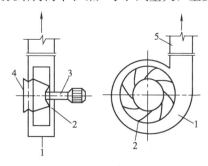

图6-16 离心式通风机
1—机壳;2—叶轮;3—机轴;4—导流器;5—排气口

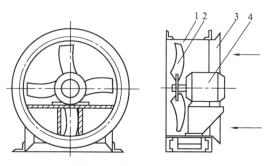

图6-17 轴流式通风机
1—机壳;2—叶轮;3—吸入口;4—电动机

轴流式通风机可安装在建筑物的墙洞内、窗口上，亦可设在单独的支架上。在墙洞内设置轴流式通风机时，土建施工时应预留孔洞，预埋风机框架和支座，并应考虑遮阳、防雨措施，通常加设一个斜向下方45°的弯管。

2. 风机的技术性能

(1) 风量　指风机在工作状态下，单位时间输送的空气量，单位为 m^3/h。

(2) 风压　指风机所产生的压强，单位为 Pa。

(3) 有效功率　指风机传送给空气的功率，它等于风量与风压的乘积，单位为 W。

二、通风管道

通风管道是通风系统的重要组成部分，其作用是输送气体。根据制作所用材料的不同可分为风管和风道两种。

1. 通风管道的材料

在工程中采用较多的是风管，风管是用板材制作的，风管的材料应根据输送气体的性质（如一般空气或腐蚀性气体等）来确定。常用的风管材料有：

(1) 普通薄钢板　又称"黑铁皮"，结构强度较高，具有良好的加工性能，价格便宜，但表面易生锈，使用时应做防腐处理。

(2) 镀锌钢板　又称"白铁皮"，是在普通薄钢板表面镀锌而成，既具有耐蚀性能，又具有普通薄钢板的优点，应用广泛。

(3) 不锈钢板　在普通碳素钢中加入铬、镍等元素，经高温氧化形成一层紧密的氧化物保护层，这种钢就叫"不锈钢"。不锈钢板具有防腐、耐酸、强度高、韧性大、表面光洁等优点，但价格高，常用在化工等防腐要求较高的通风系统中。

(4) 铝板　铝板的塑性好、易加工、耐蚀，由于铝在受摩擦时不产生火花，故常用在有防爆要求的通风系统上。

(5) 塑料复合板　在普通薄钢板表面上喷一层 0.2～0.4mm 厚的塑料层，使之既具有塑料的耐蚀性能，又具有钢板强度大的性能，常用在 $-10\sim70℃$ 的耐蚀通风系统上。

(6) 玻璃钢板　玻璃钢是由玻璃纤维和合成树脂组成的一种新型材料。它具有质轻、强度高、耐蚀、耐火等特点，广泛用在纺织、印染等含有腐蚀性气体以及含有大量水蒸气的排风系统上。

在工程中有时还可以用砖、混凝土、矿渣石膏板等建筑材料制成的风道。

2. 通风管道截面尺寸确定

(1) 风管截面形状　风管截面形状有两种：一种是圆形截面风管，其特点是节省材料、强度较高，而且流动阻力小，但制作较困难。当风管中流速高、直径较小时采用圆风管。另一种是矩形截面风管或风道，其特点是美观、管路易与建筑结构相配合。当截面尺寸大时，为充分利用建筑空间常采用矩形截面风管或风道。

(2) 通风管道截面尺寸确定　通风管道截面积 F (m^2) 按下式确定：

$$F=\frac{L}{3600V} \tag{6-1}$$

式中　F——通风管道截面积，m^2；

L——通风管道中空气流量，m^3/h；

V——通风管道中空气流速，m/s。

当确定通风管道截面尺寸时，通风管道中的空气流量已由前面计算确定，只有空气流速是未知数，所以应先取定空气流速。

在选取空气流速时须全面考虑：若取较大值，管道截面尺寸小，好布置，管道本身的造价低，但空气流动阻力大，不但增大电能消耗，还易产生很大的噪声；如果取较小值，管道截面尺寸大，虽然省电能、噪声小，但管道占空间尺寸大，不好布置，且管道造价高。所以，须经经济技术比较选定最佳值，一般可参考表 6-2 中的数值。

表 6-2　通风管道内空气流速　　　　　　　　　　　　　　　　　　　　　m/s

管道类别	钢板及塑料风管	砖及混凝土风道
干管	6~14	4~12
支管	2~8	2~6

三、风阀

风阀装设在风管或风道中，主要用于空气流量的调节。通风系统中的风阀可分为一次调节阀、开关阀和自动调节阀等。其中，一次调节阀主要用于系统调试，调好阀门位置就保持不变，如三通阀、蝶阀、对开多叶阀、插板阀等；开关阀主要用于系统的启闭，如风机启动阀、转换阀等。自动调节阀是系统运行中需经常调节的阀门，它要求执行机构的行程与风量成正比，多采用顺开式多叶调节阀和密闭对开多叶调节阀。

四、风口

风口分为进气口和排气口两种，装设在风管或风道的两端，根据使用场合的不同，分为室内和室外两种形式。

1. 室外进气口

室外进气口是送风系统的采气装置，可设专门采气的进气塔，如图 6-18 所示，或设于外围结构的墙上，如图 6-19 所示，经百叶风格和保温阀进入。百叶风格是为了避免雨、雪或外部杂物被吸入而设置的；保温阀则用于调节进风，并防止冬季因温差结露而侵蚀系统。

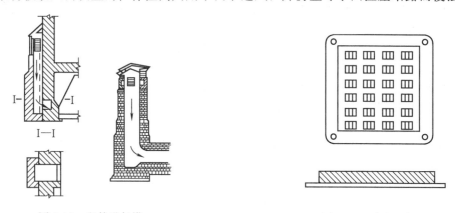

图 6-18　室外进气塔　　　　　　　图 6-19　墙壁进气口

为保证吸入空气的清洁度，进风口应该选择在空气比较新鲜、尘埃较少或离开废气排气口较远的地方。

2. 室外排风口

室外排风口是排风管道的出口，它负责将室内的污浊空气直接排到大气中去。排风口通常设置在高出屋面 1m 以上的位置，为防止雨、雪或风沙倒灌，出口处应设有百叶风格和风帽。

3. 室内进气口

室内进气口是送风系统的空气出口，它把风道送来的新鲜空气按一定的方向和速度均匀地送入室内。进气口的具体形式很多，一般采用可调节的活动百叶式风格，如图 6-20 所示，可调节风量和风向。当送风量较大时，需采用空气分布器，如图 6-21 所示。

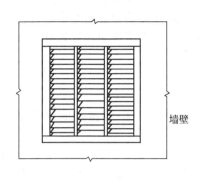

图 6-20 活动百叶式风格

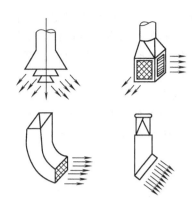

图 6-21 空气分布器

五、除尘设备

除尘设备种类很多，主要有挡板式除尘器、重力沉降室、旋风式除尘器、袋式除尘器和喷淋塔式除尘器五种类型。

1. 重力沉降室

重力沉降室是一种粗净化的除尘设备，其构造如图 6-22 所示。当含尘气流从管道中以一定的速度进入重力沉降室时，由于流通断面突然扩大，使气流速度降低，重物下沉，所以，粉尘边前进边下落，最后落到沉降室底部被捕集。

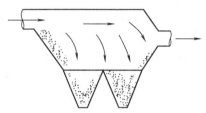

图 6-22 重力沉降室

此种除尘器是靠重力除尘的，因此，只适合捕集粒径大的粉尘，而且为有较好的除尘效果，要求重力沉降室具有较大的尺寸，但因其结构简单、制作方便、流动阻力小等，目前多用于双级除尘的第一级除尘。

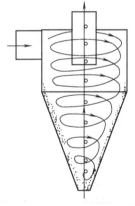

2. 旋风除尘器

旋风除尘器的构造如图 6-23 所示。当含尘气流以一定速度沿切线方向进入除尘器后，在内、外筒之间的环形通道内做由上向下的旋转运动（形成外旋涡），最后经内筒（排出管）排出。含尘气流在除尘器内运动时，尘粒受离心力的作用被甩到外筒壁，受重力的作用和向下运动的气流带动而落入除尘器底部灰斗，从而被捕集。

旋风除尘器可设置在墙体的支架上，也可设置在独立的支座上，可单独使用，亦可多台并联使用。旋风除尘器具有结构简单、体积小、维修方便等优点，所以，在通风除尘工程中应用广泛。

图 6-23 旋风除尘器

第三节　空调概述

一、空气的组成和状态参数

在自然界中的空气，都是含有水蒸气的空气，称为湿空气。湿空气由数量基本稳定的干空气（不含水蒸气的空气）和水蒸气两部分组成，其中水蒸气的含量较少，并且经常随着外界环境的变化而变化。

湿空气中水蒸气含量的变化，对人体的舒适感、产品质量、工艺过程和设备的维护会产生直接的影响。例如夏天气温高,在我国的南方地区,由于水蒸气含量较高,人体会因闷热而觉得不舒服;而在北方地区,由于水蒸气含量不太高,人体并不会感到太不舒适。因此在描述空气状态时,除了压力、温度等参数外,还需要对空气中水蒸气的含量和空气的含热量进行描述。

1. 湿度

空气中水蒸气的含量称为湿度。湿度有以下几种表示方法:

(1) 绝对湿度　单位容积(1m³)的湿空气中含有水蒸气的质量,单位为 g/m³ 或 kg/m³。

(2) 含湿量　单位质量(1kg)的湿空气中所含的水蒸气质量,单位为 g/kg 或 kg/kg。

(3) 饱和绝对湿度　空气在一定温度下只能容纳一定的水蒸气量,当所容纳的水蒸气含量达到最大值时的空气称为饱和空气;反之,水蒸气含量未达到最大值时的空气称为未饱和空气。空气达到饱和状态时,水分就不会再向空气中蒸发,这时人们就会感到潮湿,洗晒的衣服也不易晾干。

饱和空气的绝对湿度称为饱和绝对湿度,它反映出在一定的温度下,单位容积(1m³)的湿空气所能容纳的水蒸气含量的最大值。饱和绝对湿度与温度有关,温度下降时,饱和绝对湿度(空气中所能容纳水蒸气量)减小;温度上升时,饱和绝对湿度增加。如果将饱和空气的温度降低,由于饱和绝对湿度减小,多余的水蒸气将凝结成水,这一现象称为结露。

(4) 相对湿度　空气的绝对湿度与同温度下饱和空气的绝对湿度之比称为相对湿度,以 Φ 表示。相对湿度表明了空气中水蒸气的含量接近于饱和状态的程度,即表示了空气的干湿程度。显然,Φ 值越小,表明空气越干燥,吸收水分的能力越强;Φ 值越大,表明空气越潮湿,吸收水分的能力越弱。

2. 焓

空气的焓值是指空气含有的总热量,即 1kg 干空气所含有的热量与 1kg 干空气中所含有水蒸气的热量之和,称为空气的比焓,用符号 h 表示,单位是 kJ/kg。

在空气调节技术中,常用比焓的变化来判断空气得失热量的变化。一般规定干空气的焓值以 0 为基准点(计算的起点),即 0℃时 1kg 干空气的焓值为 0。

3. 气流速度

一般规定舒适性空气的室内平均流速为:夏季,≤0.3m/s;冬季,≤0.2m/s。

二、空调系统的基本构成与工作原理

为了对空气环境进行调节和控制,需对空气进行加热、冷却、加湿、减湿、过滤、输送等各种处理,空调系统就是完成这一工作的设备装置。

图 6-24 所示为空调系统的基本构成图,它由冷热源系统、空气处理系统、空气能量输送与分配系统和自动控制系统四个子系统组成。

空气处理系统与空气能量输送与分配系负责完成对空气的各种处理和输送,是空调系统的主要环节。从图 6-24 中可见,在风机产生的风压作用下,室外空气从新风管进入系统,与从回风管引入的部分室内空气混合,经空气过滤器进行过滤处理,再经空气冷却器、空气加热器等进行空气的冷却或加热处理,然后经喷水室进行加湿或减湿处理,最后经送风管道输送到空调房间,从而实现对室内空气环境的调节和控制。为了节省能源,系统将一部分室内空气与室外新鲜空气混合后再进行处理,这部分室内空气称为回风,而室外新鲜空气称为新风。

冷热源系统属于空调系统的附属系统,它负责提供空气处理过程中所需的冷量和热量。空调工程中使用的冷源,有天然的和人工的两种。

地下水是常用的一种天然冷源。在我国的大部分地区,用地下水喷淋空气都具有一定的降温效果,特别是在北方地区,由于地下水的温度较低(如东北地区的北部和中部约为 4～12℃),尚可满足恒温恒湿空调工程的需要。但是,必须强调指出,我国水资源不够丰富,在北方尤为突出。许多大城市、工业城市,由于对地下水的过分开采,导致地下水位明显降低,甚至造成地面沉陷。因此,节约用水和重复利用水是空调技术中的一项重要课题。此外,各地的地下水温度也并非都能满足空调的要求。

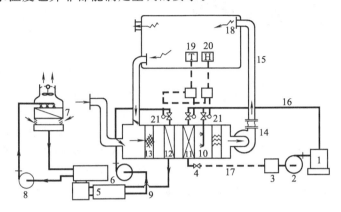

图 6-24 空调系统的基本构成

冷热源系统:1—锅炉;2—给水泵;3—回水滤器;4—疏水器;5—制冷机组;7—冷却水塔;8—冷却水循环泵;9—冷水管系

空气处理系统:10—空气加温器;11—空气加热器;12—空气冷却器;13—空气过滤器

空气能量输送与分配系统:6—冷水循环泵;14—风机;15—送风管道;16—蒸气管;17—凝水管;18—空气分配器

自动控制系统:19—温度控制器;20—湿度控制器;21—冷热能量自动调节阀

为解决上述矛盾,合理使用地下水,我国创建了"深井回灌技术",但深井回灌有污染地下水的可能。

地道风(包括地下隧道、人防地道以及天然隧洞)也是一种天然冷源。由于夏季地道壁面的温度比外界空气的温度低很多,因此,在有条件利用时,使空气通过一定长度的地道,也能实现冷却或减湿冷却的处理过程。

此外,还有天然冰、深湖水和山洞水等,也都是可以利用的天然冷源。

当天然冷源不能满足空调需要时,便需采用人工冷源。

热源系统的工作原理与前面所学的供暖系统相似,它利用热介质的循环将热量从热源输送到空气处理系统中,通过热交换设备提供空气调节过程中所需的热量。

冷源系统是利用制冷装置产生冷量,利用冷介质的循环将冷量输送到空气处理系统中,通过热交换设备提供空气调节过程中所需的冷量。

自动控制系统用于对空调房间内的空气温度、湿度及所需的冷、热源的能量供给进行自动控制,它利用温度、湿度传感器对室内空气参数进行检测,并利用控制器对空气处理系统的冷、热介质管道的阀门进行控制,使其流量产生变化,以控制室内空气的状态参数。

三、空调系统的分类

空调系统按设备的设置情况可分为集中式、独立式和半集中式三种类型。

1. 集中式空调系统

集中式空调系统是将空气处理设备集中设置,组成空气调节器,如图 6-25 所示,空气处理的全过程在空气调节器内进行,然后通过空气输送管道和空气分配器送到各个房间,这种空调系统又称为中央空调系统。中央空调系统处理空气量大,需要集中的冷源和热源,运行可靠,便于管理和维修,但机房占地面积大。集中式空调系统,按其处理空气的来源,又可分为封闭式、直流式和混合式三种系统,如图 6-26 所示。

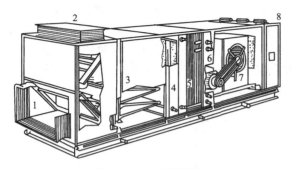

图 6-25 空气调节器
1,2—新风与回风进口;3—空气过滤器;
4—空气加热器;5—空气冷却器;
6—空气加湿器;7—离心式通风机;8—空气分配室及送风管

(1) 封闭式集中空调系统　也称为全循环式集中空调系统。它所处理的空气全部来自空调房间,全部为再循环空气,没有室外新鲜空气补充到系统中来。这种系统卫生条件差,但能耗低。

(2) 直流式集中空调系统　也称为全新风式集中空调系统。它所处理的空气全部来自室外,室外空气经处理后送入室内,使用后全部排出到室外。其处理空气的耗能量大。这种空调系统适用于室内空气不宜循环使用的工程中。

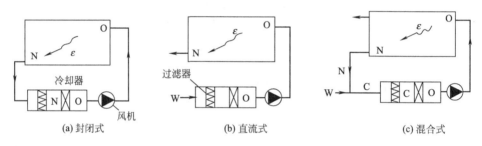

图 6-26　集中式空调系统按处理空气的来源分类
N—室内空气;W—室外空气;C—混合空气;O—冷却器后空气

(3) 混合式集中空调系统　也称为有回风式集中空调系统。从上述两种集中空调系统可见,封闭式系统不能满足卫生要求,而直流式系统也有能耗大的弊端,故采用两种系统混合,即使用一部分室内再循环空气,又使用一部分室外新鲜空气,称为混合式集中空调系统。这种系统既能满足卫生要求,又经济合理,所以得到较广泛的应用。

2. 半集中式空调系统

这种系统除设有集中空调机房外,还在空调房间内设有二次空气处理设备(又称为末端装置),如图 6-27 所示。末端装置为诱导器者,又称为诱导器空调系统;末端装置为风机盘

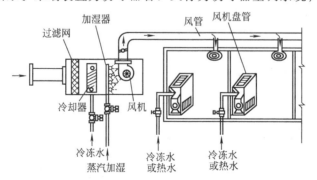

图 6-27　半集中式空调系统

管者，又称为风机盘管空调系统。末端装置的作用主要是在空气进入空调房间之前，对来自集中处理设备的空气进行进一步补充处理，以适应不同房间对空气温、湿度的不同要求。风机盘管也可对房间内空气单独处理。

3. 全分散式空调系统

这种系统也称为局部空调。它的特点是把空气处理设备、冷热源（即制冷机组和电加热器）和输送设备（风机）集中设置在一个箱体中，组成空调机组，不需要集中空调机房，可把空调机组灵活而分散地设置在空调房间里。其安装位置应根据机组的特点确定，一般有壁挂式、吊顶式、窗台式、窗户式和落地式等。通常采用的空调机组有窗式空调器、立柜式空调器等。这种系统的突出优点是空调设备使用灵活，安装方便，节省大量的风道。

空调器可按容量大小和供热方式两种方法分类。

按容量大小划分，可分为：

（1）窗式空调器　容量较小，冷量一般在7kW以下，风量在1200m^3/h以下。

（2）分体式空调器　由室外机和室内机两部分组成。将运转时产生较大噪声的压缩机及冷凝器安装在一个箱体内，装在空调房间外，称为室外机；将蒸发器及自动控制部件安装在一个箱体内，装在空调房间内，称为室内机。室内机和室外机中的制冷部件用管道连接起来。

（3）立柜式空调器　容量较大，冷量一般在70kW以下，风量在20000m^3/h以下。

按供热方式划分，可分为：

（1）普通式空调器　有2种，一种是单冷型，夏季供冷，冬季不供热；一种是冷暖型，冬季也可用来加热空气。

（2）热泵式空调器　此种空调器在冬季时仍由制冷机制冷，只是通过一个四通换向阀使制冷剂做供热循环。这时，原来的蒸发器变为冷凝器，空气通过冷凝器时被加热。

在冬季向建筑物供热时，采用热泵式空调器比采用电加热器直接加热更节省电能的消耗。热泵式空调器热效比（COP，指输入能量与产生的热量之比）为3.4，说明消耗1kW的电能可以向室内供给3.4kW的热量。而对于电加热，消耗1kW的电能只能向室内供应1kW的热量。

选购空调的主要依据有二：一是制冷量（功率），二是能效比。

制冷量一般按150～180 W/m^2（房间净面积）进行计算。

空调机组的经济性能效比（EER）评价，计算公式为：

$$EER=机组在名义工况下的制冷量（W）/整台机组的耗功率（W）$$

正常情况下，空调器的能效比在2.5～3.5，越高越好。

生活实际中，常用一个不太准确的"匹"的概念。1匹的制冷量大约为2000大卡，换算成国际单位应乘以1.162，1匹制冷量为2000大卡×1.162＝2324W。空调的制冷量为2200～2600W时都可称为1匹，在3200～3600W时称为1.5匹，在4500～5100W时称为2匹。

四、几种常见的空调系统

1. 集中式单风管空调系统

集中式单风管空调系统只设置一根风管，处理后的空气通过风管送入末端装置，送风量可单独调节，而送风温度则取决于空调器。集中式空调系统的空气来源常采用再循环式，它又可分为两种形式：一种是新风和回风在热、湿处理之前混合，空气经处理后送入空调房间，称为一次回风式，其结构如图6-28所示；另一种是新风和回风在处理前混合，经处理之后再次与回风混合，然后送入空调房间，称为二次回风式。

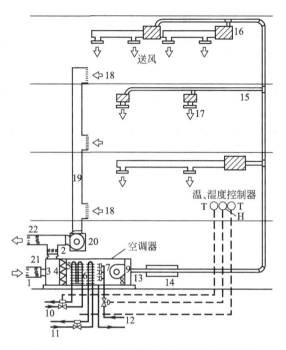

图 6-28 集中式单风管一次回风式空调系统

1—新风进口；2—回风进口；3—混合室；4—过滤器；5—空气冷却器；6—空气加热器；
7—加湿器；8—风机；9—空气分配室；10—冷却介质进出口；11—加热介质进出口；
12—加湿介质进出口；13—主送风管；14—消声器；15—送风支管；16—消声箱；
17—空气分配器；18—回风；19—回风管；20—循环风机；21—调风门；22—排风

2. 集中式双风管空调系统

集中式双风管空调系统中设有两组送风管或两组空调器，其结构如图 6-29 所示。新风与回风混合，经第一级空调器处理后，一部分经一根风管送到末端装置，另一部分再经第二级空调器处理后才送到末端装置；两种不同状态的空气在末端装置中混合，才送到空调房间。通过调风门可控制送入的两种空气的比例，使送风量与送风温度达到要求。

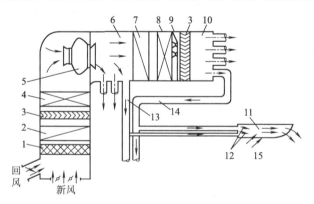

图 6-29 集中式双风管空调系统

1—空气过滤器；2—第一级空气冷却器；3—挡水板；4—第一级空气加热器；
5—离心式或轴流式通风机；6—第一级空气分配室；7—第二级空气冷却器；
8—第二级空气加热器；9—空气加湿器；10—第二级空气分配室；
11—诱导器；12—调风门；13—第一级送风管；
14—第二级送风管；15—第二次风

3. 风机盘管空调系统

风机盘管空调系统由一个或多个风机盘管机组和冷、热源供应系统组成，其结构如图 6-30 所示。

风机盘管机组由风机、盘管和过滤器组成，它作为空调系统的末端装置，分散地装设在各个空调房间内，可独立地对空气进行处理。而空气处理所需的冷、热水则由空调机房集中制备，通过供水系统提供给各个风机盘管机组。

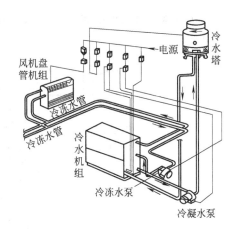

图 6-30 风机盘管空调系统

供水系统有 3 种具体形式，如图 6-31 所示。

（1）双水管系统　系统设置一根供水管与一根回水管，其结构简单、投资少。

（2）三水管系统　系统设置一根热水管、一根冷水管和一根回水管，在机组的进口以三通阀进行冷、热水供应的控制，室温控制较灵活，但能量损失大。

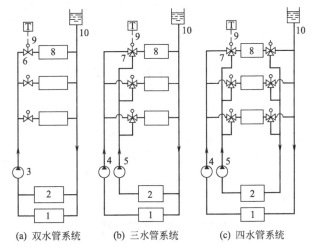

(a) 双水管系统　(b) 三水管系统　(c) 四水管系统

图 6-31 风机盘管空调系统供水方式

1—热源；2—冷源；3—冷、热水泵；4—热水泵；5—冷水泵；
6—二通阀；7—三通阀；8—风机盘管；9—温度控制器；10—膨胀水箱

（3）四水管系统　系统设置四根水管，冷、热水均独立设置供、回水管，温度调节灵活，也不会造成能量损失，但系统结构复杂，投资较大。

如图 6-32 所示，风机盘管空调系统的新风供给方式有自然渗透补给新风、通风管道补给新风和新风系统补给新风三种。

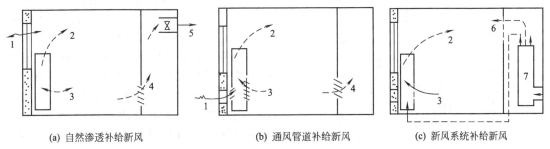

(a) 自然渗透补给新风　(b) 通风管道补给新风　(c) 新风系统补给新风

图 6-32 风机盘管空调系统的新风供给方式

1—新风进口；2—送风；3—回风；4,5—排风；6—新风进口；7—新风处理器独立新风供给也可设置为集中式新风供给的方式，布置成一次回风和二次回风的如图 6-33 所示。

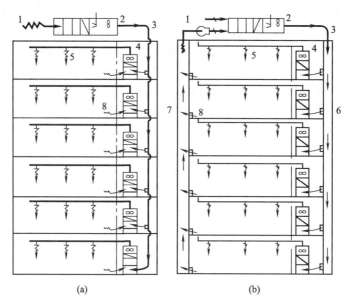

图 6-33　风机盘管空调系统的新风处理
1—新风；2—新风空调器；3—新风管；4—风机盘管机组；
5—送风口；6—新风送风道；7—回风风道；8—室内回风

风机盘管空调系统有风量调节和水量调节两种调节方式实现对温、湿度的控制。

风机盘管空调系统具有较大的灵活性，各机组可独立运行，互不干扰，能满足不同的空调需要；系统布置灵活，可独立进行空气处理，也可在系统中集中设置新风系统，机组作二次处理设备使用，从而构成半集中式空调系统。

第四节　常用空调设备

一、表面式换热器及其空气处理

表面式换热器是让介质通过金属管道而对空气进行加热或冷却的。采用这种方式时，空气和介质之间并无直接接触，换热在金属管道表面进行，故称为表面式换热器。

当表面式换热器通以热水进行加热处理时，由于介质与空气间没有直接接触，空气含湿量无变化，故该过程属等湿加热过程。

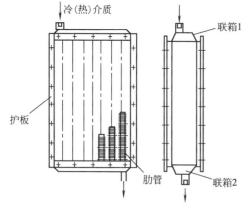

图 6-34　表面式换热器

当表面式换热器通以冷水进行冷却处理时，如果冷却器表面温度高于空气的露点温度，空气被冷却，但没有水凝结，空气含湿量不变，故该过程为等湿冷却过程或称湿冷过程。

在某些场合，有时会不用冷水而直接采用制冷工质通过换热器对空气进行冷却。在这种方式中，空气换热器就是制冷循环系统中的蒸发器，制冷剂在蒸发器管内汽化吸热，空气在管外流过肋管簇直接被冷却。因此这种方式称为直接蒸发式空气冷却。

表面式换热器采用各种肋管元件组成肋片

式换热器,如图 6-34 所示。

为使冷(或热)水与空气间有较大的传热温差,应使空气与水按逆交叉流动,即进水管与空气出口在同一侧。另外,表面式换热器下部应设凝结水盛水盘和排水管。对于冷热两用的表面式换热器,其热水温度不宜过高,以免管内积垢过多而降低传热系数。

除表面式换热器外,有时为满足送风的特殊要求,可在空气处理过程中采用电加热器。利用电加热器处理空气,其加热均匀、迅速,效率高,结构紧凑,控制方便。所以,在小型空调冬季空气处理或恒温恒湿及精度要求较高的大型空调局部空气加热中常采用电加热器对空气进行加热处理。

二、喷水室

喷水室是一种多功能的空气调节设备,可对空气进行加热、冷却、加湿、减湿等多种处理,其结构如图 6-35 所示。

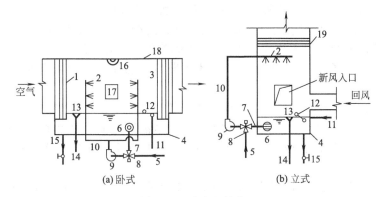

图 6-35 喷水室结构

1—前挡水板;2—喷嘴与排管;3—后挡水板;4—底池;5—冷水管;6—滤水器;7—循环水管;
8—三通阀;9—水泵;10—供水管;11—补水管;12—浮球阀;13—溢水器;14—溢水管;
15—泄水管;16—防水灯;17—检查门;18—外壳;19—挡水板

当空气与不同温度的水接触时,空气与水表面间发生热湿交换,热湿交换量的多少取决于空气的状态和喷水的温度,调节喷水的温度将会得到不同的处理效果。表 6-3 列出了空气在喷水室中以不同温度的水喷淋时的处理效果。

表 6-3 空气喷水处理过程的状态变化情况

水温特点	空气温度、湿度和焓的变化		
	温度	湿度	焓
$t_w < t_1$	降温	减湿	减焓
$t_w = t_2$	降温	不变	减焓
$t_1 < t_w < t_s$	降温	加湿	减焓
$t_w = t_s$	降温	加湿	不变
$t_s < t_w < t_a$	降温	加湿	增焓
$t_w = t_a$	不变	加湿	增焓
$t_w > t_a$	升温	加湿	增焓

注:t_1—空气的露点温度;t_a—空气的干球温度;t_s—空气的湿球温度;t_w—水温。

挡水板的作用是分离空气可能夹带的水滴。喷水室的喷嘴安装在专门的排管上,一般设置 1~3 排喷嘴。根据喷水方向与空气流动方向的相对状况可分为顺喷、逆喷和对喷。空调工程中选用的喷水室除卧式、单级外，还有立式、双级喷水室。图 6-35（b）为立式喷水室，空气自下而上地与水接触，热湿交换效果更好。

喷水室中空气流速一般为 2～3m/s（低速喷水室），而高速可达 3.5～6.5m/s（高速喷水室）。

三、空气的加湿与减湿处理设备

在空调工程中，除利用喷水室或表面式换热器对空气进行热湿处理外，为满足空调送风和空调室内特殊要求，还需对空气进行专门加湿或减湿处理。

1. 空气的加湿处理设备

空气加湿的方法可分成两类：一类是将蒸汽混入空气进行加湿，即蒸汽加湿；一类是由于水吸收空气中的显热而汽化进入空气的加湿，即水蒸发加湿。

（1）蒸汽加湿 把蒸汽直接喷入空气，对空气进行加湿，这一过程为等温加湿过程。常用的蒸汽加湿设备有蒸汽加湿喷管、"干式"蒸汽加湿器和电加湿器。

图 6-36 所示为蒸汽加湿喷管，为避免蒸汽喷管内产生凝结水和蒸汽接入管内的凝结水流入喷管，在蒸汽喷管外设蒸汽保温套管。加湿蒸汽先经喷管外的套管进入分离筒分离水滴，然后再经调节阀孔进入干燥室，最后才到蒸汽喷管中去，以此保证喷出"干燥"的蒸汽。

（2）水蒸发加湿 将常温水雾化后直接喷入空气中，由于水吸收空气中的热量而蒸发成水汽，增加空气的含湿量。这一加湿处理方式称为水蒸发加湿，由于该过程中湿空气的焓不变，因此亦称为等焓加湿。常用的水蒸发加湿设备有压缩空气喷水装置、电动喷雾器和超声波加湿器等。

（3）电热加湿器 电热加湿器有电热式和电极式两种。电热式加湿器是通过电热棒对水进行加热汽化而实现加湿，需由浮球阀进行补水；电极式加湿器是使电流直接从水中通过，对水加热汽化而实现加湿，其结构如图 6-37 所示。

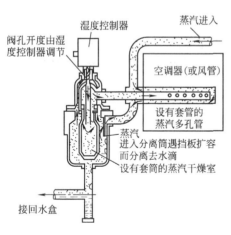

图 6-36 蒸汽加湿喷管

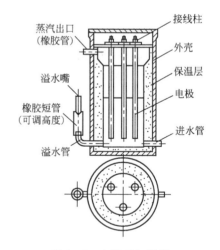

图 6-37 电极式加湿器

电极式加湿器工作时，盛水容器中水位愈高，则导电面积愈大，即电阻愈小，电流愈强，发热量就愈大。因此，水位高低决定了产生蒸气量的多少（通常圆筒内水位高低可由溢水管控制）。当水位为零（无水）时，电流不通，加湿自动停止。

电热加湿容易控制，但加湿量小，耗电量较大，因而多在小型独立式空调系统（如各种立柜式空调机组）中采用。

2. 空气的减湿处理

空气减湿处理的主要方法有冷却减湿法、液体吸湿（吸收减湿）法和固体吸湿法。

（1）冷却减湿法 目前较广泛采用的是专门的冷却减湿设备，是用降湿机进行冷却减湿。图 6-38 所示为降湿机的工作原理图。其中，蒸发器、压缩机和冷凝器组成一套制冷系统。同时，在空气处理系统中，蒸发器又兼作空气冷却器，冷凝器又兼作空气加热器。

外界空气在风机作用下进入空气处理室。当经过空气冷却器（蒸发器）时，若空气冷却器表面温度低于空气的露点温度，空气中的水蒸气被凝结析出，空气的含湿量和温度降低，失去热量和湿量；被冷却

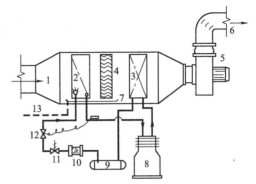

图 6-38 降湿机的工作原理图
1—外界空气进口；2—空气冷却器（蒸发器）；3—冷凝器；
4—挡水板；5—风机；6—干燥空气出口；7—盛水盘；
8—压缩机；9—储液器；10—过滤干燥器；
11—电磁阀；12—膨胀阀；13—泄水管

降湿后的空气经过挡水板进入空气加热器（冷凝器）时，制冷剂放出热量，空气被等湿加热，相对湿度下降，总含湿量比处理前减小。

（2）固体减湿法 固体减湿是利用固体吸湿剂（或称干燥剂）的作用，使空气中的水分被吸湿剂吸收或吸附。常见的固体吸湿材料有硅胶、铝胶和活性炭等。

用固体吸附来减湿，其特点之一是固体在吸附过程中，往往要放出热量，因此，在使用固体吸湿后，常设置空气冷却器冷却空气，使空气温度接近常温后再进行其他处理。由于固体吸湿剂在吸湿达到饱和后，将失去吸湿效能，因此采用固体吸湿的方法必须设置一套完整的吸湿、再生系统，并要求其吸湿、再生能按时自动转换，以便操作、管理和使用。

图 6-39 所示为一套具有吸湿、再生功能，可以手动或自动转换的固体干燥减湿系统原理图。为保证减湿的连续进行，在系统中设置了两只干燥筒，在一只吸湿饱和之后，换用另一只。而对已吸湿饱和的干燥筒则引进加热的空气，使吸湿剂脱水再生。

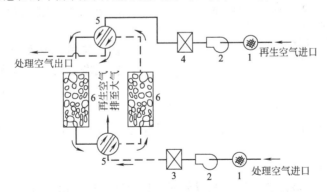

图 6-39 固体干燥减湿系统原理图
1—空气滤网；2—风机；3—空气冷却器；4—空气
加热器；5—转换阀；6—干燥筒

图 6-40 所示为带有冷却盘管的转筒式固体减湿系统原理图。它的特点是：依靠固体干燥器剂筒定时转动来实现处理空气减湿和固体吸湿剂（如分子筛）的再生。

（3）液体减湿法 液体减湿是利用吸湿剂进行除湿。液体吸湿剂是蒸气分压力低、不易结晶、加热后性能稳定、黏性小且无毒性的溶液，常用的有氯化锂、三甘醇和氯化钙等水

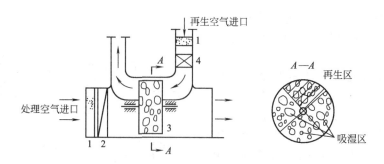

图 6-40 转筒式固体减湿系统原理图
1—空气滤网；2—风机；3—空气冷却器；4—空气加热器

溶液。

液体吸湿剂吸收水分后，溶液浓度下降，吸湿能力降低，因此须对稀释后的溶液除去水分，提高溶液浓度后重复使用。图 6-41 所示为蒸发冷凝再生式液体减湿系统原理图。

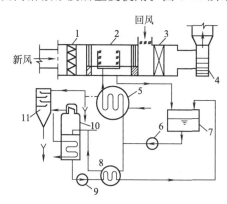

图 6-41 蒸发冷凝再生式液体减湿系统原理图
1—过滤器；2—喷液室；3—空气冷却器；
4—风机；5—溶液冷却器；6—溶液泵；
7—溶液箱；8—热交换器；
9—再生溶液泵；10—蒸发器；11—冷却器

在喷液室中吸收空气中水分而稀释的溶液流入溶液箱，与来自热交换器的溶液混合。混合溶液由溶液泵抽出，一部分经溶液冷却器冷却，再次送入喷液室；另一部分经热交换器加热后，排至蒸发器。在蒸发器内，溶液被加热、浓缩，然后由再生溶液泵抽出经热交换器冷却后送入溶液箱。而从蒸发器出来的水蒸气进入冷却器冷凝，最后与冷却水混合排入下水道。

液体减湿法，空气减湿幅度大，空气减湿后能达到很低的含湿量；可以实现单一的空气减湿处理过程而达到送风状态。但其减湿系统比较复杂，设备受盐类腐蚀比较严重。

四、空气净化处理设备

空气净化处理，就是通过空气过滤及净化设备，去除空气中的悬浮尘埃。在空调系统中，空气过滤器是净化空气的主要设备。

空气过滤器按作用原理可分为金属网格浸油过滤器、干式纤维过滤器和静电过滤器三类。

1. 金属网格浸油过滤器

这种过滤器由多层波形金属网格叠置而成，按层次不同，沿空气流动方向网格孔径逐渐缩小。在网格上涂有黏性物质（油类），当空气经过过滤器时，因多次曲折运动，灰尘在惯性作用下偏离气流方向触及网格而被粘住。这类过滤器网格愈密，层数愈多，其滤尘效果愈好，但气流阻力也愈大。

2. 干式纤维过滤器

这是利用各种纤维作为滤料组装而成的空气过滤器，常用的滤料有合成纤维、玻璃纤维纸等，其基本结构如图 6-42 所示。不同滤料的过滤器，其滤尘效果不同，这主要取决于尘粒直径、滤料纤维的粗细和密实、过滤风速和附尘的影响等因素。

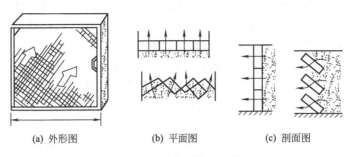

图 6-42 干式纤维过滤器

3. 静电过滤器

静电过滤器是利用高压电极对空气电离，使尘粒带电，然后在电场作用下产生定向运动实现对空气的过滤。

过滤器使用一段时间后，由于积尘过多，将会影响其效能。因此，经过一定的时间，需将滤料取出更换或清洗后再用。为了维护方便，可采用自动卷绕式过滤器，如图 6-43 所示。根据过滤器前后的压差变化，通过机械控制将滤料自动卷绕，每卷滤料可使用半年以上，用过的滤料进行一次清洗。

4. 消声器

空调设备（主要是风机）在运行时产生噪声和振动，并通过风道或其他结构物传入空调房间。因此，对于要求控制噪声和防止振动的空调工程，应采取适当的消声和减振措施。

消声措施包括减少噪声的产生和在系统中设置消声器两个方面。

为减少噪声的产生，可采取下列一些措施：

① 选用低噪声型的并且转速和叶轮圆周速度都比较低的风机，并尽量使其工作点接近最高效率点；

图 6-43 卷绕式过滤

② 电动机与风机的传动方式最好用直接传动，如不可能，则采用带式传动；

③ 适当降低风道中空气的流速，有一般消声要求的系统，主风道中的流速不宜超过 8m/s，有严格消声要求的系统不宜超过 5m/s；

④ 将风机安在减振基础上，并且进、出口与风道之间采用柔性连接（软接）；在空调机房内和风道中粘贴吸声材料，将风机安装在单独的小室内等。

常用的消声设备有：

(1) 阻性消声器　阻性消声器把吸声材料固定在气流流动的管道内壁，利用吸声材料消耗声能，降低噪声。常用的有管式、片式、格式、声流式等。阻性消声器对中高频噪声消声效果好，对低频噪声消声效果差。适合消除空调通风系统及以中高频噪声为主的各类空气动力设备噪声。

(2) 抗性消声器　抗性消声器多用于消除低频或低中频噪声。在结构上分为膨胀型、共振型、阻抗复合型消声器和微穿孔板、消声静压箱。

① 膨胀型消声器　利用气流通道断面的突然扩大，使沿通道传播的声波反射回声源方向。膨胀型消声器结构简单，不使用消声材料，耐高温和腐蚀，对中低频噪声效果较好。为了保证消声效果，膨胀型消声器的膨胀比较大，通常为 4~10 倍，所以多用于小管道。

② 共振型消声器　由一段开有若干小孔的管道和管外一个密闭的空腔构成。小孔和空腔组成一个共振吸声结构，利用噪声频率与吸声结构固有频率相同时产生共振，导致共振吸

声结构内的空气柱与结构体产生剧烈摩擦消耗声能,从而消声。共振型消声器具有强的频率选择性,对所选定的频率声消声效果好。用吸声材料消耗声能,降低噪声。适合消除空调通风系统及以中高频噪声为主的各类空气动力设备噪声。

③ 微穿孔板消声器 当共振消声器的穿孔板直径小于1mm时,就成为微穿孔板消声器。板上的微孔有较大的声阻,吸声性能好,微孔与共振腔组成一个共振系统,因此消声频程宽,对空气的阻力也小,不使用吸声材料,不起尘,特别适用于高温、潮湿以及洁净要求的管路系统消声。

④ 阻抗复合型消声器 阻性消声器和抗性消声器都有各自的频率范围。阻性消声器适用于中、高频;而抗性消声器对低、中频噪声有较好的消声效果。对脉动低频噪声源和变频带噪声源,单纯的阻性消声器和抗性消声器的消声效果都不好,所以结合阻性消声器和抗性消声器的消声原理制成宽频程的阻抗复合型消声器。但单从高频或低频段来看,同样尺寸的复合型消声器,消声性能分别不如单独的阻性消声器和抗性消声器好。

⑤ 消声静压箱 消声静压箱是在风机出口处或空气分布器前设置内壁面贴吸声材料空箱,既可稳定气流,又可起到消声的作用。

各种消声器应设在接近声源的位置,安装在直线段,通常应布置在靠近机房的气流稳定管段上,与风机出入口、弯头、三通等的距离宜大于4~5倍风管直径或相当直径。如系统所需的消声量较大或不同房间的允许噪声标准不同时,可在总管和支管上分段设置消声器。

各种消声器应注意保洁,避免油烟气体的污染,才能起到应有的作用。

五、空气输送与分配设备

1. 风管

风管用材料应表面光洁,质量轻,方便加工和安装,并有足够的强度、刚度,且耐蚀。常用的风管材料有薄钢板、铝合金板或镀锌薄钢板等,主要有矩形和圆形两种截面。为调节风管的空气流量,实现空气的合理分配,在风道和支管中常设有调风门,如图6-44所示。

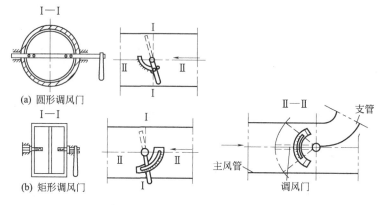

图6-44 调风门原理图

2. 风机

空调系统的风机主要采用离心式通风机。离心式通风机的叶片形式主要有后弯、前弯两类,大、中型空调系统较多采用后弯叶片的离心式通风机,小型空调设备(如风机盘管、房间空调器等)中较多使用前弯叶片的离心式通风机。

3. 空气分配器

空气分配器用于低速空调系统,一般有辐射形空气分配器、轴向送风空气分配器、线形送风空气分配器、面形送风空气分配器、多用形送风空气分配器等形式,如图6-45所示。

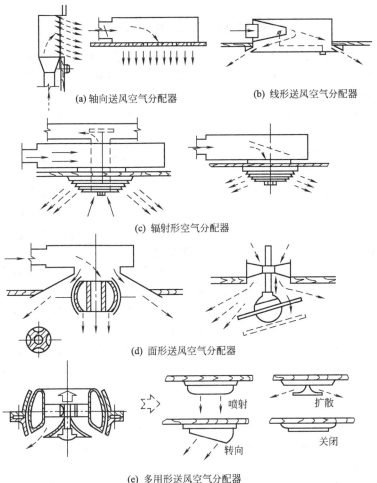

图 6-45 典型空气分配器

4. 空气诱导器

空气诱导器为高速空调系统的主要送风设备。图 6-46 所示为立式诱导器基本结构、工作原理图。从空调器来的一次风在通过喷嘴时得到高速（约 20~30m/s）。由于喷出气流的引射作用，室内的空气（称二次风）通过进风栅被吸入诱导器，这种吸入现象称为"诱导"。一次风与二次风在混合室内混合，最后从出风栅送出。

空调室内的气流组织不但取决于诱导器和空气分配器的结构、工作性能、送风口布置等，而且回风口的结构、布置位置对气流组织也有一定影响。良好的回风能促使气流更加均匀、稳定。一般空调房间多采用百叶窗式回风口，并大多布置在房门或靠近走廊的墙壁下面使回风直接进入走廊。

对某些空气污浊有气味的房间，如厕所、浴室等，一般不设专门送风装置，而只是从走廊引进一部分回风，然后再把这部分回风连同污浊空气一起通过排风管排至室外。

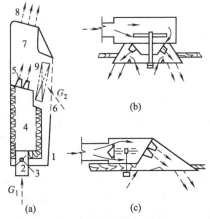

图 6-46 空气诱导器原理图

1—诱导器箱体；2——次风管；3—调风门；
4—静压箱；5—喷嘴；6—二次进风栅；
7—空气混合室；8—混合风出风栅；9—换热器

第五节 空调制冷

制冷系统是空调系统的"冷源",它通过制备冷冻水提供给空气处理设备使用,从而向整个系统提供冷量,它由制冷装置、冷冻水管路和冷却水管路三个子系统组成。

一、制冷装置

制冷装置是制冷系统的核心,常见的制冷方式有压缩式、吸收式等。

1. 压缩式制冷机

利用"液体汽化时要吸收热量"这一物理特性,通过制冷剂(工质)的热力循环,以消耗一定量的机械能作为补偿条件来达到制冷的目的。

压缩式制冷机是由制冷压缩机、冷凝器、膨胀阀和蒸发器四个主要部件所组成,并用管道连接,构成一个封闭的循环系统(图6-47)。制冷剂在制冷系统中历经蒸发、压缩、冷凝和节流四个热力过程。

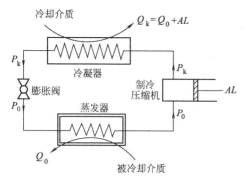

图6-47 压缩式制冷机原理图

在蒸发器中,低压低温的制冷剂液体吸取其中被冷却介质(如冷水)的热量,蒸发成为低压低温的制冷剂蒸气,每小时吸收的热量 Q_0 即为制冷量。

低压低温的制冷剂蒸气被压缩机吸入,并被压缩成高压高温的蒸气后排入冷凝器。在压缩过程中,制冷压缩机消耗机械功 AL。

在冷凝器中,高压高温的制冷剂蒸气被冷却水冷却,冷凝成高压的液体,放出热量 Q_k ($Q_k = Q_0 + AL$),从冷凝器排出的高压液体,经膨胀阀节流后变成低压低温的液体,进入蒸发器再进行蒸发制冷。

由于冷凝器中所使用的冷却介质(水或空气)的温度比被冷却介质(水或空气)的温度高得多,因此,上述人工制冷过程实际上就是从低温物体夺取热量而传递给高温物体的过程。由于热量不可能自发地从低温物体转移到高温物体,故必须消耗一定量的机械能 AL 作为补偿条件,正如要使水从低处流向高处时,需要通过水泵消耗电能才能实现一样。

目前常用的制冷剂有氨和卤代烃(商品名氟利昂),它们各具特点。氨有良好的热力学性质,价格便宜,但对人体有强烈的刺激作用,并且容易燃烧和爆炸。氟利昂是饱和碳氢化合物的卤族衍生物的总称,种类很多,可以满足各种制冷要求,目前国内常用的是R12 (CF_2Cl) 和R22 (CHF_2Cl)。这种制冷剂的优点是无毒、无臭、无燃烧爆炸危险,缺点是对大气臭氧层有破坏,渗透性强并且不易被发现。中小型空调制冷一般多采用这种制冷剂。现已有新型的替代制冷剂出现,如R134a。

压缩式制冷系统,根据所采用的制冷剂不同,可分为氨制冷系统和氟利昂制冷系统两类。这两类制冷系统中,除具备上述四个主要部件外,为保证系统的正常运转,尚需配备一些辅助设备,包括油分离器(分离压缩后制冷剂蒸气夹带的润滑油)、储液器(存放冷凝后的制冷剂液体,并调节和稳定液体的循环量)、过滤器和自动控制器件等。此外,氨制冷系统还配有集油器和紧急泄氨器等;氟利昂制冷系统还配有热交换器和干燥器等。

2. 吸收式制冷机

吸收式制冷机以溴化锂水溶液为工质,其中以水为制冷剂,溴化锂溶液为吸收剂。它利用溴化锂水溶液在常温下(特别是在温度较低时)吸收水汽的能力很强,而在高温下又能将所吸收的水分释放出来的特性，以及利用制冷剂水在低压下汽化时要吸收周围介质的热量的特性来实现制冷的目的。

水的蒸发温度与压力大小有关，压力愈低，水愈容易沸腾。在吸收式制冷中，作为制冷剂的水在实现制冷循环过程中都是在高真空度下进行的，这是吸收式制冷的工作特点。

图 6-48 所示为溴化锂吸收式制冷机组，它主要由发生器、冷凝器、蒸发器和吸收器四个主要部分组成。其工作过程如下。

制冷剂水在蒸发器内夺取空调回水的热量（即制冷过程）而汽化形成水蒸气，水蒸气进入吸收器中被浓溴化锂水溶液吸收，吸收水蒸气的溴化锂水溶液浓度变稀后，被送至发生器加热浓缩，

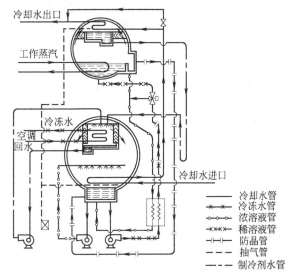

图 6-48 溴化锂吸收式制冷机

在加热过程中，溶液中的水重新汽化成水蒸气，再通过冷凝器将水蒸气冷凝为水而形成冷剂水，经节流装置又进入蒸发器中，再进行汽化吸热，制备出空调冷冻水。

二、冷冻水系统

冷冻水系统负责将制冷装置制备的冷冻水输送到空气处理设备，一般可分为闭式系统和开式系统。

对于变流量调节系统，常采用闭式系统，其特点是和外界空气接触少，可减缓对管道的腐蚀，制冷装置采用管壳式蒸发器，常用于表面冷却器的冷却系统。而定流量调节系统，常采用开式系统，其特点是需要设置冷水箱和回水箱，系统的水容量大，制冷装置采用水箱式蒸发器，用于喷淋室冷却系统。

为了保证闭式系统的水量平衡，在总送水管和总回水管之间设置有自动调节装置，当供水量减少而管道内压差增大时，可使一部分冷水直接流至总回水管内，保证制冷装置和水泵的正常运转。

三、冷却水系统

冷却水负责吸收制冷剂蒸气冷凝时将放出的热量，并将热量释放到室外。它一般可分为直流式、混合式及循环式三种形式。

直流式冷却水系统是将自来水或井水、河水直接打入冷凝器，升温后的冷却水直接排出，不再重复使用。

混合式冷却水系统是将通过冷凝器的一部分冷却水与深井水混合，再用水泵压送至冷凝器使用。

循环式冷却水系统是将来自冷凝器的升温冷却水先送入蒸发式冷却装置使其冷却降温，再用水泵送至冷凝器循环使用，只需要补充少量的水。

第六节　空调系统的维护与管理

一、空调系统维护管理的意义

对空调系统的管理包括对空调系统的运行管理和日常维护两大主要内容。运行管理是指根据建筑物实际情况确定空调系统的运行方案，使空调系统在节能、合适的状况下工作，既

满足使用者的要求，又达到经济运行的目的。空调系统的日常维护是指物业管理公司对空调系统在运行过程中出现的问题及时处理，保证空调系统正常运行，使建筑物的使用功能得以最大限度发挥。

二、空调系统的运行管理

空调系统的运行管理最主要的工作是系统的运行调节。空调系统在全年运行中，室内本身的热、湿负荷也会随着生产情况和室内人员的变化而有所不同。因此，空调系统在全年运行期间就不能一成不变地按满负荷运行，而必须根据负荷的变化进行运行调节，才能保证室内温、湿度要求。

1. 集中式空调系统的运行调节

（1）露点控制法　如果只有室外空气状态发生变化，可以采用露点控制法，即只需把喷水室（或换热器）出口的空气状态按需要进行控制，就能保证需要的送风状态，同时也保证了需要的室内状态。露点控制法是通过改变加热（冷却）量、调整新、回风比例、调节喷水室（或换热器）的水温等方法来实现的。

（2）其他方法　如果室内外负荷都发生变化时，也可采取加热、冷却、再热、加湿、减湿及改变风量等方法进行处理。

① 温度调节　温度调节有两种方法，一是用阀门调节盘管内冷冻水或热水的流量；另一是调节新风旁通阀，使部分新风不经过盘管而通过旁通管，改变加热新风和旁通新风的混合比例。

② 湿度调节　湿度调节有控制露点温度和控制送风水蒸汽分压两种方法。控制送风水蒸气分压就是改变送风状态的含湿量，在冬季可以用喷蒸汽加湿的方法，在夏季可以用固体或液体吸湿剂减湿的方法。

③ 风量调节　在负荷变化的情况下，用调节风量的方法来保证室内空气的温、湿度要求是一种有效并且节能的办法，这种系统通常称为变风量系统，风量的调节可通过风机变速或风量调节阀等实施。

2. 风机盘管空调系统的运行调节

（1）风机盘管系统的局部运行调节　为了适应空调房间负荷在短时间内发生的变化，风机盘管系统设有两种局部调节方法。

① 调节水量　当室内的冷负荷减少时，可通过安装在风机盘管供水管道上的二通或三通调节阀进行调整，减少进入盘管中的水量，吸收房间内空气热量的能力下降，以适应室内的冷负荷变化。反之，当室内冷负荷增加时，则增加盘管中冷水的流量。

② 调节风量　这种调节方法是将风机的转速分成3挡，转速变化使通过盘管的风量也发生变化。当室内的冷负荷减少时，降低风机的转速，使通过盘管的风量减少，空气在盘管中的热交换量也随之减少。

（2）风机盘管系统的全年运行调节　当系统的新风不承担室内显热负荷时，只需将新风处理到和室温相同即可。新风对室温不起调节作用，而由盘管承担全部室内显热负荷，靠风机盘管局部调节来满足室内温、湿度的要求。

当系统的新风需承担围护结构温差传热所造成的冷（热）负荷时，可用新风处理设备中的二次加热（冷却）器集中升高（降低）新风的温度。

双水管系统的风机盘管，在同一时间内只能向所有风机盘管供应同一温度的水。在过渡季节运行时，随着室外温度的降低，应集中调节新风载热量，逐渐升高新风温度，以抵消传热负荷的变化。此时，进入盘管的水温仍保持不变，风机盘管靠水量调节，消除室内短时间负荷变化的影响。

三、空调系统的维护

在空调系统的维护过程中，经常会遇到一些系统故障，维护管理人员要认真分析故障原因，并对系统进行调节，使空调系统达到设计要求。

1. 实际送风量过大

出现这一问题的原因有 2 个：

① 系统风管阻力小于设计阻力，使送风量增加；

② 设计时送风机选择不合适，风量或风压偏大，使实际送风量增加。

解决的方法是：

① 若送风量稍大于设计风量，在室内气流组织和噪声值允许的情况下，可不调整；

② 在必须调整时，可采用改变风机转速的方法进行调节；若无条件改变风机转速，可用改变风道调节阀开度的方法进行风量调节。

2. 实际送风量过小

出现这一问题的原因有 3 个：

① 系统的实际送风阻力大于设计计算阻力，使空调系统的实际送风量减小；

② 送风系统的风道漏风；

③ 送风机本身质量不好，或送风机不符合要求，或空调系统运行中对送风机的运行管理不善。

解决的方法是：

① 若条件许可，可对风管的局部构件进行改造（如在风道弯头中增设导流叶片等），以减少送风阻力；

② 对送风系统进行认真检漏，对高速送风系统进行检漏试验，对低速送风系统应重点检查法兰盘和垫圈质量，看是否有泄漏现象，对空气处理室的检测门、检测孔的密封性进行严格检漏；

③ 更换或调整送风机，使其符合工作参数要求。

3. 送风状态参数与设计工况不符

送风状态参数与设计工况不符一般有下述几种原因：

① 设计计算有错误，所选用的空气处理设备的能力与实际需要偏差较大；

② 设备性能不良或安装质量不好，达不到送风的参数要求；

③ 空调系统的冷、热介质的参数和流量不符合设计要求；

④ 空气冷却设备出口带水，如挡水板的过水量超过设计估算值，造成水分再蒸发，影响出口空气参数；

⑤ 送风机与风道温升（温降）超过设计值，影响风道的送风温度；

⑥ 处于负压状态下的空气处理装置和回风风道漏风。

解决的方法是：

① 通过调节冷、热介质的进口参数和流量，改善空气处理设备的能力，以满足送风状态参数要求。若调节后仍不能明显改变空气处理的能力，则应更换空气处理设备。

② 当冷、热介质参数和流量不符合设计要求时，应检查冷冻系统或热源的处理能力，看它们是否能满足工作参数的要求。另外，还要检查水泵的扬程是否有问题以及冷、热介质管道的保温措施或管道内部是否有堵塞。

③ 冷却设备出口处空气带水时，若为表面冷却器系统可在其后增设挡水板，以提高挡水效果；若为喷水室系统，则要检查挡水板是否插入池底，挡水板与空气处理室内壁间是否有漏风等。

④ 送风机和风道温升（温降）过大时，应检查原因。若送风机运行超压使其温升过大，

应采取措施降低送风机运行风压。如果是管道温升（温降）过大时，应检查管道的保温措施是否得当。

4. 室内空气参数不符合设计要求

出现这种问题的原因是：

① 实际热湿负荷与设计计算负荷有出入，或送风参数不能满足设计要求；

② 室内气流速度超过允许值；

③ 室内空气洁净度不符合要求。

解决的方法是：

① 根据风机和空气处理设备的能力来确定送风量和送风参数，若条件许可，可采取措施减少建筑围护结构的传热量及室内产热量；

② 通过增加送风口面积来减小送风速度或减少送风量及改变送风口形式等措施，改善室内气流速度；

③ 经常检查过滤器的效率和安装质量，增加空调房间换气次数和室内正压值，完善运行管理措施，以改善室内空气的洁净程度。

四、空调设备的维护

1. 空调机组的维护

空调机组的维护主要包括空调机组的检查及清扫。空调机组的检查和清扫需在停机时进行，一般2~3人一起按照事先规定的程序进行。检查时关闭有关阀门，打开检修门，卸过滤网，检查盘管及风机叶片的污染程度，并彻底揩拭清扫。在清扫时检查盘管及箱底的锈蚀和螺栓紧固情况，并在运转处加注润滑油。将过滤器在机外冲洗干净，晾干以后再稳固地安装上去，发现有损坏应及时修复或更换。

内部检查完毕后，关闭检修门，打开有关阀门，然后把空调机组外体揩拭干净，再进行单机试车。单机试车时必须注意运行电流、电动机温升、传动装置的振动及噪声等是否正常。单机试车结束后再进行运行试车，运行试车时检查送风温度和回风温度是否正常，进水电磁阀与风阀的动作是否可靠正确、温度设定是否灵敏等。一切正常后，该空调机组可以正式投入使用。

2. 风机盘管的维护

风机盘管的主要维护项目见表6-4。

表6-4　风机盘管的主要维护项目

设备名称	项　　目		周期
	巡视检查项目	维修项目	
空气过滤器	过滤器表面的污垢情况	用水清洗	1次/月
盘管	肋片管表面的污垢情况	清洗	2次/年
	传热管的腐蚀情况	清洗	2次/年
风机	叶轮沾污灰尘情况	清理叶轮	2次/年
滴水盘	滴水盘排水情况	清扫防尘网和水盘	2次/年
管道	隔热结构，自动阀的动作情况		及时修理

3. 换热器的维护

换热器的维护包括换热器表面翅片的清洗和换热器的除垢。清除垢层常用的方法有压缩空气吹污、手工或机械除污和化学清洗。

4. 离心式通风机的检修

风机的维修工作包括小修和大修两个部分。小修内容一般包括：清洗、检查轴承；紧固各部分螺栓、调整带的松紧度和联轴器的间隙及同轴度；更换润滑油及密封圈；修理进出风调节阀等。大修内容：解体清洗，检查各零部件；修理轴瓦，更换滚动轴承；修理或更换主轴和叶轮，并对叶轮的静、动平衡进行校验等。

风机主轴的配合如果超出公差要求，一般应更换。而叶轮磨损常用补焊修复。补焊时应加支撑，以防变形，焊后应做静平衡试验，大功率风机叶轮还应做动平衡试验。若磨损变形严重，应予更换。叶轮的前盘板、后盘板及机壳的磨损、裂纹，一般通过焊补修复，不能修复者应予以更换。

修复好或准备更换的零部件，应进行外形尺寸的复核和质量的检查，合格后再清洗干净，依次将轴套、轴承、轴承座、带轮、密封装置、叶轮与主轴固定好，再装配吸入口及各管道阀门。装配时不要遗漏挡油盘、密封圈、平键等小零件。调整各部间隙时应特别注意叶轮与蜗壳的间隙，电动机与联轴器的同轴度应满足使用要求。

五、制冷机的运行与维护

制冷机是空调系统的冷源，制冷机运行正常与否是空调系统运行正常与否的关键。同时制冷机也是空调系统中最复杂的设备。

空调用制冷机组自动化程度较高，除有制冷量调节和润滑油恒温控制以外，还装有高压继电器、低压继电器、油压继电器和冷冻水、冷却水流量信号器等保护装置，以实现冷凝压力过高保护、油压油温保护、蒸发压力过低保护和断水保护等，使系统正常运转，如有不正常情况就报警及自动停车。同时，还有有关参数的测量和记录仪表。

1. 制冷机的正常运行程序

蒸气压缩式制冷机的正常运行程序如下。

① 开车前检查准备工作　检查高压侧管路系统阀门是否开启，节流阀应为关闭状态；检查压缩机曲轴箱的油位是否在要求高度；检查冷冻水及冷却水系统是否充满水，如不足应补水；检查冷却器、冷冻水及冷却水循环泵工作是否正常；检查设备外观有无异常现象等。

② 开车

a. 给压缩机冷却水套供水，关闭冷冻水及冷却水循环泵出口阀门，启动冷冻水和冷却水循环泵；再缓慢打泵的出口阀门，使水正常循环。

b. 压缩机先盘车 2~3 圈，看是否顺畅。

c. 打开压缩机的排气总阀（旧式带旁通阀的压缩机的启动，先打开旁通阀，待压缩机运转正常时，再打开排气总阀，并迅速关闭旁通阀），关闭吸气总阀。

d. 将压缩机容量调节器手柄扳到最小容量位置。

e. 接通电源，启动压缩机，当压缩机运转正常后，将油压调整到比要求的吸气压力高 0.15~0.3MPa（1.5~3kgf/cm^2）后，再扳动容量调节器手柄，使指示位置由最小值到最大值。

f. 将压缩机吸气总阀慢慢开启。如果听到汽缸有撞击声（液击），应立即将阀门关闭。再重复上述动作，直到没有撞击声，吸气总阀完全开启为止。

g. 开启调节阀，并调节到所需蒸发压力。

③ 运行　压缩机启动完毕，系统便进入正常运行状态，在运行过程中，值班人员要勤巡视、勤检查、勤调节，每 1~2h 检查记录一次，既要保证系统运转正常，又能满足空调要求。一般需要检查的项目和要求如下：

a. 保证压缩机在正常的工作条件下工作。检查压缩机吸排气压力、温度以及润滑油的油压、油温、油量是否在要求范围内；检查轴封是否漏油漏气；倾听阀片和其他部件声音是否清晰、均匀，有否异常；检查冷却水套出水温度是否稳定，一般出水温度不高于30～35℃；检查压缩机和电动机轴承温度。

润滑油液面，由压缩机曲轴箱侧盖上的油面玻璃观察。如上面装有两块油面玻璃者，正常油面应在两块油面玻璃中心线之间；如只装有一块油面玻璃，正常油面在油面玻璃的上边和下边之间。如油量不足，可用油三通阀不停机加油，具体操作是：将橡胶管或塑料管内先充满润滑油，然后一端套在三通阀的锥形接头上，并扎紧，另一端浸在油桶中，将三通阀手柄转到对准"加油"位置，机器即开始加油。加到规定油面时，将手柄扳回到"工作"位置，取去橡皮管，盖紧帽盖，加油时曲轴箱中的压力应保持低于0.2MPa（2kgf/cm^2），这可以通过稍吸气总阀关闭而达到。如停车后要放油，套好橡皮管，将手柄扳至"放油位置"，油即放出。

b. 检查冷凝器冷却水进出口温度、压力和工质进、出口温度，并调节冷却水与冷凝温度相适应。冷凝温度一般比冷却水出水温度高3～5℃。冷却水进、出口温差为4～8℃。

c. 检查蒸发器工作情况；蒸发压力和温度、冷冻水进、出口温度，并调节蒸发温度与冷冻水温度相适应。蒸发温度一般比冷冻水出口温度低4～6℃。

d. 当蒸发器直接作为空调的表面冷却器时，其蒸发温度应比空气出口的干球温度低8～10℃；满负荷时蒸发温度不可低于0℃；低负荷时，应防止表面结冰。

e. 检查各容器上的安全阀是否有泄漏；系统中工质循环量是否适当；油分离器表面温度；检查各水泵运转是否正常等。

f. 及时发现并查出故障原因。

④ 停车

a. 关上调节阀，停止给蒸发器供液；

b. 关闭吸气总阀；

c. 停机，同时逐步关小排气总阀，待机器全停时全部关上；

d. 待压缩机稍冷却后，关上水套冷却水；

e. 停止冷冻水循环泵、冷却水循环泵的运转。

2. 制冷机参数的测量

制冷机运行正常与否，主要是靠各种仪表的正常指示来保证的。正常运行时，应测量的参数有：

① 冷冻水量及冷冻水进、出口温度；

② 冷却水量及冷却水进、出口温度；

③ 蒸发压力和温度；

④ 冷凝压力和温度；

⑤ 室外干、湿球温度；

⑥ 压缩机吸、排气压力、温度和工作电流；

⑦ 油箱油压和油温；

⑧ 压缩机冷却水进、出口水温。

六、制冷机与辅助设备的常见故障及处理

1. 压缩机常见故障

压缩机在运转中，主要故障及其原因有以下几个方面。

① 压缩机产生不正常声响原因：基础不牢固或地脚螺栓松动；阀片、弹簧破损；活塞销、活塞环等零件磨损；汽缸的余隙容积过小；制冷剂液体进入汽缸造成液击；轴承磨损间隙过大等。应由外向里逐项检查、调整和更换零件。

② 吸气管道和汽缸发热原因：吸气阀片破损。应更换阀片。

③ 排气温度过高，产冷量降低原因：排气阀片破损；吸入气体过热度大；安全旁通阀漏气；汽缸冷却水量不足等。应更换阀片，降低过热度（加大蒸发器内的工质的量），检查校正安全旁通阀，加大冷却水量。

④ 汽缸中部强烈发热，产冷量降低原因：活塞或汽缸磨损。应更换活塞环或汽缸套。

⑤ 汽缸拉毛原因：活塞与汽缸装配间隙过小；活塞环装配间隙不当，或其锁口尺寸不对；汽缸中落入铁屑、沙子等污物；汽缸及活塞温度变化过大；曲轴水平与汽缸垂直中心误差过大；润滑油不足，规格不符或含有杂质；汽缸冷却水中断，或突然加大冷却水量等。应根据上述原因逐项检查处理。

⑥ 轴封温度过高，严重漏油漏制冷剂原因：润滑油供应不正常；轴封磨损等。应清洗油管路，研磨轴封。

⑦ 油压过高原因：油压表不准；油压调节阀开启太小，油管路阻塞等。应更换油压表，检查清洗调节阀和油管路。

⑧ 油压过低原因：油压表不准；油压调节阀开启过大；油泵发生故障；连杆轴瓦磨损大，间隙大；滤油器阻塞等。应更换压力表，转动细滤油器手柄或拆卸清洗滤网，检修或调换油泵转子，更换轴衬套。

⑨ 油温过高原因：冷却水套水量小；机房温度过高；排气温度过高等。应加大冷却水量，检查消除其他因素。

⑩ 油耗量过大原因：活塞环、刮油环或汽缸磨损过大；曲轴箱内加油太多。应按规定加油，停机检查更换新油环等。

⑪ 卸载机构失灵原因：油压不够；油管阻塞，油缸内有污物卡死。应调节油压到 $0.15\sim0.3$ MPa，清洗油管和油缸。

为了确保压缩机运行安全可靠，除正常维护外，还必须定期进行小修、中修、大修。

(1) 小修　每运转 700h 进行一次。主要内容是：检查和清洗汽缸套、活塞、活塞环和进排气阀，调整活门开度，更换损坏的阀片和弹簧等；检查连杆大小头轴瓦，固紧连杆轴承、螺栓及开口销；清洗曲轴箱、油过滤器、油活塞、油缸套及吸气过滤器等，并检查油质决定是否更换。

(2) 中修　每运转 2000～2500h 进行一次。主要内容除包括小修项目外，还有：检查各易损件的磨损程度，校对各部件之间的间隙；测量并调整活塞的死隙；清洗润滑系统；检查联轴器和地脚螺栓的牢固性等。

(3) 大修　每年一次，在冬季停机时进行。将压缩机全部拆开，清洗零部件，检查和测量零部件的尺寸和间隙，检查各部件或部件间的垂直度、水平度、平行度等，更换或修复不合要求的部件；检查轴承磨损程度，调整各轴承与主轴中心的同心度；检查清洗润滑系统，修整或更换油泵齿轮；清除冷却水套内的水垢；检查并校正全部调节阀和安全阀，以及各控制和测量仪表。

由于空调用冷冻系统是季节性运行，时间较短，因此大修可一次进行。

2. 冷凝器和蒸发器

冷凝器和蒸发器都是换热器，其换热是否良好是影响制冷机效率的重要因素，当冷凝器、蒸发器内有空气或换热管壁结水垢，都会造成制冷量下降。因此，冷凝器和蒸发器在工作时，必须注意以下几点：

① 冷凝器和蒸发器工作时，冷却水和冷冻水进出管路、进气、出液、均压阀以及安全阀和截止阀必须全开（放空气阀关闭），以使制冷剂、冷却水、冷冻水进出无阻。

② 经常检查冷却水和冷冻水的温度和水量。

③ 经常清除冷凝器管壁的污垢，尤其是使用水质较硬的冷却水更应注意。判断的方法是：在正常给水量和进水温度的情况下，对于冷凝器是冷凝温度同冷却水的温差过大，冷凝压力升高；对于蒸发器是蒸发温度同冷冻水的温差过大，蒸发压力降低，这表明可能是管子的内壁有水垢或外有油污，应该清扫。清除水垢时，可用粗细合适的圆铁刷反复刷洗。清油污时，放出制冷剂和润滑油，用压缩空气吹扫，直至从排油孔排出的空气干净为止。

④ 定期放空气。

3. 制冷机冷凝压力过高或过低

(1) 冷凝压力过高　可能的原因是：系统中有空气或其他不凝性气体；冷凝器冷却水量不足或进水温度太高；冷凝器管子的内壁或外壁有水垢或油污；系统中工质过多等。

(2) 冷凝压力过低　可能的原因是：冷却水量太大或进水温度太低；系统工质不足；调节阀开启太小或调节阀与液管阻塞；压缩机排气阀漏气或卸载装置失灵等。

(3) 吸气压力太高　可能的原因是：调节阀开启过大；压缩机吸气阀漏气或卸载装置失灵等。

(4) 吸气压力太低　吸气压力太低有些会引起低压管路结霜，可能的原因是：供液管、调节阀或吸气滤网阻塞；系统中有水形成冰塞；系统中工质太少；系统中的油太多；调节阀开启太小等。

七、大修后的制冷剂充注

制冷机大修之后，在充注制冷剂前，要进行清扫、检漏、抽空等过程，最后再充注制冷剂。

1. 系统清扫

系统施工时，虽然对每段管件、各个阀门等进行过清洗，但仍难免系统中存有泥垢、铁锈、金属屑和焊渣等脏物。而这些东西会堵塞阀门，会使轴承、汽缸套、活塞等磨损加速，会损伤吸排气活门，影响它们的使用寿命。所以，制冷设备安装完毕需以 0.6MPa（表压）空气吹扫管路和容器。如无空气压缩机，可用系统中的制冷压缩机进行。操作是：关闭吸气总阀，打开排气总阀，将吸气腔端盖稍稍打开，空气由此进入，按正常操作启动压缩机（压缩机已经过单机试运转），对逐个设备进行加压吹扫，空气由设备最低处的阀门放出。排污可根据需要反复进行数次，直到污物吹净为止（可用白纸在排气口试看排出的空气是否已干净）。

2. 系统试压检漏

系统在充入制冷剂以前，必须对管路和容器连接处进行气密性试验。一般在低压端以 1.2MPa（表压）、高压端以 1.8MPa（表压）进行试漏。要求是：系统达到规定压力后，保持 24h，前 6h 内，压力允许下降不超过 0.03MPa，后 18h 应保持不变。

试压时，最好用氮气和机外压缩机。如无这些条件，可用本系统压缩机进行。试验时应将安全阀取下或关闭其前面的截止阀，高压继电器要顶开。用制冷压缩机进行加压时，先将整个系统升压至低压侧试验压力，待低压侧的气密性检查完毕后，关闭调节阀（节流阀），将低压侧作为压缩机的吸入，使低压侧的空气经压缩机升压到高压侧，达到高压侧试验压力。加压时，必须控制排气温度在 120℃ 以内，运转可间歇进行，以便冷却，每次排气压力升高一般不超过 0.4MPa（表压）。

把系统升压至低压侧试验压力的具体操作如下：

① 做好准备工作，给压缩机水套和冷凝器等供水；

② 开启压缩机的排气总阀，关闭吸气总阀；

③ 关闭系统中所有通向大气的阀门，开启其余的各阀门；

④ 将压缩机的吸气腔滤网盖稍稍打开（对于氟利昂系统应打开便于操作的阀门，向系

统充氮、二氧化碳或干燥的压缩空气）；

⑤ 压缩机的容量调节器调至最小一挡，启动压缩机，启动后再调大一些容量，将整个系统升压至低压侧的试验压力；

⑥ 停车，关闭压缩机的排气总阀，装复吸气滤网盖，即可进行低压侧的检漏。

当低压侧检漏结束，便可进行高压侧的检漏。高压侧具体加压操作如下：

① 做好准备工作，向压缩机水套和冷凝器等供水；

② 将调节阀关闭，切断高压侧通向低压侧的通路；

③ 压缩机的容量调节器调至最小一挡，开启总排气阀，启动压缩机；

④ 缓缓开启吸气总阀，使低压侧的空气经由压缩机升压送往高压侧，达到高压侧试验压力；如低压侧容量满足不了高压侧所需压力，则需重新向低压侧供压，重复上述操作，直至达到高压侧试验压力（注意进气压力控制在 $0.3\sim0.6$ MPa）；

⑤ 停车，关闭吸、排气总阀，进行高压侧检漏。

检漏时，可用涂肥皂水的方法反复检查，找出渗漏处。发现渗漏处应用粉笔做出记号，并进行修理。如渗漏处出现在焊接部位，可将该段系统空气放出，至大气压力后进行补焊，但同一部位焊补次数不得超过 2 次。修理完后，对系统重新做试验。

3. 系统真空试验

经压力试漏后，将系统抽成真空，试验系统在真空下的密封性，同时也为系统充工质做好准备。要求是：系统的真空度应达 97.3kPa（730mmHg），保持 12h，系统真空度应无变化。

利用本系统压缩机进行抽真空的操作如下：

① 清洗压缩机的吸气滤网，开启出气总管上的放空气阀；

② 检查并拧紧系统上各阀门的填料，除通大气各阀关闭外，开启系统的其他各阀；

③ 开启压缩机的吸气总阀，关闭排气总阀；

④ 向压缩机水套供水；

⑤ 将容量调节器调至最小一挡，启动压缩机，将系统内空气抽出，当抽到 40kPa（300mmHg）时，将容量调节器调到最大容量，继续运转到系统真空度达到要求，在抽真空时注意使油压保持在 $0.15\sim0.2$ MPa（$1.5\sim2$ kgf/cm^2）；

⑥ 关闭放空气阀后停车，如真空度维持 12h 不发生变化，则可以认为系统严密无漏。

4. 系统加工质

在系统抽真空后，即可加入工质。加工质前应将工质瓶按顺序过称，以便统计加入工质的重量。

开始加工质时，可以不开压缩机，利用系统真空将工质加入；当工质进入系统的速度缓慢时，再启动压缩机加入。具体操作如下：

① 压缩机吸、排气总阀在关闭状态，系统中除通大气各阀关闭外，其余均开启；

② 用加工质管将工质瓶连接于储液器的加工质接头上，不需拧紧，氟利昂工质瓶则应直放，阀门在上；

③ 稍许松开连接管与加工质接头的连接螺母，再将工质瓶的阀门打开，利用工质驱除连接管内空气，然后将松开的接头拧紧；

④ 将储液器的加工质阀门及工质瓶上的阀门打开，工质即进入系统；

⑤ 当工质进入速度缓慢时，用压缩机加工质，开启压缩机的排气总阀，启动压缩机（操作方法与正常开车程序相同）；

⑥ 缓缓开启压缩机的吸气总阀，随即开启工质瓶上的阀门（关闭储液器给蒸发器供液阀门），开启和调节调节阀，工质即从工质瓶进入系统。

在整个加工质的过程中,应避免液体工质进入压缩机,以防液击和曲轴箱结霜。如有液击冲缸,应立即关小调节阀或停车。

各种设备加入工质量(在容积中占的百分数)如下:

蒸发器(立式和卧式)	80%
冷凝器(立式、卧式、蒸发式)	15%
高压储液器	80%
氨液分离器	20%
液体管	100%

对于氟利昂系统,氟利昂充入后和正常运行中,可用卤素喷灯或卤素检漏仪进行检漏。

八、冷却塔的维护

1. 冷却塔风机的保养

冷却塔的风机大都是 $\phi 700\sim 6000mm$ 的轴流风机。叶片材质有钢板、合金铝和玻璃钢三种。风机的运转正常与否,直接关系到冷却塔出水温度的高低。

(1) 防腐蚀保养　金属叶片腐蚀严重。为了减缓腐蚀,停机后应立即将叶轮拆下,彻底清除腐蚀物,并做静平衡校验后,均匀涂刷防锈漆和酚醛漆各1道。实践证明,在叶片上涂刷一层0.2mm厚的环氧树脂,其防腐性能很强,一般可维持2~3年。检修后将叶轮装回原位,以防变形。

(2) 防变形保养　停机期间,大直径的玻璃钢叶片容易变形,冬雪堆积叶片变形尤为严重。解决方法是:停机后马上把叶片旋转90°,使叶片垂直于地面。如叶片拆下分解保存,应分成单片平放,两点或多点支承,不可堆置。

2. 减速器润滑油的检查与更换

减速器用润滑油多为HJ30或HJ40机械油,长期使用会使油中混入水分、脏物,使油泵输油管堵塞、油量减少,导致运转部件很快磨损。润滑油质量应每年检查一次,其方法是:用玻璃量杯取100mL油和标准样品油对比。目测:污染的润滑油颜色较深;手拈:污染油比标准样品油黏度小;然后观察量杯底部如有沉淀物,说明应当更换新油。

换油时须用汽油将减速箱内部清洗干净。换油后将上盖和轴承盖密封好。

3. 风机叶轮静平衡校验

由于风机叶轮较大,当不平衡时对减速器产生的破坏力和噪声都较大,因此,每年应做一次静平衡校验。

4. 喷淋管的清洁和防腐蚀

多数空调用制冷机,每年夏季运转3~6个月,停用时间比运转时间长。输水管道停用期间的腐蚀比运行中的腐蚀大,而停车期间在管道中产生的大量锈皮,次年开车运行时被冲到冷却塔内干管和支管末端,造成通水截面减少和喷嘴堵塞,致使制冷机冷却水量不足而无法稳定运转。为此,制冷机系统试运行前,先将冷却塔喷嘴拆下,对管道系统冲刷2~4h,由于冲洗水压和流速较高,管道系统的锈皮和杂物便从管道末端排出。如在喷淋干管和支管末端加上盲板,清洗时按需要拆装更为方便。

喷淋主干管和支管处于湿热条件下运行,因而腐蚀严重。每年停用后应立即除锈刷漆,尤其对装配喷嘴的螺纹头,可采用永明漆涂刷,不可用油脂,以防油脂污染冷却水。如忽视螺纹头防腐,少则一年,多则数年,螺纹便会锈损喷嘴致使难以装配牢固,在运行期间,喷嘴脱落,水柱倾泻而下,会把填料砸成碎片并进入冷却水中。

5. 喷嘴的检修

冷却循环水大都经过沉淀和过滤,但仍有杂物、锈皮和纤维粉尘落入循环水池中而造成喷嘴堵塞。另外,喷嘴结垢也会降低喷水量,为了保证冷却塔热工性能,每年都应对喷嘴进

行拆洗整修一次。清洗的具体方法如下:

(1) 手工清洗 将喷嘴拆开,把卡在喷嘴芯里的杂物取出,然后再组装成套,注意不要损伤螺纹,不要用力敲砸,以免损坏。

(2) 化学清洗 将喷嘴浸入质量分数为20%～30%的硫酸水溶液中,浸泡60min,水垢或泥垢即可全部清除。然后再用清水冲洗2次,直到清洗水呈中性(pH=7)时为止,以防冷却水经喷嘴带酸而加剧制冷机传热管的腐蚀。

酸洗废液不可直接向地沟排放,应向酸液中加添碳酸钠进行中和,使其接近中性(pH=6.5～7.5)时再排放。

九、制冷机房的维护与管理

1. 制冷机房的管理内容及要求

制冷机房的管理主要是对安装在其中的制冷设备的管理和维护,制冷机房的管理目的是保证制冷设备的安全运行,制冷机房管理的关键是监控系统的运行状态,一旦系统发生故障,能及时采取相应的措施并发出信号,以保证系统安全运行。

对制冷机房中的设备要有可靠的维护保养措施,设备的维护保养主要包括以下几个方面:

(1) **做好设备润滑** 设备润滑要做到定人、定点、定质、定量、定时和三级过滤(油桶、油壶、加油点)。所有滤网要符合下列规定:冷冻机油、机械油等所用滤网,一级过滤为60目,二级过滤为80目,三级过滤为100目;汽缸油、齿轮油所用滤网,一级为40目,二级为60目,三级为80目。

要经常检查滤网、油位、油温、油压、油泵注油量,发现异常应及时处理;经常检查润滑部位,如轴承温度、声音是否正常;常用阀门丝杠和螺母之间,要定期注油润滑,不常用的阀门丝杠、螺母处,要用油封死;润滑油器具要经常检查,定期清洗或更换。

(2) **做好对机房设备的巡回检查工作** 日常巡回检查内容包括:检查有关部位的压力、温度、液位;检查传动带、链条的紧固情况和平稳度;检查紧固螺栓是否松动,设备运行中有无异常震动和杂音;检查控制计量仪表与调节器的工作情况;检查冷却系统工程情况;检查安全阀、制动器及事故报警装置是否良好;检查安全保护罩及栏杆是否良好;检查各密封点有无泄漏等。

(3) **做到文明生产** 操作人员必须对所负责设备、管道、仪表及岗位环境进行认真清扫,搞好卫生,做到无油污、无积灰、轴见光、沟见底、设备见本色;防腐保温层要保持完整,及时消除跑、冒、滴、漏。

每个班次都应认真填写运行记录,做好设备的交接班工作。

2. 检查设备故障的基本方法

一看:看压缩机吸、排气压力是否正常,看蒸发器和吸气管挂霜情况和降温速度,看油压大小是否正常,压差继电器、温度继电器、压力继电器的调定值是否符合规定要求,看水泵压力显示是否正常,管道有无断裂,接头是否渗漏,看电路电压表、电流表读数是否正常等。

二听:听操作人员介绍,听设备运转时的各种声音。

三嗅:嗅设备周围有无异常刺激性气味,或烧焦的塑料、胶木、油漆的气味。

四摸:摸压缩机运行时各部位的温度,比较冷热变化的情况。冷却塔不用时,需排净塔内存水。

【复习思考题】

1. 空气的状态用哪些参数来描述?人体的舒适感与空气的哪些参数有关?

2. 空气的湿度有哪些表示方法?
3. 空气调节的任务是什么?空调系统对空气有哪些基本的处理?
4. 空气调节系统由哪些子系统组成?它们有什么作用?
5. 按设备的设置情况来划分,空气调节系统有哪些类型?
6. 空调系统的运行程序是什么?
7. 空调系统为什么要清尘?如何清尘?
8. 制冷机的启动程序是什么?
9. 风机盘管的局部运行调节有哪些方法?
10. 对空调加湿的方法有哪些?
11. 制冷运行时需巡回检查哪些参数?
12. 空调制冷有哪两种基本方式?
13. 空调机组的维护有哪些内容?
14. 空调系统的管理有哪些内容?

第七章 建筑强电系统

【学习目标】

通过学习，掌握电路的组成及相关的基本物理量的意义及其单位符号，了解正弦交流电三要素的定义，掌握单相和三相负载的连接方法，了解电力变压器的组成和工作原理以及理解电动机的结构和调速方法。掌握建筑供配电设备的维护和管理要求。

【本章要点】

本节主要介绍电工的基本知识，包括电路的结构、电流、电压等基本物理量，交流电的基础知识，电力变压器工作原理，电动机的种类以及调速方式等

第一节 电工学基本知识

一、电路基本知识

1. 电路和电路图

电路就是电流所流经的路径。不论电路的结构如何复杂，但就其作用来说，一个完整的电路由电源、负载、开关和保护装置及连接导线4部分组成，如图7-1所示。

(1) 电源 电源是一种将非电能转化为电能的装置，常用的电源有干电池、蓄电池和发电机等，它们分别将化学能和机械能转化为电能。

(2) 负载 即用电设备，它是消耗电能的装置，其作用是将电能转化为其他形式的能量（如机械能、热能、光能等）。负载的大小是以在单位时间内耗电量的多少来衡量的。

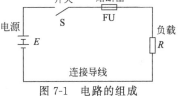

图7-1 电路的组成

(3) 开关 开关是接通或断开电路的控制元件。

(4) 保护装置 保护装置是对电路起到保护作用的元件，如设备的短路保护、断路保护、漏电保护等保护元件。

(5) 连接导线 连接导线是把电源、负载及开关等设备连接起来，组成一个闭合的回路，起传输和分配电能的作用。

2. 电路的基本物理量

(1) 电流 电流是电路中一个具有大小和方向的基本物理量，其定义为在单位时间内通过导体截面的电能量或电荷量。电流的大小即电流的强度，简称电流，其单位为安培（A）。直流电流用大写字母 I 表示，交流电流用小写字母 i 表示。

(2) 电压 电场中两电位的差值叫两点间的电压或电压降，是电路中具有大小和方向的物理量，其单位为伏特（V）。直流电压用大写字母 U 表示，交流电压用小写字母 u 表示。

(3) 电功率 电流在单位时间内电路中产生或者消耗的电能，称为电功率，简称功率，用 P 表示，单位为瓦特（W），其表达式为

$$P=UI \qquad (7-1)$$

在实际工作中，电器设备用电量的常用单位是千瓦时（kW·h）。一千瓦时就是常说的

一度电，它表示功率为1kW的用电设备在1h内所消耗的电能。电能的大小用电度表测量。

例 7-1 一台29英寸的彩色电视机的功率为183W，平均每天开机2h，则一个月（30天）消耗多少度电？

解：$W=Pt=183\times10^{-3}\times2\times30=10.98$（kW·h）=10.98度

（4）电阻 电阻就是反映导体对电流起阻碍作用大小的一个物理量，用 R 表示，单位 Ω（欧姆）。

导体的电阻是客观存在的，即使没有外加电压，导体仍然有电阻。

3. 电路的工作状态

（1）开路状态 当电路的开关断开时，称为开路。其特征是电路中没有电流通过，负载没有消耗电能，电源也没有输出电能。

（2）短路状态 短路是电源未经负载而直接由导体构成闭合的回路。短路电流通常要超过正常工作电流的十几倍到几十倍，产生了电弧，使电气设备过热，绝缘受到损坏，甚至毁坏电气设备。

（3）额定工作状态 各种电气设备的电压、电流及功率等都有其额定值。额定值是电气产品的使用规定，电路中的各种电气设备在满足额定条件下，电路处于正常工作状态。

二、交流电

交流电在日常的生产和生活中应用极为广泛，当有的地方需要直流电时，也是通过整流设备把交流电变换成直流电的。大多数的电气设备，如电动机、照明器具、家用电器都使用交流电。

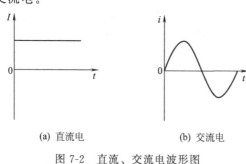

图 7-2 直流、交流电波形图

1. 正弦交流电

直流电和交流电的根本区别是：直流电的方向不随时间的变化而变化，如图 7-2（a）所示；交流电的方向则随着时间的变化而变化，如图 7-2（b）所示。实际电力网中用的是按正弦规律变化的交流电。

交流电有极为广泛的用途，在现代工农业生产中几乎所有的电能都是以交流形式产生出来的，即使电动机车运输、电镀、电信等行业需要直流电，也大多是经过交流电整流获得。这不仅因为交流电动机比直流电动机简单、成本低、工作可靠，更重要的是可用变压器来改变交流电电压的大小，便于远距离输电和向用户提供各种不同等级的电压。

正弦交流电电流瞬时值可以用式（7-2）表达：

$$i_{瞬}=I_{m}\sin(\omega t+\phi) \qquad (7-2)$$

（1）正弦交流电的基本物理量

① 最大值 在交流电流或交流电压不断变化的过程中，它在正、反方向数值达到的最高点被为交流电的最大值。最大值用大写字母加下标 m 表示，如 E_m、I_m 或 U_m。

② 周期、频率 交流电流是不断重复变化的，每重复一次所需的时间称为周期，用 T 表示，单位为 s（秒）。交流电流的瞬时值每秒重复的次数称为频率，用 f 表示，单位是 Hz（赫兹）。我国的电力供电的频率称为"工频"。工频标准是 50Hz，其周期为 0.02s。其他国家有用 60Hz 的。

③ 相位、初相角 当发电机两个线圈在同一磁极中，以同一角频率 ωt 旋转时，它们的 e、u、i 都是按正弦规律变化的，但在某一时刻，两个线圈的位置不同，与中性线的夹角 ϕ 不同，所以瞬时的 e、u、i 也不同。图 7-3 是两个正弦交流电 e_1、e_2 的波形图。

图中可见正弦量在相位上相差90°。正弦量在$t=0$时刻的相位叫初相位或初相角,表示了正弦量初始值的大小。

(2)交流电的有效值 在一个电阻中,分别通以直流电和交流电,如果经过一个交流周期的时间,它们在电阻上产生的热量是相等的,则把直流电的大小作为交流电的有效值,用U、I分别表示正弦交流电电压和电流的有效值。

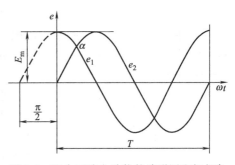

图7-3 两个正弦电动势的波形图和初相角

$$U = U_m / \sqrt{2} = 0.707 U_m \quad (7\text{-}3)$$

$$I = I_m / \sqrt{2} = 0.707 I_m \quad (7\text{-}4)$$

若无特殊说明,交流电的大小总是用有效值表示,一般交流电表测出的数值都是有效值,灯泡、电器、仪表上所标注的交流电压、电流数值也都是有效值。

在正弦交流电中,最大值反映了正弦量的变化范围,角频率反映了正弦量的变化快慢,初相角反映了正弦量的起始状态,因此,被称为交流电的三要素。

2. 三相交流电

目前,电能的生产、输送和分配几乎全部采用三相交流电。其原因在于,一方面在输送电能过程中可以节省输电线的材料;另一方面,三相电动机与直流和单相电动机比较其结构简单,价格低廉,性能良好而且工作可靠。

三相交流电是大小相等、频率相同、相位彼此相差120°的三个电动势,如图7-4所示。

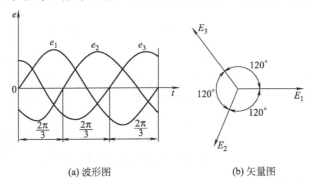

(a) 波形图　　　　　　(b) 矢量图

图7-4 对称三相交流电的波形图和矢量图

目前低压系统中多数采用三相四线制的供电方式,如图7-5所示。

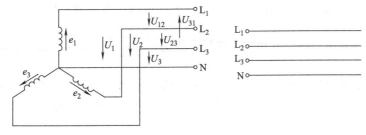

图7-5 三相四线制电路

三相四线制是把发电机的三个线圈的末端连接在一起,成为一个公共端点(称中性点),用符号"N"表示。由中性点引出的输电线称为中性线,简称中线。中线通常与大地相连,接地的中性点称为零点,接地的中性线称为零线。从三个线圈的始端引出的输电线称为端线或相线,俗称火线。

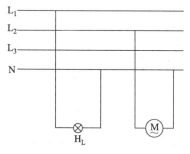

图 7-6 单相负载与三相电源的连接方法

三相四线制可输送两种电压：一种是端线与端线之间的电压，称为线电压 $U_{线}$；另一种是端线与中线间的电压，称为相电压 $U_{相}$，线电压和相电压间的关系是：

$$U_{线}=\sqrt{3}U_{相} \tag{7-5}$$

线电压在相位上总是超前与之相对应的相电压 30°。

使用交流电的负载种类很多，属于单相负载的有白炽灯、日光灯、小功率电热器以及单相感应电动机等。此类单相负载是连接在三相电源的任意一根相线和零线上工作的，其连接方式如图 7-6 所示。

三相负载可以由单相负载组成，也可以由单个三相负载构成。通常，各相负载相同的三相负载称为对称三相负载，如三相电动机、大功率三相电炉等。如果各相负载不同，则称为不对称三相负载，如三相照明电路中的负载。

使用任何电气设备，均要求负载所承受的电压等于它的额定电压，所以负载要采用一定的连接方式，以满足负载对电压的要求。

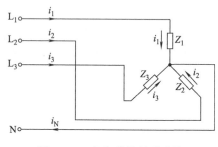

图 7-7 三相负载的星形连接

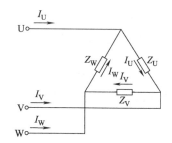

图 7-8 三相负载的三角形连接

把三相负载分别接在三相电源的一根相线和中线之间的接法称为三相负载的星形连接，简称"Y"形连接，图 7-7 所示为三相负载的星形连接，其中电源线 L_1、L_2、L_3 为三根相线，N 为中线，Z_1、Z_2、Z_3 为各相负载的阻抗值。

通过各相负载的电流称为负载的相电流，负载两端的电压称为负载的相电压。负载的相电压就等于电源的相电压，三相负载的线电压就是电源的线电压。负载的相电压 $U_{Y相}$ 和负载的线电压 $U_{Y线}$ 的关系是：

$$U_{Y线}=\sqrt{3}U_{Y相} \tag{7-6}$$

星形负载接上电源后就有电流产生，流过每相负载的电流称为相电流，记为 $I_{相}$，流过相线的电流称为线电流，记为 $I_{线}$，由图 7-7 可知线电流的大小等于相电流，即

$$I_{相}=I_{线} \tag{7-7}$$

由于中线为三相电路的公共回线，所以中线电流为三个电流的矢量和，即

$$I=I_{L_1}+I_{L_2}+I_{L_3} \tag{7-8}$$

如三相对称负载星形连接时中线电流为零，因而取消中线也不会影响三相电路的工作，所以三相四线制实际变成三相三线制。通常在高压输电时，由于三相负载都是对称的三相变压器，所以都采用三相三线制。

把三相负载分别接在三相电源每两根相线之间的方法称为三角形连接简称"△"形连接，如图 7-8 所示。在三角形连接中，由于各相负载是接在两根相线之间的，因此，负载的相电压就是电源的线电压，即

$$U_{△相}=U_{△线} \tag{7-9}$$

各相负载对称的情况下，线电流为相电流的 $\sqrt{3}$ 倍，即

$$I_{线} = \sqrt{3} I_{相} \tag{7-10}$$

三相对称负载采用三角形连接时,相电压是采用星形连接时的相电压的$\sqrt{3}$倍。因此,三相负载接到电源中,是采用三角形连接还是星形连接,要根据负载的额定电压而定。

三、电力变压器

供配电系统中使用的变压器称为电力变压器。它利用电磁感应原理,把输入的交流电压升高或降低为同一频率的交流输出电压。电力变压器的种类很多,常见的传统变压器是油浸变压器,新型的变压器有环氧树脂变压器和β液变压器等。

1. 三相油浸式电力变压器的结构

三相油浸式电力变压器主要由铁芯和套在铁芯上的绕组所组成,如图7-9所示。为了改善散热条件,大、中容量的变压器的铁芯和绕组浸入盛满变压器油的封闭油箱(即油浸式变压器的外壳)中,各绕组对外线路的连接则经绝缘套管引出。为了使变压器安全、可靠地运行,还设有储油柜、安全气道和气体继电器等附件。

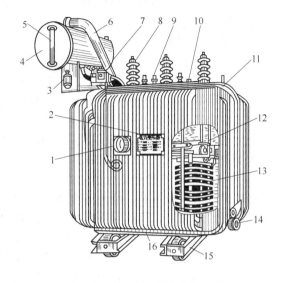

图7-9 三相油浸式电力变压器
1—信号温度计;2—铭牌;3—吸湿器;4—油枕(储油柜);5—油标;6—防爆管;7—气体继电器;8—高压套管;9—低压套管;10—分接开关;11—油箱;12—铁芯;13—绕组及绝缘;14—放油阀;15—小车;16—接地端子

(1) 储油柜 又称油枕,是一个圆筒装在油箱上,用管道与变压器的油箱接通。变压器油充满到储油柜的1/2,可以隔绝油箱内部和外界空气,避免潮气入侵。储油柜上部的空气通过存放变色硅胶等干燥剂的呼吸器和外界相通。在储油柜底设有沉积器,用于沉积侵入储油柜中的水分和其他杂质。储油柜的油面高低,可以通过油标进行观察。

(2) 安全气道 又称防爆管,装在油箱顶盖上,是一个长钢筒,上端装有厚玻璃板或酚醛纸板(防爆膜)。当变压器内部因故障而产生大量气体时,变压器油和气体将冲破防爆膜释放出来,能够避免油箱爆裂。

(3) 气体继电器 俗称瓦斯继电器。在油浸式电力变压器的油箱发生短路时,用于绝缘的变压器油和其他绝缘材料将因受热而分解出气体,利用气体继电器可及时发现这种内部故障。目前,多采用FJ3-80浮子式气体继电器(图7-10),其工作原理如下:

变压器在正常运行时,上油杯3和下油杯7均浸在油内,受到浮力作用。由于平衡锤的作用,油杯始终向上倾斜。当变压器内部发生轻微故障时,产生的气体聚集在继电器的上部,使继电器内油面下降,上浮子的油杯逐渐露出油面,浮力逐渐减小,上油杯3带动永久磁铁4开始下降,使上部动、静触点闭合,发出报警信号。当变压器内部故障严重,产生大量气体或油强烈冲击挡板14时,下油杯7立即向下转动,使下部的动、静触点迅速闭合,使开关迅速跳闸。

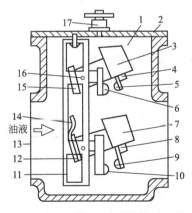

图7-10 FJ3-80浮子式气体继电器
1—容器;2—盖板;3—上油杯;4,8—永久磁铁;5—上动触点;6—下静触点;7—下油杯;9—下动触点;10—下静触点;11—支架;12—下油杯平衡锤;13—下油杯转轴;14—挡板;15—上油杯平衡锤;16—上油杯转轴;17—放气阀

(4) 分接开关 变压器运行时，其输出电压会随输入电压的高低、负载电流的大小及性质有所变动。为使变压器的输出电压在允许的范围内波动，其原边电压要求在一定的范围内可调，所以原绕组都设有分接头，俗称抽头。分接头靠近高压绕组星形连接的中点处，每相有3个，中间一个称为额定分接头，对应额定电压，左右两个分接头，分别起在额定电压上下调节5%的作用。

2. 新型变压器简介

(1) 环氧树脂干式变压器 环氧树脂干式变压器的高、低压绕组各自用环氧树脂浇注，并同轴套在铁芯柱上。高、低压绕组间有冷却气道，用于绕组散热。三相绕组的连线也由环氧树脂浇注而成，其所有带电部分都不暴露在外面，因而具有防火、防潮、防尘和低损耗、低噪声、占地小等优点。价格较同容量的油浸式电力变压器贵，但其绝缘性能更好，使用维护简便，能深入负荷中心，可供交流50Hz、60Hz变配电系统配电用，特别适用于高层建筑物、大型商场、旅馆、影剧院、医院、生活小区、车站、码头及厂矿企业等户内使用。

① 干式变压器的安全运行 干式变压器的安全运行和使用寿命，很大程度上取决于变压器绕组绝缘的安全可靠。绕组温度超过绝缘耐受温度使绝缘破坏，是导致变压器不能正常工作的主要原因之一，因此对变压器的运行温度的监测及其报警控制是十分重要的，在此，以TTC-300系列温控系统为例简要介绍如下。

a. 风机自动控制。通过预埋在低压绕组最热处的PT100热敏电阻测取温度信号。变压器负荷增大，运行温度上升，当绕组温度达110℃时，系统自动启动风机冷却；当绕组温度低至90℃时，系统自动停止风机。

b. 超温报警、跳闸。通过预埋在低压绕组中的PTC非线性热敏测温电阻采集绕组或铁芯温度信号。当变压器绕组温度继续升高达到155℃时，系统输出超温报警信号；若温度继续上升达170℃，变压器已不能继续运行，须向二次保护回路输送超温跳闸信号，应使变压器迅速跳闸。

c. 温度显示系统。通过预埋在低压绕组中的PT100热敏电阻测取温度变化值，直接显示各相绕组温度（三相巡检及最大值显示，并可记录历史最高温度），可将最高温度以4～20mA模拟量输出，若需传输至远方（距离可达1200m）计算机，可加配计算机接口，1只变送器最多可同时监测31台变压器。系统的超温报警、跳闸也可由PT100热敏电阻信号动作，进一步提高温控保护系统的可靠性。

② 干式变压器的防护 根据使用环境特征及防护要求，干式变压器可选择不同的外壳。通常选用IP20防护外壳，可防止直径大于12mm的固体异物及鼠、蛇、猫、雀等小动物进入而造成短路、停电等恶性故障，为带电部分提供安全屏障。若需将变压器安装在户外，则可选用IP23防护外壳，除上述IP23防护功能外，更可防止与垂直线成60°以内的水滴入。但IP23外壳会使变压器冷却能力下降，选用时要注意其运行容量的降低。

③ 干式变压器的冷却与过载 干式变压器冷却方式分为自然空气冷却（AN）和强迫空气冷却（AF）。自然空冷时，变压器可在额定容量下长期连续运行。强迫风冷时，变压器输出容量可提高50%，适用于断续过载运行或应急事故过载运行；由于过载时负载损耗和阻抗电压增幅较大，处于非经济运行状态，故不应使其处于长时间连续过载运行。

干式变压器的过载能力与环境温度、过载前的负载情况（起始负载）、变压器的绝缘散热情况和发热时间常数等有关，若有需要，可向生产厂索取干式变压器的过载曲线。

充分利用干式变压器的过载能力，具有很大的经济价值，对以供夜间照明等为主的居民区、文化娱乐设施以及空调和白天照明为主的商场等，可充分利用其过载能力，适当减小变压器容量，使其主运行时间处于满载或短时过载。但变压器处于过载运行时，一定要注意监测其运行温度：若温度上升达155℃（有报警发出）即应采取减载措施（减去某些次要负载），以确保对主要负载的安全供电。

（2）β液变压器　β液变压器以空气作为冷却介质，以固体树脂作为绝缘介质，不燃、不爆、无排放、无污染、免维修，可在空气相对湿度100%环境下安全工作，特别适合在负荷中心及人流密集和安全性能要求高的场所使用。

β液变压器在使用过程中不需要维护，因为它是全密封变压器。一方面，液体和空气不接触；另一方面，β液变压器所能达到的温度远远低于其许可温度，所以基本上不老化，变压器在使用寿命期内不需化验，加上耐高温绝缘系统的使用，使得变压器更可靠，基本上不用维护。另外，β液变压器采用耐高温绝缘系统，它满载工作时，线圈和β液的温度都低于其许可温度，即使短路过载也不会损伤其寿命。

四、电动机

在物业设备设施的运转过程中，电动机是最主要的驱动动力源，动力供电就是给各种电动机（其中主要是三相异步电动机）供电。

1. 电动机的用途和分类

电动机是把电能转换成机械能的动力设备。一般，电动机按所用电流的性质不同，分为直流电动机和交流电动机两大类。交流电动机按使用电源的相数可分为单相电动机和三相电动机两种，而三相电动机又可分为同步式和异步式两种。异步电动机按转子结构不同有笼型和绕线型两种。

异步电动机具有构造简单、价格便宜、工作可靠、坚固耐用、使用和维护方便，并且可以直接使用交流电源等优点，所以应用广泛。

2. 异步电动机的基本结构

异步电动机又叫感应电动机，是利用电磁感应原理制成。主要由定子和转子两个部分组成，如图7-11所示。

(a) 外形　　　　　　　(b) 定子　　　　　　　(c) 转子

图7-11　三相异步电动机外形与结构

（1）定子　电动机的定子部分包括机座、定子铁芯和定子绕组。机座通常用铸铁或铸钢制成，铁芯用硅钢片叠成圆筒形，铁芯的内圆上有若干分布均匀的平行槽，槽内安装定子绕组。定子绕组是电动机的电路部分，三相电动机的定子绕组由三相对称的绕组组成。三相绕组的各相绕组彼此独立，按互差120°嵌放在定子槽内，各绕组始末端分别为U1、U2，V1、V2，W1、W2，从机座上的接线盒中引出。根据要求将三相定子绕组接成星形（"Y"形）或三角形（"△"形），具体接线方式如图7-12所示。

电动机如果接成星形，则每相绕组承受电压是电源的相电压，如果接成三角形，则每相绕组承受电压是电源的线电压。具体是星形连接还是三角形连接应考虑电动机的额定电压值，例如，电动机额定电压是220V，则应采用星形连接；如额定电压是380V，则应采用三角形

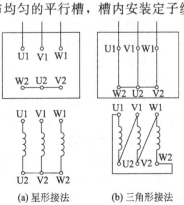

(a) 星形接法　　(b) 三角形接法

图7-12　接线方式

连接。

(2) 转子 异步电动机的转子由转子铁芯、转子绕组和转轴等部分组成。转子铁芯也由硅钢片叠成，并固定在转轴上。转子的外圆周上也有若干分布均匀的平行槽，用于安置转子绕组。

转子绕组根据其结构可分为鼠笼式和绕线式两种。

① 鼠笼式转子通常有两种，中小型异步电动机的鼠笼式转子一般为铸铝转子，即把熔化了的铝直接铸在转子铁芯槽内成为一个整体，连同两端的端环及风扇叶一起铸成，风扇叶在电动机运行时搅动机内空气利于散热。另一种结构是在转子槽内放置铜条，铜条两端分别焊接在两端端环上，形似鼠笼，所以称为笼型转子。这种电动机称为笼型电动机。

② 绕线式转子是在平行槽内嵌入对称的三相绕组，并把它接成星形，即其末端接在一起，首端分别接在转轴上的三个彼此绝缘的滑环上，经电刷与外电路连接，这种电动机称为绕线式电动机。

3. 三相异步电动机的调速方法

(1) 三相异步电动机变极调速 变极调速方法以改变三相异步电动机定子的磁极对数使电动机转速得到调节。这种方法不能平滑调速，转速是间断的、分级的，现有双速、三速、四速等多种变极调速电动机。变极调速的优点是所需设备简单，其缺点是电动机绕组引出线较多，调速级数少。

(2) 三相异步电动机变压调速 变压调速方法以改变三相异步电动机定子绕组的输入电压达到调节电动机的转速，是一种无级的、连续的调速方法，即电动机的速度可按要求的规律连续变化。其缺点是调速时效率较低，如使用晶闸管调压，还会引起主电路三相电压波形严重畸变，不仅影响供电质量，还会造成电动机严重发热。

(3) 三相异步电动机变频变压调速系统 变频调速的方法是通过改变异步电动机的电源频率来改变电动机的转速。电源的频率提高，电动机转速加快，反之减慢。由于电源频率的变化会引起电动机主磁通变化，使电动机的运行特性变坏，因此，在变频的同时还必须调节电压，以保持电动机的最大转矩不变。这就是变频变压调速。

常用的交-直-交电压源型变频器的工作过程是：首先由整流设备把交流电变成直流电，再由逆变器将直流电变为交流电供给电动机，在逆变的过程中同时调制输出电压的幅值和频率。

由于变频变压调速在调速范围、控制精度、动态特性等方面具有良好的运行质量和控制特性，因此已获得广泛的应用。

第二节 供配电系统

一、供配电系统概述

目前我国采用的电压有 220V、110V、35V、10V、6V 和 0.4kV。超过 1kV 的叫高压，1kV 以下的叫低压。电力的生产与输配系统见图 7-13。建筑电气工程是指电源进户装置之后的高压配电、变压器、低压配电、照明等。高压供电是高压配电及变压器部分的电气工程。变压器之后为低压配电工程，即对电压为 380V/220V 的动力用电和生活及照明用电的输配电工程，其运行操作和维护管理属于物业管理工作范围。

二、供配电线路

物业供配电的电力线路包括架空线路、电缆线路和室内配电线路。

架空线路是用电杆将导线悬空架设，直接向用户供电的电力线路，分为高压（3～10kV）和低压（<1kV）两种。在物业供电区域外的电源引入线路及部分物业供电区域内（如一般工厂）被广泛应用。架空线路的投资较小，容易施工和维护，但占地，有碍观瞻且

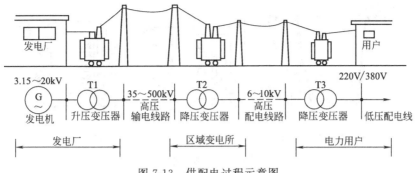

图 7-13 供配电过程示意图

安全性、可靠性低。电缆线路则是将电力电缆埋设在地面以下向各用电户供电,与架空线路的优缺点正好相反,广泛用于小区配电。

1. 电缆线路

(1) 电缆的种类和电缆敷设　电缆的种类很多,在供配电系统中,常用的有两类:电力电缆和控制电缆。电力电缆用于输送和分配电能。按其所采用的绝缘材料可分为油浸纸绝缘电力电缆、橡胶绝缘电力电缆和塑料绝缘电力电缆3大类。最常用的有:低压聚氯乙烯绝缘电缆、聚氯乙烯护套电缆、高压交联聚乙烯绝缘电缆。在1kV及以下电压的电力系统中,主要使用交联聚氯乙烯绝缘电力电缆。在规模不大的小区,也常使用橡胶绝缘电力电缆。大型高层建筑一般采用10kV高压交联聚乙烯绝缘电缆引入电源。小区配电系统多为三相四线制,此时选用四芯电缆。常用的交联聚乙烯绝缘电力电缆的结构如图7-14所示。

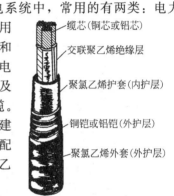

图 7-14　交联聚乙烯绝缘电力电缆结构

电缆敷设的基本方式有直接埋地敷设(直埋)以及电缆沟、隧道、桥架、排管、架空敷设等。室内电缆一般明敷,但如果电缆数量较多或比较集中,如工厂配电所、车间、科研院所或大型商厦,则采用电缆桥架敷设。

室外电缆主要采取直埋和电缆沟敷设,当沿同一路径敷设的室外电缆根数为8根及以下时,电缆宜直埋;同一路径的电缆根数为8根以上,18根以下时则采用电缆沟敷设,如图7-15所示。

(2) 电缆线路的维护

① 巡查工作　电缆线路一般敷设在地面下,维护管理人员必须清楚电缆的敷设情况。电缆线路的事故多半是由外界引起的机械损伤,因此巡查和保护工作就显得十分重要。巡查的具体内容有:

a. 电缆头的套管应完整、清洁,无裂纹和闪烁放电现象。终端头内绝缘胶应无软化、塌陷现象,无渗漏油。其他部位的接头应牢固,无发热现象。

b. 线路保护、遮掩、指示标志完好。

c. 注意电缆的钢管、铠装等金属附件有无锈蚀,有无小动物咬伤痕迹。

② 故障处理　电力电缆发生故障,主要是因为遭受外力机械损伤引发短路或断路故障。解决方法是在电缆被损伤处切断,安装中间接头盒连接两端电缆。如果电缆中间接头或终端头密封不严造成受潮、进水时,需割除受潮部分,重新安装中间接头盒和终端头。

2. 配电系统

配电系统由配电装置(配电箱)及配电线路(干线及支线)组成,如图7-16所示。一

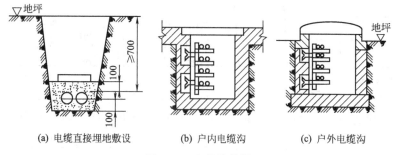

图 7-15 电缆的敷设
(a) 电缆直接埋地敷设　(b) 户内电缆沟　(c) 户外电缆沟

组用电设备接入一条支路,若干条线接入一条干线,若干条干线接入一条总进户线。汇集支线接入干线的配电装置称为分配电箱,汇集干线接入总进户线的配电装置称为总配电箱。分配电箱与总配电箱的连接方式称为配电方式。

(1) 配电的基本方式　配电的基本方式如图 7-17 所示。

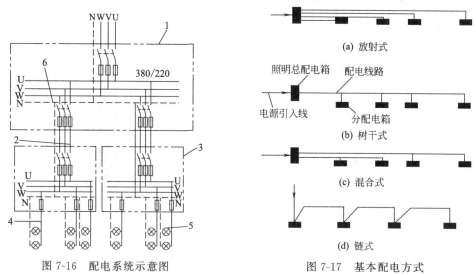

图 7-16 配电系统示意图
1—总配电装置(总配电箱);2—干线;
3—分配电箱;4—支线;5—电灯;6—母线

图 7-17 基本配电方式

① 放射式　各负荷独立受电,当线路发生故障时,影响范围小,使配电系统的可靠性高。但由于投资较大,放射式配电主要用于重要负荷。

② 树干式　造价最低,但发生故障时影响面大,一般不单独采用。

③ 混合式　介于放射式和树干式之间,兼具两者特点,应用最为广泛。

④ 链式　适用于距离配电所较远,彼此相距较近且不重要的小容量设备。设备一般不大于 4 台,总容量不超过 10kW,其中最大者不超过 5kW。

⑤ 变压器干线式　这种配电系统具有树干式系统的优点,接线简单,能大量减少低压配电设备,是小型变电所最为常用的形式,其母线上引出的分支回路数一般不超过 10。但这种配电方式对于启动频繁、容量较大的冲击负荷或对电压质量要求严格的场合,不宜采用。

(2) 典型的照明配电系统　在多层公共建筑(如写字楼、教学楼),进户线直接进入大楼的传达室或配电间的总配电箱,由总配电箱采用干管立线管方式向各层分配电箱馈电,再经分配电箱引出支线向各房间的照明器和用电设备供电。

在住宅中,多以每一层楼梯间作为一个供电单元,进户线引至总配电箱,再由干线引至各单元的分配电箱。各单元的分配电箱则采用树干式或放射式向各层用户的分配电箱馈电。

图7-18示出了高层楼宇照明配电的4种常用方案。其中图（a）～图（c）所示为混合式，先按每2～6层（也可与水暖系统的分区相同）将系统分为若干用电区，每路干线向一个用电区配电。而图（d）所示采用大树干式配电方式，能够减少低压配电屏的数量，简化维护管理工作，特别适合楼层数量多、负荷大的高层建筑。

供紧急情况下人员疏散的应急照明，其供电方式为：建筑物内有2台及以上变压器时，正常照明的供电干线分别接自不同的变压器，如图7-18（a）所示；当仅有一台变压器时，应急照明与正常照明的供电干线自变压器的低压配电屏上或母干线上分开，如图7-18（b）所示；建筑物内无变压器时，应急照明应与正常照明在引入接户线后分开，并不与正常照明共用一个总开关。

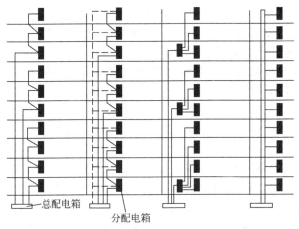

(a) 分区树干式配电系统　(b) 分区树干式配电系统　(c) 分区树干式配电系统　(d) 大树干配电方式配电系统

图7-18　高层楼宇的照明配电系统

当疏散应急照明采用带有蓄电池的应急照明灯时，正常供电电源可接自本层（本区）的分配电的专用回路上，或接引自本层（本区）的防灾专用配电箱，如图7-19所示。

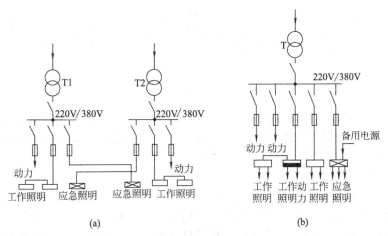

图7-19　应急照明配电系统

应急照明作为正常照明的一部分同时使用时，两者的供电线路及控制开关分开装设；应急照明仅在紧急情况下使用的，当发生故障正常照明熄灭时，应急照明电源自动投入。但在有专人值班的地方，也可采用手动切换。

在应急照明的范围很小时，可用成套应急照明灯具，目前常用镉镍电池应急照明灯具。

(3) 室内配电线路

① 室内配电线路设计和敷设的基本要求　住宅配电电压应采用 220V/380V 系统，每套住宅的配电电压应为 220V。每栋住宅（或每个单元）的总电源进线断路器应具有漏电保护功能。住宅配电线路应采用符合安全和防火要求的敷设方式配线，即采用铜芯绝缘导线穿保护管暗敷或在竖井、线槽内敷设，引至各户电能表。自电能表至各住户配电箱的导线截面不应小于 10mm²，自住户配电箱引出的分支回路导线截面（铜芯）不应小于 25mm²（建议选用：空调回路 4～6mm²，插座回路 4mm²，照明干线 2.5～4mm²，照明支线 1.5～25mm²）。

每套住宅宜设置嵌墙式住户配电箱，应设有能同时断开相线和中线的总断路器或总开关，而且具有明显的闭合和断开标志，采用自动空气开关作为线路短路和过载保护装置。实施接零保护时，必须采用专用保护线（PE 线，黄绿双色），严禁将三极插座的上孔（PE 线）与左孔（零线）直连或破皮连接。

② 配电线路的检查与故障处理　对室内配电线路视情况每周或每月进行一次巡查，主要是沿线巡视，查看线路有无明显问题，如导线破皮、相碰、断线、烧焦、放电等。尤其在气候突变或节假日期间要适当增加巡查次数，对容易受到外界机械损伤的部位要设置保护措施，并结合电气设备定期的检修，对线路上的接头进行重点检查。

三、变配电室

物业小区供配电系统是指从高压电网引入电源，到各用户的所有电气设备、配电线路的组合。变配电所（室）是小区供配电系统的枢纽，它担负着接受电能、变换电压、分配电能的任务。典型的小区变配电系统如图 7-20 所示。其中高压配电所的任务是从电网接受高压电能，经高压配电装置和高压配电线路，分送给各变电所；变电所的任务则是将高压电变成低压电后向用户分配电能。较少单独建造高压配电所，而是将变配电所合建在一起，即小区变电所完成降压和高低压配电的任务。

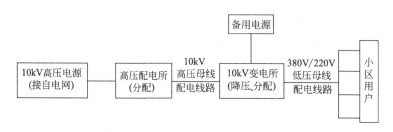

图 7-20　物业小区变配电系统构成示意图

为了集中控制和统一管理供配电系统，常把整个系统中或配电分区中的开关、计量、保护和信号等设备，分路集中布置在一起。于是，在低压系统中，就形成各种配电盘或低压配电柜；在高压系统中，就形成各种高压配电柜。

1. 低压配电箱（盘）

配电箱（盘）是直接向低压用电设备分配电能的控制、计量盘，在小区建筑中用量很大。按照用电设备的种类，配电盘分为照明配电箱、电力配电箱、插座箱等；按照结构，配电箱可分为板式、箱式、台式、落地式；按照装设地点，又可分为户内式和户外式。配电箱（盘）可明装在墙外或暗装镶嵌在墙体内，箱体材料有木制、塑料制和钢板制。配电箱有标准定型产品和非标准定型产品。

配电箱（盘）应根据接线方案和所选设备类型、型号和尺寸，结合配电工艺要求确定尺寸。配电箱（盘）应尽量选适合要求的定型标准配电箱（盘）。民用建筑中大量使用的是户内式定型的铁制配电箱（盘）。

配电箱（盘）明装时，应在墙内适当位置预埋木砖或铁件，若不加说明，箱（盘）底离地面的高度一律为1.2m。配电箱（盘）暗装时，应在墙面适当部位预留洞口，若不加说明，洞底口距地面高度为1.4m。

配电盘的位置应尽量置于用电负荷中心，以缩短配电线路和减少电压损失。一般规定，单相配电盘的配电半径约30m，三相配电盘的配电半径为60～80m。此外，还应注意所选配电盘位置应有利于维修、干燥且通风、采光良好，不影响建筑美观和建筑结构的安全等。对层数较多的建筑，为有利于层间配线和日常维护管理，应把各层配电盘的位置布置在相同的平面位置处。每个照明配电盘的配电电流不应大于60～100A，其中单相分支线宜为6～9路，每支路上应有过载、短路保护，支路电流不宜大于15A。每支路所接用电设备如灯具、插座等总数一般不超过25具，总容量不超过3kW，而彩灯支路应设专用开关控制和保护，每一支路负荷不宜超过2kW。此外，还应保证配电盘的各相负荷之间不均匀程度小于30%，在总配电盘配电范围内，各相不均匀程度应小于10%。

2. 配电柜（屏）

配电柜是用于成套安装供配电系统中受电、配电设备的定型柜。有高压、低压配电柜两大类。各类柜各有统一的外形尺寸。按照供配电过程中不同功能的要求，选用不同标准的接线方案。低压配电柜一般按其安装的方式不同可分为固定式和抽屉式两种。固定式的所有电器元件都固定安装，而抽屉式的某些电器元件按一次线路方案可灵活组合安装，按需要抽出或推入。低压配电柜还可按装置的外壳不同分为开启式和保护式两种。

固定式低压配电柜简单经济，应用广泛；抽屉式低压配电柜结构紧凑，安装灵活方便，防护安全性能好，应用也越来越多。

高压配电柜按结构形式有固定式、手车式。前者的电气设备为固定安装，要安装、维修各种设备，开启柜门后在柜内进行。手车式配电柜内的电气设备装在可用滚轮移动的手车上，手车的种类有断路器车、真空开关车、电流互感器车、避雷器车、电容器车和隔离开关车等。同类手车能互换，可方便、安全地拉出手车进行柜外检修。

如图7-21所示，开关柜由固定的壳体和装有滚轮的手车两部分组成，成为金属封闭间隔式开关设备。这种开关设备装有防止误操作装置，满足"五防"要求：

① 防止带负荷拉合隔离开关；
② 防止误拉联合断路器；
③ 防止带地线合闸；
④ 防止有电挂接地线；
⑤ 防止误入带电间隔。

高压配电柜的布置方式有靠墙式和离墙式两种。前者可缩小使用房间的建筑面积，而后者则便于检修。

在高层建筑中，选用低压配电柜时，

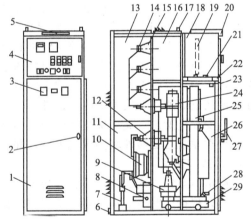

图7-21 JYN2-10（F）型手车式开关柜结构
1—手车室门；2—门锁；3—观察窗；4—仪表板；5—用途标牌；6—接地母线；7——次电缆；8—接地开关；9—电压互感器；10—电流互感器；11—电缆室；12——次触头隔离罩；13—母线室；14——次母线；15—支持绝缘子；16—排气通道；17—吊环；18—继电仪表室；19—继电器屏（最多可装18个普通型中间继电器）；20—小母线室；21—端子排；22—减振器；23—二次插头座；24—油断路器；25—断路器手车；26—手车室；27—接地开关操作棒；28—脚踏锁定跳闸机构；29—手车推进机构

宜采用外形紧凑、可节省占地面积的抽屉式配电柜。抽屉式配电柜出线回路多，因此所用的配电柜数量大为减小，因而使整个低压配电室的面积相应减小。在一些高层建筑中的附属楼裙或在大厦的首层时，也有采用价格低廉的框架式配电屏。

抽屉式低压配电柜可以跟某些类型的变压器组成组合式成套配电装置，采用高压直接深入负荷中心的方式，可以进一步缩小变电所的占地面积。

国内配电柜的出线大都在下部，并从电缆沟引出，这对布置在首层或地下室的低压配电柜容易解决出线问题，但对于布置在楼层中间的低压配电柜，由于无法开挖电缆沟，如改做电缆夹层则或因投资过大，或因层高受限，造成低压出线困难。可以将低压配电柜制成既可向下方出线，也可以从背面或侧面向上方出线，然后经过电缆托架或线槽送至大厦电缆井道，这样设计的低压柜在楼层布置时出线就会非常方便。

在安装时，受电配电柜居中，分支配电柜分居两侧；控制、信号部件及空气开关对应装配于配电柜的正面，这样安装便于监视、操作及保养。配电柜背面只有母线，检查、维修也很方便。

四、建筑物的变配电所

变配电所由高压配电室、变压器室和低压配电室三部分组成，因建筑中引用的高压电在我国多为 6~10kV，只有少数特大型民用建筑才采用 35kV 供电，故采用 6~10kV 电压供电的建筑设置的变配电所被称为 6~10kV 变配电所。

1. 位置的选择

变配电所的位置在其配电范围内应尽量布置在接近电源侧，并位于或接近于用电负荷中心，保证进出线路顺直、方便、最短，变配电所不应选在有剧烈振动的场所，不宜选在多尘、水雾和有腐蚀性气体的场所，应选在上述污染源的上风侧，变配电所也不应选在贴近厕所、浴室或低洼地可能积水的场地，更不应选在有爆炸、火灾危险场所的正上方或正下方，否则应遵守我国《爆炸和火灾危险场所电力装置设计规范》的规定。

在多层建筑中如该建筑对防火无特殊要求，设置装有可燃性油的电气设备的变配电所时，可布置在非人员密集场所的该建筑物底层靠外墙侧。

高层建筑的变配电室宜设在该建筑物的地下室或首层通风和散热条件较好的位置，但不能选在可能积水、受淹的场所。当建筑的高度超过 100m（超高层建筑）时，其变配电所可设在高层区避难所上部技术层内。此外，一类高层主体建筑内不允许设置装有可燃性油的电气设备的变配电所。二类高层主体建筑则不宜装置上述电气设备，否则应当采用干式变压器并设在该类建筑首层靠外墙侧或地下室，并采取相应的防火技术措施。

2. 形式和布置

变配电所有独立式、附设式、杆架式等多种形式。其中附设式又有内附设式和外附设式之分，这是根据变配电所本身有无专门建筑物及该建筑物与用电建筑物间的相互位置关系划分的。

布置原则：具有可燃性油的高压开关柜，宜单独布置在高压配电装置室内，但当高压开关柜的数量少于 5 台时，则可和低压配电屏置于同一房间。对于不具有可燃性油的低、高压配电装置和非油浸电力变压器及非可燃性油浸电容器可置于同一房间内。

有人值班的变配电所应单独设值班室，只有低压配电室时，值班室可与低压配电室合并，但应保证值班人员工作的一面或一端，低压配电装置到墙的距离不应小于 3m。单独值班室与高压配电室应直通或附走廊相通，但值班室要有门直通户外或通向走廊。独立变配电所宜为单层布置，当采用两层布置时，变压器应设在首层，二层配电室应有吊装设备和吊装平台式吊装孔。

变配电所房间内部设备的布置应做到线路顺直、最短、进出方便，有利于操作、巡视、试验和检修。

五、变配电主要电气设备

1. 刀开关

刀开关又称低压隔离开关,通常是指用手来操纵,对电路进行接通或断开的一种控制电器,如图 7-22 所示,用于不经常操作的电路中。

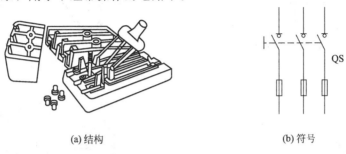

(a) 结构　　　　　　　　(b) 符号

图 7-22　HK 系列开启负荷开关

刀开关按其极数分,有三极开关、二极开关和单极开关;按刀开关的转换方向分,有单投、双投两种;按操作方式分,有直接手柄操作式、杠杆机构操作式和电动操作式三种;按其灭弧的结构分,有不带灭弧罩和带灭弧罩等。

普通的刀开关不能带负荷操作,只能在负荷开关切断电路后,起隔离作用,以保证检修、操作人员的安全。装有灭弧罩的或者在动触头上装有辅助速断触头的刀开关,可以切断小负荷电流,以控制小容量的用电设备或线路。为了能在短路或过负荷时自动切断电路,刀开关必须与熔断器串联配合使用。

目前在低压配电装置中常采用一种 HR3 型熔断器刀开关,简称刀熔开关,如图 7-23 所示。它具有熔断器和刀开关的双重功能,采用这种开关可简化配电装置的结构,经济实用。

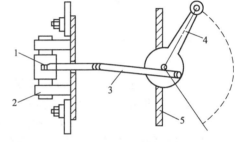

图 7-23　刀熔开关

1—RTO 型熔断器的熔管;2—弹性触座;3—连杆;
4—操作手柄;5—配电屏面板

刀开关断开的负荷电流不应大于制造厂容许的断开电流值。刀开关所在线路的三相短路电流不应超过制造厂规定的动、热稳定值。

2. 熔断器

熔断器是一种保护电器,是人为地在电网中设置的一个最薄弱的发热元件,当过载或短路电流流过该元件时,利用元件(即熔体)本身产生的热量将自身熔断,从而使电路断开,达到保护电网和电气设备的目的。熔断器主要由熔体和安装熔体用的绝缘器组成。

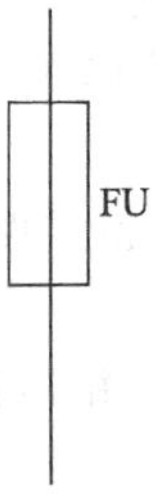

熔断器在电路图中的符号如图 7-24 所示。

"R"为熔断器的型号编码,"RC"为插入式熔断器(图 7-25);"RL"为螺旋式(图 7-26);"RM"为封闭管式(图 7-27);"RT"为填料管式(图 7-28)。

图 7-24　熔断器的符号

3. 自动空气开关

自动空气开关又称自动空气断路器,是一种自动切断线路故障用的保护

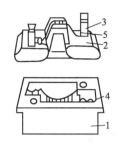

图 7-25　RC1 型插入式熔断器
1—瓷底座；2—瓷插件；3—动触头；
4—静触头；5—熔体

图 7-26　RL1 型螺旋式熔断器
1—瓷帽；2—熔断体；3—底座

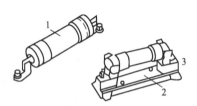

图 7-27　RM1 型熔断器
1—熔断管；2—底座；3—弹簧夹

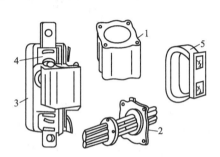

图 7-28　RTO 型熔断器
1—管体；2—熔体；3—瓷底座；
4—弹簧夹；5—绝缘手柄

电器。它用在低压配电网路中作为开关设备和保护元件，也可以用在电动机主电路作为短路、过载和失压保护用，还可以作为启动电器。自动空气开关动作后，只要切除或排除故障，一般不需要更换零件，又可以再投入使用。自动空气开关的分断能力较强，所以应用极为广泛，是低压网路中非常重要的一种保护电器。

根据自动空气开关的制造和使用习惯，目前将自动空气开关分为：塑料外壳式自动空气开关（或称装置式自动空气开关）和框架式自动空气开关（或称万能式自动空气开关）。

(1) 塑料外壳式自动空气开关（DZ 型）　这种开关是塑料壳装置式结构，体积小，重量轻，封闭于绝缘外壳中，不仅可直接装在塑料外壳低压控制屏的屏板或其内部，也可装在车间支柱或墙上，使用十分广泛。图 7-29 所示为 DZ10 系列装置式自动空气开关。

(2) 框架式自动空气开关（DW 型）　框架式自动空气开关是敞开地装在塑料或金属框架上，如图 7-30 所示。由于它的保护方案和操动方式较多，装设地点也很灵活，因此也称为万能式低压自动空气开关。

4. 漏电保护器

漏电保护器又称触电保安器，它是一种自动电器，装有检漏元件联动执行元件，自动分断发生故障的线路。漏电保护器能迅速断开发生人身触电、漏电和单相接地故障的低压线路。

(1) 漏电保护器分类　目前广泛采用的漏电保护器为电流型，有电子式和电磁式两类。按使用场所制成单相、两相或三相四线式。

(2) 漏电保护装置的结构和工作原理　电流型漏电保护装置的原理是采用高灵敏度的零序电流互感器来检测人体触电电流或电路绝缘不良时的泄漏电流。

单相电子式漏电开关工作原理如图 7-31 所示，它由零序电流互感器、放大器、漏脱扣器、主开关、试验装置等组成。当电路正常时，接地电流 I_{jd} 为零，$I_1+I_2=0$。零序电流

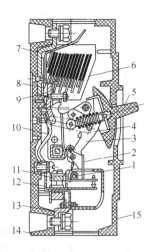

图 7-29　DZ10 系列装置式自动空气开关
1—牵引杆；2—锁扣；3—跳钩；4—连杆；5—操作手柄；
6—灭弧室；7—引入线和接线端子；8—静触头；9—动
触头；10—可挠连接条；11—电磁脱扣器；12—热脱扣器；
13—引出线和接线端子；14—塑料底座；15—塑料盖

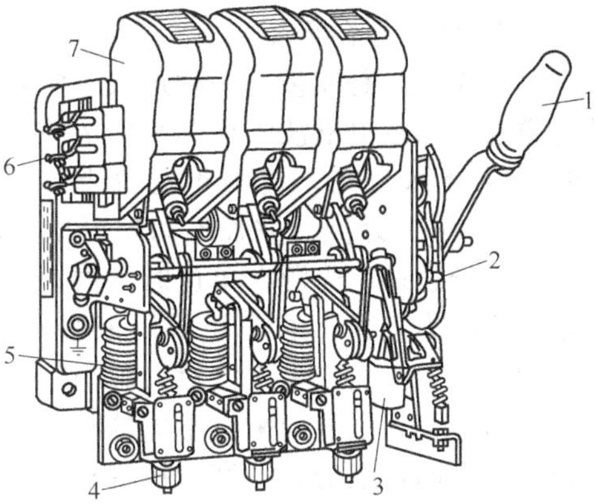

图 7-30　DW10-200 型框架式自动空气开关
1—操作手柄；2—自由脱扣机构；3—失压脱扣器；
4—过电流脱扣电流调节螺母；5—过电流脱扣器；
6—辅助触点（联锁触点）；7—灭弧罩

互感器的二次侧无电压输出，放大器不工作，漏电脱扣器不动作，供电正常；当发生人身触电时，接地电流 I_{jd} 通过人体，此时，$I_1 + I_2 = I_{jd}$，零序电流互感器的二次侧有电压 U_2 输出，放大器工作，漏电脱扣器动作，使主开关切断电源，起保护作用。

（3）漏电保护器的选择　漏电保护装置动作电流值的整定原则是：在躲开电网泄漏电流的前提下尽量小。

总保护的动作电流值大多是可调的，调节范围一般在 15～100mA 之间，最大可达 200mA 以上。其动作时间一般不超过 0.1s。对泄漏电流较小的电网，天气晴朗时的额定漏电动作电流值为 75mA，阴雨季节为

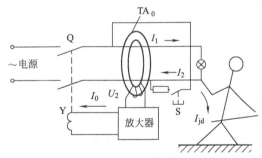

图 7-31　单相电子式漏电开关的工作原理
TA_0—零序电流互感器；S—试验按钮；
Y—漏电脱扣器

200mA；对泄漏电流较大的电网，其额定漏电动作电流值为 100mA，阴雨季节为 300mA。

家庭中安装的漏电开关，主要作用是防止人身触电，漏电开关的动作电流值一般不大于 30mA；移动式电器具或临时用电，漏电开关动作电流值应不大于 30mA。电气线路和设备漏电电流值及分级安装漏电保护器动作特性的电流配合要求为：

① 用于单台用电设备时，动作电流应不小于正常运行实测漏电电流的 4 倍；

② 配电线路的漏电保护器动作电流应不小于正常运行实测漏电电流的 2.5 倍，同时还应满足不小于其中漏电电流最大一台用电设备正常运行漏电电流实测值的 4 倍；

③ 用于全配电网保护时，动作电流应不小于实测漏电电流的 2 倍。

第三节　电气照明

一、照明基础知识

照明分为自然照明（天然采光）和人工照明两大类。电气照明由于具有灯光稳定、易于

控制和调节以及安全、经济等优点，因而成为现代人工照明中应用最为广泛的一种照明方式。

1. 照明的光学概念

(1) 光　光是能量的一种形式，它可以通过辐射的方式在空间进行传播。光的本质是一种电磁波，它在电磁波的极其宽广的波长范围内仅仅占极小一部分，通常把红外线、可见光和紫外线合称为光，其中可见光是人眼能感觉到的部分，波长在 380～760nm（纳米，$1nm=10^{-9}m$）之间。波长不同的可见光，在人眼中相应地产生不同的颜色。

(2) 光通量　光源在单位时间内，向周围空间辐射出的使人眼产生光感的能量，称为光通量，简称为光通，单位为 lm（流明）。

(3) 亮度　亮度是直接对人眼引起感觉的光量之一。对在同一照度下，并排放着的白色和黑色物体，人眼看起来有不同的视觉效果，总觉得白色物体要亮得多，这是由于物体表明反光程度不同造成的。亮度与被视物体的发光或反光面积以及反光程度有关。通常把被视物体表面在某一视线方向或给定的单位投影面上所发出或反射的发光强度，称为该物体表面在该方向的亮度，单位为 nt（尼特）。

(4) 照度　被照物体单位面积上接收的光通量称为照度，用符号 E 表示，单位为 lx（勒克斯）。照度是表示物体被照亮程度的物理量。能否看清一个物体，与这个物体的照度有关。

照度为 1lx，仅能辨别物体的轮廓；照度为 5～10lx，看一般书籍比较困难；阅览室和办公室的照度一般要求不低于 50lx。

2. 照明种类

照明按其作用可分为：正常照明、事故照明、警卫值班照明、障碍照明、彩灯和装饰照明等。

(1) 正常照明　满足一般生产、生活需要的照明称为正常照明。所有居住的房间和供工作、运输、人行的走道以及室外场地，都应设置正常照明。正常照明按照照明装置的分布特点又分为一般照明、局部照明、混合照明 3 种方式。

① 一般照明　为整个房间普遍需要的照明称为一般照明。这种照明一般都很均匀，所以又称一般均匀照明。其灯具通常分布在天花板下面距工作面有足够高的距离。采用单独一般照明的房间，可在所有工作面和通道上得到同等的照度。

② 局部照明　在工作地点附近设置照明灯具，以满足某一局部工作地点的照度要求。它又分为固定式和移动式两种，前者的灯具是固定安装，后者的灯具是可以移动的，如临时照明用的手提灯等。

③ 混合照明　它由一般照明和局部照明共同组成。两者搭配要适当，若采用过低的一般照明和过高的局部照明，则会造成背景和工作面的亮度对比相差太大，这容易引起视觉疲劳。

(2) 事故照明　正常照明因事故而中断，供继续工作和人员疏散而设置的照明称为事故照明。在影剧院、博物馆、餐厅、营业厅、百货大楼等公共场所、高层建筑的疏散楼梯、医院的手术室、急救室等，均应设置事故照明。

事故照明应采用能瞬时点燃的照明光源，一般采用白炽灯。当事故照明是正常照明的一部分而经常点燃，在发生故障时又不需要切换电源的情况下，也可以采用荧光灯。事故照明不允许采用荧光高压汞灯，不允许采用金属卤化物灯和高压钠灯。

(3) 警卫值班照明　在值班室、警卫室、门卫室等地方所设置的照明叫警卫值班照明。它可利用正常照明的一部分，但应能单独控制，也可利用事故照明的一部分或全部作为值班照明。

(4) 障碍照明 在建筑物上装设用于障碍标志的照明称为障碍照明。如装设在高层建筑物顶上作为飞行障碍标志的照明，装在水上航道两侧建筑物上作为航道障碍标志的照明，这些照明应按交通部门有关规定设置，尽量采用能透雾的红光灯具。

(5) 彩灯和装饰照明 为美化市容夜景以及节日装饰和室内装饰而设计的照明叫彩灯和装饰照明，一般采用15W左右的白炽灯和彩色灯。

3. 质量

照明设计首先应考虑照明质量，在满足照明质量的基础上，再综合考虑投资省、安全可靠、便于维护管理等问题。照明质量包括以下内容：

(1) 照度均匀 如果被照面的明亮程度不均匀，使眼睛经常处于亮度差异较大的适应变化中，将会导致视觉疲劳。为了使照度均匀，灯具布置时其相互间的距离和对被照面的高度有一定比例，这个比例要选得恰当。

(2) 照度合理 亮度反映了眼睛对发光体明暗程度的感觉，原则上应规定合适的亮度，由于确定照度比确定亮度要简单得多，因此在照明设计中一般规定照度标准。对人最舒适的照度平均值为2000lx左右。

(3) 合适的亮度分布 当物体发出可见光（或反光），人才能感知物体的存在，愈亮，看得就愈清楚。若亮度过大，人眼会感觉不舒服，超出眼睛的适应范围，则灵敏度下降，反而看不清楚。照明环境不但应使人能清楚地观看物体，而且要给人以舒适的感觉，所以在整个视场（如房间）内各个表面都应有合适的亮度分布。

(4) 光源的显色性 在需要正确辨色的场所，应采用显色指数高的光源，如白炽灯、日光色荧光灯和日光色镝灯等。

(5) 照度的稳定性 照度变化引起照明的忽明忽暗，不但会分散人们的注意力，给工作和学习带来不便，而且会导致视觉疲劳，尤其是5～10次/s到1次/min的周期性严重波动，对眼睛极为有害。因此，照度的稳定性应予以保证。

照度的不稳定主要是由于光通量的变化所致，而光源光通量的变化主要由于电源电压的波动所致。因此，必须采取措施保证照明供电电压的质量。如将照明和动力电源分开或用调压器等。另外，光源的摆动也会影响视觉，而且影响光源本身的寿命，所以，灯具应设置在没有气流冲击的地方或采取牢固的吊装方式。

(6) 限制眩光 当人观察高亮度的物体时，眩光会使视力逐渐下降。为了限制眩光，可适当降低光源和照明器具表面的亮度。如对有的光源，可用漫射玻璃或格栅等限制眩光，格栅保护角为30°～45°。

(7) 频闪效应的消除 交流供电的气体放光电源，其光通量也会发生周期性的变化，最大光通量和最小光通量差别很大，使人眼发生明显的闪烁感觉，即频闪效应。当观察转动物体时，若物体转动频率是灯光闪烁频率的整数倍时，则转动的物体看上去好像没有转动一样，因而造成错觉，容易发生事故。

二、常用电光源及灯具

灯具（照明器）是指能透光、分配光和改变光源光分布的器具，以达到合理利用和避免眩光的目的。灯具由电光源和灯罩（控制器）配套组成。

1. 光源及其选用

(1) 电光源 电气照明采用的电光源按发光原理可分为两大类：一类是热辐射光源，如白炽灯、卤钨灯等；另一类是气体放电光源，如荧光灯、高压汞灯、高压钠灯、管形氙灯。电光源的性能与特点主要由光通量输出、发光效率、寿命等参数反映。

① 白炽灯 白炽灯是最早被发明、应用广泛的热辐射光源，发光基本原理是利用电流通过灯丝产生热量，把灯丝加热到白炽状态而发光。

白炽灯有以下特点：构造简单、价格便宜、使用方便。灯丝加热迅速，一般加热到输出90%的光通量只需0.07～0.38s，表现为瞬时点亮，照明可靠，事故照明都采用白炽灯。白炽灯光谱中红光成分较显著，照在红颜色物体上显得更鲜艳，但照在蓝颜色物体上会产生失真，它属于暖色光。点亮和熄灭对其使用寿命影响较小。白炽灯最适宜用于不常使用或照明时间很短的地方。由于白炽灯电光效率低，将逐步被其他高效节能灯具代替。

② 卤钨灯　卤钨灯是白炽灯的一种，它由灯丝和耐高温的石英管组成，灯丝由钨丝绕制，比白炽灯更密，因此工作稳定性更高，管内除充入惰性气体外，还充入适量卤族元素，如碘和溴等。使用时灯丝在高温下工作，蒸发出来的钨和卤素在管壁附近化合成卤化钨，使钨不会沉积在管壁上。当卤化钨向管心扩散时，在灯丝高温作用下又分解成钨和卤素，从而在灯丝周围形成一层钨蒸气，一部分钨又重新回到灯丝上，从而有效地抑制了钨的蒸发，这样，不仅避免了管壁发黑，还保证灯管在较高温度下工作，从而提高灯丝的使用寿命和发光效率。

卤钨灯有碘卤钨灯和溴卤钨灯两种，溴卤钨灯比碘卤钨灯的发光效率提高4%～5%。卤钨灯的性能特点：与白炽灯比，寿命明显增加，平均达1500h；发光效率提高，达20～40lm/W；色温增高，适合电视摄影和投光照明；工作温度提高，管壁达600℃；耐震性差；耐电压波动性差；尺寸较小。

③ 荧光灯　荧光灯俗称日光灯，是应用很广泛的一种电光源。荧光灯主要由灯管、启辉器、镇流器组成。荧光灯的主要特点是：发光效率很高，约为普通白炽灯的4倍，可达到50～60lm/W；耗电省，包括镇流器损耗在内，它的耗电仅仅是普通白炽灯泡的1/5；使用寿命长，长达2000～3000h；光线柔和，发光面积大，亮度低，没有强烈眩光；荧光灯受环境温度影响大，最适宜18～25℃的温度，环境温度过高或过低都会造成启辉困难和光效下降。

④ 节能灯　采用高频交流电源供电的荧光灯称为节能灯。研究表明：提高荧光灯的交流供电电源频率，可以提高发光效率，交流电源频率从20Hz提高到20kHz以上时，发光效率提高10%以上。目前我国节能灯电源频率范围在25～50kHz。节能灯的发光原理与荧光灯相同，但由于电源频率远高于50Hz工频交流电源，为使节能灯能直接使用工频220V交流电源，必须把工频电源变换为高频电源，这部分工作通常由电子镇流器完成。电子镇流器首先对220V交流电进行整流得到310V的直流电，然后经逆变电路产生高频交流电源。此外，对节能灯管的改进设计也能有效地提高节能效率。

节能灯的主要特点：电子镇流器不但要保证提供启动电流和启动高压，而且在正常工作时要提供给灯管高频稳定的交流电流。

⑤ 高压汞灯　高压汞灯又称为高压水银荧光灯，也是荧光灯的改进产品，属于高气压汞蒸气放电光源。高压汞灯的性能特点：发光效率较高，可达50～60lm/W；自镇流荧光高汞灯可直接接入市电工作；寿命长，光通量输出衰耗到70%时寿命为5000h；受环境影响大，低温启动困难，玻璃外壳温度较高，散热要求高；光谱缺乏红色，显色性差，室内一般不用。但蓝绿色丰富，照到树木上效果好；频闪严重，点、灭对寿命影响大；启动慢，再启动时间长，约5～10min，故不能用于事故照明和频繁开关的场所。

⑥ 高压钠灯　高压钠灯是利用内管高压钠蒸气放电发光的一种光源。高压钠灯发光效率是照明光源里最高的，高达120lm/W；使用寿命长，光通量输出衰耗到70%时，寿命约12000h；透雾性很强，光色较好，为金白色；光谱狭窄，显色性差，一般为20，显色改良型可以达到60甚至80；玻璃外壳温度较高，散热要求高。

⑦ 金卤灯　金卤灯又叫金属卤化灯，是在高压汞灯的基础上发展起来的新型电光源。金属卤化灯发光效率高，可达80lm/W，光色好，接近自然光。但使用寿命比高压汞灯短，

电压波动不宜超过额定电压的±5%，否则会引起光效、光色的变化，电压过低会引起自行熄灭。使用时需要配相应的镇流器。

⑧ 管形氙灯　管形氙灯是一根封接有钍钨电极和氙气的石英玻璃管。管形氙灯功率大，发光效率高，发光稳定，可瞬时点亮，适用于广场、机场、海港等照明使用。

(2) 电光源的选用　光源的种类应根据对照明的要求、使用场所的环境条件和光源的特点合理选用。

白炽灯的优点是体积小，容易借助于灯罩得到准确的光通量分布，显色性比较好，费用较低，因此在许多场所得到广泛应用。在要求显色性、方向性照明的场合，如展览陈列室、橱窗照明和远距离投光照明等常采用白炽灯作为光源。由于其启动性能好，能够迅速点亮，所以事故照明一般也采用白炽灯。在有特殊艺术装饰要求，如会堂、高级会客室、宴会厅等需要表现庄严、华丽、温暖、热烈的场合，也常采用白炽灯。白炽灯的光效较低，寿命短。

荧光灯则与白炽灯相反，所以在办公室、学校、医院、商店、住宅等建筑中得到广泛应用。因为荧光灯有一定的启动时间，其寿命受启动次数的影响很大，所以在开关比较频繁和使用时间较短的场所，不宜采用荧光灯。

荧光高压汞灯、金属卤化灯、高压钠灯等高强度放电灯的功率大，发光效率高，寿命长，光色也较好，在经常使用照明的高大厅堂及露天场所，特别是维护比较困难的体育馆和其他体育竞赛场所等广泛采用。为了改善这类放电灯的光色，在室内场所常采用混光照明方式，如荧光灯、高压汞灯与白炽灯混光，或荧光高压汞灯与高压钠灯混光等。

2. 灯罩

灯罩是光源的附件。它可改变光源的光学指标，可适应不同安装方式的要求，可制成不同的形式、尺寸，可以用不同性质和色彩的材料制造，可以将几个到几十个光源集中在一起组成建筑花灯。灯罩的主要作用是重新分配光源发出的光通量、限制光源的眩光作用、减少和防止光源的污染、保护光源免遭机械破坏、安装和固定光源、与光源配合起一定的装饰作用。

灯罩的材料一般为金属、玻璃或塑料。按照灯罩的光学性质可分为反射型、折射型和透射型等多种类型。

灯罩的主要特性为配光曲线、光效率和保护角。其中配光曲线是指光源向其四周发出的光强大小曲线。光效率是指由灯罩输出的光通量与光源的辐射光通量的比值。灯罩的保护角，指灯罩开口边缘与发光体（灯丝）最远边缘的边线与水平线之间的夹角，即灯罩遮挡光源的角度。

灯罩的配光曲线、光效率和保护角三者之间是紧密相关而又相互制约的，如为改善配光需加罩，为减弱眩光需增大保护角等。

3. 灯具

(1) 灯具的分类　在实际的照明过程中，电光源裸露点亮显然是不合理的，它总要和一定形式的灯具配合使用。灯具与光源在一起组成一个完整的照明器。灯具的类型是很复杂的，大体可以按以下几种情况进行分类。

① 按光线在空间的分布情况进行分类

a. 直射型灯具。能够使90%以上的光线向下投射，绝大部分的光线集中在工作面上，使工作面得到充分的照度。直射型灯具又根据光线的分布是否集中分成广照型、配照型、深照型灯具。

b. 半直射型灯具。能够使60%的光线向下投射，光线既能大部分集中在工作面上，同时也能对空间环境（如顶棚、墙壁）得到适当的照明，使整个空间比较明亮，阴影变淡。

c. 漫射型灯具。空间各个方向上的光线分布基本相同，可以达到无眩光。乳白罩玻璃圆球灯就属于这一类灯具。

d. 半间接型照明灯具。能够使60%以上的光线向上投射，而向下投射的光线只是一小部分。此种灯具光线利用率比较低，但是光线柔和，阴影基本被消除。

e. 间接型灯具。能够使90%以上的光线向上投射。利用反射使整个顶棚作为第二发光体。这种灯具可以使光线变得非常柔和均匀，完全避免了眩光，但光线的利用率是最低的，如金属制反射型吊灯、金属制反射型壁灯等。

② 按照灯具在建筑物上的安装方式分类

a. 吸顶式。在顶棚上直接安装的照明器为吸顶式。适用于顶棚比较光亮并且比较低的房间作直接照明。特点是顶棚比较明亮，可以形成全房间的明亮感；缺点是容易产生眩光，灯的效率较低。

b. 嵌入顶棚式。将照明器嵌入顶棚内，人眼看不到照明器。适用于低顶棚、要求眩光少的房间。缺点是顶棚有阴影感，并且照明的经济效益较差。

c. 悬挂式。用软线、链子、管子等将灯具从顶棚吊下来的方式称为悬挂式，是在一般建筑物照明中应用较多的一种方式。

d. 墙壁式。用托架将照明器直接装在墙壁上称为墙壁灯。它主要作为室内装饰用，是一种辅助性的照明器。

e. 可移动式。这种照明器往往是作为辅助性照明器，如桌上的台灯，放在地上的落地灯、床头灯等。因为这种灯具一般可以自由移动，所以在选择灯具时，应注意其稳定性。

③ 为了适应某些特殊环境的需要，还有一些特殊的照明器，主要有以下几种：

a. 防潮型。在湿度高的环境中，采用普通照明器会使安全性能降低，需要采用防潮型灯具。这种灯具主要是将光源用透光罩密封起来，使光源与外界隔离。适用于浴室、潮湿或有水蒸气的车间、隧道等场所的照明。

b. 防爆安全型。这种灯具采用高强度的透光罩和灯具外壳，将光源和周围环境隔离。可以将灯具在正常运行情况下产生的电火花密封在外壳内，与周围易爆炸气体相隔离。适用于在正常情况下有可能形成爆炸危险的场所。

c. 隔爆型。这种灯具不是靠密封性防爆的，而是在透光罩与灯座之间有隔爆间隙。当气体在灯内发生爆炸，经过间隙溢出灯外时，高温气体即可被冷却，从而不会引起外部易爆气体的爆炸。它主要应用于在正常情况下有可能发生爆炸的场所。

d. 防腐蚀型。将光源封闭在透光罩内，不使具有腐蚀性的气体进入灯内。灯具的外壳是用耐蚀材料制成的。

(2) 灯具的选用　灯具的种类繁多，应根据建筑物的不同用途，选择不同形式的灯具。选择灯具要从实际出发，既要适用，又要经济，在可能的条件下注意美观。选择灯具一般可以从以下几个方面来考虑：

① 配光选择，即室内照明是否达到规定的照度，工作面上的照度是否均匀，有无眩光等。例如，在高大厂房中，为了使光线能集中在工作面上，就应该选择深照型直射灯具。

② 经济效益，即在满足室内一定照度的情况下，电功率的消耗、设备投资、运行费用的消耗都应该适当控制，使其获得较好的经济效益。

③ 选择灯具时，还需要考虑周围的环境条件，如有爆炸危险的场所，应选用防爆型灯具，同时还要考虑灯具的外形与建筑物是否协调。

总之，灯具的选择，要根据实际条件进行综合考虑。例如，对于一般生活用房和公共建筑多采用半直射型或漫射型灯具。这样可以使室内顶棚有一定的光照，整个室内空间照度分布比较均匀。在生产厂房多采用直射型灯具，可以使光通量全部或大部分投射到下方的工作面上。在特殊的工作环境下，要采用特殊灯具，潮湿的房间要采用防潮灯具，室外需采用防雨灯具。

(3) 灯具的布置　灯具的布置是确定灯具在房间内的空间位置。应满足的要求是：
① 规定的照度；
② 工作面上照度均匀；
③ 光线的射向适当，无眩光、无阴影；
④ 灯泡安装容量减至最低；
⑤ 维护方便；
⑥ 布置整齐、美观并与建筑空间相协调。

第四节　建筑强电系统的维护与管理

建筑供配电系统的管理是按照国家法规和物业管理公司的管理规范，对已验收并投入使用的供电设备，运用现代化的管理方式和先进的维护技术，进行管理和服务，以保证物业小区或楼宇供电系统的正常、安全运行，给辖区内的人们提供一个良好的生活环境。建筑供配电系统管理的目的在于：
① 安全　在电能使用中不发生设备和人身伤亡事故。
② 可靠　满足用户对电能可靠性的要求，不随意断电。
③ 优质　满足用户对电压和频率的要求。
④ 经济　使用费用要低。

一、供配电系统的管理

1. 配备专业的管理人员

管理部门应根据管理供配电设备的种类和数量分别配备专业技术人员进行管理。

2. 建立供电设备档案

设备档案建立是设备管理的重要一环。一般住宅区或高层楼宇以每幢楼为单位建立档案。其内容主要有：电气平面图、设备原理图、接线图等图纸；使用电压、频率、功率、实测电流等有关数据；《运行记录》、《维修记录》、《巡视记录》及大修后的《试验报告》等各项记录。这些资料由公司工程部供电设备管理员负责保管。《运行记录》、《巡视记录》由值班电工每周上报供电设备管理员一次。《维修记录》及大修后的《试验报告》则在设备修理、试验完成后由值班电工及时上报供电设备管理员。

3. 明确供电系统的产权分界

建筑的供电是由供电部门通过供电线路实现的。供电线路是连续的，因此在验收接管中必须明确产权的分界，有利于分清维护的范围和事故的责任方。依据《全国供用电规则》，有关维护管理与产权分界的规定如下：
① 低压供电的，以供电接户线的最后（第一）支持物为分界点，支持物属供电局；
② 10kV 及以下高压供电的，以用户厂界外或配电室前的第一断路器或进线套管为分界点，第一断路器或进线套管的维护责任由双方协商确定；
③ 35kV 及以上高压供电的，以用户厂界或用户变电站外第一基电杆为分界点，第一基电杆属供电局；
④ 采用电缆供电的，本着便于维护管理的原则，由供电局与用户协商确定；
⑤ 产权属于用户的线路，以分支点或以供电局变电所外第一基电杆为分界点，第一基电杆维护管理责任由双方协商确定。

计费电度表及附属件的购置、安装、移动、更换、校验、拆除、加封、启封等，均由供电局负责。

计费电度表应装在产权分界处，如不装在分界处，变压器的有功、无功损耗和线路的损失由产权所有者负担。

对高压供电用户,应在高压侧计量。经双方协商同意,可在低压侧计量,但应加计变压器损失。

作为房屋产权所有者或管理单位的管理人员应当熟悉以上规定。如果对所管楼房电源进户情况不清楚,维护界限搞不清,是无法保证安全用电的。在交验中应注意图纸上是否标明产权分界点以及产权分界协议书,委托供电局维护协议书副本等。双方应按维护范围定期进行维护。三相四线低压供电方式中,由于工作零线断路造成烧毁家用电器事故时有发生,供电部门和房管部门都承担过经济赔偿。如果产权分界清,维修及时就能大量减少此类事故的发生,也可减少扯皮。

4. 供电系统管理

① 负责供电运行和维修的人员必须持证上岗,并配备专业电气工程的技术人员。

② 建立严格的配送电运行制度和电气维修制度,加强日常维护检修。

③ 建立 24h 值班制度,做到发现故障,及时排除。

④ 保证公共使用的照明灯、指示灯、显示灯和园艺灯的良好状态;电气线路符合设计、施工技术要求,线路负荷要满足业主需要,确保供配电设备安全运行。

⑤ 停电、限电提前出安民告示,以免造成经济损失和意外事故。

⑥ 对临时施工工程及住户装修要有用电管理措施。

⑦ 对电表安装、抄表、用电计量及公共用电进行合理分配。

⑧ 发生特殊情况,如火灾、地震、水灾时,要及时切断电源。

⑨ 禁止乱拉接供电线路,严禁超载用电,如确需要,必须取得主管人员的书面同意。

⑩ 建立各类供电设备档案,如设备信息卡等。

5. 供电设备运行中的巡视管理

供电设备运行中的巡视管理是根据公司工程部制定的运行巡视管理规范,由值班人员定期对设备设施进行巡视、检查,以发现不良运行情况并及时整改解决的管理方式。

(1) 运行巡视制度

① 变配电室的值班电工每班巡视 2 次高压开关柜,每 2h 巡视 1 次变压器,每周巡视 1 次落地电表箱,每 2 周巡视 1 次辖区线路。如遇大风雨或发生故障时,应临时增加巡视次数。

② 变配电室的值班电工必须按照规定的次数进行检查、巡视、监控,将每次巡视的时间、设备、结果等记入《运行记录》、《巡视记录》。

(2) 运行巡视的内容

① 变配电室巡视的内容

a. 巡视变压器的油位、油色是否正常,运行是否过负荷,是否漏油。

b. 巡视配电柜有无声响和异味,各种仪表指示是否正常,各种导线的接头是否有过热或烧伤的痕迹,接线是否良好。

c. 巡视配电室防小动物设施是否良好,各种标示物、标示牌是否完好,安全用具是否齐全、是否放于规定的位置。

d. 按时开关辖区内的路灯或灯饰。

② 线路巡视项目

a. 电杆有无倾斜、损坏、基础下沉现象,若有则采取措施。

b. 沿线有无堆积易燃物、危险建筑物,若有则应进行处理。

c. 拉线和扳桩是否完好,绑线是否紧固,若有缺陷设法处理。

d. 导线接头是否良好,绝缘子有无破损,若有则更换。

e. 避雷装置的接地是否良好,若有缺陷设法处理。

f. 对于电缆线路,应检查电缆头、瓷套管有无破损和放电痕迹,油浸纸电缆还应检查是否漏油。

g. 检查暗敷电缆沿线的盖板是否完好,路线标桩是否完整,电缆沟内是否有积水,接地是否良好。

(3) 巡视中发现问题的处置的管理　变配电室的值班电工在巡视中发现问题时,小问题由当班电工及时采取措施处理即可,如遇处理不了的问题应及时上报给组长,在组长协调下加以解决。处理问题时应严格遵守物业管理公司制定的《供配电设备设施安全操作标准作业规程》和《供配电设备设施维护保养标准》的规定。

6. 发电机房管理

① 未经管理处主管同意,非管理处人员不得随意进入机房。

② 柴油机组平时应置于良好的状态,蓄电池置于浮充电状态,冷却水应满足运行要求,油箱内应蓄备 8h 满负荷用油量,室内应配备应急照明灯。

③ 柴油机组的开关及按钮,非值班技工或维修人员不得操作。操作人员必须熟悉设备,严格按照操作规程操作。

④ 机房内严禁抽烟、点火,室内应配备手持式气体灭火器。

⑤ 机房内不能堆放任何杂物,更不能存放易燃物品。

⑥ 每 2 个星期启动柴油机空载试机 1 次,时间为 15~20min,发现问题及时处理,并做好记录。

⑦ 机房及机组的清洁卫生由技工班负责清扫,达到设备无积尘,墙、地面卫生整洁。

7. 配电房管理

① 配电房全部机电设备,由机电班负责管理和值班,停送电由值班电工操作,非值班电工禁止操作,无关人员禁止进入配电室,非管理处人员须办理书面许可才能进入。

② 保持良好的室内照明和通风,墙上配挂温度计,室温控制在 35℃ 以下。

③ 建立运行记录,每班至少巡查 1 次,每月组织检查 1 次,每年大检修 1 次,查出问题及时修理,不能解决的问题及时报告管理处和工程部。每班巡查内容:房内是否有异味,记录电压、电流、温度、电表运行数、检查屏上指示灯、电器运行声音、补偿柜运行情况;发现异常,及时修理与报告。

④ 供电器线路操作开关设明显标志,停电拉闸、停电检修应挂标志牌。

⑤ 房内严禁乱拉乱接线路,供电线路严禁超载供电,如确有需要,报管理处主管人员书面同意后,方可进行。

⑥ 配电房内设备及线路改变,要经过管理处主管人员同意,重大改变须报公司工程部经理批准。

⑦ 节约电能消耗,降低成本是每个机电管理人员的主要职责之一。机电班每周书面报管理处主管人员总电表运行数 1 次。

⑧ 严禁违章操作,检修时必须遵守操作规程,使用绝缘鞋、手套等。

⑨ 值班人员要随时接受对机电设备情况的投诉,做好记录并向班长汇报,以便安排整改。

⑩ 防止小动物进出配电房。

8. 配电室交接班管理

(1) 接班人员应提前 10min 到达工作岗位,以便及时做好接班准备,了解设备运行情况,准确无误地做好接班工作。

(2) 接班人员生病、有酒意或精神不振者不得接班;值班人员缺勤时,应报告主管领导。

(3) 交接班双方事先做好准备，必须按照下列内容进行交接：

① 运行记录、事故记录、设施记录、工作票、操作票、主管部门的通知、运行图纸等应正确齐全。

② 工具、设备用具、仪器、消防设备、钥匙等应齐全完整，室内外应清洁。

③ 在交接班时发生事故或执行重大操作时，应由交班人员处理完毕后方可交接，接班人员要协助处理。

④ 以上手续办好之后，双方应在记录本上签字。

⑤ 双方签字之后，表示交接班手续已办妥，正式生效。未履行交接班手续的值班人员不可离开工作岗位。

二、供配电系统的维护

1. 供电系统的维护

对供电设备的维护可分为日常巡视维护和定期检查保养两个方面。主要内容包括：

① 观察总盘上的各类仪表、电压是否正常，使用电源的变化情况，高峰用电时的电流数值，三相电流是否平衡，对照值班记录检查分析有无差异。

② 核对各个支路的实际负荷是否与装设的保护元件整定值相符合（按规定采用热元件时，整定值为负荷电流的 $1\sim1.5$ 倍；采用熔丝时，按负荷电流的 $1.25\sim1.5$ 倍选用）。

③ 配电箱的固定是否牢固，箱内器件是否完好无损，各闸具的接头有无松动，操作是否灵活，刀刃及接点有无烧伤，导线绝缘是否老化、变脆，熔断器有无焦痕。

④ 导线绝缘是否良好（用兆欧表摇测绝缘电阻值，低压线路应不低于 $0.5M\Omega$），各类绝缘导线的绝缘是否老化，特别是各接头处有无变焦、变脆，绝缘包布有无失效，接头之间有无电腐蚀现象。

⑤ 沿墙及顶棚架设的明线是否松脱、垂落、损伤，有无其他物品触碰导线，室外架空线的瓷瓶是否破裂，导线垂度是否过大，有风时导线摇摆线间有无相碰现象，电杆是否歪斜，木杆根有无糟朽、缺土、下凹。

⑥ 金属管连接的地线是否良好，有无虚脱或腐蚀，各种管线固定是否牢固，管子接头有无脱扣拔节现象，管子有无塌腰变形。

⑦ 各用电器具，如灯头、开关、插座等是否牢固，灯头吊线距地是否太低，有无自行拉扯的临时线路等。

⑧ 各种地板的接地电阻是否符合规定（防雷接地 10Ω 以下，保护接地 4Ω 以下），接地导线有无伤痕和腐蚀。

⑨ 特殊房间应有特殊要求，如潮湿、高温、易燃、防爆等场所应按照有关规定重点进行检查维护。

2. 供电设备设施的养护

供电设备设施的养护目的是，消除事故隐患，防止供电设备设施出现较大故障，以减少不必要的经济损失。供电设备设施的养护由值班电工负责实施。按照《机电设备管理工作条例》的规定，定时对设备设施进行养护。

(1) 低压配电柜的养护　低压配电柜的养护，每半年 1 次。养护的顺序是：先做好养护前的准备，然后分段进行低压配电柜的保养。

养护前的准备：低压配电柜养护前一天，应通知用户拟停电的起止时间。将养护所需使用工具和安全工具准备好，办理好工作票手续。由电工组的组长负责指挥，要求全体人员思想一致，分工合作，高效率完成养护工作。

(2) 配电柜的分段养护　当配电柜较多时，一般采用双列方式排列。两列之间由柜顶的母线隔离开关相连。为缩减停电范围，对配电柜进行分段养护。先停掉一段母线上的全部负荷，打开母线隔离开关。检查确认无电后，挂上接地线和标示牌即可开始养护。

① 检查母线接头有无变形，有无放电的痕迹，紧固连接螺栓确保连接紧密。母线接头处有脏物时应清除，螺母有锈蚀现象应更换。

② 检查配电柜中各种开关，取下灭弧罩，看触头是否有损坏。紧固进出线的螺栓，清洁柜内尘土，试验操作机构的分合闸情况。

③ 检查电流互感器和各种仪表的接线，并逐个接好。

④ 检查熔断器的熔体和插座是否接触良好，有无烧损。

在检查中发现的问题，视其情况进行处理。该段母线上的配电柜检查完毕后，用同样的办法检查另一段。全部养护工作完成后恢复供电，并填写配电柜保养记录。

（3）变压器的养护　变压器的养护每半年1次，一般安排在每年的4月份和10月份，由值班电工进行外部清洁保养。在停电状态下，清扫变压器的外壳，检查变压器的油封、垫圈是否完好。拧紧变压器的外引线接头，若有破损应修复后再接好。检查变压器绝缘子是否完好，接地线是否完好，若损伤则予以更换。测定变压器的绝缘电阻，当发现绝缘电阻低于上次的30%～50%时，应安排修理。

3. 配电线路的维护

（1）架空线路维护　架空线路由于露天设置，常年经受风、雨、雷、电侵袭和自身机械荷载，还经常遭受其他外力因素的影响，如电杆和拉线被攀登、碰撞等。诸如此类的问题，容易造成线路的故障，甚至停电。因此，架空线路需进行经常维护。其基本措施是巡视检查，以便及时发现及时处理。

① 巡视检查的一般要求　物业小区的架空线路一般要求每月进行一次巡视检查；如遇恶劣天气及发生故障时，应临时增加检查次数。

② 巡视检查的内容。

a. 检查电杆有无倾斜、变形或损坏；查看电杆基础是否完好；

b. 检查拉线有无松弛、破损现象，拉线金具及拉线桩是否完好；

c. 线路是否与树枝或其他物体相接触，导线上是否悬挂风筝等杂物；

d. 导线的接头是否完好，有无过热发红、氧化或断脱现象；

e. 绝缘子有无破损、放电或严重污染等现象；

f. 沿线路的地面有无易燃、易爆或强腐蚀性物体堆放；

g. 沿线路附近有无可能影响线路安全运行的危险建筑物或新建违章建筑；

h. 检查接地装置是否完好，特别是在雷雨季节前应对避雷接地装置进行重点检查；

i. 其他可能危及线路安全的异常情况。

巡视人员应将检查中发现的问题在专用的运行维护记录中做好记录。对能当场处理的问题应当马上进行处理；对重大的异常现象应报告主管部门迅速处理。

（2）电缆线路维护

① 一般要求　电缆线路大多埋设于地下，维护人员应首先全面细致地了解电缆的走线方向、敷设方式及电缆头的位置等基本情况，一般每季度进行一次巡视检查。如遇大雨、洪水等特别情况，则应临时增加巡视次数。

② 巡视项目的内容

a. 明敷的电缆，应检查其外表有无损伤，沿线的挂钩、支架是否完好；

b. 暗敷的电缆，应检查有关盖板或其他覆盖物是否完好，有无挖掘破坏痕迹；

c. 电缆沟有无积水、渗水现象，是否堆有易燃、易爆物品或其他杂物；

d. 电缆头（中间接头及终端封头）是否完好，有无破损、放电痕迹，有无开裂或绝缘填充物溢出等现象；

　　e. 其他可能危及电缆线路安全运行的问题。

　　巡视检查中发现的问题也应进行记录和及时报告处理。

　　4. 柴油发电机保养

　　① 每半月对发电机进行一次"三级保养"，并记录发电机工作时的有关参数。

　　② 年度保养委托专业公司进行，一般要求报上级公司批准。

　　③ 按规程检查，排烟系统畅通，通风系统、排风、送风扇完好，风量畅通，机房照明灯完好，应急灯完好。

　　④ 按规定时间检查蓄电池液位，如液位不够，加电解液，测量密度及时充电，并做记录。

　　⑤ 按规定时间拆空气、机油、柴油滤清器，用汽油进行清洗，并除尘；检查机油的油质，如混浊、变质应更换。

　　⑥ 按规定时间更换水箱的冷却水，测量发电机的绝缘电阻。

　　⑦ 按规定时间清洁机房地面、墙壁，做到机组无油污、无渗漏。

　　⑧ 在遇台风、火灾、暴雨、地震时，执行相应紧急措施。

　　⑨ 各项维修保养记录齐全，并归档保存。

　　⑩ 配备专业技术人员操作、运行和保养。

三、电气照明的常见故障与维护

　　照明装置不正常运行极易被发现，如开灯不亮，电灯突然熄灭。从电源配电箱，经过熔断器、开关线路，接到每个灯都需要进行检查维修，如日光灯镇流器声音增大；拉线开关的拉绳易磨损；拉线灯泡离易燃物距离太近，易发生火灾；闸刀开关因过负荷高热至发红；灯泡受外力破碎等。

　　照明装置故障与其他用电设备相同，大体分为以下3种。

　　1. 短路

　　照明线路发生短路时，由于短路电流很大，若熔丝不及时熔断，可能烧毁电线或电气设备，甚至引起火灾。造成短路的原因：一般由接线错误而引起相线（火）与中线（地）直接相连；因接触不良而导致接头之间直接短接；因接线柱松动，而引起连线；在该用插头处图省事，直接将线头插入插孔，造成混线短路；电器用具内部绝缘损坏，致使导线碰触金属外壳引起短路；房屋失修漏水，或室外灯具日久失修，橡胶垫失效漏水，造成灯头或开关受潮，绝缘不良，相通短路；导线受外力损伤，在破损处相连线、同时接地等。

　　2. 断路

　　引起照明线路断线的原因，主要是导线断落、线头松脱、开关损坏、熔丝熔断以及导线受损伤而折断，铝导线连接头因电化学腐蚀造成断路，接线端子受震动松脱等。

　　3. 漏电

　　主要是由于电线或电气设备的绝缘因外力损伤，长期使用绝缘发生老化，受到潮气侵袭或被污染导致绝缘不良等。照明线路发生漏电时，不但浪费电力，不点灯电能表也可能走字，更重要的可能会引起电击事故。漏电与短路仅是程度上的差别，严重的漏电即会造成短路，因此，应将漏电看成短路的前兆，对漏电切不可漠然视之，所以要定期检查照明线路的绝缘情况，尤其是当发生漏电现象后，应立即查找故障点及漏电原因，对症处理，尽早消除。

【复习思考题】

　　1. 交流电与直流电的区别有哪些？为什么交流电获得广泛的应用？

　　2. 三相正弦交流电的相电压、线电压的关系是怎样？交流电的有效值和最大值、瞬时值的关系是怎样？

3. 电力变压器的工作原理是什么？其在电力系统中的作用是什么？
4. 三相异步电动机的调速方法有哪些？其调速原理和特点是怎样？
5. 简述电力系统的构成及其各部分的作用。
6. 电力负荷是如何分级的？各级负荷对供电电源有何要求？
7. 高层建筑应如何进行供电？
8. 在何种情况下线路宜采用架空敷设？在何种情况下宜采用电缆敷设？
9. 简述物业小区的变配电电路的构成及其各部分的作用。
10. 低压配电系统的保护装置有哪些？各有什么作用和特点？
11. 供配电系统应如何进行档案管理？如何区分供电系统的产权分界？
12. 供电设备在运行中如发现问题，应如何处理？
13. 供电设备养护的目的是什么？在日常中应如何进行养护？

第八章 电　　梯

【学习目标】

通过本章学习，了解电梯的分类及其基本构造；熟悉电梯的基本工作原理；理解自动扶梯的基本构造；掌握电梯日常运行维护与管理技能。

【本章要点】

1. 电梯的各种操控方式的特点。
2. 电梯的工作原理。
3. 电梯的运行检查要求。
4. 电梯的维护管理动作的执行标准。

第一节　电梯的基本知识

电梯是指用电力拖动的轿厢沿铅垂方向或与铅垂方向倾斜角不大于15°，在刚性井道之间运送乘客或货物的固定设备。电梯被广泛应用于住宅、办公楼、宾馆、商场、医院和工厂等场所。然而，由于电梯是较为复杂的机电结合体，技术含量很高，而且其运行的安全性直接关系到乘载者的人身安全，因而，确保电梯运行安全就显得尤为重要。

一、电梯的分类和组成

1. 按用途分类

（1）乘客电梯　为运送乘客而设计的电梯，必须有十分安全可靠的安全装置。乘客电梯适用于宾馆、大厦、写字楼等高层建筑，是运送人员上下楼必不可少的交通工具。乘客电梯的基本功能为：关门保护、轿厢位置自动显示、自动平层、自动开关门、超速保护、超载报警、超载停止、轿厢内应急照明、运行次数自动记录、满载直驶、断错相自动保护、顺向截梯反向记忆、轿厢内外指令登记、轿厢无人照明及风扇自动关闭、消防等功能。

（2）载货电梯　主要是为运送货物而设计的，通常有人伴随的电梯，有必备的安全保护装置。载货电梯适用于工厂、商场、仓库等场所，主要用于运送货物上下楼，并可搭载随行工作人员，是搬运工作的最佳搭档，使繁重的货物搬运工作变得轻松而快捷。载货电梯的基本功能是轿厢位置自动显示、超速保护、轿厢内应急照明、运行次数自动记录、断错相自动保护、轿厢内外指令登记、轿厢警铃。

（3）客货梯　主要是用于运送乘客，但也可以运送货物的电梯。它与乘客电梯的区别在于轿厢内部装饰结构和使用场合不同。

（4）病床电梯　为运送医院病人及其病床而设计的电梯，其轿厢具有相对窄而长的特点。

（5）住宅梯　供住宅楼使用的电梯，装饰较简单，也必须具有电梯所具有的安全保护装置。

（6）杂物电梯　供图书馆、办公楼运送图书、文件，饭店运送食品等使用的电梯。这种电梯绝不允许人员进入，为防止人员进入轿厢，轿厢内部尺寸必须小到人无法进入。

（7）消防梯　火警情况下能供消防员用的电梯，非火警情况下可作为一般客梯或客货梯使用。

(8) 船舶电梯　专用于船舶上的电梯，能在船舶正常摇晃中运行。

(9) 观光电梯　轿厢壁透明，供乘客游览观光建筑物周围外景的电梯。

(10) 汽车电梯　运送汽车的电梯，其特点是大轿厢、大承重量，常用于立体式车场及汽车库等场所。

2. 按驱动方式分类

(1) 交流电梯　用交流感应电动机作为驱动力的电梯。根据拖动方式又可分为交流单速、交流双速、交流调压调速、交流变压变频调速电梯等。

(2) 直流电梯　用直流电动机作为驱动力的电梯。这类电梯的额定速度一般在 2.00m/s 以上。

(3) 液压电梯　一般利用电动泵驱动液体流动，由柱塞使轿厢升降的电梯。

(4) 齿轮齿条电梯　将导轨加工成齿条，轿厢装上与齿条啮合的齿轮，电动机带动齿轮旋转使轿厢升降的电梯。

(5) 螺杆式电梯　将直顶式电梯的柱塞加工成矩形螺纹，再将带有推力轴承的大螺母安装于油缸顶部，然后通过电动机经减速机（或传动带）带动螺母旋转，从而使螺杆顶轿厢上升或下降的电梯。

(6) 直线电动机驱动的电梯　其动力源是直线电动机。

3. 按速度分类

电梯无严格的速度分类，我国习惯按下述方法分类。

(1) 低速梯　常指速度低于 1.00m/s 的电梯。

(2) 中速梯　常指速度在 1.00～2.00m/s 的电梯。

(3) 高速梯　常指速度大于 2.00m/s 的电梯。

(4) 超高速梯　速度超过 5.00m/s 的电梯。

随着电梯技术的不断发展，电梯速度越来越高，区别高、中、低速电梯的速度限值也在相应地提高。

4. 按电梯有无操纵人员分类

(1) 有操纵人员电梯　电梯的运行方式由专职操纵人员操纵来完成。

(2) 无操纵人员电梯　乘客进入电梯轿厢，按下操纵盘上所需要去的层楼按钮，电梯自动运行到达目的层楼。这类电梯一般具有集选功能。

(3) 有/无操纵人员电梯　这类电梯可变换控制电路，平时由乘客操纵，如遇客流量大或必要时改由操纵人员操纵。

5. 按操纵控制方式分类

(1) 手柄开关操纵　电梯操纵人员在轿厢内控制操纵盘手柄开关，实现电梯的启动、上升、下降、平层、停止的运行状态。

(2) 按钮控制电梯　这是一种简单的自动控制电梯，具有自动平层功能，常见有轿厢外按钮控制、轿厢内按钮控制两种控制方式。

(3) 信号控制电梯　这是一种自动控制程度较高的有操纵人员电梯。除具有自动平层、自动开门功能外，尚具有轿厢命令登记、层站召唤登记、自动停层、顺向截停和自动换向等功能。

(4) 集选控制电梯　这是一种在信号控制基础上发展起来的全自动控制的电梯，与信号控制的主要区别在于能实现无操纵人员操纵。其主要特点是把轿厢内的选层信号和各层外呼信号集合起来，自动决定上、下运行方向顺序应答。这类电梯必须在轿厢上设置称重装置，以免电梯超载。轿门上须设有保护装置，防止乘客出入轿厢时被轧伤。

(5) 并联控制电梯　2~3台电梯的控制线路并联起来进行逻辑控制，共用层站外召唤按钮，电梯本身都具有集选功能。

两台并联集选控制组成的电梯，基站设在大楼的底层，当一台电梯执行指令完毕后，自动返回基站。另一台电梯在完成其所有任务后，就停留在最后停靠的层楼作为备行梯。备行梯是准备接受基站以上出现的任何指令而运行的。基站梯可优先供进入大楼的乘客服务，备行梯主要应答其他层楼的召唤。当重新出现召唤指令时，备行梯首先应答、启动、运行，当备行梯运行后又出现召唤信号时，基站梯则接受信号启动出发。三台并联集选组成的电梯，有两台电梯作为基站梯，一台为备行梯。

(6) 群控电梯　这是用微机控制和统一调度多台集中并列的电梯。群控有以下两种主要控制方式。

① 梯群的程序控制　控制系统按预先编制好的交通模式程序集中调度和控制，如将一天中的客流分成上行客流量高峰状态、客流量平衡状态、下行客流量高峰状态、上行客流量较下行大的状态、下行客流量较上行大的状态、空闲时的客流量状态，电梯工作中按照当时客流量情况，以轿厢的负载、层站的召唤频繁程度，运行一周时间间隔等为依据，自动选择或人工变换管制程序。如在上行高峰期，对电梯实行下行直驶控制等。

② 梯群智能控制　智能控制电梯有数据的采集、交换、存储功能，还有进行分析、筛选、报告的功能。控制系统可以显示出所有电梯的运行状态，通过专用程序可分析电梯的工作效率、评价电梯的服务水平。计算机根据当前的客流情况，自动选择最佳的运行控制程序，是目前最先进的电梯控制系统。

6. 其他分类方式

(1) 按机房位置分类，则有机房在井道顶部的（上机房）电梯、机房在井道底部旁侧的（下机房）电梯以及有机房在井道内部的（无机房）电梯。

(2) 按轿厢尺寸分类，则经常使用"小型"、"超大型"等抽象词汇表示。此外，还有双层轿厢电梯等。

7. 特殊电梯

(1) 斜行电梯　轿厢在倾斜的井道中沿着倾斜的导轨运行，是集观光和运输于一体的输送设备。特别是由于土地紧张而将住宅移至山区后，斜行电梯发展迅速。

(2) 立体停车场用电梯　根据不同的停车场可选配不同类型的电梯。

(3) 建筑施工电梯　这是一种采用齿轮齿条啮合方式（包括齿传动与链传动，或采用钢丝绳提升），使吊笼做垂直或倾斜运动的机械，用以输送人员或物料，主要应用于建筑施工与维修，还可以作为仓库、码头、船坞、高塔、高烟囱的长期使用的垂直运输机械。

二、电梯的基本结构

电梯的基本结构如图8-1所示，电梯中的机械装置通常有轿厢、门系统、导向系统、曳引系统、对重系统及机械安全保护系统等。

1. 轿厢

轿厢是乘客或货物的载体，轿厢是电梯的主要设备之一。在曳引钢丝绳的牵引作用下，沿敷设在电梯井道中的导轨做垂直上、下的快速、平

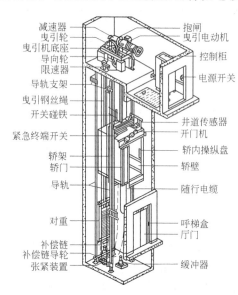

图8-1　电梯基本结构示意图

稳运行。

轿厢由轿厢架及轿厢体构成。轿厢架上、下装有导靴，滑行或滚动于导轨上。轿厢体由厢顶、厢壁、厢底及轿厢门组成。

轿厢门供乘客或服务人员进出轿厢用，门上装有联锁触头，只有当门扇密闭时，才允许电梯启动；而当门扇开启时，运动中的轿厢便立即停止，起到了电梯运行中的安全保护作用。门上还装有安全触板，若有人或物品碰到安全触板，依靠联锁触头作用使门自动停止关闭并迅速开启。

现代电梯轿厢形式较多，但轿厢的设计必须遵照现行电梯设计与制造规范，如 GB 7588—87《电梯制造与安全示范》。高层建筑的客梯对轿厢的要求较为严格，轿厢内设有空调通风设备、照明设备、防火设备、减震设备等，使轿厢安静、舒适、豪华。轿厢内的电气控制装置完备无缺，主令控制器、指层信号灯、急停开关、警铃及对讲机等，设计合理、美观大方。

2. 门系统

门系统是由电梯门（厅门和厢门）、自动开门机、门锁、厅门联动机构及门安全装置等构成。

电梯门由门扇、门套、门滑轮、门导轨架等组成。厢门由门滑轮悬挂在厢门导轨架上，下部通过门靴与厢门地坎配合；厅门由门滑轮悬挂在厅门导轨架上，下部通过门滑块与厅门地坎配合。

电梯门可分为中分式、旁开式及闸门式等。

电梯门的作用是打开或关闭电梯轿厢与厅站的出入口。

电梯门（厢门和厅门）的开启与关闭是由自动开门机实现的。自动开门机是由小功率的直流电动机或三相交流电动机带动的具有快速、平稳开、关门特性的机构。根据开、关门方式不同，开门机又分为两扇中分式、两扇旁开式及交栅式。现以图 8-2 所示两扇中分式自动开门机为例，说明自动开门机结构。

自动开门机的驱动电动机依靠 V 带驱动开、关门机构，形成两级变速传动，其中驱动轮（曲柄轮）是二级传动轮。若曲柄轮逆时针转动 180°，左右开门杠杆同时推动左、右门扇，完成一次开门行程；当曲柄轮顺时针转动 180°，左右开门杠杆则使左、右门扇同时合拢，完成一次关门行程。

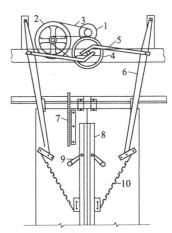

图 8-2 两扇中分式开门机结构简图
1—开、关门电动机；2—二级传动轮；3—V 带；4—驱动轮；5—连杆；6—开门杠杆；7—开门刀；8—安全触板；9—触板活动轴；10—触板拉链

电梯门开、闭时的速度变化可根据使用者的要求设定，只要适当控制驱动电动机（交流或直流），便可以实现满意的开、关门过程。

门锁也是电梯门系统中的重要部件。门锁按其工作原理可分为撞击式门锁及非撞击式门锁。前者与装在厢门上的门刀配合使用，由门刀拨开门锁，使厅门与厢门同步开或闭。非撞击式门锁（位置型门锁）与压板机构配合使用，完成厅门与厢门的同步开、闭过程。

门系统中还有厅门联运机构。厅门是被动门，由厢门带动。但厅门的门扇之间的联运则需要专门设计的联运机构来完成。旁开式厅门联运机构又常常分为单撑臂式、双撑臂式及摆杆式。中分式厅门联动机构常采用钢丝绳式结构。

3. 导向系统

电梯导向系统由导轨架、导轨及导靴等组成。导轨限定了轿厢与对重在井道中的相互位置,导轨架是导轨的支撑部件,它被固定在井道壁上,导靴被安装在轿厢和对重架两侧,其靴衬(或滚轮)与导轨工作面配合,使轿厢与对重沿着导轨上、下运行。电梯导向系统结构如图8-3所示。

4. 曳引系统

曳引系统由曳引机组、曳引轮、导向轮、曳引钢丝绳及反绳轮等组成。

曳引机组是电梯机房内的主要传动设备,由曳引电动机、制动器及减速器(无齿轮电梯无减速器)等组成,其作用是产生动力并负责传送。曳引电动机通常采用适用于电梯拖动的三相(交流)异步电动机。制动采用的是闭式电磁制动器,当电动机接通时松闸,而当电动机断电即电梯停止时抱闸制动。减速器通常采用蜗杆减速器。

曳引轮是具有半圆形带切口绳槽轮,依靠与钢丝绳之间的摩擦力(牵引力)带动轿厢与对重做垂直上下运行。

钢丝绳一方面连接轿厢与对重,同时与曳引轮之间产生摩擦牵引力。

导向轮安装在曳引机机架上或承重梁上,使轿厢与对重保持最佳相对位置。

反绳轮是指设置在轿厢顶和对重顶上的动滑轮及设置在机房的定滑轮,曳引钢丝绳绕过反绳轮可构成不同曳引比的传动方式。

5. 对重系统

对重系统包括对重及平衡补偿装置。对重系统也称重量平衡系统,其构成如图8-4所示。

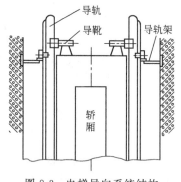

图8-3 电梯导向系统结构

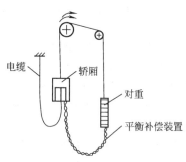

图8-4 对重系统示意图

对重起到平衡轿厢自重及载重的作用,可大大减轻曳引电动机的负担。而平衡补偿装置则是为电梯在整个运行中平衡变化时设置的补偿装置。对重产生的平衡作用在电梯升降过程中是不断变化的,这主要是由电梯运行过程中曳引钢丝绳在对重侧和在轿厢侧的长度不断变化造成的。为使轿厢侧与对重侧在电梯运行过程中始终都保持相对平衡,就必须在轿厢和对重下面悬挂平衡补偿装置。

6. 机械安全保护系统

电梯安全保护系统分为机械系统和电气系统。机械系统中的典型机械装置有机械限速装置、缓冲装置及端站保护装置等。

限速装置由限速器与安全钳组成。限速器安装在电梯机房楼板上,在曳引机的一侧,安全钳则是安装在轿厢架上底梁两端。限速器的作用是限制电梯运行速度超过规定值。图8-5示出了立轴离心式(也称甩球式)限速器结构及工作原理。

例如,当电梯超速下降时,限速器甩球离心力增大,通过拉杆和弹簧装置卡住绳轮,限制了钢丝绳的移动。但由于惯性作用轿厢仍会向下移动,此时钢丝绳就会把拉杆向上提起,通过传动装置再把轿厢两侧的安全钳提起,卡住导轨,禁止轿厢再移动。

缓冲器安装在电梯井道的底坑内，位于轿厢和对重的正下方，可参见图8-1。它是电梯安全保护的最后装置，当电梯上、下运行时，由于某种事故原因发生超越终端层站底层或顶层时，将由缓冲器起缓冲作用，以避免轿厢与对重直接冲顶或撞底，保护乘客和设备的安全。

三、电梯的工作原理

虽然电梯的外形和结构多种多样，但其主要组成部分的作用基本相同。如图8-6所示，其工作原理如下：

首先，电梯主要由升降机械的电动机带动曳引轮，驱动曳引钢丝绳与悬吊装置，拖动轿厢和对重在井道内做相对运动，轿厢上升，对重下降；轿厢下降则对重上升。于是，轿厢就在井道中沿导轨上下运行。

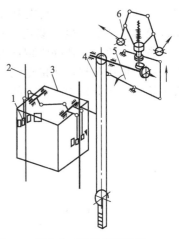

图8-5 甩球式限速器结构及工作原理示意图
1—安全钳；2—轿厢导轨；3—轿厢；
4—钢丝绳；5—钢丝绳制动机构；
6—限速器

其次，电梯的轿厢和对重架两侧装有导靴，导靴从三个方面箍紧在导轨上，以使轿厢和对重在水平方向准确定位。一旦发生运行超速或曳引钢丝绳拉力减弱的情况下，安装在轿厢上（有的在对重上）的安全钳启动，牢牢地把轿厢卡在导轨上，避免事故发生。如果当轿厢和对重的控制系统发生故障时急速坠落，为了避免其与井道地面发生碰撞，在井坑下部设置了挡铁和弹簧式缓冲器，以缓和着地时的冲击。

轿厢与对重能做相对运动是靠曳引绳和曳引轮间的摩擦力来实现的。以下是两种常用的绕绳方式。

① 在曳引比为1：1的电梯中，钢丝绳的一端连在轿厢的绳头上，另一端通过导向轮连在对重架的绳头板上，如图8-7所示。

② 在曳引比为2：1的电梯中，钢丝绳的一端垂直下降，绕过轿厢顶轮后，连到井道顶部的绳头板上。另一端通过导向轮垂直下降，绕过对重架顶轮，连到井道顶部的另一个绳头板上，如图8-8所示。

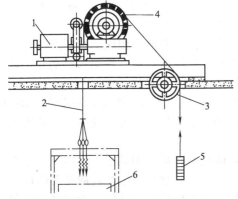

图8-6 电梯工作原理示意图
1—电动机；2—曳引钢丝绳；3—导向轮；
4—曳引轮；5—对重；6—轿厢

四、自动扶梯

自动扶梯是设置在建筑物层间，可连续运载人员的输送机械，广泛用于车站、码头、商场、机场和地下铁道等人流集中的地方。1900年，巴黎国际博览会展出的一台阶梯状动梯是现代自动扶梯的雏形。以后，自动扶梯在各国得到迅速发展。自动扶梯由梯路（变型的板式输送机）和两旁的扶手（变形的带式输送机）

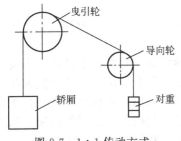

图8-7 1：1传动方式

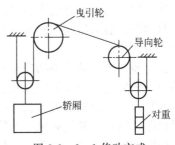

图8-8 2：1传动方式

组成，如图8-9所示。其主要部件有梯级（四轮小车）、牵引链条及链轮、导轨系统、主传动系统（包括电动机、减速装置、制动器及中间传动环节等）、驱动主轴、梯路张紧装置、扶手系统、梳板、扶梯骨架和电气系统等。梯级在乘客入口处做水平运动（方便乘客登梯），以后逐渐形成阶梯；在接近出口处阶梯逐渐消失，梯级再度做水平运动。这些运动都是由梯级主轮、辅轮分别沿不同的梯级导轨行走来实现的。

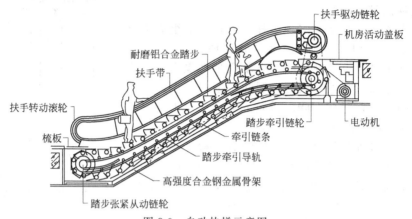

图8-9　自动扶梯示意图

（1）梯级　梯级也称为梯级踏板，梯级是特殊结构形式的四轮小车，有两个主轮和两个辅轮。主轮与曳引链铰接在一起。而辅轮不与曳引链连接，目的是使梯级全部在轨道上运行，使在自动扶梯上分支的运行时，保持水平，而在下分支运行时，可以倒挂。

（2）曳引链　曳引链是传递牵引力的构件，一台自动扶梯有两根构成闭合环路的曳引链（牵引链条），使用曳引链的驱动装置一般装在上水平直级区段的末端，称端部驱动式。若使用曳引链的驱动装置装在倾斜直线段上、下分支的当中，则称中间驱动式。

（3）驱动装置　驱动装置的作用是将动力传递给梯路系统及扶手系统。一般由电动机、减速器、制动器、传动链条及驱动主轴等组成。按驱动装置的位置又可分为端部驱动装置和中间驱动装置两种。

（4）导轨　导轨的作用是支承由梯级传递来的梯路载荷，保证梯级按一定的规律运动以及防止梯级跑偏等。由主轮和辅轮的全部导轨、反轨、反板、导轨支架及转向臂等组成。

（5）金属骨架　金属骨架的作用在于安装和支承自动扶梯的各个部件、承受各种载荷以及将建筑物两个不同层高的地面连接起来。端部驱动及中间驱动自动扶梯的梯路、驱动装置、张紧装置、导轨系统及扶手装置等安装在金属骨架的里面和上面。

（6）扶手装置　扶手装置是供站立在自动扶梯上的乘客扶手用的，是自动扶梯的重要安全设备。由扶手驱动系统、扶手胶带、栏杆等组成。常用的扶手系统有摩擦轮驱动型和压滚驱动型两种。

（7）张紧装置　张紧装置的作用是能使自动扶梯的曳引链获得必要的张力，以保证自动扶梯能正常运转，同时能补偿曳引链运转过程中的伸长。

（8）制动器　制动器能使自动扶梯在停止运行过程中以匀减速度使其停止运转，并能保持在停止状态。

（9）安全装置　自动扶梯的安全装置一般可分为两大类，一类是必备的安全装置，另一类是辅助的安全装置。必备的安全装置包括工作制动器、紧急制动器、速度监控装置、牵引链条伸长或断裂保护设备、梳齿板保护装置、扶手胶带入口防异物保护装置、梯级塌陷保护装置、裙板保护装置、梯级间隙照明装置、电动机保护、相位保护、急停按钮。辅助的安全装置有辅助制动器、机械锁紧装置、梯级上的黄色边框、裙板上的安全刷等。

第二节　电梯的主要设备

一、曳引设备

（1）曳引机　曳引机是电梯的驱动装置。曳引机包括：

① 驱动电动机　交流梯为专用的双速电动机或三速电动机。直流梯为专用的直流电动机。

② 制动器　在电梯上通常采用双瓦块常闭式电磁制动器。电梯停止或电源断电情况下制动抱闸，以保证电梯不致移动。

③ 减速箱　大多数电梯厂选用蜗杆减速箱，也有行星齿轮、斜齿轮减速箱。无齿轮电梯不需减速箱。

④ 曳引轮　曳引机上的绳轮称为曳引轮，两端借助曳引钢丝绳分别悬挂轿厢和对重，并依靠曳引钢丝绳与曳引轮绳槽间的静摩擦力来实现电梯轿厢的升降。

⑤ 导向轮或复绕轮　导向轮又称抗绳轮。因为电梯轿厢尺寸一般都比较大，轿厢悬挂中心和对重悬挂中心间的距离往往大于设计上所允许的曳引轮直径。因此对一般电梯而言，通常要设置导向轮，以保证两股向下的曳引钢丝绳之间的距离等于或接近轿厢悬挂中心和对重悬挂中心间的距离。

对复绕的无齿轮电梯而言，改变复绕轮的位置同样可以达到上述目的。

（2）限速器　当轿厢运行速度达到限定值时，能发出电信号并产生机械动作的安全装置。

（3）控制柜　各种电子元器件和电器元件安装在一个防护用的柜形结构内，按预定程序控制轿厢运行的电控设备。

（4）电源开关、照明开关。

（5）选层器、极限开关、机械楼层指示器、发电机组等部件要根据电梯规格种类、需要而设置。

二、轿箱设备

（1）操作箱　装在轿厢内靠近轿厢门，用指令开关、按钮或手柄等操作轿厢运行的电器装置。

（2）轿厢内指层灯　设置于轿厢内，客梯一般装在轿厢门上方，货梯一般装在轿厢侧壁，用以显示电梯运行位置和运行方向的装置。

（3）自动门机　装于轿厢顶的前部，以小型的交流、直流、变频电动机为动力的自动开关厢门和厅门的装置。

（4）安全触板（光电装置）　设置在厅门、厢门之间，在厅门、厢门关闭过程中，当有乘客或障碍物触及时，门立刻停止并返回开启的安全装置。载货电梯一般不设此装置。

（5）厢门　设置在轿厢入口的门。

（6）称重装置　能检测轿厢内负载变化状态并发出信号的装置，适用于乘客或货物电梯等。

（7）安全钳　由于限速器作用而引起动作，迫使轿厢或对重装置掣停在导轨上，同时切断控制回路的安全装置。

（8）导靴　设置在轿厢架和对重装置上，使轿厢和对重装置沿着导轨运行的装置。

（9）其他部件　轿顶安全窗、光电保护、超载装置、邻梯指示等部件，要视电梯规格、型号、种类及客户要求而设置。

三、井道设备

（1）轿厢　轿厢是电梯的主要部件，是容纳乘客或货物的装置。

（2）导轨　轿厢和对重在升降运行中起导向作用的组件。

（3）对重装置　设置在井道中，由曳引钢丝绳经曳引轮与轿厢连接，在运行过程中起平衡作用的装置。

（4）缓冲器　当轿厢超过下极限位置时，用来吸收轿厢或对重装置所产生动能的制停安全装置。缓冲器一般设置在井道底坑上。

液压缓冲器是以油为介质吸收动能的缓冲器；弹簧缓冲器是以弹簧形变来吸收动能的缓冲器。

（5）限位开关　该装置是可以装在轿厢上，也可以装在电梯井道上端站和下端站附近，当轿厢运行超过端站时，用于切断控制电源的安全装置。

（6）接线盒　固定在井道壁上，包括井道中间接线盒及各层站接线盒。

（7）控制电缆　电缆两端分别与井道中间接线盒和轿厢内操作箱连接。

（8）补偿链或补偿绳　用于补偿电梯在升、降过程中由于曳引钢丝绳在曳引轮两边的重量变化。

（9）平层感应器或井道传感器　在平层区内，使轿厢地坎与厅门地坎自动对准的装置。

四、厅门设备

（1）厅门　设置在层站入口的封闭门。

（2）厅门门锁　设置在厅门内侧，门关闭后，将门锁紧，同时接通控制回路，使轿厢可运行的机电联锁安全装置。

（3）楼层指示灯　设置在层站厅门上方或一侧，用以显示轿厢运行层站位置和方向的装置。

（4）厅门方向指示灯（限于某些电梯需要）　设置在层站厅门上方或一侧，用以显示轿厢欲运行方向并装有到站声响机构的装置。

（5）呼梯盒　设置在层站门侧，当乘客按下需要的召唤按钮时，在轿厢内即可显示或登记，令电梯运行停靠在召唤层站的装置。

五、装在其他处的部件

对于群控电梯，在消防中心或大厅值班室需设置梯群监控屏。该监控屏能集中反映各轿厢运行状态，可供管理人员监视和控制。

第三节　电梯的管理与维护

电梯如果使用得当，有专人负责管理和定期保养，出现故障能及时修理，并彻底把故障排除掉，不但能够减少停机待修时间，还能够延长电梯的使用寿命，提高使用效果。相反，如果使用不当，又无专人负责管理和维修，不但不能发挥电梯的正常作用，还会降低电梯的使用寿命，甚至出现人身和设备事故，造成严重后果。实践证明，一部电梯的使用效果好坏，取决于电梯制造、安装、使用过程中管理和维修等几个方面的质量。对于一部经安装调试合格的新电梯，交付使用后能否取得满意的效益，关键就在于对电梯的管理、安全检查、合理使用、日常维护保养和修理等环节的质量了。

一、电梯的使用管理

1. 电梯管理应配备专（兼）职的管理人员，开展管理工作

使用部门接收一部经安装调试合格的新电梯后，要做的第一件事就是指定专职或兼职的管理人员，以便电梯投入运行后，妥善处理在使用、维护保养、检查修理等方面的问题。

电梯数量少的单位，管理人员可以是兼管人员，也可以由电梯专职维修人员兼任。

电梯数量多而且使用频繁的单位，管理人员、维护修理人员、操纵人员等应分别由一个以上的专职人员或小组负责，最好不要兼管，特别是维护修理人员和操纵人员必须是专职

人员。

在一般情况下，管理人员需开展以下工作：

① 收取控制电梯厅外自动开关门锁的钥匙，操纵箱上电梯工作状态转移开关的钥匙（一般的载货电梯和医用医床电梯可能没有装设），机房门锁的钥匙等。

② 根据本单位的具体情况，确定操纵人员和维修人员的人选，并送到有合格条件的单位培训。

③ 收集和整理电梯的有关技术资料，具体包括井道及机房的土建资料，安装平面布置图，产品合格证书，电气控制说明书，电路原理图和安装接线图，易损件图册，安装说明书，使用维修说明书，电梯安装及验收规范，装箱单和备品备件明细表，安装验收试验和测试记录以及安装验收时移交的资料和材料，国家有关电梯设计、制造、安装等方面的技术条件、规范和标准等。资料收集齐全后应登记建账，妥为保管。只有一份资料时应提前联系复制。

④ 收集并妥善保管电梯备品、备件、附件和工具。根据随机技术文件中的备品、备件、附件和工具明细表，清理校对随机发来的备品、备件、附件和专用工具，收集电梯安装后剩余的各种安装材料，并登记建账，合理保管。除此之外，还应根据随机技术文件提供的技术资料编制备品、备件采购计划。

⑤ 根据本单位的具体情况和条件，建立电梯管理、使用、维护保养和修理制度。

⑥ 熟悉收集到的电梯技术资料，向有关人员了解电梯在安装、调试、验收时的情况，条件具备时可控制电梯做上下试运行若干次，认真检查电梯的完好情况。

⑦ 做了必要的准备工作，而且条件具备后可交付使用，否则应暂时封存。封存时间过长时，应按技术文件的要求妥当处理。

2. 电梯的交接班制度

对于多班运行的电梯岗位，应建立交接班制度，以明确交接双方的责任，交接的内容、方式和应履行的手续。否则，一旦遇到问题，电梯的使用管理易出现推诿、扯皮现象，影响工作。交接班应明确以下内容：

① 交接班时，双方应在现场共同查看电梯的运行状态，清点工具、备件和机房内配置的消防器材，当面交接清楚，而不能以见面打招呼的方式进行交接。

② 明确交接前后的责任。通常，在双方履行交接签字手续后再出现的问题，由接班人员负责处理。若正在交接时电梯出现故障，应由交班人员负责处理，但接班人员应积极配合。若接班人未能按时接班，在未征得领导同意的情况下，待交班人员不得擅自离开岗位。

3. 电梯日常运行管理

(1) 电梯运行前的注意事项

① 开梯之前认真阅读上一班交班记录，打开厅门时慢慢拨开，弄清轿厢是否在本层后脚才能踏进。

② 进轿厢后，认真检查各控制开关及照明通风是否正常。

③ 用手试安全触板开关、光电开关是否灵敏。

④ 把各开关打成正常位置，选顶层、中间数层及首层来回走一趟，没异常后方投入正常运行。

(2) 电梯运行中的注意事项

① 防止电梯超员、超载运行，随时注意电梯过载保护功能。

② 客梯严禁载货。

③ 严禁装运易燃、易爆、腐蚀、有毒的危险物品。如遇到特殊情况，需经有关安全部门批准，并采取必要安全保护措施。

④ 严禁在厢门、厅门开启的情况下，用检修速度作为正常运行。
⑤ 严禁揿按"检修"、"急停"按钮作为正常行驶中消号。
⑥ 严禁开启轿厢顶安全窗，装运超长物体。
⑦ 不准乘客将身体倚靠厢门、厅门上。
⑧ 轿厢顶部应保持整洁，不得堆放其他杂物。
⑨ 在平层准确度不能满足的情况下，可以用检修速度再平层。
⑩ 严禁以手动厢门的启、闭作为电梯操作控制。
⑪ 行驶时不得突然换向，必须在电梯停止后再换向启动。
⑫ 载货应尽可能稳当地安放在轿厢中间，以免在运行中倾倒，损坏轿厢。
⑬ 运行时如发生突然停电，操纵人员应劝告乘客不要惊慌，应采取安全救护措施，妥善进行处理。

(3) 发生如下故障应立即按"急停"、"警铃"或电话通知维修人员
① 厅门、厢门关闭后，电梯未能正常启动运行。
② 运行速度有显著变化。
③ 行驶方向与指令方向相反。
④ 内选、平层、换速、呼梯和指层信号失灵、失控。
⑤ 有异常声响、较大振动和冲击。
⑥ 超越目的层位置而继续运行。
⑦ 安全钳误动作。
⑧ 轿厢内接触任何金属部分有麻电现象。
⑨ 电气部分因过热而散发焦热的臭味。

(4) 电梯停止运行的操作
① 电梯停止运行前坐梯检查一趟，如有异常及时通知维修工进行修理。
② 查梯无异常后，把梯停在首层，便于次日开梯。
③ 断开所有控制开关及照明开关。
④ 把厅门关好后方可离开。
⑤ 认真做好交班记录。

(5) 扶梯操作
① 开梯前认真阅读上一班的交班记录。
② 认真检查各梯级是否清洁，无异物，梯梳齿是否完好。
③ 开梯时，梯级不得站人。
④ 开梯后，认真检查两遍：扶手带速是否正常，其他部件有无声响。
⑤ 出现问题及时通知维修工，恢复正常后方可投入运行。
⑥ 开梯前坐两趟，感受一下各部件有无异常。
⑦ 关梯时，疏散梯级上的人后方可停机。
⑧ 关梯后，检查旁板、盖板、螺栓是否松脱。如有问题，处理后方可离开。

4. 电梯值班检查
(1) 电梯的值班巡视检查由小区电梯值班员进行。
(2) 电梯值班员须经市劳动局特种操作技能培训后，持证上岗。
(3) 电梯值班员须每天对所辖电梯进行巡视检查，巡视检查内容包括：
① 电梯运行过程与正常状态有无差别。
② 电梯的配套设施是否齐全完好。
③ 电梯机房减速箱是否正常。

④ 电梯钢丝绳外观是否有断丝断股现象。
⑤ 电梯制动器是否可靠制动，紧固件是否松动。
⑥ 电梯维修保养工作是否留有缺陷。
⑦ 电梯电动机运转是否正常。
⑧ 呼梯、选层、指示装置、对讲电话是否正常。
⑨ 减速箱油位、温升是否正常。
⑩ 有无异声、异味现象和底坑水浸现象等。
（4）电梯的巡视检查后须认真填写《小区电梯值班巡视检查记录表》，包括下述内容：
① 电梯维修保养人员的主要工作内容阐述。
② 电梯维修保养人员的人数名单。
③ 电梯维修保养更换的主要零部件。
④ 故障处理跟踪记录。
⑤ 困人解救情况。
⑥ 交待下一班的主要任务。
⑦ 电梯卫生状态等。
（5）电梯值班人员困人解救后，须填写《困人统计表》。
5. 电梯机房管理
机房为电梯的心脏部位，为保障电梯安全可靠的运行，应加强对机房的管理。
① 机房内照明应保持完好，线路整齐，无临时接线。
② 机房内应保持环境清洁，通风良好，门窗完好。
③ 机房内应备有灭火器，放置在易取处。
④ 机房钥匙由专人保管，任何无关人员不得进入机房。
⑤ 严禁在机房内吸烟。
⑥ 每日对机房内的设备进行一次检查，确保设备运行正常。
⑦ 做好机房的记录（含《检查记录》、《维修记录》）。
⑧ 在台风、暴雨来临之前，做好机房的防风、防雨准备，并在风雨过后，及时进行检查。

二、电梯的维护管理

1. 电梯运行检查
（1）巡回检查　由值班运行人员在开启电梯后、停梯前及交接班时进行。主要检查电梯开闭是否正常、指示信号是否齐全等。若有异常应及时报告，若发现有危及安全的隐患应及时采取措施，防止事故。
（2）日检　由维修工进行。主要是检查易磨损和易松动的外部零件，必要时进行修理、调整和更换，如发现重大损坏时，应立即报告主管负责人设法处理。日检不能用巡检代替，日检的具体内容为：
① 用检查手锤检查各部分的连接零件如螺栓、螺钉、销轴等是否松动。
② 监听检查蜗轮的啮合情况，检查减速器的油标并观察是否有漏油情况。
③ 检查制动器的工作状况，如制动轮、闸瓦、传动杠杆等是否正常，间隙是否合理。
④ 检查各转动部分的稳定性，如轴承是否震动、地脚螺栓是否松动等。
⑤ 检查轿厢顶轮、导向轮、对重轮的转动情况，检查绳头装置是否正常等。
⑥ 检查限速器、安全钳杠杆的连接和润滑情况。
⑦ 检查曳引钢丝绳有无磨损、断丝的绳股，并做好记号。
⑧ 检查厅门、厢门的安全联锁装置。

⑨ 机房不准搁放长形杆件或其他不稳固物体，防止砸伤机件或卡死传动部分。

(3) 周检　电梯的周检由电梯维修工进行。周检除包括日检内容外，还要进行一次主要部位更细致的检查和必要的维护，保证其动作的可靠性和工作的准确性。重点检查以下各项：

① 检查制动器主弹簧和制动臂有无裂纹，调整闸瓦间隙，紧固连接螺栓。

② 检查各种安全保护装置，如门的联锁装置、限位开关、极限开关、限速器、安全钳、缓冲器的动作及连接情况。

③ 检查曳引钢丝绳在曳引槽内的情况，检查曳引轮的螺栓轴承。

④ 检查安全钢丝绳、极限开关钢丝绳的连接情况。

⑤ 检查并调整补偿装置。

⑥ 检查轿厢内各项设施的完好性和可靠性。

⑦ 检查并调整电梯平层的准确性。

(4) 月检　电梯的月检由维修工进行，除周检内容外，还要对电梯各安全装置和电气系统进行检查、清洁、润滑和必要的调整。重点注意：

① 仔细检查制动器和安全保护装置，调好闸瓦与制动轮间隙。

② 检查轿厢顶轮、导向轮滑动间隙。

③ 检查井道设施，如导轨、导靴、对重等，并对导轨涂润滑油。

④ 检查自动门系统。

(5) 季检　季检必须由有经验的技术人员和维修人员共同进行，除月检内容外，重点注意：

① 重新拧紧全部紧固螺栓。

② 检查蜗杆减速器的密封是否失效，对各部位补充润滑油。

③ 检查曳引轮和曳引钢丝绳，调整受力不均的绳股。

④ 调整导靴间隙。

⑤ 检查调整超载限制装置。

⑥ 检查联轴器弹性圈的磨损和变形情况，更换已损坏或即将损坏的弹性圈。仔细检查电动机轴和蜗杆轴的同轴度，必要时放松电动机地脚螺栓，用垫片调整。

⑦ 检查接触器、继电器、行程开关的触头和动作机构，清扫元件上的灰尘、油污。

(6) 年检　电梯在运行一年后进行一次全面的技术检查，由有经验的技术人员负责。年度检查应拆洗减速器、限速器，更换润滑油。对于过度伸长的牵引钢丝绳应当及时剪切。经过技术检查后电梯应按劳动局年检程序进行调整试车。

凡较长时间置放不用（1个月以上）的电梯，应每周开启电梯空载上下运行数次，以保证各部件灵活，防止零件锈死，避免电器受潮。每年检查一次电气设备的绝缘程度，应符合《电力传动控制站技术条件》中的规定。

2. 电梯维修保养

(1) 机房内维修保养

① 机房通风良好，温度不得超过5～40℃，相对湿度不大于85%（在25℃时），保证没有雨水浸入的可能。

② 机房的干粉灭火器应保持正常压力。

③ 机房的《电梯困人求援规程》及《电梯机房管理规定》等制度齐全，并挂于明显处。

④ 轿厢平层标志应用白漆标在主钢丝上，使其清晰可见（以利于紧急求援用）。

⑤ 机房门锁良好，告示牌清晰挂于显眼处。

⑥ 机房照明、电源插座要保持良好。

⑦ 机房不得住人、存放杂物等，应保持清洁，不得有明显灰尘。

⑧ 曳引轮对铅垂线的偏差不大于 2.0mm，曳引轮绳槽与导向轮绳槽平行度偏差不大于 1.0mm。

⑨ 限速器绳槽、轴套、轴及钢丝绳的磨损在允许范围内（参照 GB 5972—86），运行时应无异常声音。

⑩ 限速器开关灵活可靠：限速器安全开关动作时，能使电梯可靠地停止运行。

⑪ 曳引轮或盘车手轮处标出的升降方向应明显清楚。曳引轮、导向轮、盘车手轮、限速器轮上的黄色油漆应明显，不得掉色。

⑫ 各轴承应灵活，运行时应无异常声音，温度应不高于 80℃（注油轴承应保持油量饱满），工作 2500~3000h 后更换新油。

⑬ 电气设备金属外壳必须保持良好的保护性接地。

⑭ 错相、断相保护器应正常，如有错、断相发生，电梯应不能动作。电动机的短路、过载保护应可靠。

⑮ 制动器制动时闸瓦应紧密地贴合在制动轮的工作表面上；当松闸时，两侧闸瓦应同时离开制动轮表面，应在整个接触面上均匀分布，其间隙不大于 0.7mm；制动轮表面不得有油污、杂物；闸瓦磨损超过厚度的 1/4，螺钉头露出及闸瓦有油时应更换。各销钉、开口销卡簧、联轴器螺栓等无松动、脱落。

⑯ 轿厢以额定速度空载上行至行程上部范围内，突然断电，轿厢应能完全停止。

⑰ 电梯求援的手动松闸杆、手动盘车操作装置，应齐全并挂于墙上，不得作他用。

⑱ 曳引轮绳槽磨损在离 V 形槽底部 45mm 时应更换或重车。

(2) 井道与轿厢部分的维修保养

① 上、下极限限位开关灵活可靠。

② 绳头组合固定应符合 GB 7588—2003《电梯制造与安装安全规范》的规定。

③ 各根钢丝绳张力与其平均张力之差不大于 5%，钢丝绳磨损达到报废标准，需及时报废更新。

④ 对重块板固定坚固，对重铁不得有锈。

⑤ 安全钳联动机构各部件应灵活、活动正常，钳块斜块与路轨之间的距离为 (5±0.5)mm。

⑥ 轿厢顶固定照明应正常，轿厢顶非自动复位的急停开关应正常，轿厢顶检修操纵开关应正常。

⑦ 平层精确度：$v \leqslant 2.5$m/s，应在 ± 15mm 内。

⑧ 轿厢安全窗应灵活，且安全窗开关动作可靠。

⑨ 每一层厅门机械电气联锁装置动作可靠，只有当机械锁定后，电气才能接通。断开任何一层厅门的电气联锁开关、厢门电气联锁开关，电梯要可靠地停止运作。

⑩ 厢门的安全触板及光电保护动作应灵活可靠，当有物体挡住门时，门会自动返回。

⑪ 轿厢内告示牌应明显清洁；报警装置功能正常，随时能和消防中心机房正常通话；排风机要保证轿厢内空气流通；照明不得有不亮的光管；紧急照明功能正常。

⑫ 指令、召唤、选层、定向等装置应准确无误，声光信号应正确，开关门按钮功能正常。

(3) 底坑内维修保养

① 补偿链运行时无碰撞，两端应牢固固定，二次保护要可靠。

② 底坑急停开关的开关方向要明确，红色标注正确，且运行可靠。

③ 随行电缆固定可靠，不得打结、扭转、破损等。

④ 液压缓冲器油量应充足，无锈死现象，缓冲器安全开关运行可靠。
⑤ 限速器张紧轮安全开关应运行可靠。
⑥ 井道底坑无积水、杂物等。
⑦ 各种安全开关不得使用焊接固定，但应安装牢固。
⑧ 超载报警装置，在空载状态下手动试验时，功能应正常，自动门机应不关闭。

【复习思考题】

1. 电梯按驱动方式分为哪几类？
2. 电梯的操控方式有哪几类？集选控制是如何进行操控的？
3. 群控电梯的操控是如何进行的？
4. 电梯由哪几大部分构成？各包括哪些器件？
5. 电梯的轿厢是如何实现升降的？为什么要装设对重平衡系统？
6. 自动扶梯的结构由哪几部分组成？其中安全装置包括哪些？
7. 为什么必须重视电梯的保养？
8. 电梯的管理人员应开展哪些管理工作？
9. 电梯的交接班工作是如何进行的？
10. 电梯的机房应如何进行管理？
11. 电梯管理人员对电梯每日应检查哪些部分？

第九章 建筑消防系统

【学习目标】

通过学习，认识物业小区消防系统的组成与功能，掌握消火栓、自动喷水灭火系统的工作原理、组成及特点，了解其他常用灭火系统的特点，掌握火灾自动报警系统的原理与常用设备，掌握建筑防火排烟的形式及设备，掌握建筑消防系统的维护与管理要求。

【本章要点】

建筑消防系统的组成与结构；室内消火栓给水系统的组成、布置要求；自动喷水灭火系统的分类和基本功能；火灾自动报警系统的原理与常用设备；高层建筑防火排烟的形式及设备部件；建筑消防系统的管理与维护。

第一节 建筑消防系统概述

一、建筑火灾的成因及特点

火灾是失去控制的燃烧所造成的灾害。当存在可燃物质，又存在可供燃烧的热源及助燃氧气或氧化剂，便可构成火灾形成的充分条件。建筑物的火灾对人们生命及财产造成了严重的危害。了解建筑火灾的形成原因及特点，有助于人们加深对消防系统的认识，也有利于消防系统的不断完善与发展。

1. 建筑火灾的成因

造成火灾的原因，不外乎以下几方面：

（1）人为因素　人为造成的火灾是建筑火灾中最常见的。工作中的疏忽大意，往往是火灾的直接原因。如：明火作业时的野蛮操作；无视操作规程带电作业，产生电火花；乱拉临时电线，超负荷用电，电器使用不当；吸烟乱扔烟头、火柴梗等都可能引发火灾。人为故意纵火更是最直接的原因。

（2）电气事故　用电设备多，用电量大，电气设备质量不好，安装不当，老化且维护不及时，绝缘破损引起线路短路，防雷、避雷接地不合要求等都是造成火灾的隐患。

（3）可燃物的引燃　建筑火灾的可燃物可分为可燃气体、可燃液体及可燃固体。

可燃气体包括如煤气、石油液化气等燃料气体和其他的可燃气体。这些气体一旦泄漏，与空气混合后形成混合气体，当浓度达到一定值时，遇到明火就会爆炸，形成火灾。可燃液体在低温下，其蒸气与空气混合达到一定浓度时，遇明火就会出现闪燃现象，闪燃是燃爆、爆炸的前兆。一般来说，可燃固体被加热达到其燃点温度时，遇明火才会燃烧。但是有些物质具有自燃现象，当其受热温度达到一定值时，会分解出可燃气体，放出少量热能。当温度继续升高，热能急剧增加，此时即使隔绝外界热源，其自身放出的热能也能达到自燃点，产生自燃现象。此外还有一些易燃易爆化学品，即使常温下也会自燃或爆炸，这些物品都是火灾的隐患。

上述各种原因都会引发火灾，但只要人们对火灾高度重视并严加防范，也是完全可避免的。

2. 建筑火灾燃烧过程

火灾过程可以分为阴燃、爆燃、熄灭3个阶段。

在阴燃阶段，室内温度升高，伴随着可燃物的烟雾与空气混合，遇明火产生起火点。这是火灾早期报警的最好时刻，若及时采取有效的灭火措施，实现早期灭火，损失较小。

随着室内可燃物充分燃烧，火势凶猛，温度急剧上升，形成爆燃。此时室内温度将维持恒定即燃烧热与散失热相平衡。这时是对人与建筑物危害及破坏最大的阶段。随着火的持续燃烧，室内可燃物减少，室内温度逐渐下降，火势将开始衰减，但此时也正是向周围蔓延的最危险时刻。

由于热对流可使可燃物扩散，热辐射可引燃周围物品或建筑物，火可顺着可燃物延伸，若能阻止这些蔓延途径，将火灾控制在局部范围内，就可避免火灾殃及整个建筑物。因此，控制和阻止火灾的蔓延是可能的。

3. 建筑火灾的特点

（1）火势凶猛且蔓延极快　现代建筑，特别是高层建筑楼内布满了各种竖井及管道，犹如一个个烟囱。资料表明，烟囱效应可以使火焰及烟雾垂直腾升，速度达到水平流动速度的5~8倍，且建筑物越高，传播速度也越快。

另外，建筑物内部装修时，常把大量有机材料或可燃易燃物质带进建筑物，一旦着火，遍布各处的可燃材料就会使火灾快速蔓延。为了避免建筑物发生火灾，对于这些火灾的隐患必须引起高度重视，并采取必要措施。

（2）火灾的扑救难度大　高层建筑的火灾扑救难度要比一般建筑大得多。

灭火水枪喷水扬程是有限的，目前使用的登高云梯一般在50m左右。高层建筑多半是裙楼围绕主楼的布局，楼群密集，使消防车难以接近火场和火源，灭火设备的灭火能力和效果相对较差。目前我国还难以大量装备现代化灭火车、大功率泵以及消防直升机等灭火新型设备。外界灭火的难度增大和效果变差，对建筑物内部的自动消防系统和设施提出了更高的要求。因此，消防报警与联动系统是建筑现代化的重要组成部分，占有越来越重要的地位。

（3）楼内的人员和物资疏散困难　现代建筑特别是高层建筑中，人员较密集，有关测试表明，火灾时，烟气流速要比人员与物资的疏散速度快10倍，而且疏散是逆烟火方向，更影响了速度。再加上一旦疏散组织不当，造成人员盲目流动，拥挤混乱，就更增加了疏散难度。因此，在消防系统中必须设有减灾、应急设施，使火灾损失降到最小。

综上所述，应在分析火灾成因，了解火灾燃烧过程，根据建筑火灾特点的基础上，建立、改进和完善消防报警与联动系统及设施，使其针对性强、反应灵敏、工作可靠，达到预期的目的。

二、建筑消防系统的特点和重要性

由于城市现代化的发展，高层建筑越来越多，建筑防火问题日趋重要，尤其是现代高层建筑，建筑面积大，楼层高，投资大，装修复杂（装修中常用的木材、地毯等都是易燃物，火灾隐患多），用电设备种类繁多，功能复杂，如电梯设备、给排水设备、制冷设备、锅炉房用电设备、厨房用电设备、洗衣机房用电设备、空调系统用电设备、消防设备、客房用电设备、电气照明系统以及弱电设备等，用电量大，配电网、电信网等纵横交错。如操作不当或发生过载、短路等都容易引发火灾。这些都对建筑防火提出了更高的要求。因此，除了对建筑物的平面布置、建筑装修材料的选用、机电设备的选型与配置有许多限制条件外，还必须贯彻"以防为主、防消结合"的方针，采用先进的火灾自动报警及自动灭火系统进行报警和扑救，以实现火灾报警早、控制火势与扑救及时和自动化程度高的要求。

高层建筑一旦发生火灾，会比多层建筑更为严重，这是由于高层建筑往往有类似烟囱拔风的作用，所以火势蔓延较快，对于人员和设备的威胁也就更大，救灾的难度也相应增加。

高层建筑的装饰材料大多是化学合成物质，燃烧时放出毒气，对人造成二次伤害，甚至致命。统计资料表明，在高层建筑火灾中因烟气窒息和中毒死亡的人数远远大于被烧死的人数，所以早期报警十分重要，还特别需要自动报警和自动灭火，以期迅速灭火，减少损失，如果没有自动灭火，人们忙乱中逃生的成功率不到15%，如果有自动消防系统及合理的救助则95%以上不会出现伤亡事故。

因此，国家通过各种规范和法规，如《高层民用建筑设计防火规范》和《火灾自动报警系统设计规范》等，对高层民用建筑的自动消防系统实施了强制性的安装要求，并定期检查审验，将民用建筑的自动消防系统提到了法制化的高度。高层建筑自动消防系统主要由两部分组成：火灾自动报警系统和自动灭火系统，本章将在后面的章节里从工程方面介绍火灾自动报警系统和自动灭火系统的组成和部分相关新技术新产品。

三、建筑物高度分界线

根据我国目前普遍使用的登高消防器材的性能，消防车供水的能力，高层建筑的结构状况，并参考国外对高层建筑起始高度划分的标准，规定：

① 高层建筑与低层建筑的高度分界线为24m；
② 超高层建筑与高层建筑的高度分界线为100m。

建筑物高度为建筑物室外地面到墙顶部的高度。

四、建筑消防系统的结构与组成

小区消防系统一般由室外消防设施、室内消防系统、火灾自动报警与联动控制系统、局部特种灭火装置等组成。

1. 室外消防设施

小区室外消防设施主要有消防水池、供水管网、消火栓。

(1) 消防水池　消防水池解决灭火时水的持续供应问题。消防水池不能与小区生活用水蓄水池合用，须单独设置。如果小区附近有天然水体，如河流、湖泊等，水量、水质能满足消防用水要求，也可作为消防水源。也有的小区把游泳池、景观水池兼作消防水池。

小区应设置专用消防储水池，容量应满足在火灾延续时间内消防用水量的要求。延续时间考虑如下：居住区、工厂及难燃仓库应按2h；易燃、可燃物品仓库应按3h；易燃、可燃材料的露天、半露天堆场应按6h。消防用水量：2.5万人以下的小区消防用水标准量可按15 L/s计算，2.5万~5万人的小区则可按25L/s考虑。

消防储水池的消防保护半径不大于150m，池内设取水口，与被保护建筑物的距离不小于5m，也不宜大于100m，要便于消防车取水及消防人员操作，池中吸水高度不超过6m。

(2) 消防供(给)水管网　高层建筑小区应有独立的消防供水管网，在一般的多层建筑小区里，消防供水管网可与生活、生产给水管网结合设置，为保证供水安全可靠，应采用环状管网，但在建设初期可以采用枝状管网。

小区室外的消防供水管网的供水管管径不能小于100mm，专用的小区室外消防供水管管径宜为150mm，以满足消防供水的要求。

(3) 消火栓　在发生火灾时，消火栓既可直接接上消防水带灭火，也是消防车消防用水的取水口。消火栓设在街口、路侧等便于使用的地点，间距不超过120m，一般沿消防供水管每80m左右安设1个。另外，在确定安装位置时，也宜考虑小区室外消火栓平时能够浇洒绿地和冲洗道路。

消火栓距路边不应大于2m，距建筑外墙不应小于5m。地上式消火栓距外墙有困难时，可减少到1.5m，地上式消火栓应有一个直径为100mm和两个直径为65mm的栓口；地下式消火栓应有直径为100mm和65mm的栓口各一个，并应有明显标志，以便使用。宜在小区室外混合布置地上、地下两种消火栓。

2. 室内消防系统

建筑内部的消防系统主要指消火栓系统和自动喷水灭火系统，还包括消防报警系统和一些局部、小型的灭火设施。主要用于控制和扑灭建筑内部初期火灾。消火栓系统是一种低档灭火系统，反应速度较慢，采用自动喷水灭火系统则可大大提高扑灭室内初期火灾的可靠性。

(1) 消火栓系统

① 室内消火栓系统的类型

a. 由室外管网直接供水的室内消火栓系统，常用在建筑物高度不大，室外给水压力和流量完全满足消防要求的场合。

b. 设有屋顶消防水箱的消火栓系统，用于水压变化较大的场合。

c. 设置消防泵和屋顶消防水箱的消火栓系统，用于室外管网供水压力不足的场合。

一个配备完全的消火栓系统由消防泵、消防给水管、消火栓、水龙带、水枪、水箱和水泵结合器组成。发生火灾时，消防人员把水带装上水枪，接入消火栓，打开阀门，利用屋顶水箱和地下水池蓄备的消防水进行灭火。在事先蓄备的消防水用完时，室外消防车通过水泵结合器向室内消火栓系统供水。

② 水泵结合器 水泵结合器安装于建筑物底层，有墙上、地上、地下3种形式，一端与室内消防供水管道相连，另一端伸出室外，供消防车加压用，见图9-1。

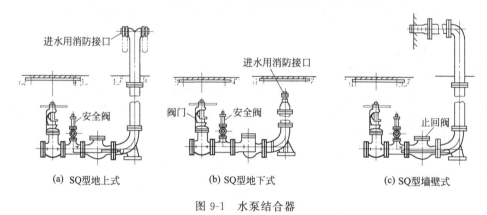

图 9-1 水泵结合器

(2) 自动喷水灭火系统 自动喷水灭火系统是一种固定形式的自动灭火系统，由水源、增压设备、管网系统、喷头、阀门、报警阀及火灾控制系统等组成。其喷头适当分布于建筑物、构筑物内部。在发生火灾时，喷头自动开启灭火，同时发出火警信号，启动消防水泵。

自动喷水灭火系统灭火效率高、水渍损失小，是今后建筑内部消防系统的主要形式。根据其组成构件、工作原理及用途，可以分为湿式系统、干式系统、预作用系统、雨淋系统、水幕系统。其中，自动喷水湿式灭火系统是本章学习重点。

3. 火灾自动报警与联动控制系统

① 组成 火灾自动报警系统是为了早期发现和通报火灾，并及时采取有效措施，控制和扑灭火灾而设置在建筑中或其他场所的一种自动消防设施。一般由火灾探测器、信号传输线路、火灾报警控制器三大部分组成，如图9-2所示。

② 工作过程 火灾探测器通过信号传输线路把火灾产生地点的信号发送给火灾报警控制器，火灾报警控制器将接收到的火灾信号以声、光的形式发出报警，显示火灾信号的位置，并向消防控制设备发出信号，启动有关消防设备，对火灾进行扑救。

③ 联动控制内容 火灾自动报警系统一般均设置联动控制器。当火灾报警后，联动控

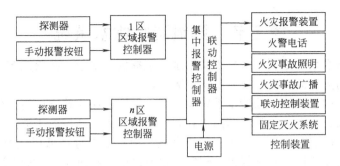

图 9-2 火灾自动报警与联动控制系统

制器停止有关部位的送风机,关闭防火阀,并启动相关部位的防排烟风机、排烟阀;待火灾确认后,关闭有关部位的防火门、防火帘,发出控制信号,强制电梯全部停位于首层,接通火灾事故照明灯和疏散指示灯,自动切断相关部位的非消防电源,按疏散顺序接火灾报警装置和火灾事故广播。

五、其他常用灭火装置

常规的消防系统是上述的各种水系统,但在小区里的一些特殊场合,如变压器房、柴油发电机房、燃油(气)锅炉房等地方,采取水灭火就不合适。在这些地方,一般需要单独设置局部的特种灭火装置。这些装置的种类很多,发展很快,不断有新的类型出现,常用的有以下几种。

1. 水喷雾系统

水喷雾系统是在自动喷水灭火系统的基础上发展起来的,采用特定的喷头将水激发成颗粒极小(20~150μm)的细水雾粒子,通过直接冷却,窒息并通过水蒸气隔离降低火源周围的辐射热来达到灭火的目的。在传统喷水系统不适用的场所都适合。可用于保护贵重设备、变压器室、自备柴油发电机房及其储油间和燃油、燃气锅炉房,也可用于高、低压配电室,重要的电子通信设备机房等场所。

水喷雾系统管路、配件及水泵的工作压力较传统自动喷水系统要高得多,且为避免喷嘴堵塞,对水质要求很高,水量也较大,因而一般只在局部应用。目前,已有成熟的便携式水喷雾灭火器产品。

2. 泡沫灭火系统

泡沫火火系统主要用于扑救可燃易燃液体火灾,它通过在液体表面生成凝聚的泡沫漂浮层,起窒息和冷却作用。传统的水灭火系统加设一个泡沫灭火剂与水的混合器,就成为泡沫灭火系统。泡沫灭火剂所用泡沫有化学泡沫、空气泡沫、氟蛋白泡沫、水成膜泡沫和抗溶性泡沫等。

3. 二氧化碳系统

由于二氧化碳不含水、不导电,所以可以用来扑灭精密仪器和一般电器火灾,以及一些不能用水扑灭的火灾,如小区油浸变压器室、高压电容器室、发电机房、档案室等。

4. 干粉灭火系统

干粉灭火剂(MF)由干粉基料和少量的防潮添加剂如硬脂酸镁及滑石粉等组成。用干燥的二氧化碳或氮气作动力,将干粉从容器中喷出,形成粉雾抑制燃烧。

一般的物业管理工作,很少涉及大型干粉灭火系统。但因干粉灭火剂的灭火范围较广,常在小区配备便携式的干粉灭火器。在使用干粉灭火器灭火时,要注意及时冷却降温,以免复燃。

此外,还有一些局部特种灭火系统,如卤代烷、蒸汽、惰性气体及烟雾灭火系统等。

第二节　建筑消防给水系统

室内消火栓给水系统是利用室外消防给水系统提供的水量，扑灭建筑物中与水接触不能引起燃烧、爆炸的火灾而在室内设置的固定灭火设备。

高、低层建筑的室内消火栓给水系统应有区别，即低层建筑室内消火栓给水系统用于扑灭建筑物内初期火灾，而室外消防车用于扑救室内任何火灾。但由于消防车对高层建筑火灾所起的作用有限，高层建筑灭火必须立足于自救。消防上划分高低层建筑消火栓给水系统，按我国《高层民用建筑设计防火规范》规定：建筑高度不超过10层的住宅及小于24m的其他民用建筑为少层（低层）建筑，否则为高层建筑。

一、室内消火栓系统

1. 设置室内消火栓给水系统的原则

按照我国现行的《建筑设计防火规范》、《高层民用建筑设计防火规范》和《人民防空工程设计防火规范》的规定，下列建筑应设置室内消火栓给水系统：

① 厂房、库房（但对耐火等级为1、2级且可燃物较少的丁、戊类厂房和库房，耐火等级为3、4级且建筑体积不超过3000m³的丁类厂房和建筑体积不超过5000m³的戊类厂房除外）和科研楼（存有与水接触能引起燃烧爆炸物品和不宜设置给水的房间除外）。

② 座位超过800个的剧院、电影院、俱乐部和座位超过1200个的礼堂、体育馆。

③ 建筑体积超过5000m³的车站、码头、机场建筑物以及展览馆、商店、病房楼、门诊楼、教学楼、图书馆等。

④ 超过7层的单元式住宅和超过6层的塔式住宅；通廊式住宅、底层设有商业网点的单元式住宅。

⑤ 超过5层或体积超过10000m³的其他民用建筑。

⑥ 国家级文物保护单位的重点砖木或木结构的古建筑。

⑦ 各类高层民用建筑。

⑧ 使用面积超过300m²，用作商场、医院、展览厅、体育场、旱冰场、舞厅、电子游艺厅的人防工程；使用面积超过450m²，用作餐厅、丙类和丁类生产车间、丙类和丁类物品库房的人防工程以及用作礼堂、电影院和消防电梯间前室的人防工程。

2. 室内消火栓给水系统的组成

消火栓给水系统由水枪、水带、消火栓、消防水喉、消防管道、消防水池、水箱、增压设备和水源等组成。当室外给水管网的水压不能满足室内消防要求时，应当设置消防水泵和水箱。图9-3为少层建筑室内生活、消防合用给水系统。图9-4为高层建筑独立的室内消火栓给水系统。

3. 室内消火栓给水系统类型

室内消火栓给水系统的类型按照高、低层建筑分为少层建筑室内消火栓给水系统和高层建筑室内消火栓给水系统。

（1）少层建筑室内消火栓给水系统分类　按照室外给水管网可供室内消防所需水量和水压情况，少层建筑室内消火栓给水系统有以下三种。

① 无水箱、水泵的室内消火栓给水系统　当室外给水管网所供水量和水压，在任何时候均能满足室内消火栓给水系统所需的水量和水压时，可优先采用这种方式。当选用这种方式且与室内生活（或生产）合用管网时，进水管上若设有水表，则所选水表应考虑通过消防水量能力。

② 仅设水箱不设水泵的消火栓给水系统　这种方式适用于室外给水管网一日间压力变化较大，但水量能满足室内消防、生活和生产用水。这种方式管网应独立设置。

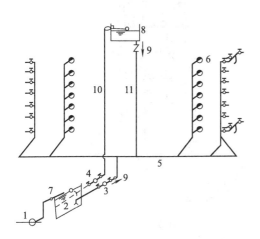 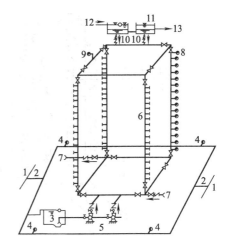

图 9-3 生活、消防合用给水系统
1—室外给水管；2—储水池；3—消防泵；4—生活水泵；
5—室内管网；6—消火栓及消火立管；
7—给水立管及支管；8—水箱；9—单向阀；
10—进水管；11—出水管

图 9-4 高层建筑独立室内消火栓给水系统
1—室外给水管网；2—进户管；3—储水池；4—室外消火栓；
5—消防泵；6—消防管网；7—水泵结合器；
8—室内消火栓；9—屋顶消火栓；
10—单向阀；11—水箱；12—给水；13—生活用水

③ 设有消防泵和消防水箱的室内消火栓给水系统　这种方式适用于室外给水管网的水压不能满足室内消火栓给水系统所需的水压，为保证一旦使用消火栓灭火时有足够的消防水量，而设置水箱储备 10min 室内消防用水量。水箱补水采用生活水泵，严禁用消防泵补水。为防止消防时消防泵出水进入水箱，在水箱进入消防管网的出水管上应设单向阀。

（2）高层建筑室内消火栓给水系统分类

① 高层建筑区域集中的高压、临时高压室内消防给水系统　这种方式的特点是多幢高层建筑室内仅设有独立的消防管网，但共用消防车来保持消防管网所需的水压或火灾报警临时加压保证供应消防用水量。这种方式便于集中管理，适用于高层建筑密集区。

② 分区供水的室内消火栓给水系统　以上几种方式均属于整个建筑内不分区，只设置一个独立的或与生产、生活合用的消火栓给水管网。当建筑高度超过 50m 或消火栓处静水压力超过 800kPa 时，为便于灭火和供水设备安全，宜采用分区供水的室内消火栓给水系统，如图 9-5 所示。

4. 消火栓给水系统设备

（1）消火栓　消火栓是具有内螺纹接口的球形阀式龙头，一端与消防立管相连，另一端与水龙带相接，有单出口和双出口之分，如图 9-6 所示。单出口消火栓直径有 50mm 和 65mm 两种，双出口消火栓直径为 65mm。建筑中一般采用单出口消火栓；高层建筑中应采用 65mm 口径的消火栓。

（2）水龙带　水龙带常用帆布、麻布或输水软管制成，一端与消火栓相连，另一端与水枪相接。水龙带直径有 50mm 和 65mm 两种，长度一般有 15m、20m、25m 和 30m 四种。

（3）水枪　水枪常用铜、塑料、铝合金等不易锈蚀的材料制造，按有无开关分为直流式和开关式两种，室内一般采用直流式水枪。水枪喷嘴直径有 13mm、16mm、19mm 等几种。直径 13mm 的水枪配备直径 50mm 的水龙带，16mm 的水枪配备 50mm 或 65mm 的水龙带，19mm 的水枪配备 65mm 的水龙带。高层建筑消防系统的水枪喷嘴直径不大于 19mm。

消火栓、水龙带、水枪和自动启动消防水泵的按钮均置于消火栓箱中，参见图 9-6。

（4）水泵结合器　水泵结合器是消防车向室内消防给水系统加压供水的连接装置，它的

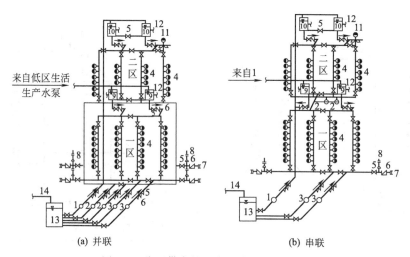

(a) 并联 (b) 串联

图 9-5　分区供水的室内消火栓给水系统

1—生活、生产水泵（一备一用）；2—二区消防泵；3——区消防泵；4—消火栓及远距离启动水泵按钮；
5—阀门；6—止回阀；7—水泵结合器；8—安全阀；9——区水箱；10—二区水箱；11—屋顶消火栓；
12—至生活、生产管网；13—水池；14—来自城市管网

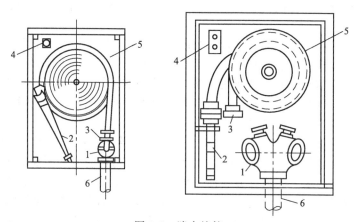

图 9-6　消火栓箱

1—消火栓；2—水枪；3—水龙带接口；4—按钮；5—水龙带；6—消防管道

一端由消防给水管网水平干管接出，与建筑内消火栓给水系统相连，另一端设于建筑物外消防车易于靠近的地方。根据安装位置有地上式、地下式和墙壁式 3 种。

（5）消防储水池　消防储水池可独立设置，也可同生活、生产水池合用，其储水量按建筑物的性质经计算确定。

（6）消防水箱　消防水箱宜与生活、生产水箱合用，以防止水质变坏。水箱内应储存 10min 的室内消防用水量。

消防与生活或生产合用水池、水箱时，应具有保证消防用水平时不被动用的措施。

消防水泵应能满足消防时的水压、水量要求，并设有备用泵。

（7）消防卷盘　消防卷盘是设置在高级旅馆、综合楼和建筑高度超过 100m 的超高层建筑内的重要辅助灭火设备，由口径为 25mm 或 32mm 的消火栓，内径 19mm，长度 20～40m 卷绕在可旋转转盘上的胶管以及喷嘴口径为 6～9mm 的水枪组成。它是供非专业消防人员，如旅馆服务人员、旅客和工作人员使用的简易消防设备，可及时控制初期火灾。

5. 消火栓给水系统的布置要求及用水量

（1）布置要求

① 保证同层有两支水枪的充实水柱（即水枪射流中密实的、有足够力量扑灭火灾的那段水柱）同时到达室内任何部位。只有建筑高度不大于24m且体积不大于5000m³的库房，可采用一支水枪的充实水柱到达室内任何部位。水枪的充实水柱长度应由计算确定，一般不应小于7m，但超过六层的民用建筑、超过四层的厂房和库房内，不应小于10m。

② 合用系统中，消火栓立管应独立设置，不能与生活给水立管合用。

③ 低层建筑消火栓给水立管直径不小于50mm，高层建筑消火栓给水立管直径不小于100mm。

④ 消火栓应设在明显的、易于取用的位置，如楼梯间、走廊、消防电梯前室等处，栓口距安装地面处的高度为1.1m，栓口宜向下或与墙面垂直。

⑤ 同一建筑内应采用相同规格的消火栓、水龙带和水枪。

(2) 用水量　室内消防用水量为同时使用的水枪数量和每支水枪用水量的乘积。根据灭火效果统计，在火灾现场出一支水枪的控制率为40%，同时出两支水枪的控制率为65%。因而初期火灾一般不宜少于两支水枪同时出水，只有建筑物容积较小时才考虑一支水枪。

消防用水与生活、生产用水统一的室内给水管网，当生活、生产用水达到最大用水量时，应仍能保证供应全部消防用水量。

二、自动喷水灭火系统

自动喷水灭火装置是一种当火灾发生后能自动喷水灭火，同时发出火警信号的消防给水设备。这种装置可设在火灾危险性较大、起火蔓延很快的场所，或者容易自燃而无人看管的仓库以及对消防要求较高的建筑物或个别房间，如棉纺厂的原料成品库、木材加工车间、大面积商店、高层建筑及大剧院舞台等。

1. 自动喷水灭火系统分类

自动喷水灭火系统按喷头开闭形式分为闭式自动喷水灭火系统和开式自动喷水灭火系统。前者有湿式、干式、干湿式和预作用自动喷水灭火系统之分，后者有雨淋喷水、水幕和水喷雾灭火系统之分。每种自动喷水灭火系统都有其适用范围，具体见表9-1。

表9-1　各种类型自动喷水系统的适用范围

系统类型		适用范围
闭式系统	湿式自动喷水灭火系统	因管网及喷头中充水，故适用于环境温度为4～70℃的建筑物内
	干式自动喷水灭火系统	系统报警阀后充气，故适用于环境温度低于4℃及高于70℃的建筑物内
	干湿式自动喷水灭火系统	适用于采暖期不少于120天的采暖地区的不采暖的建筑物内
	预作用自动喷水灭火系统	适用于高级宾馆、重要办公楼、大型商场等不允许因误喷而造成水渍损失的建筑物，也适用于干式系统适用的场所
开式系统	雨淋喷水灭火系统	适用于严重危险级的建筑物、构筑物内
	水幕消防系统	可起到冷却、阻火、防火作用，故适用于建筑需要保护或防火隔断部位
	水喷雾灭火系统	喷雾主要起冷却、窒息、冲击乳化和稀释作用，适用于飞机制造厂、电气设备、石油化工等场所

2. 闭式自动喷水灭火系统

(1) 湿式自动喷水灭火系统　湿式自动喷水灭火系统具有自动探测、报警和喷水的功能，也可以与火灾自动报警装置联合使用，使其更加安全可靠。这种系统由于其供水管路和喷头内始终充满有压水，故称为湿式自动喷水灭火系统。湿式自动喷水灭火系统由闭式喷头、管道系统、湿式报警阀、报警装置和供水设施等组成，如图9-7所示。其工作原理如图9-8所示。

湿式自动喷水灭火系统的特点是：结构简单，施工、管理方便；经济性好；灭火速度快，控制率高；适用范围广。系统适用于设置在室内温度不低于4℃且不高于70℃的建筑物、构筑物内。

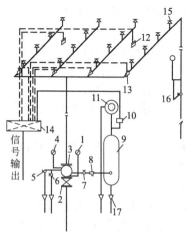
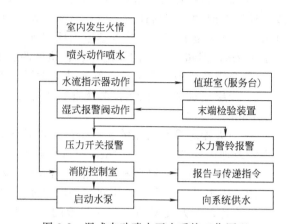

图 9-7 湿式自动喷水灭火系统
1—阀前压力表；2—调节阀；3—湿式报警阀；
4—阀后压力表；5—放水阀；6—试警铃阀；
7—警铃管截止阀；8—过滤器；9—延迟器；
10—压力继电器；11—水力警铃；12—火灾探测器；13—水流指示器；14—火灾报警控制箱；
15—闭式喷头；16—末端检验装置；
17—排水漏斗（或管、沟）

图 9-8 湿式自动喷水灭火系统工作原理

（2）干式自动喷水灭火系统　干式自动喷水灭火系统由闭式喷头、管道系统、充气设备、干式报警阀、报警装置和供水设施等组成，如图 9-9 所示。

平时，干式报警阀前（与水源相连一侧）的管道内充以压力水，干式报警阀后的管道内充以压缩空气，报警阀处于关闭状态。发生火灾时，闭式喷头热敏感元件动作，喷头开启，管道中的压缩空气从喷头喷出，使干式报警阀出口侧压力下降，造成报警阀前部水压力大于后部气压力，干式报警阀被自动打开，压力水进入供水管道，将剩余的压缩空气从已打开的喷头处推出，然后喷水灭火。在干式报警阀被打开的同时，通向水力警铃和压力开关的通道也被打开，水流冲击水力警铃和压力开关，并启动水泵加压供水。干式自动喷水灭火系统工作原理如图 9-10 所示。

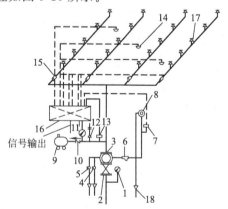
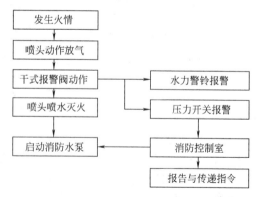

图 9-9 干式自动喷水灭火系统
1—阀前压力表；2—调节阀；3—干式报警阀；4—放水阀；
5—试警铃阀；6—过滤器；7—压力继电器；8—水力警铃；
9—空压机；10—止回阀；11—压力表；12—安全阀；
13—压力开关；14—火灾探测器；15—水流指示器；
16—火灾报警控制箱；17—闭式喷头；
18—排水漏斗（或管、沟）

图 9-10 干式自动喷水灭火系统工作原理

干式自动喷水灭火系统的特点是：报警阀后的管道中无水，不怕冻结，不怕温度高；由于喷头动作后的排气过程，所以灭火速度较湿式系统慢；因为有充气设备，建设投资较高，平常管理也比较复杂、要求高。干式自动喷水灭火系统适用于环境在4℃以下和70℃以上而不宜采用湿式自动喷水灭火系统的地方。

干式自动喷水灭火系统的主要工作过程与湿式自动喷水灭火系统无本质区别，只是在喷头动作后有一个排气过程，这将影响灭火的速度和效果。对于管网容积较大的干式自动喷水灭火系统，设计时这种不利影响不能忽略，通常要在干式报警阀出口管道上，附加一个"排气加速器"装置，以加快报警阀处的降压过程，让报警阀快些启动，使压力水迅速进入充气管网，缩短排气时间，及早喷水灭火。

(3) 干湿式自动喷水灭火系统　干湿式自动喷水灭火系统是干式自动喷水灭火系统与湿式自动喷水灭火系统交替使用的系统。它有一套干、湿式系统都适用的复合式报警阀，即同时装有湿式和干式报警阀。干式报警阀应装在湿式报警阀的上面，当系统的环境温度在4℃及以下时，应为干式系统，其他季节为湿式系统。干湿式自动喷水灭火系统适用于采暖期不少于120天的采暖地区且不采暖的建筑物内，管网应符合干式系统的要求。

干湿式自动喷水灭火系统水、气交替使用，对管道腐蚀较为严重，每年水、气各换一次，管理繁琐，因此，应尽量不采用。

(4) 预作用自动喷水灭火系统　预作用自动喷水灭火系统由火灾探测报警系统、闭式喷头、预作用阀、充气设备、管道系统、控制组件等组成。预作用自动喷水灭火系统的特点是：具有干式自动喷水灭火系统平时无水的优点，在预作用阀以后的管网中平时不充水，而充加压空气或氮气或是干管，只有在发生火灾时，火灾探测系统自动打开预作用阀，才使管道充水变成湿式系统，可避免因系统破损而造成的水渍损失；同时它又没有干式自动喷水灭火系统必须待喷头动作后排完气才能喷水灭火，延迟喷头喷水时间的缺点；另外，系统有早期报警装置，能在喷头动作之前及时报警，以便及早组织扑救。将湿式喷水灭火系统与电子报警技术和自动化技术紧密结合，使该系统更完善和安全可靠，从而扩大了其应用范围。这种系统适用于高级宾馆、重要办公楼、大型商场等不允许因误喷而造成水渍损失的建筑物，也适用于干式系统适用的场所。

(5) 闭式自动喷水灭火系统的主要组件

① 闭式喷头　闭式喷头由喷水口、感温释放机构和溅水盘等组成。闭式喷头在系统中担负着探测火灾、启动系统和喷水灭火的任务，是系统中的关键组件。平时，闭式喷头的喷水口由感温元件组成的释放机构封闭。当温度达到喷头的公称动作温度范围时，感温元件动作，释放机构脱落，喷头开启。

闭式喷头按感温元件的不同，分为易熔元件洒水喷头和玻璃球洒水喷头两种，如图9-11所示。

闭式喷头是用耐蚀的铜质材料制造，喷水口平时被控制器所封闭。喷头的公称动作温度和色标见表9-2。在不同环境温度场所内设置喷头时，喷头公称动作温度应比环境温度高30℃左右。

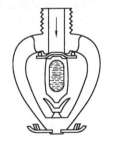

(a) 玻璃球洒水喷头　　(b) 易熔元件洒水喷头

图9-11　闭式喷头

② 报警阀　报警阀是自动喷水灭火系统中控制水源、启动系统和水力警铃等报警设备的专用阀门，其结构如图9-12所示。

表 9-2 喷头的公称动作温度和色标

类别	公称动作温度/℃	色标	接管直径
易熔元件洒水喷头	57~77	本色	DN15
	79~107	白色	DN15
	121~149	蓝色	DN15
	163~191	红色	DN15
玻璃球洒水喷头	57	橙色	DN15
	68	红色	DN15
	79	黄色	DN15
	93	绿色	DN15
	141	蓝色	DN15
	182	紫红色	DN15

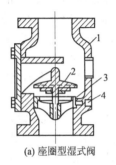
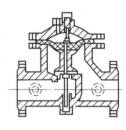

(a) 座圈型湿式阀　　(b) 差动型干式阀　　(c) 隔膜型雨淋阀

图 9-12 报警阀

1—阀体；2—阀瓣；3—沟槽；4—水力警铃接口

湿式阀用于湿式系统，当喷头开启喷水使管路中的水流动时，能自动打开，并使水流进入水力警铃发出报警信号。按结构形式不同有座圈型湿式阀、导阀型湿式阀和蝶阀型湿式阀。

干式阀是干式系统专用阀门，它的阀瓣将阀门分成两部分，出口侧与系统管路和喷头相连，内充压缩空气，进口侧与水源相连。干式阀利用两侧气压和水压作用在阀瓣上的力矩差调节阀瓣的封闭和开启。

我国目前多采用湿式阀和干式阀并联使用的方式作为干湿式报警阀，在充水期（如温暖季节）用湿式阀，在充气期（如寒冷季节）用干式阀。

雨淋阀在自动喷水灭火系统中用于预作用系统，此外还用于雨淋喷水灭火系统、水幕系统和水喷雾系统。雨淋阀可用自动控制系统控制，也可手动控制。

③ 报警控制装置　报警控制装置是在自动喷水灭火系统中起监测、控制、报警的作用，并能发出声、光等信号的装置，主要由控制器、监测器和报警器等组成，其工作原理框图如图 9-13 所示。

3. 开式自动喷水灭火系统

(1) 雨淋喷水灭火系统　雨淋喷水灭火系统在它的保护区内可实现大面积喷水灭火，降温和灭火效果都十分显著。主要适用于需大面积喷水，要求快速扑灭火灾的特别危险场所。

由感烟、感温探测器控制的立式雨淋阀组成的雨淋喷水灭火系统如图 9-14 所示。当系统所保

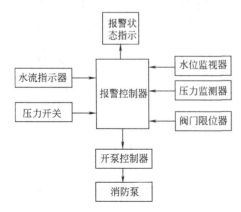

图 9-13 报警控制装置工作原理框图

护的空间发生火灾时，通常感烟探测器先发出火灾报警信号。此时人们观察保护空间若发生了火灾，可稍等感温探测器动作，开启雨淋阀喷水灭火；若是感烟探测器发生误报警，可以制止雨淋阀开启。雨淋阀开启后，水进入雨淋管网，喷头喷水灭火，同时水力警铃发出火警信号。

（2）水幕消防系统　水幕消防系统不能直接扑灭火灾，主要起阻火、隔火及冷却防火隔绝物、防止火灾蔓延的作用。水幕系统是由水幕喷头、管道和调节阀等组成的用以阻火、隔火、冷却简易防火分隔物的一种自动喷水系统。水幕消防系统的组成如图9-15所示。

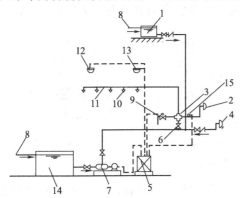

图9-14　感烟、感温探测器控制雨淋喷水灭火系统
1—高位水箱；2—水力警铃；3—雨淋阀；4—水泵结合器；
5—控制箱；6—手动阀；7—水泵；8—进水管；9—电磁阀；
10—开式喷头；11—供水管；12—感烟探测器；
13—感温探测器；14—水池；15—压力开关

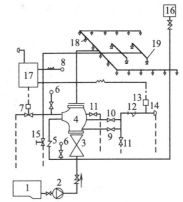

图9-15　水幕消防系统
1—水池；2—水泵；3—供水闸阀；4—雨淋阀；
5—止回阀；6—压力表；7—电磁阀；8—按钮；
9—试警铃阀；10—警铃管道；11—放水阀；
12—滤网；13—压力开关；14—警铃；
15—手动快开阀；16—水箱；17—电控箱；
18—水幕喷头；19—闭式喷头

系统的工作过程与雨淋喷水灭火系统相同。在功能上两者的主要区别是，水幕喷头喷出的水形成水帘状，因此水幕系统不是直接用于扑灭火灾，而是与防火卷帘、防火幕配合使用，用于防火隔断、防火分区以及局部降温保护等。消防水幕按其作用可分为三种类型：冷却型、阻火型、防火型。

（3）水喷雾灭火系统　水喷雾灭火系统是利用水雾喷头在较高的水压力作用下，将水流分离成细小水雾滴，喷向保护对象实现灭火和防护冷却作用的。

水喷雾灭火系统用水量少，冷却和灭火效果好，使用范围广泛。该系统用于灭火时的适用范围是：扑救固体火灾、闪点高于60℃的液体火灾和电气火灾。用于防护冷却时的适用范围是：对可燃气体和甲、乙、丙类液体的生产、储存装置和装卸设施进行防护冷却。水喷雾灭火系统由水雾喷头、管网、雨淋阀组、给水设备、火灾自动报警控制系统等组成，如图9-16所示。

水喷雾灭火系统工作原理与雨淋喷水灭火

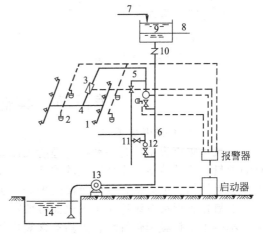

图9-16　水喷雾灭火系统
1—水雾喷头；2—火灾探测器；3—水力报警器；4—配
水管；5—干管；6—供水管；7—水箱进水管；
8—生活用水出水管；9—消防水箱；10—单向阀；
11—放水管；12—调节阀；13—消防水泵；
14—消防水池

系统和水幕系统基本相同。水喷雾灭火系统利用高压水，经过各种形式的雾化喷头将雾状水流喷射在燃烧物表面时会产生表面冷却、窒息、冲击乳化和稀释四种作用。水喷雾的以上四种作用在灭火时是同时发生的，并以此实现灭火的效果。水喷雾的上述灭火原理，使它不仅在扑灭一般固体可燃物火灾中提高了水的灭火效率，而且由于细小水雾滴的形态所具有的不会造成液体飞溅、电气绝缘度高的特点，在扑灭可燃液体火灾和电气火灾中得到广泛的应用。

(4) 开式自动喷水灭火系统的主要组件

① 开式洒水喷头　开式洒水喷头是无释放机构的洒水喷头，其喷水口是敞开的。按安装形式可分为直立式、下垂式和边墙式，按结构可分为单臂和双臂两种，如图 9-17 所示。

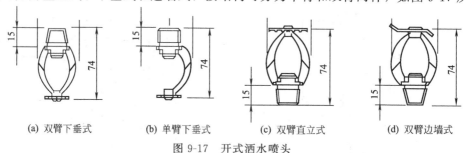

图 9-17　开式洒水喷头

② 水幕喷头　水幕喷头是开口的喷头，喷头将水喷洒成水帘状，成组布置时可形成一道水幕。按构造和用途不同可分为幕帘式、窗口式和檐口式 3 类，如图 9-18 所示。

③ 水雾喷头　水雾喷头是在一定压力下，利用离心或撞击原理将水分解成细小水滴以锥形喷出的喷水部件。水雾喷头可分为中速型水雾喷头和高速型水雾喷头两种，如图 9-19 所示。

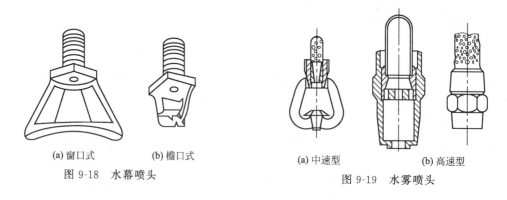

图 9-18　水幕喷头

图 9-19　水雾喷头

第三节　其他常用灭火系统

一、二氧化碳灭火系统

二氧化碳灭火系统是一种纯物理的气体灭火系统。二氧化碳灭火原理是通过减少空气中氧的含量，使其达不到支持燃烧的浓度。二氧化碳是一种良好的灭火剂，这种灭火系统具有不污损保护物、灭火快、空间淹没效果好等优点。

二氧化碳灭火系统适用于灭火前可切断气源的气体火灾、固体火灾、液体火灾和电气火灾。不得用于扑救硝化纤维、火药等含氧化剂的化学制品火灾。

二氧化碳灭火剂是液化气体型，储存于高压（$p \geqslant 6MPa$）容器内。当二氧化碳以气体喷向某些燃烧物时，能产生对燃烧物窒息和冷却的作用。二氧化碳灭火系统按灭火方式可分为：全淹没系统、局部应用系统、手持软管系统、竖管系统；按系统保护范围可分为：组合分配系统、单元独立系统。

全淹没系统是指在规定的时间内，向防护区喷射一定浓度的二氧化碳，并使其均匀地充满整个防护区的系统。

局部应用系统是指向保护对象以设计喷射强度直接喷射二氧化碳，并持续一定时间的系统。当被保护对象有很大的开口部分而无法密闭，用全淹没系统不能收到灭火效果的情况下，或保护对象规模庞大，用全淹没系统不仅二氧化碳用量很大，且有可能造成人员生命危险的情况下，采用局部应用系统较适宜。图 9-20 为组合分配型二氧化碳系统组成示意。

系统的启动方式有手动式和自动式两种，一般使用手动式，但当室内无人时，可以转换为自动式。系统的工作原理是：当采用自动式时，探测器在探测到发生火灾后，发出声、光报警，并通过控制盘打开启动用气容器的阀门，放出启动气体来打开选择阀和二氧化碳储存钢瓶的瓶头阀，从而放出二氧化碳灭火。当采用手动式时，则直接打开手动启动装置，按下按钮，接通电源，也能按以上程序放出二氧化碳灭火。工作原理可用图 9-21 表示。

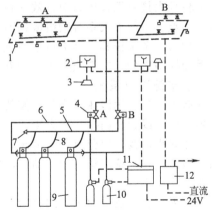

图 9-20　组合分配型二氧化碳系统组成示意
1—探测器；2—手动按钮启动装置；3—报警阀；
4—选择阀；5—总管；6—操作管；7—安全阀；
8—连接管；9—二氧化碳储存钢瓶；10—启动
用气容器；11—报警控制装置；12—检测盘

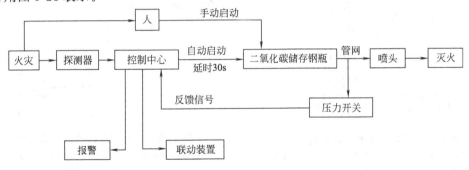

图 9-21　全淹没二氧化碳系统工作原理框图

二、干粉灭火系统

以干粉作为灭火剂的灭火系统称为干粉灭火系统。干粉灭火剂是一种干燥的、易于流动的细微粉末，平时储存于干粉灭火器或干粉灭火设备中，灭火时靠加压气体（二氧化碳或者氮气）的压力将干粉从喷嘴射出，形成雾状粉流射向燃烧物。

干粉灭火剂对燃烧有抑制作用，当大量的粉粒喷向火焰时，可以吸收维持燃烧反应的活性基团，随着活性基团的急剧减少，使燃烧反应中断、火焰熄灭；另外，某些化合物与火焰接触时，其粉粒受高热作用后爆裂成许多更小的颗粒，从而大大增加了粉粒与火焰的接触面积，提高了灭火效力，这种现象称为烧爆作用。还有，使用干粉灭火剂时，粉雾包围了火焰，可以减少火焰的热辐射，同时粉末受热放出结晶水或发生分解，可以吸收部分热量而分解生成不活泼气体。

干粉有普通型干粉（BC 类）、多用途干粉（ABC 类）和金属专用灭火剂（D 类火灾专用干粉）。

BC 类干粉根据其制造基料的不同有钠盐、钾盐、氨基干粉之分。这类干粉适用于扑救易燃、可燃液体如汽油、润滑油等火灾，也可用于扑救可燃气体（液化气、乙炔气等）和带电设备的火灾。

干粉灭火具有灭火历时短，效率高，绝缘好，灭火后损失小，不怕冻，不用水，可长期储存等优点。干粉灭火系统的组成如图 9-22 所示。

干粉灭火系统按其安装方式有固定式、半固定式之分。按其控制启动方法又有自动控制、手动控制之分。按其喷射干粉的方式有全淹没和局部应用系统之分。

三、泡沫灭火系统

泡沫灭火是应用泡沫灭火剂，使其与水混溶后产生一种可漂浮、黏附在可燃、易燃液体或固体表面，或者充满某一着火物质的空间，起到隔绝、冷却的作用，使燃烧物质熄灭。

泡沫灭火剂按其成分有化学泡沫灭火剂、蛋白质泡沫灭火剂、合成型泡沫灭火剂等几种类型。泡沫灭火系统广泛应用于油田、炼油厂、油库、发电厂、汽车库、飞机库、矿井坑道等场所。

泡沫灭火系统按其使用方式有固定式、半固定式和移动式之分；按泡沫喷射方式有液上喷射、液下喷射和喷淋方式之分；按泡沫发泡倍数有低倍、中倍和高倍之分。图 9-23 是固定式泡沫喷淋灭火系统，图 9-24 是其灭火过程框图。

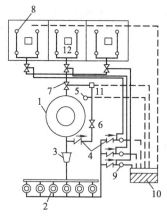

图 9-22　干粉灭火系统的组成
1—干粉储罐；2—氮气瓶和集气管；3—压力控制器；
4—单向阀；5—压力传感器；6—减压阀；
7—球阀；8—喷嘴；9—启动气瓶；10—消防
控制中心；11—电磁阀；12—火灾探测器

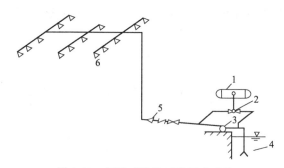

图 9-23　固定式泡沫喷淋灭火系统
1—泡沫液储罐；2—比例混合器；3—消防泵；
4—水池；5—泡沫产生器；6—喷头

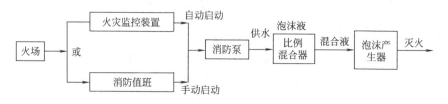

图 9-24　固定式泡沫喷淋系统灭火过程框图

选择和应用泡沫灭火系统时，首先应根据可燃物性质选用泡沫液，如对水溶性液体储罐，应选用抗溶性泡沫液。对泡沫喷淋系统为吸气型泡沫喷头时，应用蛋白泡沫液或氟蛋白、水成膜、抗溶性泡沫液，如为非吸气型泡沫喷头时，则只能选用水成膜泡沫液。对于中倍及高倍泡沫灭火系统则应选用合成泡沫液。其次是泡沫罐的储存应置于通风、干燥场所，温度应在 0～40℃ 范围内。此外，还应保证泡沫灭火系统所需的消防用水量、一定的水温（约为 4～35℃）和必需的水质。

四、卤代烷灭火系统

卤代烷灭火系统是把具有灭火功能的卤代烷作为灭火剂的一种气体灭火系统。目前应用较多的有 FM-200（七氟丙烷）和 INERGEN（烟烙尽）。图 9-25 所示为卤代烷灭火系统的组成。卤代烷灭火系统适用于不能用水灭火的场所，如计算机房、图书档案室、文物资料库等建筑物。

卤代烷灭火系统灭火工作过程如图 9-26 所示。卤代烷灭火系统有全淹没、局部应用两类。全淹没卤代烷灭火系统能在一定的封闭空间内，保持一定浓度的卤代烷气体，从而达到灭火所需的浸渍时间。这种系统又可分为组合分配、单元独立和无管网系统。组合分配系统是指采用一套卤代烷灭火装置，可以保护几个保护区。无管网系统属于半固定灭火系统，用于小面积防护区，不设固定管道和储存容器间。局部应用卤代烷灭火系统是由灭火装置直接向燃烧物喷射灭火剂灭火，但其系统的各种部件是固定的，可自动喷射灭火剂。

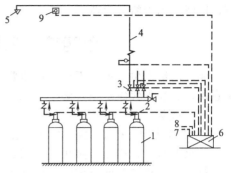

图 9-25　卤代烷灭火系统的组成
1—灭火剂储罐；2—容器阀；3—选择阀；4—管网；
5—喷嘴；6—自控装置；7—控制联动；
8—报警；9—探测器

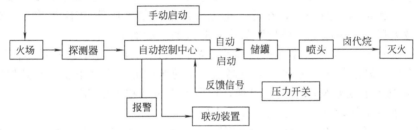

图 9-26　卤代烷灭火系统灭火工作框图

五、移动式灭火器

灭火器是扑救初起火灾的重要消防器材，轻便灵活，可移动，稍经训练即可掌握其操作使用方法，属消防实战灭火过程中较理想的第一线灭火工具。目前生产的移动式灭火器主要有泡沫灭火器、酸碱灭火器、清水灭火器、二氧化碳灭火器、四氯化碳灭火器、干粉灭火器和轻金属灭火器等。

1. 泡沫灭火器

泡沫灭火器用于扑灭易燃和可燃液体、可燃固体物质火灾。甲、乙、丙类火灾危险性的厂房、库房以及民用建筑物内，如医院、百货楼、展览楼、图书档案楼、旅馆、办公楼、教学楼、邮政楼、科研楼和住宅等，广泛采用泡沫灭火器。

2. 酸碱灭火器

酸碱灭火器用于扑灭可燃固体物质火灾，如医院、百货楼、展览楼、图书档案楼、旅馆、办公楼、教学楼、影剧院以及住宅等可采用酸碱灭火器。

3. 二氧化碳灭火器

二氧化碳灭火器可以扑灭贵重设备、图书档案、精密仪器、电压在 600V 以下的电气设备，以及一般可燃固体物质的初起火灾。小型发电机房、电子计算机房、通信调度楼、邮政楼、图书档案楼、车船的机房以及建筑物内贵重设备室，常采用二氧化碳灭火器。

4. 干粉灭火器

干粉灭火器可有效地扑灭易燃和可燃液体、可燃气体、电气设备和一般固体物质火灾。

炼油厂和石油化工厂的厂房、库房和露天生产装置区、油库、油船、油槽车，民用建筑的百货楼、展览楼、图书馆、邮政楼、办公楼、旅馆、影剧院、住宅以及高压电容器、调压器室等，广泛采用干粉灭火器。

第四节　高层建筑的防火与排烟

建筑内部发生火灾，不可避免地要产生烟雾。火灾中丧生的绝大部分是因为烟雾引发的窒息死亡。在现代建筑中，必须考虑发生火灾时有适当的防烟、排烟措施。

一、概述

1. 建筑防烟、排烟设施设置的范围

防火的目的，是为了防止火灾的发生与蔓延，有利于扑灭；将火灾产生的大量烟气及时予以排除，阻止烟气向防烟分区以外扩散，能确保建筑物内人员的疏散和避难，并为消防人员的进入创造有利条件。

防烟、排烟设施的设计理论依据是对烟气控制的理论。从烟气控制理论分析：当建筑物内部某个房间或部位发生火灾时，应迅速采取必要的排烟、防烟措施；对火灾区域实行排烟控制，使火灾产生的烟气和热量能迅速排除，以利于人员从火灾区域迅速疏散；当火灾区域内温度达到280℃，人员无法进行疏散时，排烟设备在其所属的防火分区内应部分停止运行，防止风助火势。对于非火灾区域及疏散通道等，应迅速采用机械加压送风的防烟措施，提高空气压力，阻止烟气的侵入，在此基础上，再辅以紧急广播和事故照明与疏散指示系统，尽快疏散人群，就可以尽可能地降低火灾对人的生命的危害。

凡建筑高度超过24m的新建、扩建和改建的高层民用建筑（不包括单体高度超过24m的体育馆、会堂、剧院等公共建筑，以及高层民用建筑中的防空地下室）及其相连的高度不超过24m的裙房设有防烟楼梯及消防电梯，均要考虑防烟和排烟功能。

防烟、排烟设施的设置要考虑以下2个方面。

① 防烟楼梯间及其前室、消防电梯前室和合用前室、封闭避难层等处，按条件设置人工强制防烟、排烟设施。

② 走廊、房间及室内采用可开启外窗的自然排烟措施。

2. 烟气的扩散机理

烟气，是指物质在不完全燃烧时产生的固体及液体粒子在空气中的浮游状态。烟气的流动扩散，主要受到风压和热压等因素的影响。

风压是指风吹到建筑物的外表面时，由于空气流动受阻，速度减小，部分动能转变为静压时产生的压力。在迎风面，室外压力大于室内压力，空气从室外向室内渗透；在背风面，由于空气绕流而产生负压区，室外压力小于室内压力，空气从室内向室外渗透。

火灾发生时，失火房间的窗户往往会因室内空气受热膨胀而破裂，如果窗户在建筑物的背风面，风形成的负压会使烟气从窗户排向室外，大大减少烟气在整个建筑物中的流动和扩散。反之，如果窗户处于建筑物的迎风面，风的作用会使烟气迅速地扩散到整个失火楼层，甚至把它吹到其他的楼层中去。

当建筑物里的温度高于室外空气温度时，在建筑物的竖井中（如楼梯井、电梯井、设备管道井等竖向通道）有股热空气上升，就像烟囱中的烟气上升一样。这种现象是由室内外空气的密度差和空气柱高度产生的作用力所造成，称为热压或烟囱效应，热压作用随着室内外温差和竖井高度的增加而增大。

火灾发生时，高层建筑物内温度远远高于室外温度，加上高层建筑竖井高度较大的影响，热压明显增大，烟气将沿着建筑物的竖井向上扩散，而且失火楼层越低，烟囱效应越明显。由此可知，当建筑物的下部或迎风面房间发生火灾时，由于风压和热压的作用，火灾造成的危害性要比建筑物的上部或背风面房间失火所造成的危害大得多。

此外,在火灾发生时,空调系统风机提供的动力以及由竖向风道产生的烟囱效应会使烟气和火势沿着风道扩散,迅速蔓延到风道所能达到的地方。

因此高层建筑的防烟、排烟,需采用自然排烟、机械防烟、机械排烟等形式,阻止烟气在建筑物内部疏散通道中的扩散蔓延,确保安全。此外,建筑物的通风空调系统应采取防火、防烟措施。

二、高层建筑防烟、排烟形式

1. 自然排烟

自然排烟是以风压和热压作为动力的排烟方式。它利用建筑物的外窗、阳台、凹廊或专用排烟口、竖井等将烟气排出或稀释烟气的浓度,具有结构简单、节省能源、运行可靠性高等优点。

在高层建筑中,除建筑物高度超过50m的一类公共建筑和建筑高度超过100m的居住建筑外,具有靠外墙的防烟楼梯间及其前室、消防电梯间前室和合用前室的建筑宜采用自然排烟方式,排烟口的位置应设在建筑物常年主导风向的背风侧。

利用建筑的阳台、凹廊或在外墙上设置便于开启的外窗或排烟窗进行自然排烟的方式如图9-27所示。

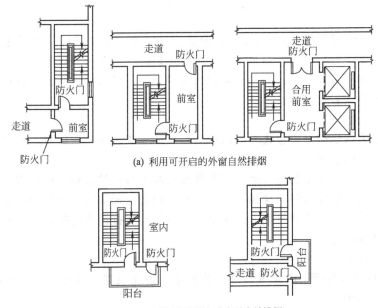

图9-27 自然排烟方式

自然排烟口应设于房间的上方,宜设在距顶棚或顶板下800mm以内,其间距以排烟口的下边缘计。自然进风口应设于房间的下方,房间净高的1/2以下,其间距以进风口的上边缘计。内走道和房间的自然排烟口,至该防烟分区最远点应在30m以内。自然排烟窗、排烟口、送风口应设开启方便、灵活的装置。

2. 机械防烟

机械防烟是采取机械加压送风方式,以风机所产生的气体流动和压力差控制烟气的流动方向的防烟技术。它在火灾发生时用风机气流所造成的压力差阻止烟气进入建筑物的安全疏散通道内,从而保证人员疏散和消防扑救的需要。

防烟楼梯间及其前室、消防电梯前室和两者合用前室,应设置机械防烟设施。若防烟楼梯间前室或合用前室有散开的阳台、凹廊或前室内有不同朝向的可开启外窗，能自然排烟时，该楼梯间可不设机械防烟设施。避难层为全封闭式时，应设加压送风设施。加压送风系统的方式如图 9-28 所示。

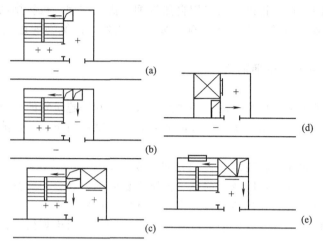

图 9-28 加压送风系统的方式

楼梯间每隔 2～3 层设置一个送风口；前室应每层设一个送风口。加压送风口应采用自垂式百叶风口或常开百叶风口；当采用常开百叶风口时，应在加压风机的压出管上设置止回阀。当设计为常闭型时，发生火灾只开启着火层的风口。风口应设手动和自动开启装置，并与加压送风机的启动装置联锁。

3. 机械排烟

机械排烟是采取机械排风方式，以风机所产生的气体流动和压力差，利用排烟管道将烟气排出或稀释烟气的浓度。

机械排烟方式适用于不具备自然排烟条件或较难进行自然排烟的内走道、房间、中庭及地下室。带裙房的高层建筑防烟楼梯间及其前室，消防电梯间前室或合用前室，当裙房以上部分利用可开启外窗进行自然排烟，裙房部分不具备自然排烟条件时，其前室或合用前室应设置局部机械排烟设施。

对机械排烟的要求有：

① 排烟口应设在顶棚上或靠近顶棚的墙面上，设在顶棚上的排烟口，距可燃构件或可燃物的距离不应小于 1m。

② 排烟口应设有手动和自动开启装置，平时关闭，当发生火灾时仅开启着火楼层的排烟口。

③ 防烟分区内的排烟口距最远点的水平距离不应超过 30m。走道的排烟口应尽量布置在与人流疏散方向相反的位置。

④ 在排烟支管和排烟风机入口处应设有温度超过 280℃ 时能自行关闭的排烟防火阀。

⑤ 排烟风机应保证在 280℃ 时能连续工作 30min。当任一排烟口或排烟阀开启时，排烟风机应能自行启动。

⑥ 排烟风道必须采用不燃材料制作。安装在吊顶内的排烟管道，其隔热层应采用不燃材料制作，并应与可燃物保持不小于 150mm 的距离。

⑦ 机械排烟系统与通风、空调系统宜分开设置。若合用时，必须采取可靠的防火安全措施，并应符合排烟系统要求。

⑧ 设置机械排烟的地下室，应同时设置送风系统。

机械排烟系统的控制程序，可分为不设消防控制室的和设消防控制室的两种，其排烟控制程序分别如图 9-29 和图 9-30 所示。

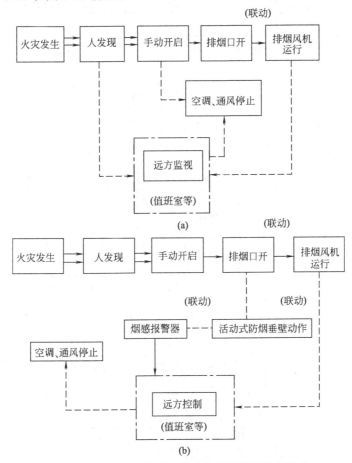

图 9-29　不设消防控制室的房间机械排烟控制程序

三、防火、排烟设备及部件

防火、排烟设备及部件主要有防火阀、排烟阀及排烟风机等。

1. 防火阀

防火阀是防火阀、防火调节阀、防烟防火阀、防火风口的总称。防火阀与防火调节阀的区别在于叶片的开度能否调节。

（1）防火阀的控制方式　防火阀的控制方式有热敏元件控制、感烟感温器控制及复合控制等。

热敏元件有易熔环、热敏电阻、热电偶和双金属片等，它通过元件在不同温度下的状态或参数变化来实现控制。采用易熔环时，通过火灾时易熔环的熔断脱落，实现阀门在弹簧力或自重力作用下关闭。采用热敏电阻、热电偶、双金属等时，通过传感器及电子元器件控制驱动微型电动机工作将阀门关闭。

感烟感温器控制是通过感烟感温控制设备的输出信号控制执行机构的电磁铁、电动机动作，或控制气动执行机构，实现阀门在弹簧力作用下的关闭或电动机转动使阀门关闭。

复合控制方式为上述两种控制方式的组合方式，设备中既含有热敏元件，也含有感烟感温器。

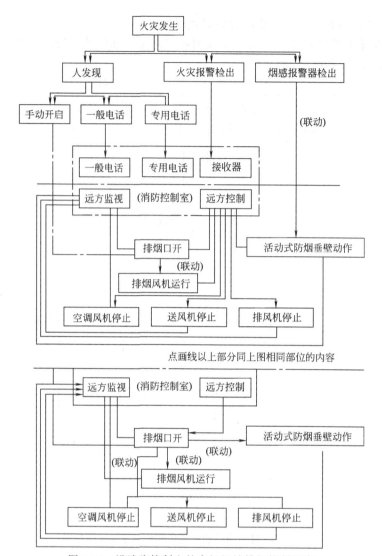

图 9-30 设消防控制室的房间机械排烟控制程序

(2) 防火阀的阀门关闭驱动方式 防火阀的阀门关闭驱动方式有重力式、弹簧力驱动式（或称电磁式）、电动机驱动式及气动驱动式四种。

(3) 常用的防火阀

① 重力式防火阀 重力式防火阀分矩形和圆形两种，其构造分别如图 9-31～图 9-33 所示。

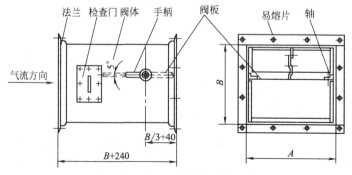

图 9-31 重力式矩形单板防火阀

防火阀平时处于常开状态。阀门的阀板式叶片由易熔片将其悬吊成水平或水平偏下5°状态。当火灾发生且空气温度高于70℃时，易熔片熔断，阀板或叶片靠重力自行下落，带动自锁簧片动作，使阀门关闭自锁。

当需要重新开启阀门时，旋松自锁簧片前的螺栓，手握操作杆，摇起阀板或叶片，接上易熔片，摆正自锁簧片，旋紧螺栓后防火阀恢复正常工作状态。

② 弹簧式防火阀　弹簧式防火阀有矩形和圆形两种，其构造分别如图9-34和图9-35所示。

防火阀平时为常开状态。当火灾发生且空气温度高于70℃时，易熔片熔断，温度熔断

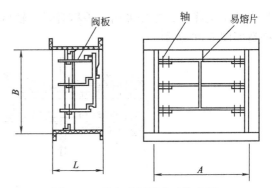

图 9-32　重力式矩形多叶防火阀

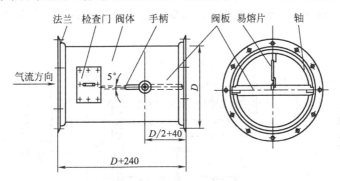

图 9-33　重力式圆形单板防火阀

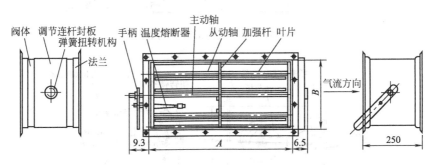

图 9-34　弹簧式矩形防火阀

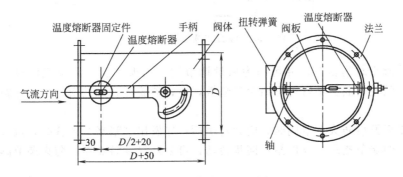

图 9-35　弹簧式圆形防火阀

器内的压簧释放，芯杆弹出，手柄脱开，轴后端的扭转弹簧释放，阀门关闭。温度熔断器的构造如图 9-36 所示。

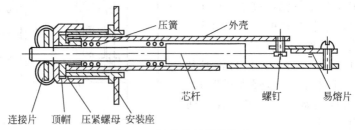

图 9-36 温度熔断器的构造

当需要重新开启阀门时，装好易熔片和温度熔断器，摇起叶片或阀板并固定在温度熔断器芯杆上，防火阀便恢复正常工作状态。

③ 弹簧式防火调节阀　弹簧式防火调节阀有矩形和圆形两种，其构造分别如图 9-37 和图 9-38 所示。

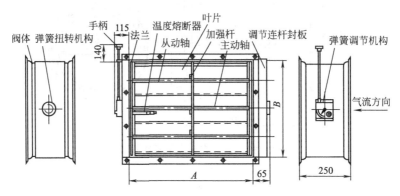

图 9-37 弹簧式矩形防火调节阀

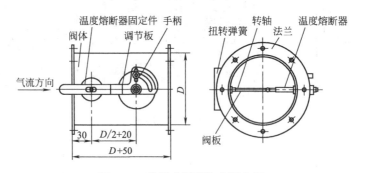

图 9-38 弹簧式圆形防火调节阀

防火调节阀平时为常开，并可作为风量调节用。当火灾发生且空气温度高于 70℃ 时，易熔片熔断，致使熔断器销钉打下离合器垫板，离合器脱开，轴两端的扭转弹簧释放，阀门的叶片关闭。

当需要重新开启防火调节阀时，应旋转手柄，如发出"咯咯"声音时，调节机构和离合器已合拢。此时调节指示与复位指示同步转动，再装好温度熔断器，防火调节阀可恢复正常工作状态。

④ 防烟防火调节阀　防烟防火调节阀有矩形和圆形两种。可应用于有防烟防火要求的

空调、通风系统，其构造与防火调节阀基本相同，区别在于除温度熔断器可使阀门瞬时严密关闭外，烟感电信号控制的电磁机构也可使阀门瞬时严密关闭，并同时输出联锁电信号。防烟防火调节阀的构造如图9-39所示。复位方式和风量调整方法与防火调节阀相同。

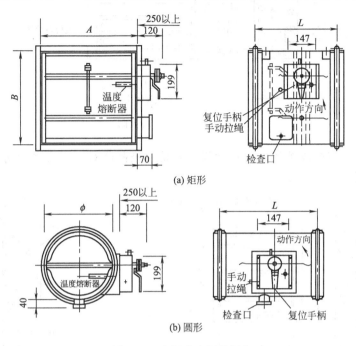

图9-39 防烟防火调节阀

⑤ 防火风口 防火风口应用于有防火要求的通风、空调系统的送风口、回风口及排风口处。防火风口由铝合金的风口与防火阀组合而成，风口可调节气流方向，防火阀可在0°～90°范围内调节通过风口的风量。发生火灾时阀门上的易熔片或易熔环受热而熔化，使阀门动作而关闭。其构造如图9-40所示。

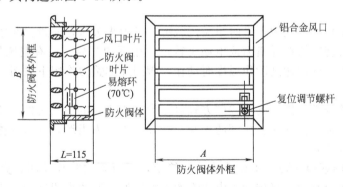

图9-40 防火风口

⑥ 气动式防火阀 气动式防火阀用于与卤代烷1211和1301自动灭火系统联动的通风、空调风管。1211和1301的喷头元件与系统连接，火灾发生后，灭火系统启动，系统管道内压力气体进入防火阀汽缸，驱使防火阀动作，阀门关闭（如阀门用于排烟系统中的排烟阀，则阀门可动作开启）。气动式防火阀如图9-41所示。

气动式防火阀手动复位时必须将系统先卸压，再复位、开启。

⑦ 电子自控防烟防火阀 电子自控防烟防火阀（图9-42）采用了电子技术及逻辑电路

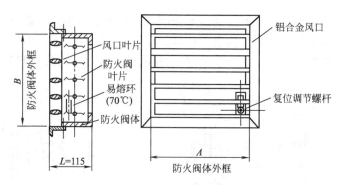

图 9-41 气动式防火阀

技术。火灾时自动开启或关闭，并自动报警。采用控制器对一台或多台防烟防火阀进行控制。控制器如图 9-43 所示。

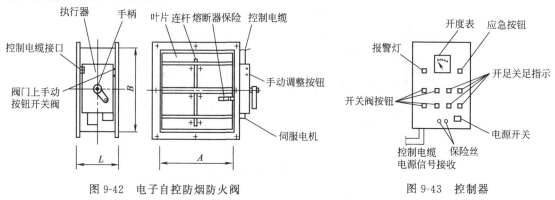

图 9-42 电子自控防烟防火阀　　　　　图 9-43 控制器

⑧ 电动防火阀　电动防火阀与其他防火阀一样安装在有防火要求的通风、空调风管上，它的控制机构是电动弹簧复位机构。发生火灾时电源切断，复位弹簧立即关闭阀门。阀门通电后即可开启复位。

2．排烟阀

排烟阀安装在排烟系统中，平时呈关闭状态，发生火灾时，通过控制中心信号来控制执行机构的工作，实现阀门在弹簧力或电动机转矩作用下的开启。设有温感器装置的排烟阀，阀门开启后，在火灾温度达到动作温度时动作，阀门在弹簧力作用下关闭，阻止火灾沿排风管道蔓延。

（1）排烟阀的分类　排烟阀按控制方式可分为电磁式和电动式两种；按结构形式可分为装饰型排烟阀、翻板型排烟阀、排烟防火阀；按外形可分为矩形和圆形两种。

（2）常用的排烟阀

① 排烟阀　排烟阀安装在排烟系统的风管上，平时阀的叶片关闭，火灾时烟感探测器发出火警信号，使控制中心将排烟阀电磁铁的电源接通，叶片迅速打开，或人工手动迅速将叶片打开进行排烟。

排烟阀有圆形和矩形两种，构造与排烟防火阀相同，其区别是排烟阀无温度传感器。

② 排烟防火阀　排烟防火阀安装的部位及叶片关闭与排烟阀相同，区别是它具有防火功能，当烟气温度达到 280℃ 时，可通过温度传感器或手动将叶片关闭，切断气源。

③ 远控排烟阀　远控排烟阀安装在排烟系统的风管上或排烟口处，平时关闭。火灾时感烟器发出火警信号，控制中心向远程控制器的电磁铁通电，使排烟阀开启，或手动将阀门开启和复位。

④ 远控排烟防火阀　远控排烟防火阀的动作原理与远控排烟阀相同，区别在于带温度传感器，具有防火功能，可手动将阀门开启或复位。

⑤ 板式排烟口　板式排烟口安装在走道的顶板上或墙上和防烟室前，也可直接安装在排烟风管的末端，其动作方式与一般排烟阀相同。

⑥ 多叶排烟口　多叶排烟口是排烟阀和排风口的组合体，一般安装在走道或防烟室前、无窗房间的排烟系统上，排风口安装在防烟前室内的侧墙上，其动作方式与一般排烟阀相同。

⑦ 远控多叶排烟口和远控多叶防火排烟口　远控多叶排烟口和远控多叶防火排烟口的外形相同，区别为远控多叶排烟口无280℃温度传感器，其动作方式与远控排烟阀和远控排烟防火阀相同，安装的位置与多叶排烟口相同。

⑧ 电动排烟防火阀　电动排烟防火阀不同于一般排烟防火阀，切断电源后阀门靠复位弹簧迅速开启，阀门平时处于通电状态。阀门开启后可输出信号，当排烟管道空气温度达到280℃时，阀门自动关闭，同时发出关闭信号。阀门可手动复位，也可通电复位。

3. 防烟、排烟通风机

防烟、排烟通风机可采用通用风机，也可采用防火排烟专用风机。常用的防火排烟专用风机有 HTF 系列、ZWF 系列、W-X 型等类型。烟温较低时可长时间运转，烟温较高时可连续运转一定时间，通常有两挡以上的转速。

第五节　火灾自动报警及联动控制系统

火灾自动报警系统是设在建筑物中或其他场所的一种自动消防设施。设置火灾自动报警系统的目的是能早期发现和通报火灾，以便及时采取有效措施控制和扑灭火灾，防止和减少火灾造成的损失，保护人们的生命和财产安全。

一、火灾自动报警及联动控制系统的基本组成

火灾自动报警系统一般由触发器件、火灾报警控制装置、火灾警报装置、消防联动控制装置以及电源组成。

1. 触发器件

在火灾自动报警系统中，自动或手动产生火灾报警信号的器件称为触发器件。主要包括火灾探测器和手动报警按钮。火灾探测器是能对火灾参数（如烟、温、光、火焰辐射、可燃气体浓度等）产生响应，并可自动生成火灾报警信号的器件。按响应火灾参数的不同，火灾探测器分成感温火灾探测器、感烟火灾探测器、感光火灾探测器、可燃气体火灾探测器和复合火灾探测器五种基本类型。不同类型的火灾探测器适用于不同类型的火灾和不同的场所。在实际应用中，应当按照现行国家标准的有关规定合理选择。火灾探测器是火灾自动报警系统中应用量最大、应用面最广、最基本的器件。近年来随着火灾探测报警技术的发展，一种称为模拟量火灾探测器的新型探测器得到了应用。这种火灾探测器的输出信号是代表被响应火灾参数值的模拟量信号或与其等效的数字信号。与传统的有阈值火灾探测器（或称开关量火灾探测器）不同的是这种火灾探测器没有阈值，它只相当于一个传感器，本身并不判断火警。模拟量火灾探测器的应用，有利于提高火灾探测报警系统报警准确性和智能化程度，是探测报警系统技术进步的一个重要标志。

另一类触发器件是手动火灾报警按钮。它是手动方式产生火灾报警信号，启动火灾自动报警系统的器件，也是火灾自动报警系统中不可缺少的组成部分之一。

2. 火灾报警控制装置

在火灾自动报警系统中，用以接收、显示和传递火灾报警信号，并能发出控制信号和具有其他辅助功能的控制指示设备称为火灾报警控制装置。火灾报警控制器就是其中最基本的

一种。火灾报警控制器是火灾自动报警系统中的核心组成部分，具备为火灾探测器供电，接收、显示和传输火灾报警信号，对自动消防设备发出控制信号等功能。火灾报警控制器按其用途不同，可分为区域火灾报警控制器、集中火灾报警控制器和通用火灾报警控制器三种基本类型。近年来，随着火灾探测报警技术的发展和模拟量、总线制、智能化火灾探测报警系统的逐渐应用，在许多场合，火灾报警控制器已不再分为区域、集中和通用三种类型，而统称为火灾报警控制器。

在火灾报警控制装置中，还有一些如中继器、区域显示器、火灾显示盘等功能不完整的报警装置，它们可视为火灾报警控制器的演变或补充，在特定条件下应用，与火灾报警控制器同属火灾报警装置。

3. 火灾警报装置

在火灾自动报警系统中，用以发出声、光火灾警报信号的装置称为火灾警报装置。火灾警报器就是一种最基本的火灾警报装置，它以声、光等方式向报警区域发出火灾警报信号，以警示人们采取安全疏散、灭火救灾措施。

4. 消防联动控制装置

在火灾自动报警系统中，当接收到来自触发器件的火灾报警信号时，能自动或手动启动相关消防设备及显示其状态的设备，称为消防联动控制装置。主要包括火灾警报器，自动灭火系统的控制装置，室内消火栓系统的控制装置，防烟、排烟系统及空调通风系统的控制装置，常开防火门、防火卷帘的控制装置，电梯回降控制装置，以及火灾应急广播、火灾应急照明与疏散指示标志的控制装置等10类控制装置中的部分或全部。消防控制设备一般设置在消防控制中心，以便于实行集中统一控制。也有的消防控制设备设置在被控消防设备所在现场，但其动作信号必须返回消防控制室，实行集中与分散相结合的控制方式。

5. 电源

火灾自动报警系统属于消防用电设备，其主要电源应当采用消防电源，备用电源采用蓄电池。系统电源除为火灾报警控制器供电外，还为与系统相关的消防联动控制等供电。

二、火灾自动报警系统的分类

火灾自动报警系统分为区域报警系统、集中报警系统和控制中心报警系统3种基本形式。通常，区域报警系统宜用于二级保护对象；集中报警系统宜用于一、二级保护对象；控制中心报警系统宜用于特级、一级保护对象。在工程设计中，对某一特定的保护对象采取何种报警系统，要根据保护对象的具体情况合理确定。

1. 区域报警系统

区域报警系统是由区域火灾报警控制器、火灾探测器、手动火灾报警按钮、火灾警报装置等组成的火灾自动报警系统，其组成框图如图9-44所示。

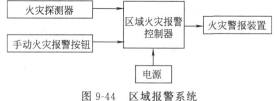

图9-44 区域报警系统

区域报警系统较简单，使用广泛。可单独用于工矿企业的要害部位（如计算机房）和民用建筑的塔式公寓、办公楼等场所。此外，在集中报警系统和控制中心报警系统中，区域火灾报警控制器也是必不可少的设备。采用区域报警系统应注意的问题是：

① 单独使用的区域报警系统，一个报警区域宜设置一台区域火灾报警控制器，必要时可设置两台。如果需要设置的区域火灾报警控制器超过两台，应当考虑采用集中报警控制系统。

② 当用一台区域火灾报警控制器警戒多个楼层时，为了在火灾探测器报警后，管理人员能及时、准确地到达报警地点，迅速采取扑救措施，应在每个楼层的楼梯口处或消防电梯

前室等明显的地方设置识别着火楼层的灯光显示装置。

③ 区域火灾报警控制器应设置在有人值班的房间或场所。如果确有困难，应安装在楼层走道、车间等公共场所或经常有值班人员管理巡逻的地方。

2. 集中报警系统

集中报警系统是由集中火灾报警控制器、区域火灾报警控制器、火灾探测器、手动火灾报警按钮、火灾警报装置等组成的功能较复杂的火灾自动报警系统，其组成框图如图9-45所示。

集中报警系统应由一台集中火灾报警控制器和两台以上区域火灾报警控制器组成，系统中应设置消防联动控制。集中火灾报警控制器应能显示火灾报警部位的信号和联动控制状态信号，亦可进行联动控制。

集中报警系统通常用于功能较多的建筑，如高层宾馆、饭店等场合，这时，集中火灾报警控制器应设置在有专人值班的消防控制室或值班室内，区域火灾报警控制器设置在各层的服务台处。系统设备的布置应注意以下问题。

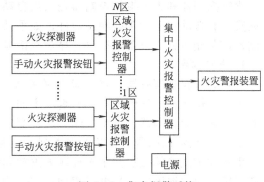

图9-45 集中报警系统

① 集中火灾报警控制器的输入、输出信号线，要通过控制器上的接线端子连接，不得将导线直接接到控制器上。输入、输出信号线的接线端子上应有明显的标记和编号，以便于线路的检查、维修和更换。

② 集中火灾报警控制器应设置在有专人值班的房间或消防控制室内。消防控制室的值班人员应当经过当地公安消防机构培训后，持证上岗。

3. 控制中心报警系统

控制中心报警系统是由设置在消防控制室的消防联动控制设备、集中火灾报警控制器、区域火灾报警控制器、火灾探测器、手动火灾报警按钮等组成的功能复杂的火灾自动报警系统。其中消防联动控制设备主要包括火灾警报装置、火警电话、火灾应急照明、火灾应急广播、防排烟、通风空调、消防电梯等联动装置以及固定灭火系统的控制装置等。控制中心报警系统的组成框图如图9-46所示。

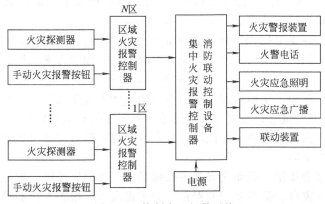

图9-46 控制中心报警系统

控制中心报警系统的设计应符合下列要求：

① 系统中至少设有一台集中火灾报警控制器、一台专用消防联动控制设备和两台以上

区域火灾报警控制器。消防联动控制设备和集中火灾报警控制器都应设在消防中心控制室。

② 系统应能集中显示火灾报警部位信号和联动控制状态信号。设在消防中心控制室以外的各台区域火灾报警控制器的火灾报警信号和消防设备的联动控制信号均应按规定接到中心控制室的集中火灾报警控制器和联动控制盘上,显示其部位和设备号。

三、火灾自动报警系统常用设备

火灾探测器和火灾报警控制器是火灾自动报警系统中最常用的设备。火灾探测器用于感知火灾,有自动和手动两种触发器件,如手动火灾报警按钮就属于手动触发器件。火灾报警控制器控制相应灭火设备和接收、显示及传输火灾报警等信号。

1. 火灾探测器

(1) 火灾自动探测器 探测器俗称探头,探测器种类很多,根据对火灾参数(如烟、温、光、火焰辐射、气体浓度)的响应不同,火灾探测器分为感温火灾探测器、感烟火灾探测器、感光火灾探测器、可燃气体火灾探测器和复合火灾探测器五种基本类型。

① 感烟火灾探测器 感烟火灾探测器也称为燃烧烟雾探测器,是一种感知燃烧或热分解产生的固体或液体微粒,用于探测火灾初期的烟雾并发出火灾报警信号的火灾探测器。包括离子感烟火灾探测器、光电式感烟火灾探测器、红外光束感烟火灾探测器和激光感烟火灾探测器等。其特点是发现火情早、灵敏度高、响应速度快、不受外面环境光和热的影响及干扰,使用寿命长,构造简单,价格低廉,对人体不会有放射性伤害和使用面广等。

② 感温火灾探测器 感温火灾探测器是一种对警戒范围内的温度进行监测的探测器。感温火灾探测器的种类很多,根据其感温效果和结构形式可分为定温式、差温式和差定温组合式三类。常用的有双金属定温火灾探测器、热敏电阻定温火灾探测器等。

③ 感光(火焰)火灾探测器 火灾发生时,除了产生大量的热和烟雾外,火焰会辐射出大量的辐射光,如红外线光、紫外线光等。感光火灾探测器就是通过检测火焰中的红外光、紫外光来探测火灾发生的探测器。

感光火灾探测器比感温、感烟火灾探测器的响应速度快,其传感器在接收到光辐射后的极短时间里就可发出火灾报警信号,特别适合对突然起火而无烟雾产生的易燃易爆场所火灾的监测。此外,感光火灾探测器不受气流扰动的影响,是一种可以在室外使用的火灾探测器。

④ 可燃气体火灾探测器 可燃气体火灾探测器是利用对可燃气体敏感的元件来探测可燃气体的浓度,当可燃气体超过限度时则报警。

⑤ 复合火灾探测器 复合火灾探测器是同时具有两种以上功能的火灾探测器,如感烟感温探测器、感烟感光探测器等。

火灾探测器的选择要根据探测区域内可能发生的早期火灾的形成和发展特点、房间高度、环境条件以及可能产生误报的因素等条件综合确定。如当火灾初期有阴燃阶段,产生大量的烟和少量的热,很少或没有火焰辐射的场所,应选用感烟火灾探测器;对火灾发展迅速,产生大量的烟、热和火焰辐射的场所,可选用感烟火灾探测器、感温火灾探测器、感光(火焰)火灾探测器或其组合;对火灾发展迅速,有强烈的火焰辐射和少量的烟、热的场所,应选用感光(火焰)火灾探测器;对使用、生产或聚集可燃气体或可燃液体蒸气的场所,应选用可燃气体火灾探测器。

(2) 手动火灾报警按钮 手动火灾报警按钮是另一类触发器件。它是用手动方式产生火灾报警信号,启动火灾自动报警系统的器件。为了提高火灾报警系统的可靠性,在火灾自动报警系统中,除了设置自动触发器件(火灾探测器)外,还应设置手动触发装置。每个防火分区至少设置一个手动火灾报警按钮。从一个防火分区内的任何地方到最近一个手动火灾报警按钮的距离不应大于30m。手动火灾报警按钮应设置在明显和便于操作的地方,宜设置在公共活动场所的出入口处。有消火栓的,应尽量设置在消火栓的位置。手动火灾报警按钮可兼有消火栓泵启动按钮的功能。

手动火灾报警按钮应安装在墙壁上,安装要牢固,不得倾斜,其底边距地面的高度宜为1.3~1.5m,且应有明显的标志。手动火灾报警按钮的外接导线,应留有不少于100mm的余量,其端部应有明显的标志。在同一火灾报警系统中,应采用型号、规格、操作方法相同的同一种类型的手动火灾报警按钮。

2. 火灾报警控制器

火灾报警控制器是一种具有对火灾探测器供电,接收、显示和传输火灾报警等信号,并能对消防设备发出控制指令的自动报警装置。它可单独作为火灾自动报警用,也可与消防灭火系统联动,组成自动报警联动控制系统。火灾报警控制器按其用途不同,可分为区域火灾报警控制器和集中火灾报警控制器。

(1) 区域火灾报警控制器 区域火灾报警控制器是直接接收火灾探测器(或中继器)发来的报警信号的多路火灾报警控制器,其接线如图9-47所示。区域火灾报警控制器接收火灾探测器发来的电信号,然后以声、光及数字方式显示出火灾发生的区域或房间号码,并把火灾信号传递给集中火灾报警控制器。区域火灾报警控制器内设有控制各种消防设备的输出电接点,可以与其他消防设施联动以便达到自动报警和灭火的功能。

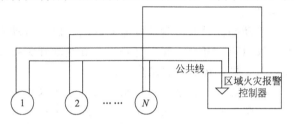

图9-47 火灾探测器与区域火灾报警控制器接线示意图

(2) 集中火灾报警控制器 集中火灾报警控制器的原理与区域火灾报警控制器基本相同。它能接收区域火灾报警控制器或火灾探测器发来的火灾报警信号,用声、光及数字形式显示出火灾发生的区域和部位。

集中火灾报警控制器的作用是把若干个区域火灾报警控制器连成一体,组成一个扩大了的自动报警系统,以便集中监测、管理,其功能框图如图9-48所示。

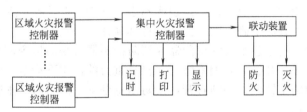

图9-48 集中火灾报警控制器功能框图

四、消防联动控制

消防设施的联动控制是指在确认火灾后,对消防设施所进行的控制。消防联动的控制对象有灭火设施、防烟、排烟设施、防火门、防火卷帘、电梯、火灾报警装置、应急照明和疏散指示标识装置及非消防电源。控制方式一般有集中或分散集中相结合两种方式。集中控制方式是指在消防控制中心集中接收、显示报警信号,控制有关消防设备、设施,并接收、显示其反馈信号;分散与集中相结合的控制方式是指可以集中的消防设备应尽量由消防控制中心集中控制,不宜集中控制的消防设备,则采取分散控制方式,但其操作信号应反馈到消防控制中心。对电梯、非消防电源、警报装置和应急广播等容易造成混乱,带来严重后果的控制对象一般由消防控制中心管理。

消防联动控制包括以下内容:自动启动相应消防水泵;自动开启排烟风机;自动关闭空

调机、通风机；自动启动火灾事故照明及疏散指示标志灯；控制消防电梯直下基站等候消防人员使用；将普通客梯停靠在最近停靠层或基站，待乘客安全离开后关门，自动断开电源，停运；对建筑物的防火门、窗、卷帘、防烟垂壁、紧急避难层、排烟口、正压疏散通道等，按防火分区进行综合性管理；接通火灾事故广播报警装置通报火警，指挥疏散；拨打消防电话，及时向上级消防部门报告；在控制屏上显示全部监控设备的状态信号。

1. 防烟、排烟设施的控制

防烟、排烟的基本目的之一就是要防止烟气进入疏散通道，保证疏散安全。要达到这一目的就要采用有效的办法使烟气按照人们事先规定的路线排出室外，这样也有利于灭火，最大限度地减少人员伤亡和财产损失。

（1）排烟口的控制　排烟口是采用自动或手动开启方式，设在建筑物外墙或屋顶上，用来排除火灾产生的烟和热气的开口，是烟气排出室外的通道。建筑物的门、窗可作为自然排风口，但其要用不燃材料或难燃材料制成。此外，在各个防烟分区的顶棚或墙壁上也可开设专用排烟口。

手动操作是通过就地拉绳使阀门开启。自动操作是当温度升高至规定值时，熔断器熔断而使阀门脱扣开启，阀门打开后，其联动开关接通信号回路，向控制室发出信号，当排烟口开启时，排烟风机能自动启动。

（2）防火、防烟阀的控制　为了防止火势蔓延，在排烟管道和空调通风管道内均设有防火阀和防烟阀。防火阀是在一定时间内满足耐火稳定性和耐火完整性的要求，用于管道内阻火的活动式封闭装置。防烟阀是设在管道内采用手动或自动启闭的活动式防烟装置。防火阀通常由熔断器控制。排烟管道和空调管道内熔断器的熔断温度不同，当发生火灾时，操作机构在烟感信号的作用下，将排烟管道内的阀门打开，当排烟管道内的温度达到 28℃ 时，其防火熔断器熔断，关闭防火阀。阀门关闭后，向消防控制器反馈阀门已关闭的信号，自动或手动关闭排烟风机。

在空调设备的空调送风管道内的防火阀，当气流温度达到 70℃ 时，防火阀的熔断器动作，关闭防火阀，并将关闭信号送到控制器，通过消防联动设备关闭空调机。

（3）防烟垂壁的控制　防烟垂壁是指装于吊顶下，能对烟和热气的横向流动造成障碍的垂直隔体。它是用不燃材料制成的，距离顶棚不小于 0.5m 的固定或活动的挡烟设施。在正常情况下，防烟垂壁由直流电磁线圈、弹簧锁将其锁住。一旦发生火灾时，可自动或手动使其降落。自动控制时，利用感烟火灾探测器或消防控制器发来的指令信号，使电磁线圈通电把弹簧锁的销子拉进去，开锁后防烟垂壁便在自身重力的作用下滑落。手动控制时，操作手动杆也可使弹簧锁的销子拉回，将锁打开，使防烟垂壁落下。当防烟垂壁复原时，会升回原来的位置，重新被锁住。

（4）排烟风机的控制　排烟风机是在火灾情况下，用来排除烟和热气的固定电动风机。它的启停通常有消防控制器控制、排烟器控制和就地控制 3 种方式。

2. 防火门、防火卷帘的控制

防火门是在一定时间内，连同框架能满足耐火稳定性、完整性和隔热性要求的门，是建筑的主要防火分隔设施，通常安装在防火分区之间的防火墙上和楼梯间的入口等部位。防火门的主要作用是阻止火势蔓延和烟气扩散，为人员疏散提供安全条件。防火卷帘是在一定时间内，连同框架能满足耐火稳定性、完整性和隔热性要求的卷帘，是现代建筑中经常采用的防火分隔设施之一。火灾时，将其展开用以阻止火势从门、窗、洞口蔓延。在现代建筑中，防火卷帘一般设在宽敞的大空间处，如商场的营业场所、展览馆的展销大厅等。这样，平时不影响建筑物内空间的整体性，便于使用。火灾时，防火卷帘自动落下，代替防火墙进行防火分隔。

(1) 防火门的控制　防火门按门的固定方式分为两种形式。一种是防火门被永久磁铁吸住,处于开启状态,火灾时可通过自动控制或手动控制将其关闭。自动控制时,由感烟火灾探测器或消防控制台发出指令信号,使电磁线圈通电克服永久磁铁吸力,依靠弹簧将门关闭;手动操作只要将防火门与永久磁铁板拉开,门即关闭。另一种是防火门被电磁锁的固定销扣住,呈开启状态,发生火灾时由感烟火灾探测器或消防控制台发出指令使电磁锁动作,固定的锁销被解开,防火门靠弹簧将门关闭,或用手拉动防火门使防火门固定销掉下将门关闭。

(2) 防火卷帘的控制　疏散通道上的防火卷帘两侧设置有火灾探测器组及报警装置,而且两侧还有手动控制按钮,当火灾发生时,根据火灾探测器或消防控制中心的指令信号,防火卷帘将自动控制下降。感烟火灾探测器动作后,卷帘下降到距地面1.5m,便于人们疏散。感温火灾探测器动作后或经过一段时间的延时,卷帘下降到底,此时,通过卷帘两侧的手动按钮可以控制卷帘的升、降,便于火灾区内未离开人员的逃生。

上述设备都附加有信号电路,当设备的状态发生变化时,即由开启变为关闭或由关闭变为开启时,都会向消防控制中心返回动作信号,而消防控制中心的控制台将会显示出其当前状态。

3. 灭火系统的控制及其他消防设施的联动控制

(1) 灭火系统的控制　灭火系统的控制是根据灭火方式而定的。建筑物通常使用的灭火系统有消火栓灭火系统、自动喷淋灭火系统、气体灭火系统、干粉灭火系统等。

(2) 其他消防设施的联动控制

① 电梯的联动控制　电梯是高层建筑的纵向交通工具。但发生火灾时,一般没有特殊情况电梯不能作为疏散设备使用,因为着火时电源没有保障。所以,消防控制中心在确认火灾后,值班人员应通过控制装置,向电梯机房发出火警信号和强制电梯全部迫降首层的指令,控制所有电梯停于首层,除消防电梯以外其他电梯停止运行并接收其反馈信号。

② 火灾事故广播和警报装置的联动控制　当消防中心接到火灾信号后,报警控制装置发出指令给广播控制装置,该装置发出声、光报警,并接通广播扩音机电源和消防电话对讲系统。在确认火灾后,将报警层(区)和其相邻上下层(区)的消防扬声器接通,实现定向广播,同时接通相应警报器发出警报。在接通消防广播的同时切断正常广播及背景音乐。

第六节　建筑消防系统维护管理

一、建筑消防给水系统维护管理

1. 室内消火栓给水系统的维护管理

宜每月进行一次巡检,主要检查消火栓系统各组成部件的外观完好性,如消火栓箱及箱内配装的消防部件的外观都应无破损、涂层无脱落,箱门玻璃完好无缺。并随机抽检占总数量5%～10%的部件的功能完好性,如按消火栓报警按钮,消防控制中心就应有正确的报警显示。

消火栓箱平时应保持清洁、干燥,防止锈蚀、碰伤或其他损坏。每半年(或按当地消防监督规定)进行一次全面的检查维修。检查要求为:

① 消火栓箱内无渗漏现象。

② 消防水枪、水龙带、消防卷盘及全部附件应齐全良好,卷盘转动灵活。重要部位的消火栓要通水检查。其他部位的消火栓则将水龙带连接水枪、水栓,展开水龙带进行检查。所有栓内阀门都要开闭一次,检查灵活性,并清除阀口附近锈渣,对阀杆上油除锈。

③ 逐一检查所有的报警按钮、指示灯及控制线路,要求其工作正常,无故障。

另外,应对消火栓、供水阀门及消防卷盘等所有部件转动部位定期加注润滑油,因各地气候有所差异，可每季度一次。

2. 自动喷水灭火系统的维护管理

自动喷水灭火系统自动化程度高，对管理水平有一定要求，物业管理企业要确定负责系统维护管理的专职人员，在取得相关培训合格证后，负责进行各种检查和维护保养工作。

(1) 状态检查 对组成系统的喷头、报警调节阀、闸阀、报警控制器、附件、管网接头等所有部件，每日均应做外观巡视检查，看有否损坏、锈蚀、渗漏、启闭位置不当等情况存在，一经发现应立即采取适当的维修、校正措施，使其恢复完好状态。这种检查也不仅仅针对自动喷水系统，对各种消防系统都应如此。

巡视检查需要注意的是，系统的一切给水阀应用铅封固定在开启或规定的状态，且阀门应编号，挂上标牌。保证阀门不被误关闭，供水管路随时畅通。

(2) 功能检查 功能检查是指应按照各类系统的自身特性，在不同的时间段内进行系统功能动态模拟测试。包括：

① 每年对水源供水能力进行一次测定，保证消防所需水量、水质、水压。储存消防用水的水池、消防水箱、气压水罐，每月检查一次，主要核对水位和气压罐的气体压力，每年维修一次，对渗漏进行修补和重新油漆。

② 消防水泵及水泵结合器及其附件应每月使用运行一次。若采用自动控制时，应模拟自动控制参数进行启动运转，每次运转时间宜为5min。并利用报警阀旁的泄放试验阀进行一次供水试验，验证系统供水能力。

③ 每2个月应对水流指示器进行一次功能试验，利用管网末端试水装置排水，此时，水流指示器应动作，消防控制中心应有信号显示。

④ 每月对喷头进行一次细致的外观检查。

喷头外表应清洁，尤其是感温元件部分，对轻质粉尘可用空气吹除或用软布擦净；对含油污垢的喷头应将其分批拆换，集中清理。对破损者及时更换。

各种喷头应保持一定的备用量，建筑物内喷头数量小于300个时，喷头备用量不少于6个；装有300～1000个时，不少于12个；装有1000个以上时，不少于24个。

⑤ 每个季度应对报警阀进行一次功能试验。检查时，打开系统放水阀放水，报警阀瓣开启，延时器底部有水排出，并延时5～90s内报警；水力警铃应发出响亮的报警声，压力开关应接通电路报警，消防控制中心有显示，并应启动消防水泵。

⑥ 每年应对消防系统进行一次模拟火警联动试验，以检查火灾发生时喷水消防系统能否迅速开通投入灭火作业。试验过程如下：

通过有意设置局部火源，引发试验区域内自动喷水灭火管网喷头喷水，该区水流指示器应动作并发出信号，继而系统报警阀动作，压力开关发出信号，水力警铃发出铃声，自动喷水灭火系统消防水泵应迅速投入正常运行，由此做出对自动喷水灭火系统的可靠性评价，对施工验收、日常管理维护、修理情况进行总结。

发现故障，需拆卸系统、断水进行修理时，应向所在社区消防部门通报，由企业主管批准，并设计应急预案后，方可动工。

(3) 使用环境检查 使用环境及保护对象在使用过程中，被人为地做了恰当或不恰当的改变，往往成为对系统功能的损害因素。如：

① 在仓库内货物堆高增大而阻挡了喷头的喷洒范围。

② 喷头被刷漆或包扎而延迟了动作灵敏度，从而改变了喷洒特性。

③ 可燃物数量和品种的改变或环境性质的改变，致使原喷头的功能和数量不符合实际的危险性等级要求。

所以，对使用环境和条件要定期检查、评价，对不合理的改变，要予以纠正；对环境的正常变化，要通过更换合适的喷头，加设新的自动喷水系统进行调整。

3. 其他常用灭火系统的维护管理

(1) 气体灭火系统的检查维护　定期对系统进行检查和维护是保持气体灭火系统能发挥预期作用的关键，即"三分安装，七分保养"。没有任何一种灭火系统在没有平时的精心维护下，能始终处于良好状态。气体灭火系统的使用寿命较长，一般可达20年以上。在长时间的使用过程中，其中有些部件可能老化，储存的灭火剂在许可的泄漏范围内会逐渐流失。因此，系统工程通过验收审查、交付使用后，使用单位应按国家标准的有关规定和设计使用维护说明书中的有关要求，加强对该系统的日常维护工作，坚持定期检查与试验，发现问题或故障应及时解决或修复。

系统启动喷射灭火剂后，应及时恢复功能，包括充装灭火剂，增压，更换密封件和对已破坏的零部件及喷嘴、防尘罩进行修复，将所有阀门和控制开关复位等。

为了做好检查、维护工作，所有可能担任气体灭火系统的操作、日常维护、半年检、年检、试验、充装和修理工作的人员，均应经过专门培训，并经考试合格，专门人员还必须对系统设计、施工、调试和竣工验收的情况有全面的了解，熟悉系统的性能、构造和检查维护方法。因此，已投入使用的气体灭火系统应具备要求审核的全部文件资料及竣工验收报告，系统的操作规程和系统的检查、维护记录图表。

(2) 干粉灭火系统的维护保养　灭火系统设备及控制安装完成后，一般不发生火灾时是不启动的，长期待用。若不定期检查，维修保养，就可能存在隐患，一旦发生火灾，也无法使用。

对于干粉灭火系统来说，一般规定3个月做一次外观检查，1年做一次全面检查，3年做一次压力容器、电器控制回路细检，每次检查应将检查的原因、内容详细记录。

二、建筑防火与排烟系统的维护与管理

为保证防火、排烟系统能够在紧急状态下发挥应有的作用，对机械防烟、排烟系统的风机、送风口、排烟口等部位应经常维护，如扫除尘土、加润滑油等，并经常检查排烟阀等手动启动装置和防止误动的保护装置是否完好。

另外，每隔1~2周，由消防控制中心或风机房启动风机空载运行5min。每年对全楼送风口、排烟阀进行一次机械动作试验。此试验可分别由现场手动开启、消防控制室遥控开启或结合火灾报警系统的试验由该系统联动开启。排烟阀及送风口的试验不必每次都联动风机，联动风机几次后应将风机电源切断，只做排烟阀、送风口的开启试验。

三、火灾自动报警及联动控制系统维护与管理

1. 建立系统技术档案

在火灾自动报警系统安装调试，通过验收后，应将设计、施工、安装单位移交的有关系统的施工图纸和技术资料、安装中的技术记录、系统各部分的测试记录、调试开通报告、竣工验收情况报告等加以整理，建立技术档案，妥善保管，以备查询。同时，在系统开通运行前还应建立相应的操作规程、值班人员职责、值班记录、显示系统在所保护建筑物内位置的平面图或模拟图、系统运行登记表、设备维修记录等，以使管理人员在工作中有章可循。

2. 随时检查使用环境

① 探测器因环境条件的改变而不能适用时，应及时更换。如原库房改为厨房、锅炉房、开水房、发电机房时就应将感烟火灾探测器改为感温火灾探测器。据测定，感烟火灾探测器的环境使用温度一般在50℃左右，否则有可能出现故障；而定温探测器动作的额定温度应高出环境温度10~35℃。

② 要防止外部干扰或意外损坏。对于探测器不仅要防止烟、灰尘及类似的气溶胶、小动物的侵入、水蒸气凝结、结冰等外部自然因素的影响而产生的误报，而且还要防止人为的

因素如书架、储藏架的摆放或设备、隔断等分隔对探测器和手动报警按钮的影响。

③ 对于进行二次装修的场所，要注意检查原探测器和手动报警按钮等是否完好，线路是否畅通。如有上述问题必须重修或更换，否则报警器就会发生故障。

3. 定期检查自动报警功能

至少每年进行一次系统功能的全面检查。重点检查火灾探测器。

在检查时，可对某一火灾探测器用专用加烟（温）工具进行实际操作检查。当火灾探测器正常响应后，报警确认灯会亮；同时，探测器向火灾报警控制器发出火灾信号，控制器上信号显示的位置应无误。还要检查时钟是否走动，有无发生火警的时间记录。检查后，值班人员应及时对设备进行消声、复位，以防时间过长而使设备元件被破坏。

4. 定期检查电源

一般每季度要对备用电源进行1或2次充、放电试验，1～3次主电源和备用电源自动切换试验。同时检查：

① 火灾自动报警系统的交流电源是否因与大型设备电源连在一起而产生电压波动。否则应采取措施分开设置，保证火灾自动报警系统单独回路供电。

② 检查火灾自动报警系统的电压偏移是否在允许范围内，否则应采取稳压措施。

5. 定期检查联动功能

每季度检查一次系统联动功能。在检查时如果联动系统动作正常，信号就会反馈至消防控制室，若是没有信息反馈，说明设备发生故障，应及时采取措施加以排除。

检查联动功能时，应特别注意以下几点：

① 报警控制器能够强制消防电梯停于首层。

② 在试验事故广播时，不论扬声器处于何种工作状态，都应能将其切换到火灾事故广播通道上。

③ 应急照明和疏散指示灯要在规定的救生通道里接通。

另外，所有切换开关如电源转换开关、灭火转换开关、防烟、排烟、防火门、防火卷帘等转换开关、警报转换开关、应急照明转换开关等都应进行符合规定的动作。

【复习思考题】

1. 小区室外的消防设施主要有哪些？主要起什么作用？
2. 小区室内的消防设施主要有哪些？如何使用？
3. 考虑自己所在的校区或居住的小区应设置多大容量的消防储备水池？应放置在哪里？
4. 某校教学楼并未达到国家规定必须设置消防灭火系统的标准，但它不仅设置了消火栓系统，还计划装置自动灭火系统，有这个必要吗？
5. 高级宾馆在住宿区一般配备什么样的自动喷水系统？请说明它的各个组成部分和工作过程。
6. 有一个功能非常完善的生活小区，最低的建筑也有23层，小区里还设有电影院、俱乐部、超市、餐厅等，在这样的环境里，若要配置完善的消防设施，需配置哪几种？如何进行维护管理工作？
7. 防烟、排烟系统的工作过程是怎样的？如何保证防烟、排烟系统在火警情况下能够正常工作？火灾探测器有哪些类型？各适合于什么样的探测场合？
8. 火灾联动系统是对哪些系统进行联动？请说出参与联动的系统在发生火灾时是怎么工作的。

第十章 安全防范系统

【学习目标】

通过本章学习，了解安全防范系统的组成，掌握各子系统的结构和主要设备以及安防系统故障的判断与维修。

【本章要点】

1. 安全防范系统的组成。
2. 防盗报警系统探测器的种类和工作原理。
3. 电视监控系统主要设备及技术指标。
4. 出入口控制系统的主要设备。
5. 电子巡更系统的分类。
6. 停车场管理系统的工作流程。
7. 安防系统故障的判断与维修。

第一节 概 述

随着生活水平的不断提高，人们对自身的生命和财产的安全日益重视。防止各种盗窃和暴力事件的发生，仅靠人力是远远不够的，还应借助现代科技在建筑内安装安全防范系统。安全防范系统除了可以对人身和财产进行保护外，还可承担对重要文件、技术资料、重要地点、特殊物品进行保护的责任。随着智能建筑的出现，特别是智能住宅小区的大规模建设，人们住得安全、住得舒心的居住要求，使安全防范系统在保障建筑物内的人身财产安全方面得到了广泛而充分的应用。安全防范系统已成为智能建筑必不可少的一部分。

一、安全防范基础

1. 安全防范与安全防范系统

（1）安全防范 是指一切以保障安全为目的的防被盗、防侵入、防破坏和安全检查等的方法和措施。安全防范包括人工防范、技术防范和物理防范三大类。

人工防范是指依靠人力资源进行防范，如住宅小区的保安站岗、人员巡更等。

物理防范是以实体进行防护从而阻隔犯罪的，其主要措施如使用保险柜、周界栅栏、防盗门等。

技术防范则以各种技术设备、集成系统和网络来构成安全保证的屏障。它以现代物理和电子技术及时发现侵入破坏行为，产生声、光报警阻吓犯罪，实录事发现场图像和声音提供破案凭证，提醒值班人员采取适当的物理防范措施。技术防范方式目前已被广泛地认同和使用。

（2）安全防范系统 是指以维护社会公共安全和预防、制止重大治安事故为目的，综合运用技术防范产品和其他相关产品所组成的电子系统或网络。

2. 防护对象的风险等级和防护级别

根据受到威胁和（或）承受风险程度的大小，被防护对象分为高风险目标和一般目标。高风险目标一般有文物保护单位、博物馆、银行营业场所、民用机场、铁路车站、重要物资储备仓库等。

高风险防护对象的风险等级分为三级,按风险由大到小定为一级风险、二级风险和三级风险。

安全防范系统的防护级别应与风险等级相对应,防护级别也分为三级,按其防护能力由高到低定为一级防护、二级防护和三级防护。

文物系统博物馆和银行营业场所风险等级和防护级别的划分,参照《文物系统博物馆风险等级和防护级别的规定》(GA 27)、《银行营业场所风险等级和防护级别的规定》(GA 38)。

民用机场和铁路车站风险等级和防护级别见表10-1和表10-2。

表10-1 民用机场风险等级与防护级别

风险等级	机　　场	防护级别
一级	国家规定的中国对外开放一类口岸的国际机场及安防要求特殊的机场	一级
二级	除定为一级风险以外的其他省会城市国际机场	二级或二级以上
三级	其他机场	三级或三级以上

表10-2 铁路车站风险等级与防护级别

风险等级	车　　站	防护级别
一级	特大型旅客车站、客货运特等站及安防要求特殊的车站	一级
二级	大型旅客车站、客货运一等站、特等编组站、特等货运站	二级
三级	中型旅客车站(最高聚集人数不少于800人)、客货运二等站、一等编组站、一等货运站	三级

3. 保护范围

从防止罪犯入侵的过程上讲,安全防范系统的保护范围一般分为三个层次:

(1) 外部入侵保护　外部入侵保护是为了防止无关人员进入建筑物内,这是一道将罪犯排除在所防护区域之外的重要防线。

(2) 区域保护　这是第二层次的保护,是第一层次保护失败的又一道保护,其目的是探测是否有人非法进入某区域,如果有,应立即向控制中心报警,以便控制中心及时处理。

(3) 目标保护　是对特定目标如保险柜、文物、枪支弹药、有毒物品等进行的高层次的保护。

二、安全防范系统的组成

根据安全防范系统应具备的功能,安全防范系统一般由以下几个子系统组成:

(1) 入侵报警系统　入侵报警系统是利用传感器技术和电子信息技术探测并指示非法进入或试图非法进入设防区域的行为、处理报警信息、发出报警信息的电子系统或网络。系统工作时,预先对防范区域中一些特定的场所,如保险柜、住宅小区周界等安装的报警探测器进行布防,当该场所出现异常时发出报警,及时提醒值班人员关注,也可与电视监控系统联动拍摄情况异常时的图像。

(2) 电视监控系统　电视监控系统是利用视频技术探测监视设防区域并实时显示记录现场图像的电子系统或网络。系统工作时,首先由安装在现场的前端摄像设备将防范区域的情况拍摄成视频信号,然后该视频信号经由传输设备送至处于监控中心内的显示和记录设备,供监控人员使用,监控人员则可以在监控中心通过对控制设备的操作完成对各设备的控制和图像切换。电视监控系统也可以与防盗防侵入探测报警系统等联动运行。

(3) 出入口控制系统　出入口控制系统又称门禁系统,是利用自定义符识别或(和)模式识别技术对出入口目标进行识别并控制出入口执行机构启闭的电子系统或网络。主要用于防范区域人员和车辆的进出管理,包括限制出入的权限,记录出入时间、出入口等,对车辆还有停车和收费问题的管理。

（4）电子巡更系统　电子巡更系统是对保安巡查人员的巡查路线、方式及过程进行管理和控制的电子系统。

（5）停车场管理系统　停车场管理系统是对进出停车场的车辆进行自动登录监控和管理的电子系统或网络。主要用于记录车辆出入时间、显示车位、停车收费等工作。

（6）楼宇对讲系统　楼宇对讲系统是用户通过声音或图像信号对来访者进行身份确认并遥控开锁的电子系统。有的楼宇对讲系统还兼有将住户室内防盗、火灾、煤气及紧急求助信号传至小区监控中心的功能。

目前，许多企业开发出了"一卡通"管理系统，它集门禁、考勤、电梯控制、停车场、指定场所 POS 机消费功能等于一体，因其高度安全、适用面广、极为方便的使用和管理方式，被广泛应用于宾馆、高档写字楼、智能化小区、工厂等重要场所。该系统已成为楼宇弱电系统的重要组成部分，也是楼宇实现现代化管理的重要标志。

第二节　入侵报警系统

一、入侵报警系统的结构和组成

1. 结构

入侵报警系统主要负责建筑内外各个点、线、面和区域的侦测任务，其结构如图 10-1 所示，它包括三个层次：最底层是探测和执行设备，遇有非法入侵即向控制器发送报警信息；中层是区域控制器，它负责控制底层设备，接收底层设备的报警信息，同时向控制中心传送本区域内的报警情况；最高层是控制中心，它负责整个系统的控制和信息处理。

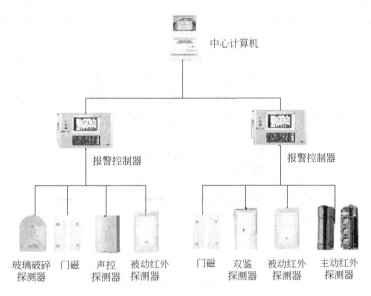

图 10-1　入侵报警系统的结构

2. 系统的组成

入侵报警系统一般由以下几部分组成：

（1）各种类型的探测器　按各种使用目的和防范要求，在报警系统的前端安装一定数量的各种类型探测器，负责监视保护区域现场的任何入侵活动。

（2）信号传输系统　包括有线传输和无线传输两大类，它是联络控制中心与探测器的物理通道，将探测器所感应到的入侵信息传送至监控中心。

（3）监控中心　包括控制主机和报警器，它负责监视从各种保护区域送来的探测信息，并经终端设备处理后，以声、光等形式报警或在报警屏显示、打印。

（4）报警验证　在较复杂的报警系统中要求对报警信号进行复核，以检验报警的准确性。

（5）安全警卫力量　对警情进行处理的保安队伍。

二、入侵报警系统主要设备

1. 入侵探测器

（1）入侵探测器分类　按照防护的场所不同，入侵探测器一般分为点型、线型、面型和空间型四类，其分类方法见表10-3。

表 10-3　入侵探测器分类

防护场所	入侵探测器类型
点型	压力垫、微动开关、磁控开关、易断金属条
线型	主动红外线或微波探测器、周界报警器
面型	红外线探测器、电视图像报警器、玻璃破碎探测器、墙壁振动探测器
空间型	微波探测器、被动红外线微波探测器、声控微波探测器、双鉴或三鉴微波探测器

（2）常用入侵探测器

① 开关报警探测器　开关报警器是一种电子装置，通常为点型探测器。它可以把防范现场传感器的位置或工作状态的变化转换为控制电路通断的变化，以此来触发报警电路。由于这类报警器的传感器工作状态类似于电路开关，因此称为"开关报警器"。它属于点控型报警器，经常用于被测对象的位置、形状等有明显变化的场合，如门、窗的开关，物体的移动，压力、震动的变化等。常见的开关报警探测器有磁控开关、微动开关、压力垫、易断金属条等。

a. 磁控开关。磁控开关由带金属触点的两个簧片封装在充有情性气体的玻璃管（也称干簧管）和一块磁铁组成，如图10-2所示。当磁铁靠近干簧管时，管中带金属触点的两个簧片在磁场作用下被吸合，a、b 两点接通；当磁铁远离干簧管时，干簧管附近磁场减弱或消失，簧片靠自身弹性作用恢复到原位置，则 a、b 两点断开。

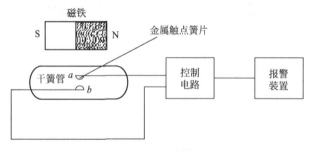

图 10-2　磁控开关结构示意图

安装时，一般把磁铁安装在被防范物体（如门、窗）的活动位，把干簧管装在固定部位（如门框、窗框）。磁铁与干簧管的位置需保持适当距离，以保证门、窗关闭时干簧管触点在磁场下可靠动作。当门窗打开时，磁场远离干簧管，干簧管触点断开，控制器产生断路报警信号。门磁开关如图10-3所示。

b. 微动开关。微动开关是一种依靠外部机械力的推动实现电路通断的电路开关，其结构如图10-4所示。

微动开关一般安放在被保护物之下。保护物的重力通过按钮作用于动簧片上，动触点 a 与

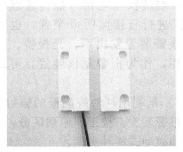

(a) 有线门磁开关　　　　　　　(b) 无线门磁开关

图 10-3　门磁开关

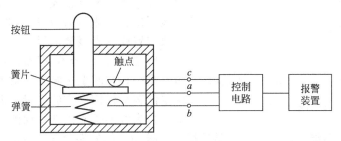

图 10-4　微动开关报警器结构示意图

静触点 b 接通，同时断开点 c。一旦被保护物被意外移动或抬起时，按钮上重力消失，动作簧片在复位弹簧的作用下恢复原位，使 a、c 两点接通，a、b 两点断开。通过动触点 a 与静触点 c、b 的接通与断开，使控制电路通断发生变化，从而引起报警装置产生声、光报警信号。

c. 易断金属导线。易断金属导线是用导电性能好的金属材料制作的一种机械强度不高，容易断开的导线。布设时，可将其一端捆绕在被保护物体上，另一端安装在固定点上，一旦被保护物体移动时，金属线断开，控制电路通断发生变化，产生报警信号。

d. 压力垫。压力垫由两条长条形金属带平行相对应地分别固定在地毯背面，两条金属带之间有绝缘材料支撑，使两条金属带相互隔离。压力垫通常放在防范区域的地毯下面，当入侵者踏上地毯时，地毯相应部位受重力作用产生凹陷，使地毯下压力垫的两条金属带接触，控制电路通断发生变化，产生报警信号。

② 玻璃破碎探测器　玻璃破碎时可产生特殊的声音频率，玻璃破碎探测器（图10-5）是用于同时探测玻璃破碎产生的特殊声音频率和振动的双鉴探测装置，对其他声音和振动不产生反应。玻璃破碎探测器一般采用压电材料作为传感器，布设时一般是黏附在被保护的玻璃上。玻璃破碎探测器是一种面型探测器。

③ 声控探测器　声控探测器（图10-6）用微音器作传感器，用来监测入侵者在防范区

图 10-5　玻璃破碎探测器　　　　　　图 10-6　声控探测器

域内走动或作案活动时发出的声响，并将此声响转换为电信号经传输线送入报警主控制器。此类报警电信号即可供值班人员对防范区进行直接监听或录音，也可同时送入报警电路，在现场声响强度达到一定电平时启动报警装置发出声、光报警。声控探测器易产生误报，通常与其他类型的报警装置配合使用，作为报警复核装置，可以大大降低误报及漏报率。

④ 红外线探测器　红外线报警器（图 10-7）是利用红外线能量的辐射及接收技术制成的报警装置。按工作原理区分，它们可分为主动式和被动式两种类型。

a. 主动式红外探测器。如图 10-7（a）所示，是一种线型探测器，主动式红外探测器是由收、发装置两部分组成。红外发射装置向红外接收装置发射一束红外光束，此光束如被遮挡时，接收装置就发出报警信号。

b. 被动式红外探测器。如图 10-7（b）所示，是一种空间型探测器，被动式红外报警器不向空间辐射任何形式的能量，而是采用热释电探测器作为红外探测器件，探测监视活动目标在防范区引起的红外辐射能量的变化。正常情况下，被动式红外探测器会检测到一个稳定的或变化相对缓慢的红外光辐射强度，当有人入侵这一空间，会立即打破空间温度场的平衡，将引起该区域红外辐射的变化，探测器检测到这种变化时，就会发出报警。

(a) 主动式红外探测器　　(b) 被动式红外探测器

图 10-7　红外线探测器

⑤ 微波探测器　微波探测器（图 10-8）是利用超高频的无线电波来进行探测的。它分为微波多普勒探测器和对射型微波入侵探测器。

a. 微波多普勒探测器。如图 10-8（a）所示，它采用多普勒移频效应进行工作，探测器发出无线电波，同时接受反射波，当有物体在探测区域移动时，反射波的频率与发射波的频率有差异，两者频率差称为多普勒频率。探测器就是根据多普勒频率来判定探测区域中是否有物体移动的。由于微波的辐射可以穿透水泥墙和玻璃，在使用时需考虑安放的位置与方向，通常适合于开放的空间或广场。

b. 对射型微波入侵探测器。如图 10-8（b）所示，是一种线型探测器，主要用于室外周界防护，采用干扰场原理进行工作。对射型微波入侵探测器由发射机和接收机组成，发射机和接收机分别安装在相对的两点上，之间形成一个稳定的微波场，一旦有人闯入这个警戒区，微波场就受到干扰，接收机就会探测到一种异常信息。当这个异常信息超过事先设置的阈值时，便会触发报警。

⑥ 双鉴探测器　各种探测器都能起到入侵防范作用，有各自独特的优点，但也有不足，在某些场合下易产生误报。为了解决误报率高的问题，人们提出互补探测技术方法，即把两种不同探测原理的探头组合起来，进行混合报警。目前主要有超声波-被动红外、微波-被动红外、微波-主动红外等多种双鉴探测器。常见双鉴探测器如图 10-9 所示。

2. 报警控制器

报警控制器如图 10-10 所示，是一种电子装置，它是在入侵报警系统中实施设置警戒、解除警戒、判断、测试、指示、传送报警信息以及完成某些控制功能的设备。通常安装在各单元大门内附近和墙上，以方便有控制权的人员在出入单元时进行设防和撤防。

报警控制器按防护功能分为 A、B、C 三级：A 级为较低防护功能级；B 级为一般防护功能级；C 级为较高防护功能级。

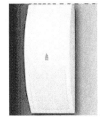

(a)微波多普勒探测器　　(b)对射型微波入侵探测器

图 10-8　微波线探测器　　　　图 10-9　双鉴探测器　　　　图 10-10　报警控制器

一般的报警控制器具有以下几方面的功能：

（1）布防与撤防　要求控制器可手动布、撤防或自动布、撤防。在正常状态下，探测器处于撤防状态，不会发出报警，而在布防状态下，如果探测器有报警信号传来，则立即报警。

（2）布防延时　为了使布防操作人员在尚未退出布防区域前不触发报警，要求控制器布防设置延时一段时间方可生效。

（3）防破坏　要求在报警线路短路或断路、报警设备被非法打开时进行报警，同时显示线路故障信息，以防止人为破坏。

（4）报警联动　要求遇有报警时，可将报警信息经通信线路以自动或人工方式向控制中心转发，由控制中心的计算机进行数据分析处理，重点报警部位应与电视监控系统联动，自动切换到该报警部位的图像画面，自动进行录像。

（5）自检保护　要求控制器能对本系统进行自检，使各个部分处于正常工作状态。

3. 报警控制中心设备

主要是与各报警控制器联网的装有报警控制软件的计算机系统。它用来识别各报警控制器送来的报警信号，并通过软件转换为便于操作人员识别的报警信号，同时它还可以对各报警控制器进行设置和检测。

报警控制中心还应具备完善的事件记录设备，系统中发生的各种事件都应被完整、详细地记录。

第三节　电视监控系统

一、电视监控系统概述

电视监控系统是安全防范系统的重要组成部分，随着安全防范标准的提高，电视监控系统应用越来越广泛。

1. 电视监控系统分类

电视监控系统按信号的传输方式分为闭路（有线）电视监控系统和无线电视监控系统。无线电视监控系统的信号采用无线传输，不需布线，施工简单，但信号传输不够稳定，易受干扰，图像质量不如闭路电视监控系统，因此一般不采用。

闭路（有线）电视监控系统（closed circuit television，简称 CCTV）的信号由于采用有线传输，具有保密性强、不易受干扰、传输信号稳定可靠、图像质量高、设备投资少、不占用无线电资源等优点，应用十分广泛。闭路电视的信号有两种传输方式：一种是射频信号传输，又称高频传输；另一种是视频信号传输，又称低频传输。

CCTV 按用途可分为工业电视系统和安防电视监控系统。

2. 电视监控系统的组成

如图 10-11 所示，电视监控系统由前端部分（有时还有麦克风）、传输部分、终端部分

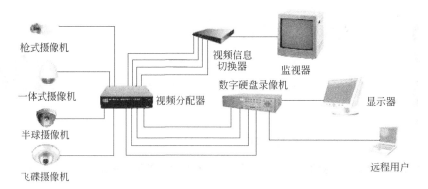

图 10-11 电视监控系统的结构

三大块组成。

（1）前端部分　摄像部分是电视监控系统的前端部分，主要用来获取被监控区域的图像信息，是整个系统的"眼睛"。一般布置在被监视场所的某一位置上，把它监视的内容变为图像信号，传送到控制中心的监视器上。前端部分主要由摄像机、镜头、云台、解码器和防护罩等组成。

（2）传输部分　传输部分就是系统的图像信号通路。主要用来传输摄像机采集的图像信号和对摄像部分进行控制的控制信号。传输部分主要由视频传输线、控制线、电源线、视频放大器、视频分配器等组成。

（3）终端部分　终端部分是实现整个系统功能的指挥中心，是整个系统的"大脑"。用于视频信号处理和显示、输出控制信号和信息记录等。终端部分主要由系统主机、云台镜头控制器、视频信号切换器、监视器等组成。

二、电视监控系统主要设备

1. 摄像机

电视监控摄像机如图 10-12 所示，是获取监视现场图像的前端设备，它以面阵 CCD 图像传感器为核心部件，外加同步信号产生电路、视频信号处理电路及电源等。近年来，新型的低成本 MOS 图像传感器有了较快速的发展，基于 MOS 图像传感器的摄像机已开始被应用于对图像质量要求不高的可视电话或会议电视系统中。由于 MOS 图像传感器的分辨率和照度等主要指标暂时还比不上 CCD 图像传感器，因此，在电视监控系统中使用的摄像机仍为 CCD 摄像机。

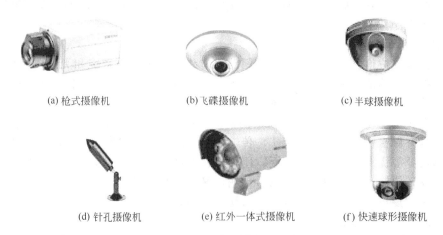

图 10-12　电视监控摄像机

(1) 摄像机的分类　摄像机的分类方式有多种，如按图像色彩分类、按分辨率分类、按结构组成分类、按扫描制式分类、按摄像器件分类等，这里介绍几种常见的分类方式。

① 按图像色彩分类　分为彩色摄像机、黑白摄像机、彩色/黑白两用摄像机。

② 按结构组成分类　分为枪式摄像机、飞碟摄像机、半球摄像机、针孔摄像机等。

③ 按组合方式分类　分为分体式摄像机、一体式摄像机和快速球形摄像机。

④ 按使用环境分类　分为室内摄像机和室外摄像机。

(2) 摄像机的性能指标

① 色彩　分为彩色和黑白两种，分别由彩色摄像机和黑白摄像机提供，黑白摄像机灵敏度和清晰度高，但不能显示图像颜色。彩色摄像机能显示图像颜色，在相同的情况下灵敏度和清晰度比黑白摄像机低，应用时必须具备较好的照明条件。彩色摄像机价格较高，与之相配套的显示器等设备都须选择彩色，系统造价较高。在环境照度较低的情况下，应首选黑白摄像机。

② 照度　照度也称光照度，是表明物体被照明程度的物理量，光照度的单位是勒克斯（lx）。被光均匀照射的物体，在 $1m^2$ 面积上所得的光通量是 $1lm$ 时，它的照度是 $1lx$。

各种摄像机都有最低照度指标，通常 CCD 摄像机的最低照度，黑白为 $0.2lx$，彩色为 $1.0lx$，彩色/黑白两用摄像机，当光照度低于 $5\sim10lx$ 时，自动转变为黑白摄像，此时的最低照度可达 $0.1lx$。为了获得满意的图像，所需的照度应比所选摄像机的最低照度大很多，如果监控场所光线太暗，必须增加照明设施或者选择红外摄像机。各种环境的相对照度见表 10-4。

表 10-4　各种环境的相对照度

环 境 场 所	照度/lx	环 境 场 所	照度/lx
阴暗的夜晚	2×10^{-5}	宾馆大厅	100
星光	8×10^{-4}	教室	200
月圆	3×10^{-1}	设计室、打字室	300
剧场内观众席	2	自选商场	500
曙光	5	阴天室外	3×10^3
一般车库	10	晴天室外	3×10^4
宾馆走廊	50	阳光下水边	3×10^5

③ 清晰度　清晰度是用电视线来表示的。用摄像机拍摄的图像信号需要在监视器上播放时，需要换算成与监视器画质相同的单位。而监视器的画面清晰度是以水平清晰度作为单位。通俗地说，我们可以把监视器上的画面以水平方向分割成很多很多"条"，分得越细，这些画面就越清楚，而水平线数的数码就越多。这个单位是"电视行（TV Line）"也称线。清晰度是一个很重要的参考标准。

摄像机清晰度的选择要根据图像要求和工程成本综合考虑。高清晰度的摄像机还要配高清晰度的显示器才有意义，一般工程上选择 450～480 线的摄像机就基本能满足需要。

清晰度与 CCD 和镜头有关，还与摄像头电路通道的频带宽度直接相关，通常规律是 1MHz 的频带宽度相当于清晰度为 80 线。频带越宽，图像越清晰，线数值相对越大。

④ 制式　摄像机同家用电视机、录像机一样，也有制式之分，有 PAL 制和 NTSC 制等。由于我国电视信号的制式是 PAL 制，所以摄像机一般选用 PAL 制，购买时要注意根据设计系统所用的制式进行选择，要求全系统中所有设备都要在同一制式上，否则系统将不可能正常工作。

在选择摄像机时,应综合考虑工作环境、安装位置、清晰度等因素,一般监控系统中多选择 1/3～1/2in❶,PLA 制,380～480 线,AC 220V 或 DC 12V 的 CCD 摄像机。

(3) 摄像机的部分功能

① 自动增益控制(automatic gain control,AGC) 所有摄像机都有一个将来自 CCD 的信号放大到可以使用水准的视频放大器,其放大量即增益,等效于有较高的灵敏度,可使其在微光下灵敏,然而在亮光照的环境中放大器将过载,使视频信号畸变。为此,需利用摄像机的自动增益控制(AGC)电路去探测视频信号的电平,适时地开关 AGC,从而使摄像机能够在较大的光照范围内工作,此即动态范围,即在低照度时自动增加摄像机的灵敏度,从而提高图像信号的强度来获得清晰的图像。具有 AGC 功能的摄像机,在低照度时的灵敏度会有所提高,但此时的噪声也会比较明显,这是由于信号和噪声被同时放大的缘故。

② 自动白平衡 对彩色摄像机而言,白平衡是衡量红、绿、蓝三基色是否平衡的参数。摄像机内部有三个 CCD 电子耦合元件,分别感受蓝色、绿色、红色的光线,在预置情况下这三个感光电路电子放大比例是相同的,为 1:1:1 的关系,白平衡的调整就是根据被调校的景物改变了这种比例关系。例如,被调校景物的蓝、绿、红色光的比例关系是 2:1:1(蓝光比例多,色温偏高),则白平衡调整后的比例关系为 1:2:2,调整后的电路放大比例中蓝的比例明显减少,增加了绿和红的比例,这样被调校景物通过白平衡调整电路到所拍摄的影像,蓝、绿、红的比例才会相同,白平衡趋于正常,从而真实地还原被摄物体的色彩。彩色摄像机的自动白平衡就是让其实现自动调整。

③ 背光补偿 背光补偿也称为逆光补偿或逆光补正,它可以有效补偿摄像机在逆光环境下拍摄时画面主体黑暗的缺陷。当引入背光补偿功能时,摄像机仅对整个视场的一个子区域进行检测,通过求此区域的平均信号电平来确定 AGC 电路的工作点。由于子区域的平均电平很低,AGC 放大器会有较高的增益,使输出视频信号的幅值提高,从而使监视器上的主体画面明朗。此时的背景画面会更加明亮,但其与主体画面的主观亮度差会大大降低,整个视场的可视性得到改善。有此功能的摄像机价格较高,设计系统时应尽量选择顺光布置摄像机。

2. 镜头

镜头(图 10-13)是一种光学成像器件,是摄像机的眼睛,一般摄像机与镜头是可以根据需要进行不同组合的。监控图像的质量很大程度上取决于镜头的成像质量,要获得高质量的图像和摄像范围,镜头选择十分关键。

(a) 定焦镜头　　　(b) 变焦镜头　　　(c) 手动光圈镜头　　　(d) 手动三可变镜头

(e) 电动变倍镜头　　(f) 电动光圈镜头　　(g) 电动三可变镜头　　(h) 视频驱动光圈镜头

图 10-13　摄像机镜头

---

❶　1in=0.0254m。

(1) 镜头的分类

① 按焦距分类　可分为短焦距、中焦距、长焦距和变焦距镜头。

② 按视场的大小分类　可分为广角、标准、远摄镜头。

③ 按结构分类　可分为固定光圈定焦镜头、手动光圈定焦镜头、自动光圈定焦镜头、手动变焦镜头、自动光圈电动变焦镜头、电动三可变镜头（指光圈、焦距、聚焦这三者均可变）。

④ 按接口安装方式分类　可分为 C 安装座接口镜头和 CS 安装座接口镜头。

⑤ 按镜头参数可调项目分类　可分为固定镜头、一可变镜头、二可变镜头、三可变镜头。

⑥ 按摄像机镜头规格分类　可分为 1 in，2/3 in，1/2 in，1/3 in，1/4 in 等规格。镜头规格应与摄像机的靶面尺寸相对应，即摄像机靶面大小为 1/3 in 时，镜头同样应选择 1/3in 的，否则不能获得良好的配合。

由于镜头选择得合适与否直接关系到摄像质量的优劣，因此，在实际应用中必须合理选择镜头。

(2) 镜头的技术指标

① 焦距　焦距就是指透镜是中心到 CCD 光靶的距离。镜头的焦距是镜头的一个非常重要的指标。镜头焦距的长短决定了被摄物在成像介质（CCD）上成像的大小，也就是相当于物和像的比例尺。当对同一距离的同一个被摄目标拍摄时，镜头焦距长的所成的像大，镜头焦距短的所成的像小。较常见的焦距有 8mm、15mm 等。

镜头焦距的选择要根据视场大小监视目标到镜头的距离而定，其焦距的计算可按下式进行：

$$f=AL/h \tag{10-1}$$

式中　f——镜头的焦距，mm；

　　　h——被摄物体的高度，mm；

　　　L——被摄物体到镜头的距离，mm；

　　　A——靶面成像高度，mm。

镜头根据焦距是否可变分为定焦镜头和变焦镜头，在相同的技术水准条件下，变焦镜头的成像质量低于定焦镜头，大倍率变焦镜头的成像质量低于小倍率变焦镜头。

② 光圈　光圈是一个用来控制光线透过镜头进入机身内感光面的光量的装置，它通常是在镜头内。常见的光圈值系列如下：F1，F1.4，F2，F2.8，F4，F5.6，F8 等，光圈 F 值愈小，在同一单位时间内的进光量便愈多，而且上一级的进光量比下一级的多 1 倍，例如光圈从 F8 调整到 F5.6，进光量便多 1 倍，即说光圈开大了一级。

光圈分为固定光圈、可变光圈、猫眼式光圈、瞬时光圈等几种。

在实际施工中，如果被监视场所的照度是恒定的，可选择固定光圈镜头；如果监视场所的照度是变化的（如室外），则应选择自动光圈镜头，这样才能获得清晰的图像。

③ 景深　景深，就是当镜头焦距对准某一点时，其前后的景物仍有一段清晰成像的范围，此段范围即景深。景深与镜头使用光圈、镜头焦距、拍摄距离以及对像质的要求有关，其影响如下：光圈越大，景深越小，光圈越小，景深越大；镜头焦距越长，景深越小，焦距越短，景深越大；距离越远，景深越大，距离越近，景深越小。

3. 云台与防护罩

(1) 云台　云台如图 10-14 所示，是承载摄像机进行水平和垂直两个方向转动的装置。一般情况下，云台内装两个电动机，一个负责水平方向的转

(a) 重型云台　　(b) 球形护罩云台

图 10-14　云台

动,一个负责垂直方向的转动。水平转动的角度一般为350°,垂直转动则有±45°、±35°、±75°等。水平及垂直转动的角度可通过限位开关进行调整。

① 云台分类

a. 按安装环境。分为室内云台和室外云台。室外云台有防雨装置,部分高档室外云台还有防冻加温装置,室内云台则没有。

b. 按承载能力。分为重载云台、轻载云台和微型云台。目前的重载云台承重量大约为7~50kg,轻载云台承重量大约为1.5~7kg,还有些云台是微型云台,如与摄像机一起安装在半球形防护罩内或全天候防护罩内的云台。

② 云台的控制方式　电动云台由微型电机驱动,多采用有线控制。控制线的输入端有五个,其中一个为电源的公共端,另外四个分别为上、下、左、右控制端。如果将电源的一端接在公共端上,电源的另一端接在"上"时,则云台带动摄像机头向上转,其余类推。还有的云台内装继电器等控制电路,这样的云台往往有六个控制输入端,一个是电源的公共端,四个是上、下、左、右端,还有一个则是自动转动端。当电源的一端接在公共端,电源另一端接在自动转动端,云台将带动摄像机头按一定的转动速度上、下、左、右自动转动。

(2) 防护罩　防护罩如图10-15所示,是使摄像机在有灰尘、雨水、高低温等情况下能正常使用的防护装置。防护罩一般分为两类,一类是室内用防护罩。这种防护罩结构简单,价格便宜,其主要功能是防止摄像机落尘并有一定的安全防护作用,如防盗、防破坏等。另一类是室外防护罩,一般为全天候防护罩,罩内装有温度控制装置,防护罩的玻璃窗前安装有雨刷,保证摄像机在恶劣天气下能正常工作。

(a)普通防护罩

(b)球形防护罩

图10-15　摄像机防护罩

4. 解码器

在闭路电视监控系统工程中,解码器(图10-16)属于前端设备,它一般安装在配有云台及电动镜头的摄像机附近,通过多芯控制电缆与云台及电动镜头相连,并经通信线(通常为两芯护套线或两芯屏蔽线)与监控室内的系统主机相连。

5. 视频分配器

视频分配器(图10-17)是将一路视频输入信号均匀分配为多路视频信号输出,以供多台视频设备同时使用的视频传输设备。经视频分配器分配输出的每一路视频信号的带宽、峰-峰值电压和输出阻抗与输入的信号格式相一致。

6. 视频放大器

视频信号经同轴电缆长距离(200~300m)传输后会有一定的衰减,特别是高频部分的衰减尤为严重。视频放大器(图10-18)主要用于解决同轴电缆在远距离传输中的信号质量问题,它采用视频放大器进行级连放大,提高传输距离,并同时对信号的高频量放大,从根

图10-16　解码器

图10-17　视频分配器

图10-18　视频放大器

本上解决了同轴电缆传输过程中的问题。

一般，用 SYV-75-5 的同轴电缆传输视频信号的最远距离为 500m 左右，用 SYV-75-3 电缆为 300m 左右。虽然超过这一距离后仍可看到较为稳定的图像，但图像的边缘部分已变得模糊。因此，进行长距离视频信号传输时，必须使用视频放大器进行中间放大。

7. 系统主机

目前电视监控系统主机多采用数字硬盘录像机，英文缩写为 DVR，如图 10-19 所示，它采用一体化的设计，在单板上集成了视音频采集、压缩、存储、网络传送、多路云台控制、报警检测等功能，是大、中型电视监控系统的核心设备。数字硬盘录像机集磁带录像机、画面分割器、视频切换器、控制器、视频服务器、远程传输系统的全部功能于一体，可连接报警探头、警号，实现报警联动功能，还可进行图像移动侦测、可通过解码器控制云台和镜头、可通过网络传输图像和控制信号等。与传统模拟监控系统相比，数字硬盘录像机最显著的特点就是功能强大，可方便实现网络监控及分控，具有模拟系统无法比拟的优越性。数字硬盘录像机是安防行业发展的一个新趋势，并将迅速替代传统模拟系统设备。

8. 云台镜头控制器

云台镜头控制器（图 10-20）一般应用在不配系统主机的小型电视监控系统中，在某些有系统主机电视监控系统中也有应用，它主要用来对前端的摄像机和云台进行控制。云台镜头控制器通常是经通信线与前端的解码器相连，解码器通过多芯电缆控制云台和镜头的相应动作。

(a) 嵌入式硬盘录像机　　(b) PC 式硬盘录像机

图 10-19　数字硬盘录像机　　　　　　　图 10-20　云台镜头控制器

9. 视频信号切换器（矩阵）

视频信号切换器是组成控制中心中主控制台上的一个关键设备，是选择视频图像信号的设备。简单地说，将几路视频信号输入，通过对其控制，选择其中一路视频信号输出。

在多路摄像机组成的电视监控系统中，一般没有必要用同摄像机数量一样的监视器一一对应显示各路摄像机的图像信号。如果那样，则成本高，操作也不方便，容易造成混乱，所以一般都是按一定的比例用一台监视器轮流切换显示几台摄像机的图像信号。视频切换器目前多采用由集成电路制成的模拟开关。这种形式切换控制方便，便于组成矩阵切换形式。切换的控制信号可采用编码方式。

最简单的切换器一般有 4～16 路输入，1 路输出。切换器面板上有手动切换按键，操作人员根据需要手动进行切换。有的设备可自动顺序切换，有的还有报警输入自动切换等功能，可供选择。

10. 画面分割器

四分割是最常用的设备之一，主要用于在一台监视器上同时显示一个或多个图像信号的设备。画面分割器有四分割、九分割、十六分割几种，可以在一台监视器上同时显示 4、9、16 个摄像机的图像，也可以送到录像机上记录。大部分分割器除了可以同时显示图像外，也可以显示单幅画面，可以叠加时间和字符，设置自动切换，连报警器材等。多画面分割可节省监视器。

11. 监视器

监视器是监控系统的标准输出设备，有了监视器人们才能观看前端送过来的图像。监视器分彩色、黑白两种，尺寸有 9in、10in、12in、14in、15in、17in、21in 等，常用的是 14～21in。监视器也有分辨率，同摄像机一样用线数表示，实际使用时一般要求监视器线数要与摄像机匹配。另外，有些监视器还有音频输入、S-Video 输入、RGB 分量输入等，除了音频输入监控系统用到外，其余功能大部分用于图像处理工作，在此不作介绍。

传统的监视器是使用阴极射线显像管（CRT）的监视器［图 10-21（a）］，目前已出现使用液晶显示屏（LCD）的彩色监视器［图 10-21（b）］。CRT 监视器主要特点是价格低廉、亮度高、视角宽、使用寿命较高（平均寿命可达 30000h 以上）；而 LCD 监视器的主要特点是体积小（平板形）、重量轻、图像无闪动、无辐射，但造价高、视角窄（侧面观看时图像变暗、彩色飘移甚者出现反色）、使用寿命短（通常在烧机 5000h 之后其亮度下降为正常亮度的 60％以下）。

(a) CRT 的监视器　　　　　　　　　　(b) LCD 监视器

图 10-21　监视器

三、传输线路

电视监控系统的传输线路主要用来传输音频、视频信号和控制信号。目前视频传输多采用视频基带传输方式。如果摄像机距离控制中心较远，也可采用射频传输方式或光缆传输方式。

1. 视频电缆

（1）同轴电缆　同轴电缆（coaxial）被广泛应用于视频基带传输或射频的传输，传输阻抗一般为 75Ω。如图 10-22 所示，同轴电缆的中心导线用于传输信号，金属屏蔽网起了两个作用：一是作为信号的公共地线为信号提供电流回路，二是作为信号的屏蔽网，抑制电磁噪声对信号的干扰。中心导线与金属屏蔽网介于半发泡的聚丙烯绝缘层之间，绝缘层决定了电缆的传输特性，而且有效保护了中间的中心导线。

通常使用的电缆型号为 SYV-75-5 和 SYV-75-3，它们对视频信号的无中继基带传输距离为 300～500m。当传输距离更长时，可选用型号为 SYV-75-7、SYV-75-9 等更粗的同轴电缆，也可采用射频传输方式。

视频电缆与设备的连接件通常为 BNC 连接器（俗称 Q9 接头及座），个别设备间也有选用 RCA 连接器（即莲花插头及座）的，还有些系统选用射频传输常用的 F 头（有螺纹，可旋紧）。当接头与座的规格不一致时，可以使用转换器进行转换。

（2）光缆　光纤电缆（optic cable）是长距离传输信号的最好选择。光纤传输是一种基于光电转换取代电子传输的技术手段。光缆主要由光导纤维芯子、包层、护层组成。其特点是损耗极低，频带极宽，传输容量极大，抗干扰性极强，但价格较高，施工要求严格。

光纤传输的简易原理是：模拟电信号传给光发射机，经信号缓冲电路和驱动电路，将输入的电压信号转变成电流信号，驱动发光管或者激光器。这样，输入的电信号转换为光信号，通过精确光对准和引导，耦合进入光纤。光信号经光纤传输后，在接收端光信号被一个波长相配的光电二极管转换成原来的电子源，经低噪声线性放大器放大后再输出。

2. 音频、通信及控制电缆

电视监控系统的音频、通信及控制所用的电缆，都是多芯电缆（图10-23），音频及通信电缆为2芯电缆，控制电缆的芯数根据控制对象的多少确定。音频及通信电缆通常可选用同样的2芯屏蔽电缆，在非干扰环境下，也可选用非屏蔽双绞线。控制电缆通常指的是用于控制云台及电动三可变镜头的多芯电缆，它一端连接于控制器或解码器的云台、电动镜头控制接线端，另一端则直接接到云台、电动镜头的相应端子上。由于控制电缆提供的是直流或交流电压，而且一般距离很短（有时还不到1m），基本上不存在干扰问题，因此不需要使用屏蔽线。常用的控制电缆大多为6芯电缆或10芯电缆。

图10-22 同轴电缆

图10-23 多芯电缆

第四节 出入口控制系统

出入口控制系统也称门禁控制系统，是一种通过采用现代电子与信息管理技术，以感应卡或生物识别来取代钥匙开门的方式，在出入口对人（或物）的进出进行控制的电子自动化系统。出入口控制系统通过对出入口的准入情况进行控制、操作、监视和记录，实现管理中心对出入口的24h管理。

一、出入口控制系统功能

（1）对进出权限的管理　包括通道进出权限、进出通道的方式（密码、卡片或生物识别）和进出通道的时段进行的管理。

（2）实时监控　相关人员可以实时查看每个门区人员的进出情况，每个门区的状态，也可以在紧急状态下打开或关闭所有的门区。

（3）记录查询　系统可以储存所有的进出记录、状态记录，并可按不同的查询条件查询。

（4）异常报警　在异常情况下（如非法侵入、门超时未关等），系统可以实现微机报警或报警器报警。

二、出入口控制系统的分类

按识别方式，出入口控制系统一般分为三类：

（1）密码识别系统　通过检验输入的密码是否正确来识别进出权限的出入口控制系统。

（2）卡片识别系统　通过读卡或读卡加字码的方式来识别进出权限的出入口控制系统。

（3）生物特征识别系统　通过检验人员的指纹、虹膜、声音等生物特征来识别有无进出权限的出入口控制系统。

三、出入口控制系统的结构和组成

出入口控制系统的结构如图10-24所示，一般由三个层次组成：

1. 底层设备

是直接与人员打交道的设备，由读卡机、电子门锁、出口按钮、报警传感器和报警喇叭等组成。它们用来接收人员输入的信息，再转换成电信号送到控制器中，同时根据来自控制器的信号完成开锁、闭锁等工作。

2. 中层设备

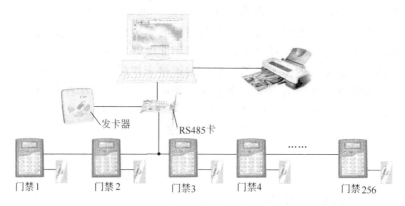

图 10-24　出入口控制系统的结构

主要是控制器,它接收底层设备发来的有关人员的信息,同自己存储的信息相比较以做出判断,然后再发出处理的信息。

3. 上层设备

主要是装有出入口控制门禁系统管理软件的计算机,它管理着系统中所有的控制器,向它们发送控制命令,对它们进行设置,接收其发来的信息,完成系统中所有信息的分析与处理。

四、出入口控制系统常用设备

1. 出入口控制器

出入口控制系统的核心部分是出入口控制器(图 10-25),它负责整个系统输入、输出信息的处理和储存、控制等。

2. 读卡器

读卡器(图 10-26)是卡片识别式出入口控制系统读取卡片中数据并向控制器传送数据的设备。

3. 生物辨识设备

包括指纹机(图 10-27)、掌纹机、视网膜辨识机、声音辨识机等。是利用每个人独有的上述生物特征进行辨识的设备。生物辨识设备比较复杂且安全性很高,一般用于军政要害部门或者银行的金库等处。

图 10-25　出入口控制器　　图 10-26　读卡器　　图 10-27　指纹机

4. 电控锁

电控锁(图 10-28)是出入口控制系统中锁门的执行部件,主要有以下几种类型:

(1) 电磁锁　电磁锁断电后是开门的,符合消防要求,并配备多种安装架以供顾客使用。这种锁具适于单向的木门、玻璃门、防火门、对开的电动门。

(2) 阳极锁　阳极锁是断电开门的,符合消防要求。它安装在门框的上部。与电磁锁不同的是阳极锁适用于双向的木门、玻璃门、防火门,而且它本身带有门磁检测器,可随时检

(a)电磁锁　　　　　　　(b)阳极锁　　　　　　　(c)阴极锁

图 10-28　电控锁

测门的安全状态。

(3) 阴极锁　一般的阴极锁为通电开门的。适用单向木门。安装阴极锁一定要配备 UPS 电源，因为停电时阴极锁是锁门的。

5. 卡片

卡片相当于开门的钥匙，可以在卡片上打印持卡人的个人照片，开门卡、胸卡合二为一。目前常用的卡片有：

(1) 磁卡　是目前最常用的卡片系统，它利用磁感应对磁卡中磁性材料形成的密码进行辨识。其优点为：成本较低；安全性较好；可连微机；有开门记录。缺点为：卡片设备有磨损，寿命较短；卡片易被复制；不易双向控制；卡片信息容易因外界磁场丢失，使卡片失效。

(2) IC 卡　IC 卡有接触式与非接触式两种。

① 接触式 IC 卡　卡片内装有集成电路（IC），通过卡上触点与读卡设备交换信息。接触式 IC 卡优点是保密性好，难以伪造或非法改写等。它的缺点是仍然需要刷卡过程，因而降低了识别速度，且一旦 IC 卡的触点或读卡设备的触点被污物覆盖，就会影响正常的识别。

② 非接触式 IC 卡　卡片采用电子回路及感应线圈，利用读卡设备本身产生的特殊振荡频率，当卡片进入读卡设备能量范围时产生共振，感应电流使电子回路发射信号到读卡设备，经读卡设备将接收的信号转换成卡片资料，送到控制器对比。其主要优点为卡片与设备无接触，使用寿命长，理论寿命至少 10 年；安全性高；可连微机，有开门记录；可以实现双向控制；卡片很难被复制。缺点为成本较高。

6. 系统主机

系统主机为装有出入口控制系统管理软件的计算机，它通过通信协议与各控制器相连，构成出入口控制系统。出入口控制系统的管理软件主要功能包括：实时对进、出人员进行监控，对各门区进行编辑，对系统进行编程，对各突发事件进行查询及人员进出资料实时查询。

7. 其他设备

(1) 出门按钮　安装于出入口内部，按一下即可开门的设备，适用于对出门无限制的情况。

(2) 门磁　用于检测门的安全/开关状态等。

(3) 电源　整个系统的供电设备，分为普通和后备式（带蓄电池的）两种。

第五节　电子巡更系统

安防系统是人防和技防的有机结合体，保安人员对设防区域进行定期巡查就是实施人防的具体措施。但是如何对保安巡查工作进行有效监督却一直困扰着管理者，电子巡更系统的出现解决了这一难题。电子巡更系统是利用电子科技手段对保安巡查工作进行科学化、规范化管理的全新系统。该系统可以杜绝对巡逻人员无法科学、准确考核监控的现象，有效地保障了井然有序的工作流程，把只限于特定时间、地点及人员的考核范围通过系统的预先设定拓展到各种时间、场合，从而达到事半功倍的效果。

一、电子巡更系统的分类

电子巡更系统分在线式和离线式两大类。

1. 在线式电子巡更系统

在线式电子巡更系统是巡更系统的早期产品，实际上就是考勤机联网使用。它是在一定的范围内进行综合布线，将巡更器设置在一定的巡更点上，巡更人员携带信息钮或信息卡，按布线的范围进行巡逻；管理者只需在中央监控室就可以看到巡更人员所在的巡逻路线以及到达巡更点的时间；如巡更人员发生意外，没有读卡时，中心可以快速核查，处理突发事件。由于在线式电子巡更系统可以实现实时控制，因此，在一些对巡更要求特别严格或巡更工作有一定危险性的地方，较适合使用在线式电子巡更系统。此外，在门禁点比较多的小区或管理区域内，结合门禁布线，也可以使用在线式巡更系统。

它的缺点是施工量大，成本高，容易受到温度、湿度、布线范围的影响，安装维护工作量比较大，传输线路容易遭受人为破坏。

2. 离线式电子巡更系统

鉴于在线式巡更系统存在着较多缺点，20世纪90年代中后期，一些厂商推出了离线式电子巡更系统。离线式电子巡更系统无须布线，只要设置好巡更点，巡逻人员手持巡检器到每一个巡更点采集信息后，将信息通过传输器传输给计算机，就可以显示整个巡逻巡检过程。这种方式与在线式相比，优点在于易于携带，无须布线，安装简单，不受温度、湿度的影响，又不易被破坏，因此解决了投资昂贵的问题，并且系统扩容和线路变更的实现更为容易，缺点是不能实时管理（如有对讲机，可避免这一缺点）。目前离线式电子巡更系统已成为当前国内市场的主流产品，占据了市场90%左右的份额。离线式电子巡更系统又分为接触式和感应式两种。

（1）接触式巡更系统　接触式巡更系统，也叫信息钮式巡更产品。其工作程序是在巡更点上安装信息钮，巡更人员巡逻时，手持巡检器（或称为巡更棒）到各点，在信息钮上触碰一下，巡检器便读取信息钮数据。完成整个巡逻任务后，到监控中心，管理人员通过软件把手持巡检器内存储的信息传回到电脑，对巡更数据进行分析并生成打印报表，以备查验。信息钮的优点在于它的号码是唯一的，不受电磁干扰，识读无误差；另外，物理性能坚固，不怕雨雪，耐高低温、耐蚀性能优越，在恶劣的环境下非常适用。

但是由于这种系统需要"接触"，因此一些弊端就显现出来了：一是巡检器（巡更棒）与信息钮必须非常准确地接触才能读取信息，操作起来很不方便，尤其在晚上，光线不好，不易找准；二是信息钮外露的金属外壳易受污染，造成接触不良，导致不能有效地采集信息；三是外露的信息钮容易遭到破坏。

接触式巡检器又分为两种：非显示型巡更巡检器与数码显示型巡更巡检器。它们的工作内容相同，不同点是，数码显示型巡更巡检器在读取信息时，可通过巡更巡检器上的显示窗口让巡更巡检人员即时看到巡逻信息。数码显示型巡更巡检器是接触式巡更巡检器的一个升级版本，为日后感应巡更巡检器的发展打下了基础。

（2）感应式巡更系统　感应式巡更系统主要是射频识别技术（RFID）在巡更系统上的应用。它的优点是读取数据不需要接触电子标签：当巡更人员到达巡更点的时候，只要将巡检器靠近电子标签，巡检器就能自动探测到巡更点的信息，并自动记录下来。由于读取不需要接触，电子标签可埋入隐蔽性较高的物体如墙内，这样就让别有用心的人无法知道巡更的地点，从根本上解决了电子标签被破坏的问题。目前感应式产品已经成为了巡更市场中的主流，占到70%左右的比例。

感应式也存在着一定的缺陷,如通信距离太短(5cm 左右),巡更人员在晚上光线不佳的时候,寻找巡更点还是不方便。并且,感应式是采用感应技术来读取信息的,易受电磁干扰,在一些特殊环境中应用还有一定的局限性。

二、电子巡更系统的组成

电子巡更系统的组成如图 10-29 所示。

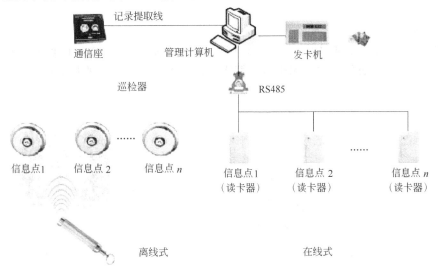

图 10-29 电子巡更系统的组成

1. 在线式电子巡更系统的组成

在线式电子巡更系统主要由巡更点、巡检器、通信线路和系统管理软件四部分组成。

2. 离线式电子巡更系统的组成

离线式电子巡更系统主要由巡更点、巡检器、通信座和系统管理软件四部分组成。

三、电子巡更系统的主要设备

1. 信息钮

信息钮(图 10-30)也称 TM 卡,它的号码是唯一的。是一种接触式存储器,用于接触式电子巡更系统中,一般采用不锈钢外壳封装,具有防水、防磁、防震功能。在使用时分为人员信息钮和地点信息钮,分别存有巡查人员或巡查点的身份码,用于标识巡查人员身份或巡查地点。人员信息钮由巡查人员自身携带使用,地点信息钮可安装在任何需要巡查的地方,无须供电、连线,可用强力胶或双面胶安装在墙壁、电线杆或树上。

2. 电子标签

电子标签(图 10-31)的作用与信息钮相同,但它是一种非接触式存储器,用于非接触式电子巡更系统中。

图 10-30 信息钮

图 10-31 电子标签

3. 巡检器

巡检器(图 10-32)有接触式和非接触式两种,用于采集、储存和传输巡查记录、巡查点地理信息和巡查人员的身份信息。

接触式也称巡更棒，采用不锈钢外壳，防水、防震、防磁、防拆，坚固耐用，没有开关，也没有按钮。采集数据时，只须轻轻一碰信息钮听到"嘟"的一声，就可以了；传输数据只需将巡更棒插入通信座即可，使用非常方便。

非接触式巡检器采用无线能量传送和通信技术，采集数据时无须与电子标签接触，使用USB接口上传数据。

4. 通信座

用于接触式电子巡更系统中，通信座（图10-33）通过RS-232与计算机连接，以实现巡更棒和计算机间的通信；它采用微型计算机设计，可对巡更棒内的数据进行设置、读取和清除。

(a) 接触式巡检器　　(b) 非接触式巡检器

图 10-32　巡检器　　　　　　　　　　图 10-33　通信座

5. 系统主机

装有巡更系统管理软件的计算机。主要用于设置人员、地点信息，制定巡检计划，查询、备份巡检记录，分析、打印巡检记录等。

第六节　停车场管理系统

对于现代化的停车场，需要既能保证车辆停泊安全，又能方便用户停车、取车。停车场管理系统是车辆停放管理与收费的自动化管理系统，是将计算机、自控设备以及智能IC卡技术有机地结合起来，使停车场完全置于计算机管理下的高科技机电一体化产品。停车场管理系统以计算机网络管理为纽带，以车辆控制器、读卡器为核心，以非接触式IC感应卡为信息单元，对进、出停车场的机动车辆进行自动控制和管理，维持车辆秩序，保持人们正常安定的工作生活环境。

一、停车场管理系统的组成

如图 10-34 所示，停车场管理系统主要由车辆出入的检测和控制子系统、车位显示和管理子系统、计时收费管理子系统和中央控制系统四部分组成。

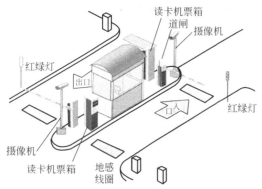

图 10-34　停车场管理系统的组成

1. 车辆出入的检测和控制子系统

车辆出入的检测和控制子系统主要用于对进出停车场的车辆进行识别、通行管理和图像记录等。一般由非接触感应式ID卡的读卡器、ID卡出卡机、车辆探测器、自动道闸、车辆检测线圈、LED显示屏、摄像头等组成。

2. 车位显示和管理子系统

主要是通过进出口检测器来加减进出车辆数，并与设定值比较，从而显示车位数。

也有停车场采用在停车位上设置探测器来检测车位上是否有车停放，并通过管理系统将车位数显示出来。车位显示屏一般设在停车场入口处。

3. 计时收费管理子系统

停车场收费分为月（年）租费和临时停车收费两种。

月租费用户在缴纳月（年）租金后获得出入卡，系统对出入卡设置有效期，车辆出入检测和控制系统检测到有效卡后即可放行。

对于临时停车收费，从成本考虑，一般采用一次性磁卡、条码卡，通过"临时车票发放及检验装置"进行自动管理，设备包括自动磁卡（条码）吐票机和自动磁卡（条码）验票机。

4. 中央控制系统

主要是中央控制计算机，是停车场管理系统的中枢，负责系统的协调与管理。

二、停车场管理系统工作流程

停车场管理系统工作流程如图 10-35 所示。

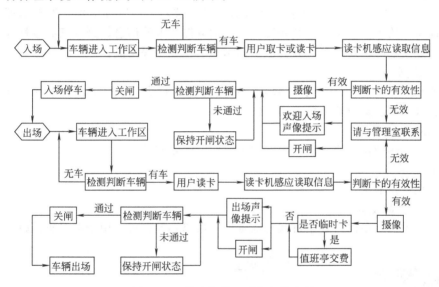

图 10-35 停车场管理系统工作流程

1. 临时车辆停车工作流程

临时车进入停车场时，车辆探测器检测车到。入口处的 LED 显示屏显示车位信息，同时系统以语音提示客户按键取卡，客户按键，读卡机票箱内的 ID 卡经输卡机芯传送至入口票箱出卡口，并完成读卡过程。同时启动入口摄像机，摄录一幅该车辆图像，并依据相应卡号，存入中央电脑的数据库中。中央电脑可以放在监控室，一般放在出口收费处。司机取卡后，自动路闸起栏放行车辆，车辆通过车辆检测线圈后自动放下栏杆。

临时车驶出停车场时，在出口处，司机将非接触式 ID 卡交给收费员，收费员在收费所用的感应读卡器附近晃一下，依据相应卡号，存入中央电脑的数据库中，系统根据 ID 卡号自动计算出应交费，收费员提示司机交费。收费员收费后，按确认键，电动栏杆升起。车辆通过埋在车道下的车辆检测线圈后，电动栏杆自动落下，同时收费处中央电脑将相关信息记录到数据库内。

2. 月租卡车辆停车工作流程

月租卡车辆进入停车场时，车辆探测器检测车到，司机把月租卡在入口票箱感应区刷卡，入口票箱内 ID 卡读卡器读取该卡的特征和有关信息，判断其有效性，同时启动入口摄像机，摄录一幅该车辆图像，并依据相应卡号，存入中央电脑的数据库中。若有效，自动路闸起栏入行车辆，车辆通过车辆检测线圈后自动入下栏杆；若无效，则不允入场。

月租卡车辆驶出停车场时，设在车道下的车辆检测线圈检测车到，司机用月租卡在出口票箱感应器刷卡，出口票箱内 ID 卡读卡器读取该卡的特征和有关信息，判别有效性。收费员确认月卡有效，自动路闸开起栏杆放行车辆，车辆感应器检测车辆通过后，栏杆自动落下；若有误，则不允放行。同时收费处中央电脑将相关信息记录到数据库内。

三、停车场管理系统主要设备

1. 车辆检测器

车辆检测器（图 10-36）分为微波车辆检测器、地感线圈车辆检测器等，一般由机架、底板、中央处理器、检测卡以及接线端子组成。停车场管理系统的车辆检测器多用地感线圈车辆检测器。车辆通过地感线圈时，引起线圈电感量的变化，车辆检测器通过感知这种变化而探测车辆，它还可以用作控制自动道闸、出卡机、摄像机和车位计数等。

2. 控制机

控制机（图 10-37）采用计算机控制和数据处理技术，内置读卡器、发卡机等设备，是停车场管理系统的车辆识别和控制装置。用于读取停车卡的信息、判别其有效性并向系统发出控制信号以及临时车发卡等。具有语音提示和信息显示等功能。

3. 自动道闸

自动道闸（图 10-38）也称挡车器，由系统控制它的动作，只对合法车辆放行。要求开闭速度快、噪声小、寿命长，可手动操作。

4. 监控摄像机

主要摄取车辆图像，用于车辆识别和停放纠纷的处理等。

5. 车位显示屏

用于车位数量显示。

6. 临时车收费设备

包括自动磁卡（条码）吐票机和自动磁卡（条码）验票机，用于临时车计时收费。

图 10-36 车辆检测器

图 10-37 控制机

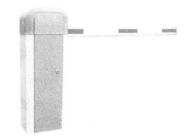
图 10-38 自动道闸

7. 中央控制计算机

装有停车场系统管理软件，具有软硬件参数控制、信息交流与分析、命令发布、车辆图像对比、自动存储数据等功能。一般还配有打印机、发卡机等。

第七节 楼宇保安对讲系统

随着现代化管理的需要和发展，楼宇对讲系统是当今小区普遍应用的管理手段之一。它能够在第一时间以图像、声音形式告知管理和保安人员现场所发生的任何情况，以及业主与访客之间进行沟通，从而有效地做出快速反应。对于社区的安全与管理提供了极大方便。

楼宇对讲系统是采用单片机技术、双工对讲技术、CCD 摄像及视频显像技术而设计的一种访客识别电控信息管理的智能系统。

一、楼宇保安对讲系统结构和组成

楼宇保安对讲系统结构如图 10-39 所示，它主要由总控中心的管理机、楼宇出入口的对讲主机、用户家中的对讲分机、电控锁、闭门器、电源等通过专用网络组成。

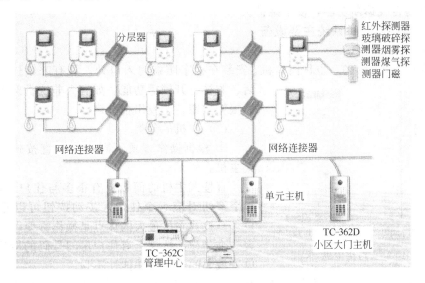

图 10-39 楼宇保安对讲系统结构

二、楼宇保安对讲系统工作原理

楼宇大门平时处于闭锁状态，避免非本楼人员未经允许进入楼内。本楼内的住户可以用门卡或密码开门自由出入。当有客人来访时，需在楼门外的对讲主机键盘上按出被访住户的房间号，呼叫被访住户的对讲分机，接通后与被访住户的主人进行双向通话或可视通话。通过对话或图像确认来访者的身份后，住户主人允许来访者进入，就用对讲分机上的开锁键打开大楼门口上的电控锁，来访客人便可以进入楼内。来访客人进入后，楼门自动闭锁。住宅小区的物业管理部门通过小区对讲管理主机，可以对小区内各住宅楼宇对讲系统的工作情况进行监视。如有住宅楼入口门被非法打开或对讲系统出现故障，小区对讲管理主机会发出报警信号和显示出报警的内容及地点。

三、楼宇保安对讲系统主要功能

1. 访客呼叫功能

在每个单元入口处均设置门口机，访客进入小区后，来到相应的单元时，通过门口机与住户通话，并可看到来访者的影像，由住户确认后开启单元电控门，可对小区的访客进行严格有效的出入控制，进一步保障小区的住户安全。

2. 住户呼叫功能

住户通过话机的呼叫按键可呼叫管理中心，并实现双向通话，从而确保住户在需要时能够及时得到物业的帮助。

3. 物业管理功能

在小区入口处设置管理机，可自动记录住户报警信息或故障信息。可使管理员足不出户，完成访客和管理员、管理员和住户、访客和住户的通话以及管理员开门和住户开门，使物业管理更完善。

4. 信息发布功能

目前部分可视对讲系统具有信息发布功能，管理员可将管理信息、提示信息、收费信息等发布到用户。

5. 备电应急功能

在停电时，必须有备用电源，保证系统不断电。

6. 自诊断功能

系统具备自我诊断功能，便于维护。

四、楼宇保安对讲系统主要设备

1. 对讲主机

对讲主机（图10-40）也称门口机，安装在楼宇防盗门入口处，具有呼叫住户、对讲通话、监视、开锁等功能。如有人非法拆卸本机，有防拆报警按钮，并发出报警声。

（1）主机的分类

① 根据操作方式不同　分为直按式主机、数字式主机。

直按式主机的面板上有很多与住户对应的按钮，每个按钮对应一个住户，按动按钮可以呼叫指定住户。直按式主机最大的优点是操作方便，每一按键代表一个住户，按键上有住户房间号码的标注，操作简单。最大的缺点是功能性不强。

(a) 数字式可视主机

(b) 直按式非可视主机

图10-40　对讲主机

数字式主机的面板上有数字键盘，根据住户房间号码的不同可以进行不同数字按键组合来呼叫住户，此类型主机基本应用于数字式楼宇对讲系统。数字式主机最大的优点是功能性强，客户可以在主机上执行如密码开锁等功能。最大的缺点就是操作比较繁杂，来访者必须清楚地了解住户的房间号码并可以在主机上准确地操作，在实际使用中会出现刚接触者不知道怎样使用的问题，所以一般的数字式主机的面板上都有基本的操作指南，以提升数字式主机的可操作性。

② 根据实际使用户数不同　分为单户型主机、多户型主机、大楼型主机。

单户型主机使用在只有一个住户的系统中，一般情况下多为别墅、仓库、厂房等地点，这种主机所对应的用户是唯一的，单户型主机大多数为直按式主机。

多户型主机使用在30户以内的住户的系统中，一般情况下为多层（10层以下）住宅中。

大楼型主机使用在30户以上的住户的系统中，一般情况下为高层（10层以上）住宅中，这种主机一般最大容量在100户以上，大楼型主机基本上是数字式主机。

③ 根据主机功能不同　分为非可视主机、可视主机。

非可视主机：主机主要功能为呼叫住户、与住户通话、住户遥控开锁。此类型主机的通道主要是控制通道（呼叫住户功能及开锁功能）和音频通道。

可视主机：主机的主要功能组成为呼叫住户、与住户通话、住户遥控开锁及住户可看到主机的视频信号。此类型主机的通道主要是控制通道（呼叫住户功能及开锁）、音频通道及视频通道。可视主机又分为黑白主机和彩色主机。

（2）主机的组成　主机包括面板、底盒、操作部分、音频部分、视频部分、控制部分。

① 面板　主机的操作面均裸露在安装面上，提供使用者进行操作。楼宇对讲系统主机的面板一般要求为金属质地，主要是要求达到一定的防护级别，确保主机的坚固耐用。

② 底盒　主机的安装暗埋盒，主要通过底盒的固定，主机的面板再固定在底盒上。主机底盒的使用材质根据不同厂家有金属底盒以及塑料底盒两种，主要的原则是坚固，避免因为暗装而产生的挤压变形。

③ 操作部分　可操作是主机的最基本要求，操作部分均在主机的面板上，通常由操作按键部分及操作显示部分组成。操作按键（直按式的按键及数字式的数字键盘）按照质地一

一般有金属按键及塑料按键两种。

④ 音频部分　主机的音频部分由喇叭和麦克组成，主要进行音频播放与音频接收的功能。音频部分在主机的内部。

⑤ 视频部分　主机的视频部分由摄像头组成，完成主机的图像采集，再通过视频通道发送到分机显示屏。目前楼宇对讲系统主机的视频部分由于受到空间的局限，摄像头基本采用单板机，最佳监视范围一般在距离主机0.5m的范围内。

⑥ 控制部分　楼宇对讲系统的控制部分在主机的内部，根据功能的不同，由一块或多块电路板构成。

2. 对讲分机

对讲分机（图10-41）也称室内机，安装于用户房间内。分为非可视分机、可视分机，可视分机又有彩色和黑白之分。主要用于与对讲主机和管理机通话、开锁，可视分机还有监视功能。可视分机由话筒、显示屏和开锁按钮、呼叫按钮、监视按钮等功能按钮组成。

3. 电控锁

是具有电控开启、卡片开启、密码开启等功能的锁具。电控锁分为电磁锁、阴极锁、阳极锁等。

4. 管理中心机

管理中心机（图10-42）一般设置在安保中心，由中央处理器与相关的芯片、模块、电子元件所组成。

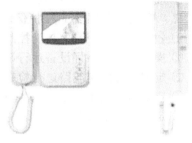

(a)可视分机　　(b)非可视分机

图10-41　对讲分机

它除具有呼叫、报警接收的基本功能外，还具有视频监视、锁具控制等功能。目前，部分楼宇对讲系统使用装有管理软件的计算机作为管理中心机，极大地扩展了楼宇对讲系统的功能，可以实现信息发布、小区信息查询、物业服务、呼叫及报警记录查询功能、设撤防记录查询功能等。

5. 闭门器

闭门器（图10-43）是可使对讲电控防盗门在开启后受到一定控制，能实现自动关闭的一种装置。它可调节关门速度，减少关门噪声。

图10-42　管理中心机

图10-43　闭门器

6. 电源

主要用来为对讲主机、对讲分机、电控锁等提供电能，一般配有不间断电源箱，市电停电后能维持系统供电24h以上。

第八节　安全防范系统维护与管理

一、安全防范系统的管理内容

① 安全防范工程的验收：按有关规定，安防（安全防范）工程施工完毕，试运行一个

月后，便可组织验收。验收应由当地公安部门技防办、建设方、施工方、监理公司、安防设备操作人员等组成验收小组进行验收。验收的内容包括各种验收材料是否齐全和是否符合要求、系统试运行情况、安防设备操作人员培训情况、设备安装质量、系统布线质量以及整个系统是否达到设计要求等。

② 有条件的单位应设立安防中控室，便于集中管理和操作，节省人力、物力，安防中控室严禁无关人员进入。

③ 建立 24h 安防值班制度和交接班制度，值班人员不得擅自离岗，以便随时处理各种警情。

④ 科学制定各系统操作规程，杜绝违规操作。

⑤ 建立健全培训制度，安防系统操作人员经培训考试合格后方可上岗。

⑥ 应与施工单位签定售后服务合同，以便系统出现故障时得到及时维修和处理。

二、安全防范系统的维护保养

① 做好安防中控室的环境控制，防潮、防尘、防高温，以确保设备正常运行。

② 操作人员要做好设备运行记录，为定期限保养提供依据。

③ 定期对各系统线路进行检查，紧固接线头，恢复破损和老化线路。

④ 定期对各主机设备、电源箱进行除湿和除尘。

⑤ 定期对转动设备如云台、道闸、电动防盗门等进行润滑，及时更换因疲劳等原因失去功能的零件。

⑥ 定期检查和清洁摄像机、报警探头等前端设备，防止图像不清和产生误报警。

⑦ 随时注意电视监控图像质量，发现图像异常要及时查找原因并予以解决。

三、安全防范系统常见故障及检修

1. 安全防范系统常用故障检修方法

(1) 观察法　观察法是用看、听、闻、摸等最基本的手段发现、检查、排除故障的一种方法。观察法一是观察系统的有关提示信息，如有无低电源报警、视频丢失报警等的信号提示；二是观察系统的参数设置是否正确，按钮、开关等是否处于适当的位置，以及各连接点有无松脱、断线等；三是观察系统运行时有无异常图像（如图像抖动、杂波、色彩失真等）、异常声音（如交流声、摩擦声）、异常气味（如烧焦味）、异常现象（如过热、振动）等。

(2) 静态测量法

① 电阻测量法　电阻测量法一般是利用万用表电阻挡测量、判断线路两端有否短路和断路情况的方法。

② 电压测量法　电压测量法利用万用表电压挡测量系统中有关设备的电源电压以及设备内部的相关电压，通过测量出的电压判断系统不能正常工作是否是电源供电问题所致，或者设备内部相关部分的电压有无异常，以便查找故障部位和故障原因，从而排除故障。

③ 外加直流电压测量法　外加直流电压测量法是在被测电缆一端的芯线与外屏蔽层之间加上一个低的直流低电压时，测量线缆另一端芯线与外屏蔽层之间的电压。当测量端测得的电压值为 0V 时，表示线缆中间断路或严重短路；当测得电压远低于所加端电压值时，表示线缆中间短路；当测得电压基本等于所加端电压值时，表示线缆正常。

(3) 对比法　对比法又称比较法，就是将两个系统（故障系统和正常系统）进行比较，或者利用故障设备与同型号的正常设备进行比较，对可能出现故障的部位进行比较观察、对比和分析，从而找出故障原因的方法。

(4) 替换法　替换法是用同型号的良好设备或元器件替换初步怀疑有故障的设备或元器件，从而判断设备或元器件有无问题的方法。替换法可以帮助维修人员比较迅速地确定故障点。

2. 电视监控系统故障及检修

(1) 监视器图像缺失　监视器图像缺失包括：所有监视器上无监控图像或均缺少某一路监控图像、某台监视器上完全无监控图像或缺少某一路监控图像等几种情况。

所有监视器上均无任何一路监控图像的故障一般发生在画面分割处理前和视频切换处理前的公共线路或设备上，即在摄像机电源及视频分配器上。原因主要有：接线错误、电源故障、视频分配器故障等。应重点检查接线有无错误；各设备供电源否正常；视频分配器的视频输入、输出插座接触是否良好；视频分配器内部损坏等。

所有监视器上均缺少某一路监控图像，说明这路图像在进入视频分配器之前就已经缺失了，故障应仅限于此路信号。主要原因有摄像机电源故障和视频线缆故障，应重点检查摄像机电源是否正常和该视频线路有否短路、断路和视频插头接触情况。

某台监视器上完全无监控图像，而其他监视器上监控图像完全正常，说明图像信号正常，故障应在视频分配器至该监视器之间的线路和设备上。故检查的重点应放在所经设备，如画面处理器、监视器等上，检查设备的电源是否正常，工作状态设置是否正确等。

某台监视器上只缺少某一路监控图像，而其他各路图像正常，故障应仅限于该路信号。又由于只有该台监视器上缺少这路图像信号，其余监视器上这路图像正常，故障不可能在视频分配器之前，而应在视频分配器至该监视器的这路信号的传输线缆上。应检查该路信号的线缆有无视频插头、插座短路、断路或线缆中间短路、断路的情况。

(2) 监控图像质量不高　监控图像质量问题主要包括整个监控图像模糊不清、监控图像边缘不清、监控图像有拖尾、毛刺或扭曲、监控图像有杂波干扰和监控图像时有时无等几种情况。

造成满屏图像模糊不清的主要原因有：监视器质量问题，传输系统问题，前端设备问题。应重点检查：监视器质量好坏；传输线路是否过长，传输线缆线径是否合适；摄像机聚焦是否良好，防护罩外面是否干净等。

监控图像边缘不清的主要原因是视频信号的高频成分不足，如视频传输线路过长、频带宽度过窄等。负载阻抗严重不匹配也可能使视频信号的传送信号与反射信号叠加形成重影，从而造成图像边缘不清。应检查传输线缆的线径和阻抗，或加装视频放大器。

造成图像有拖尾、毛刺或扭曲以及有杂波干扰的主要原因有电源问题、信号传输线路问题和摄像机照度问题等。应检查摄像机的电源电压是否正常和电源中有无干扰信号；视频电缆质量好坏，传输距离是否过长，视频插头、插座接触是否良好，有否虚焊、假焊或屏蔽层未接好；环境照度、摄像机光圈以及灵敏度等。

监控图像时有时无的故障原因有以下几种：摄像机的视频输出电缆或插头焊接不良；云台内的电缆线没捆扎好，云台经常转动导致电缆插头芯线焊接处脱落；线缆敷设过程中曾过分拉扯电缆，过一段时间被拉伸的电缆绝缘层自然缩回，致使电缆芯线与外屏蔽层短路等。应分别予以检查。

(3) 云台运转不灵或根本不能转动　云台使用后不久就运转不灵或根本不能转动，排除产品质量的原因后，可能由以下几种原因造成。

① 只允许摄像机正装（即摄像机座在云台转台的上部）的云台，在使用时采用了吊装的方式（即将摄像机装在云台台体的下方），致使云台运转负荷加大，传动机构损坏，甚至烧毁电动机。

② 摄像机及防护罩等的总重量超过云台的承重极限值，使云台电动机在各方向，特别是在垂直方向转不动。

③ 室外云台因环境温度过高、过低，防水、防冻措施不良而出现故障甚至损坏。

维修时应对上述几方面进行重点检查。

(4) 控制器操作键盘遥控失灵　其主要原因是前端设备距离控制中心过远，控制信号衰减太大；解码器故障或接线有误；云台本身故障等。对于信号衰减过大应加装中继盒对控制信号进行放大，对其他故障应检查接线和相应设备。

3. **防盗报警系统故障及检修**

(1) 报警时无警示信号　报警时无警示信号，可能的原因有：警示设备有问题、报警线路有故障、报警主机的设置有问题、报警探头无信号输出。

检修项目包括：报警系统的电源是否正常，警示设备和报警探测器是否完好，报警主机的设置有无问题等。如果都没有问题，则检查报警主机至警示设备之间的线路有无短路、断路或接触不良现象等。

(2) 误报警　误报警原因主要有警示设备故障或质量不佳、报警系统设计或施工不当、用户操作不当、环境干扰等。

降低误报率的措施与途径：

① 采用双鉴式，即基于两种技术原理的复合式报警探测器。

② 采用智能微处理器技术来进一步降低误报率，使探测装置智能化。主要包括在探测器内加装微处理器，使之能够智能分析人体移动的速度和信号幅度；单-双技术自动转换；以微处理器控制被动红外探测器的温度补偿；增加防宠物功能等。

③ 在工艺和技术上的改进，主要包括对红外探测器的红外源做全密封处理，防止气流干扰；选择能自动调整报警阈值的探测器；选择能具有防止小动物触发误报的机制和功能的探测器等。

4. **出入口控制系统故障及检修**

出入口控制系统的主要故障是通过有效手段（门卡、密码等）不能正常开门出入。持有效卡而不能正常出入的原因主要有：电源问题；线路问题；锁具问题；控制器内部故障或设置错误；读卡机故障；卡片问题。

解决的方法是首先检查电源，确保电源正常后，在门禁控制器上将一张好的卡片设置为对所有门区均有出入权限。然后用这张卡片在各读卡机上读卡，以判断问题的具体位置。如果在所有读卡机上均能正确读卡，则说明原来的卡本身或是设置出现问题。如果在所有读卡机上均不能读卡，甚至无法设置权限，或门禁控制器上显示出错的提示信息，则说明门禁控制器的内部线路或设置可能出现了问题，可以先将门禁控制器复位后再重新设置。重新设置后仍不正常的，应检查锁具是否完好，输出线路有无短路、断路或接触不良现象，甚至更换门禁控制器再检查。如果只是部分读卡机不能读卡，则说明该读卡机与门禁控制器之间的通信出现问题，应检查由该读卡机至门禁控制器的线路有无短路、断路或接触不良现象。如检查后仍不正常，则需更换读卡机再检查。

5. **楼宇对讲系统故障及检修**

(1) 门口机不能与住户分机呼叫和对讲　这种故障分为门口机与某一台住户分机不能呼叫对讲或门口机与所有的住户分机均不能呼叫对讲两种情况。如果是第一种情况，故障原因可能是住户分机故障或线路故障，应检查住户分机好坏以及分机线路是否有短路、断路或与接线端子接触不良的情况。对于第二种情况，故障的排查重点应放在单元门口机上，应首先检查各住户分机编码设置是否正确，其次检查电源供电是否正常，最后检查门口机本身是否有问题。

(2) 可视住户分机或管理机上无图像信号　图像信号由视频线传输。如果所有的可视住户分机上均无图像信号，则故障可能是门口机的摄像机烧毁或电源供电不正常，也可能问题出在公共的视频线上。

如果只是某一台可视住户分机上无图像信号，则故障可能是住户分机本身有问题（如显像管烧毁或与接线端子接触不良）或电源供电不正常，也可能是由视频分配器接入住户的那段视频线短路、断路或与接线端子接触不良。

管理机与单元门口机之间的视频传输是通过联网视频线进行的。如果管理机与所有的住户分机上均无图像信号，则故障点可能是单元门口机。如果只是管理机上无图像信号，则应重点检查由单元门口机接入管理机的那段联网视频线有无短路、断路或与接线端子接触不良现象。

（3）住户分机或管理机无法遥控开锁　住户分机或管理机遥控开锁信号由数据线传送至单元门口机，由单元门口机通过锁具控制线控制电锁相应动作。如果所有的可视住户分机均无法遥控开锁，则故障可能是电锁本身有问题（如继电器线圈烧毁或与接线端子接触不良），或是锁具控制线有短路、断路或与接线端子接触不良现象，还可能是公共的数据线，即由单元门口机接入层间解码器的那条数据线有短路、断路或与接线端子接触不良情况。

如果只是某一台住户分机无法遥控开锁，则故障可能是住户分机本身有问题（如开锁按钮接触不良等），也可能是由层间解码器接入住户的那段数据线有短路、断路或与接线端子接触不良情况。

管理机与单元门口机之间的数据传输是通过联网数据线进行的。如果管理机与所有的住户分机均无法遥控开锁，则故障点可能是单元门口机。如果只是管理机无法遥控开锁，则应重点检查由单元门口机接入管理机的那段联网数据线有无短路、断路或与接线端子接触不良现象。

【复习思考题】

1. 什么是安全防范系统？
2. 安全防范系统由哪几部分组成？
3. 简述报警探测器的分类。
4. 简述红外探测器的报警原理。
5. 电视监控系统前端部分由哪些设备组成？各自功能如何？
6. 硬盘录像机具有哪些功能？
7. 什么叫出入口控制系统？它有哪些功能？
8. 出入口控制系统有哪几种识别方式？
9. 什么是离线式巡更系统？和在线式巡更系统相比，它有哪些优点？
10. 简述临时车辆停车管理工作流程。
11. 简述楼宇保安对讲系统工作原理。
12. 安全防范系统常用故障检修方法有哪些？
13. 电视监控系统有哪些图像质量问题？产生的原因是什么？如何解决？

第十一章 广播、有线电视及通信系统

【学习目标】

通过本章的学习，掌握广播音响系统和有线电视系统的分类、组成及常用设备；了解电话通信系统各部分的组成及各部分的作用；了解有线电视及通信系统的管理与维护内容。

【本章要点】

1. 广播音响系统的概念、主要类型和基本结构。
2. 有线电视系统的概念、组成和主要设备。
3. 电话通信系统的分类和组成，电话交换机的发展。
4. 计算机网络的功能、组成和分类。
5. 广播、有线电视及通信系统的维护与管理。

第一节 广播音响系统

广播音响系统是指建筑物（群）自成体系的独立有线广播系统，是一种宣传和通信工具。它也叫扩声系统，是对音频（音乐、语音）信号进行处理、放大、传输与扩音的电声设备的系统集成。由于该系统的设备简单、维护和使用方便、听众多、影响面大、工程造价低、易普及，所以在工程中被普遍采用。通过广播音响系统可以播送报告、通知、背景音乐、文娱节目等。现在已广泛应用于公共场所、单位团体、生活小区、文化娱乐等场所，是现代社会人们进行政治、经济、文化、宣传、教育、生活等活动的重要基础设施。

一、广播音响系统的分类和组成

1. 广播音响系统的分类

建筑物的广播音响系统主要包括公共广播、厅堂扩声、专用会议、室外扩声、室内扩声、流动演出系统和同声翻译系统等。

（1）公共广播系统 公共广播系统是对公共场所进行广播扩声的系统，简称为 PA 系统。广泛应用于生活小区、学校、机关、团体、车站、机场、码头、商场宾馆等公共场所。这是一种有线广播系统，它包括背景音乐和紧急广播功能，通常结合在一起，平时播放背景音乐或其他节目，出现火灾等紧急事故时，转换为报警广播。这种系统中的广播用的话筒与向公众广播的扬声器一般不处同一房间内，故无声反馈的问题，并以定压式传输方式为其典型系统。

（2）厅堂扩声系统 这种系统使用专业音响设备，并要求有大功率的扬声器系统和功放，由于传声器与扩声用的扬声器同处于一个厅堂内，故存在声反馈乃至啸叫的问题，且因其距离较短，所以系统一般采用低阻直接传输方式。

（3）专用会议系统 它是为了解决某些特殊问题而诞生的专用系统，也是近几年发展起来的全新的扩声系统，一般包括会议讨论系统、表决系统、同声传译系统，并广泛应用于会议中心、宾馆、大型集团等场所。

（4）室外扩声系统 它是专门用于室外广场、公园、运动场等地进行扩声广播的系统。以语言广播功能为主，兼有音乐和其他扩声功能。

(5) 室内扩声系统　它是专门用于室内扩声的系统，如影剧院、歌舞厅、卡拉 OK 厅、体育馆等。它是一种对音质要求较高、专业性很强的系统，也是目前应用最为广泛的一种系统。

(6) 流动演出系统　它是一种轻便的便于搬运、安装、调试和使用的扩声系统。主要用于大型场地的文艺演出。投资规模大，性能指标高。

2. 广播音响系统的组成

近年来，随着电子技术、电声技术、数字音频技术的快速发展，广播音响系统的播音质量得到了较大的改善与提高，系统的组成结构也在不断变化、更新和完善，广播音响系统的基本结构由节目源设备、信号处理设备、信号放大设备、传输线路和扬声器系统等部分组成，如图 11-1 所示。

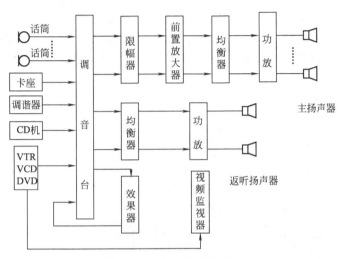

图 11-1　典型扩声系统组成

二、广播音响系统常用设备

(1) 节目源设备　节目源设备是指提供或产生语音或音乐信号的设备。常见的节目源有无线电广播、传声器、普通唱片、CD 片、磁带等；常用的节目源设备有广播接收机、电唱机、CD 机、VCD 机、DVD 机、录音卡座、电子乐器等。

(2) 信号放大和处理设备　包括调音台、前置放大器、功率放大器和各种控制器及音响加工设备等。这部分设备的首要任务是信号放大，其次是信号的选择。调音台和前置放大器的作用和地位相似（当然调音台的功能和性能指标更高），它们的基本功能是完成信号的选择和前置放大，此外还对音量和音响效果进行各种调整和控制。有时为了更好地进行频率均衡和音色美化，还另外单独投入均衡器。这部分是整个广播音响系统的"控制中心"。功率放大器则将前置放大器或调音台送来的信号进行放大，再通过传输线去推动扬声器放声。

(3) 扬声器系统　扬声器系统要求整个系统要匹配，同时其位置的选择也要切合实际。根据不同的使用场合，扬声器装置可分为纸盆式扬声器、号筒式扬声器和声柱等。办公室、走廊、公共活动场所一般采用纸盆式扬声器箱。在建筑装饰和室内净高允许的情况下，对于大空间的场所宜采用声柱（或组合音箱）。在噪声高、潮湿的场所，应首先考虑采用号筒式扬声器。

(4) 传输线路　传输线路虽然简单，但随着系统和传输方式的不同而有不同的要求。对礼堂、剧场等，由于功率放大器与扬声器的距离不远，一般采用低阻大电流的直接馈送方式，传输线要求用专用喇叭线，而对公共广播系统，由于服务区域广、距离长，为了减少传输线路引起的损耗，往往采用高压传输方式，由于传输电流小，故对传输线要求不高。

第二节　有线电视系统

一、有线电视系统的组成

有线电视系统是对电视广播信号进行开路或闭路接收，并对信号进行放大、处理、传输和分配的系统，有线电视的英语缩写为CATV，所以通常也把有线电视系统称为CATV系统。

CATV系统是在早期的共用天线基础上发展起来的，现在已经发展成为门类齐全、产品配套、技术先进成熟的完整体系，在传递信息、丰富人们文化生活方而起着越来越重大的作用。

随着人们生活水平的不断提高和社会信息化进程的不断加快，CATV系统正在向大规模、多功能、多媒体、多频道、高清晰度方向发展，传输技术也在不断改进，传输媒介在不断更新，传输网络的光纤化、数字化、综合化已是必然趋势。因此，CATV系统的组成结构也在不断完善。CATV系统由信号源、前端系统、干线系统、用户分配系统四个部分组成，如图11-2所示。

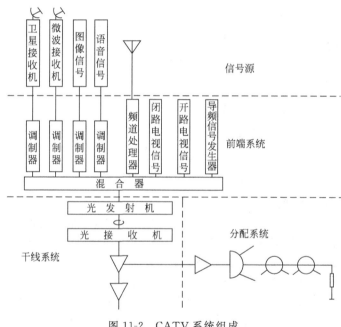

图11-2　CATV系统组成

1. 信号源

信号源是有线电视系统电视节目的来源，包括电视接收天线、调频广播接收天线、卫星地面接收设备、微波接收设备、自办节目设备等。主要作用是对开路信号、闭路信号、自办节目信号进行接收和处理。开路信号是指无线传输的信号，包括电视台无线发射的电视信号、微波信号、卫星电视信号、调频广播信号等；闭路信号是指有线传输的电视信号；自办节目信号是指CATV系统自备的节目源，如DVD、VCD、CD、摄像机、录像机、卡座等。

2. 前端系统

前端系统是指处于信号源之后和干线系统之前的部分，包括滤波器、天线放大器、调制解调器、频道变换器、混合器等。主要作用是把从信号源送来的信号进行滤波、变频、放大、调制和混合等。由于CATA系统的规模不同，前端系统的组成也不尽相同。

3. 干线系统

干线系统是一个传输网络,是处于前端的混合器输出端到用户分配系统之间的部分,主要包括各种类型的干线放大器、干线电缆或光缆、光发射机、光接收机、多路微波分配系统和调频微波中继等设备。主要作用是把前端输出的电视射频信号高质量地传输给分配系统。

4. 用户分配系统

用户分配系统主要包括支线放大器、分配器、分支器、分支线、用户线、用户终端等。对于双向传输系统还配有相应的调制器、解调器、机顶盒、数据终端等设备。

分配系统的主要作用是:对于单向传输系统是把干线输出的下行信号有效地分配给千家万户;对于双向传输系统既要进行信号分配,还要把用户发出的上行信号传输给干线传输部分。

二、有线电视系统主要设备及功能

1. 接收天线

(1) 接收天线的作用

① 磁电转换　接收天线接收电视台向空间发射的高频电磁波,并将其转换为相应的电信号。

② 选择信号　就是在空间多个电磁波中,有选择地接收指定的电视射频信号。

③ 放大信号　即对接收的电视射频信号进行放大,提高电视接收机的灵敏度,改善接收效果。

④ 抑制干扰　即对指定的电视射频信号进行有效的接收,对其他无用的干扰信号进行有效的抑制。

⑤ 改善接收的方向性　电视台发射的射频信号是按水平方向极化的,而且近似于光波的传播性质,方向性强,这就要求接收机必须用接收天线来对准发射天线的方向才能最佳接收。

(2) 接收天线的分类　天线的种类很多,随着无线电技术的不断发展,接收天线的种类也在不断更新。常见的分类有以下几种。

① 按工作频段分类　主要有 VHF（甚高频）天线、UHF（特高频）天线、SHF（超高频）天线、EHF（极高频）天线。

② 按工作频道分类　主要有单频道天线、多频道天线、全频道天线等。

③ 按结构分类　分为基本半波振子天线、折合振子天线、多单元天线、扇形天线、环形天线、对数周期天线等。

④ 按方向性分类　一般分为定向天线和可变方向天线。

⑤ 按增益大小分类　一般分为低增益天线和高增益天线。

2. 混合器

混合器是将两路或多路不同频道的电视射频信号混合成一路输出的部件。

(1) 混合器的分类　按工作原理可分为有源混合器和无源混合器;按工作频率分为频道混合器、频段混合器和宽带混合器;按混合路数可以分为二混合器、三混合器、四混合器、多混合器等。

(2) 混合器的作用　混合器的作用主要有三个:一是把多路射频信号混合成一路,共用一根电缆传输,以便实现多路复用;二是对干扰信号进行滤波,提高系统的抗干扰能力;三是可以把无源滤波器的输入端与输出端互换,构成分波器。

3. 放大器

放大器是对CATV系统传输的信号进行放大,以保证用户端信号电平在一定范围的一种部件。

(1) 放大器的作用

① 放大信号，保证信号电平幅度　放大器是对天线接收的电视信号进行放大，并对 CATV 系统本身的损耗、传输电缆的损耗、分配分支损耗和各个部件的插入损耗进行补偿，以保证信号的有效传输。

② 稳定信号输出电平　在 CATV 系统中，各个频道的信号强弱相差很大，一般都设置有自动增益控制电路（AGC）或自动电平控制电路（ALC），自动调节放大器的增益和输出电平，保证信号电平基本一致。由于信号在电缆里传输的损耗与频率的平方根成正比，频率越高损耗越大，所以还需要考虑自动斜率控制电路（ASC）以自动控制放大器的斜率。

(2) 放大器的分类　常见的放大器有以下几种。

① 天线放大器　天线放大器又称为前置放大器。通常是安装在天线的附近，对天线输出的微弱信号进行放大。

② 频道放大器　频道放大器即为单频道放大器。一般用在混合器的前面，对弱信号的频道进行放大，以提高前端信号的均匀性。

③ 干线放大器　干线放大器是用在干线中补偿干线电缆传输损耗的放大器。

④ 分配放大器　安装在干线的末端，用来对信号进行放大、分配的放大器。它的主要作用是提高干线末端信号电平，以满足分配、分支的需要。

⑤ 线路延长放大器　安装在支干线上，用来补偿支线电缆传输损耗和分支器的分支损耗与插入损耗的放大器。它的显著特点是只有一个输入端和一个输出端。

4. 频道变换器

频道变换器也称为频率变换器或频道转换器，它是把一个或多个频道的电视射频信号进行频道变换的装置。

(1) 频道变换器的主要作用

① 由于电视射频信号在电缆中传输的损耗与信号频率的平方根成正比，为了降低电缆对高频信号的损耗，通常把高频道变换成低频道进行传输。

② 为了避免在离电视台较近和场强较强地区的开路电视信号直接进入电视机，并干扰 CATV 系统中相同频道的信号，故必须对开路信号进行频道变换。

(2) 频道变换器的分类　频道变换器按电路结构分为一次变频和二次变频两种方式；按工作原理分为上变频、下变频方式；按频段变换方式有 U-V 变换、V-U 变换、V-V 变换等。

5. 调制器

调制器是一种把 AV（音频和视频）信号调制到高频信号上去的一种部件。

(1) 调制器的作用　它的主要作用有两个，一是将自办节目中的摄像机、录像机、VCD、DVD、卫星接收机、微波中继等设备输出的视频信号与音频信号加载到高频载波上面去，以便传输；二是把 CATV 系统开路接收的甚高频与特高频信号经过解调和调制，使之符合射频传输的要求。

(2) 调制器的分类　调制器按工作原理分为中频调制式和射频调制式；按组成的器件分为分离元件调制器和集成电路调制器。

6. 解调器

解调器是一种从射频信号中取出图像和伴音信号的部件。主要用在大、中型 CATV 的前端系统，从开路接收的射频信号中取出音频、视频信号，然后与调制器配对，把音频、视频信号重新调制到符合射频传输要求的频道上，以便充分利用频道资源。

7. 分配器

分配器是把一路射频信号分配成多路信号输出的部件。主要用于前端系统末端对总信号进行分配，或干线分支和用户分配等。

(1) 分配器的分类　按输出路数的多少可分为二分配器、三分配器、四分配器、六分配器和八分配器等，其符号如图 11-3 所示。

(2) 分配器的作用

① 分配作用　分配作用就是把一路输入信号均匀地分配成多路输出信号，并且插入损耗要尽可能小。

② 隔离作用　就是指分配器各路输出端之间隔离开来，以避免相互干扰和影响。主要是消除任意一个支路上，因电视接收机的本振辐射或发生故障产生的干扰对其他支路的影响。

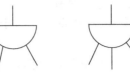

(a) 二分配器　　(b) 三分配器　　(c) 四分配器

图 11-3　分配器符号

③ 匹配作用　匹配作用主要是指分配器与线路输入端和线路输出端的阻抗匹配，即分配器的输入阻抗与输入线路的匹配。各路的输出阻抗必须与输出线路匹配，才能有效地传输信号。

8. 分支器

分支器是从干线或支干线上取出一部分信号馈送给用户电视机的部件。分支器的符号如图 11-4 所示。

(a) 一分支器　　　　　(b) 二分支器　　　　　(c) 四分支器

图 11-4　分支器符号

(1) 分支器的作用

① 分支器主要作用是以较小的插入损耗从干线或支干线上取出一小部分信号传输给用户。

② 从干线上取出部分信号形成分支。

③ 反向隔离与分支隔离。

(2) 分支器的分类

① 按分支路数分类　分为一分支器、二分支器、四分支器。

② 按组成材料分类　可分为变压器分支器、阻容分支器、阻抗插入型分支器。

③ 其他分类　除了上述两种分类外，有时候把一分支器的输出端与用户端结合在一起构成串接单元，以便安装和省去用户接线盒，并降低成本。

9. 用户接线盒

用户接线盒是电缆电视系统把信号馈送到用户电视机的终端部件，主要是为用户提供电视、语音、数据等信号的接口。

10. 串接单元

串接单元是指把一分支器的输出端与用户端结合在一起的部件，其电气特性与一分支器完全相同，串接单元的主要特点是可以省去用户接线盒，降低成本，便于安装。

11. 传输线

CATV 系统中的传输线也称为馈线，它是有线电视信号传输的媒介。常用的传输线有同轴电缆和光缆。

(1) 同轴电缆

① 同轴电缆的结构　同轴电缆由内导体、外导体、绝缘体和护套层四个部分组成。它与一般电力电缆的主缆的主要区别在于内、外导体的特殊结构，同轴电缆是用介质材料来使

内、外导体之间绝缘,并且始终保持轴心重合的。

② 同轴电缆的种类 同轴电缆按内、外导体之间的绝缘方式可划分为以下几种。

a. 实心同轴电缆。在生产过程中,内、外导体之间用实心绝缘材料填充的电缆称为实心同轴电缆,国产型号为 SYV 系列。由于介质是实心的,所以介质损耗大,属于早期产品,现在已基本淘汰。

b. 藕芯同轴电缆。这种电缆是将内、外导体之间的绝缘介质加工成藕芯状,使之成为半空气绝缘介质,结构如图 11-5(a)所示。因为绝缘是半空气状,所以大大降低了介质损耗,但是防潮、防水性能较差。国产型号为 SYKV、SDVC 系列。

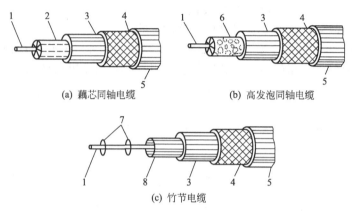

图 11-5 常用同轴电缆
1—内导体;2—藕芯绝缘;3—铝复合膜;4—铜网;5—外皮;
6—发泡材料;7—竹节绝缘垫片;8—聚乙烯管

c. 高发泡同轴电缆。高发泡,就是将聚乙烯绝缘材料发泡并充入气体,通过适当的工艺使之成为相互封闭的小气孔,如图 11-5(b)所示。这种电缆的主要特点是不易受潮、不易老化,介质损耗比藕芯还小,是当前分配系统中普遍采用的传输线。常用的国产型号为 SDGFV、SYWFV 等系列;进口的常用 QR 系列。

d. 竹节电缆。竹节电缆是将聚乙烯绝缘介质加工成竹节状半空气绝缘结构,如图 11-5(c)所示。该种电缆具有高发泡同轴电缆相同的优点,但生产工艺复杂,生产环境条件要求相对较高,产品规格受限,一般用于干线。国产的为 SYDV 系列。

③ 同轴电缆的选用 在 CATV 系统中,应选用频率特性好,传输损耗小,技术性能稳定和防水性能好的产品。目前,在工程中常用的是 SYKV 系列藕芯同轴电缆;干线一般选用 SYKV-75-12 型;支干线一般选用 SYKV-75-12 型或 SYKV-75-9 型,也可以选用 SYKV-75-7 型;用户线一般选用 SYKV-75-5 型。

(2) 光缆 随着生活水平不断提高,人们对于信号传输质量和传输速度的要求也在不断提高。目前,有线电视网的光纤化已经成为一种必然的趋势,光纤或光纤与同轴电缆混合(HFC)系统以其频带宽、容量大、双向性、成本低、抗干扰性强等优点,已经成为有线电视的主要模式。它正在推动我国的有线电视网从单一的传送广播电视节目向大容量、多功能方向发展,并已逐步实现语音、数据、图文、图像、电视会议、因特网接入、视频点播等综合服务。

第三节 通信系统

一、电话通信系统

通信的目的是实现某一地区内任意两个终端用户间的信息交换。要达到这一目的,必须处理好三个问题：信号的发送和接收、信号的传输以及信号的交换。

对于电话通信系统，它是由用户终端设备、传输系统和电话交换设备三大部分组成。图 11-6 所示是电话通信系统的示意图。

图 11-6　电话通信系统的组成

1. 用户终端设备

用户终端设备用来完成信号的发送和接收。用户终端设备主要有电话机、传真机、计算机终端等。

2. 电话传输系统

电话传输系统按传输媒介分为有线传输（明线、电缆、光纤等）和无线传输（短波、微波中继、卫星通信等）。从建筑弱电来讲，主要是有线传输。有线传输按传输信息工作方式又分为模拟传输和数字传输两种。

模拟传输是将信息转换成与之相应大小的电流模拟量进行传输，普通电话就是采用模拟语音信息传输的。

数字传输则是将信息按数字编码方式转换成数字信号进行传输，数字传输具有抗干扰能力强、保密性高、电路集成化等优点，现在的程控电话交换就是采用数字传输各种信息的。

在有线传输的电话通信系统中，传输线路有用户线和中继线之分。用户线是指用户与交换机之间的线路，两台交换机之间的线路称为中继线，如图 11-6 所示。

3. 电话交换设备

在电话机刚发明时，它只能一对一地直接连接通话。但在实际使用时，除了在特定的两个电话用户之间能够通话之外，还要求在许多电话机之间，任意两台电话都能自由通话。但是如仍采用任意两台电话之间都设一对线的话，所需的线路对数将十分惊人，实际上亦无法接线。为了解决这个问题，就必须使用交换机。

最早出现的交换机是人工交换机，每台电话都有一对线接到交换机，交换工作由接线员来完成。任意两台电话机之间由接线员用塞子线进行连接。当两个用户通话完毕，拔出塞子线，该塞子线就可用来为其他用户的通话服务。

电话交换机的发展经历了四个阶段，即人工交换机、步进制交换机、纵横制交换机和程控交换机。现在广泛采用的是程控交换机。程控是指控制方式，它是把计算机的存储程序控制技术应用到电话交换设备中。这种控制方式是预先把电话交换功能编制成相应的程序，并把这些程序和相关的数据都存入存储器内。当用户呼叫时，由处理机根据程序所发出的指令来控制交换机的运行，以完成接续功能。

电话交换机按其使用场合可分为两大类：一类是用于公用电话网的大型交换机，如市话交换机和长途交换机；另一类是企事业单位内部进行电话交换的专用交换机，通常又称为小总机，或用户交换机。用户交换机一般容量不大，单位内部用户通话可不必绕经市话局，从而减轻市话局的话务负荷，缩短了用户线的距离；通过少量的出入中继线实现单位内部用户和外部用户之间的话务交换，起到话务集中的作用。

用户交换机有通用型的和专用型的。通用型用户交换机适用于以话音业务为主的单位，如机关、学校、工厂等。专用型用户交换机适用于各种不同特点的单位，如旅馆型变换机，有长途电话即时计费、留言、客房状态、请勿打扰、自动叫醒、综合话音等功能。医院型交换机除具有旅馆型的功能外，还具有呼叫寄存、呼叫转移、病房紧急呼叫等功能。此外，还有办公室自动化型、银行型、专网型用户交换机。

二、计算机网络系统

计算机网络是现代通信技术与计算机技术相结合的产物。计算机网络的定义是把分布在不同地理区域的计算机与专门的外部设备用通信线路连接成一个规模大、功能强的网络系统，从而使众多的计算机可以方便地互相传递信息，共享硬件、软件、数据信息等资源。通俗来说，网络就是通过电缆、电话线或无线通信等互联的计算机的集合。

1. 计算机网络的功能

由计算机网络的定义可知，计算机网络是通信技术与计算机技术的结合，建立计算机网络的主要目的是实现在计算机通信基础上的"资源共享"。计算机网络具有如下几个方面的功能：

（1）实现资源共享　资源共享是指所有网内的用户均能享受网上计算机系统中的全部或部分资源，这些资源包括硬件、软件、数据等。

（2）进行数据信息的集中和综合处理　将地理上分散的生产单位或业务部门通过计算机网络实现联网，把分散在各地的计算机系统中的数据资料适时集中，综合处理。

（3）能够提高计算机的可靠性及可用性　在单机使用的情况下，计算机或某一部件一旦有故障便引起停机，当计算机连成网络之后，各计算机可以通过网络互为后备，还可以在网络的一些结点上设置一定的备用设备，作为全网的公用后备。另外，当网中某一计算机的负担过重时，可将新的作业转给网中另一较空闲的计算机去处理，从而减少了用户的等待时间，均衡了各计算机的负担。

（4）能够进行分布处理　在计算机网络中，用户可以根据问题性质和要求选择网内最合适的资源来处理，以便能迅速而经济地处理问题。对于综合性的大型问题可以采用合适的算法，将任务分散到不同的计算机上进行分布处理。利用网络技术还可以将许多小型机或微型机连成具有高性能的计算机系统，使它具有解决复杂问题的能力。

（5）节省软、硬设备的开销　因为每一个用户都可以共享网中任意位置上的资源，所以网络设计者可以全而统一地考虑各工作站上的具体配置，从而达到用最低的开销获得最佳的效果。如只为个别工作站配置某些昂贵的软、硬件资源，其他工作站可以通过网络调用，从而使整个建网费用和网络功能的选择控制在最佳状态。

2. 计算机网络系统的组成

计算机网络由硬件系统和软件系统组成。

（1）网络硬件系统　组成局域网的网络硬件系统可分为5类：网络服务器、网络工作站、网络交换互联设备、防火墙及外部设备。

① 网络服务器　网络服务器是可被网络用户访问的计算机系统，它包括可为网络用户提供服务的各种资源，并负责对这些资源的管理，协调网络用户对这些资源的访问。服务器是局域网的核心，它既是网络服务的提供者，又是保存数据的基地。网络中可共享的资源大多集中在服务器中，如大容量磁盘或光盘存储器、网络数据库等。局域网上的用户可以通过服务器共享文件、数据库和外部设备等。按照提供的服务不同，服务器可分为WWW服务器、域名解析服务器、邮件服务器、文件服务器、数据库服务器、视频服务器等。

服务器可以是个人计算机（PC），也可以是工作站或小型计算机。由于服务器是为网络上的所有用户服务的，在同一时刻可能有多个用户同时访问服务器，因此充当服务器的计算机应具有较高的性能，包括较快的速度、较大的内存、较大容量的硬盘等，所以许多计算机生产厂家干脆就把可作网络服务器的计算机称为网络服务器。

② 网络工作站　网络工作站是指能使用户在网络环境上进行工作的计算机，网络工作站现在经常被称为客户机。在局域网上一般都是采用微型机作为网络工作站，如IBM公司

的 PC 系列微机，APPLE 公司的系列微机等。终端也可以用作网络工作站，但微型机可能更好，因为微型机除了可在网络上工作外，还可以不依赖于网络单独工作，并且还可以对其功能、配置等进行扩展，而终端只能在网络上工作，而且不具备更大的扩展余地，另外，终端运行的操作系统一般是 UNIX 或 LINUX 等字符操作系统，与 Windows 系列不兼容，所以终端一般用于金融、科研等专用部门。

网络工作站的作用就是让用户在网络环境下工作，并运行由网络上文件服务器提供的各种应用软件。在局域网上服务器一般只存放共享数据或文件，而对这些信息或文件的运行和处理则是由工作站来完成的。

③ 网络交换互联设备 当要把两台或多台计算机连成局域网时，就需要网络交换互联设备，它包括网络适配器、调制解调器、网络传输介质、中继器、集线器、网桥、路由器和网关等。

④ 防火墙 防火墙是在内联网和互联网之间构筑的一道屏障，它是在内外有别及在需要区分处设置有条件的隔离设备，用以保护内联网中的信息、资源等不受来自互联网中非法用户的侵犯。需要指出的是，其他防火墙如病毒防火墙、邮件防火墙等与网络防火墙不是一回事。

⑤ 外部设备 外部设备是可被网络用户共享的、常用的硬件资源，通常情况下指一些大型的、昂贵的外部设备，如大型激光打印机、绘图设备、大容量存储系统等。

(2) 网络软件系统 计算机系统是在计算机软件的控制下进行工作的，网络软件是一种在网络环境下使用、运行或者控制和管理网络工作的计算机软件。一般来说，网络软件是一个软件包，它包括供服务器使用的网络软件和供工作站使用的网络软件两个部分，每一部分都包括多个程序。互相通信的计算机必须遵守共同的协议，因此网络软件必须实现网络协议，并在协议的基础上提供网络功能。

根据网络软件的作用和功能，可把网络软件分为网络系统软件和网络应用软件。网络系统软件是控制及管理网络运行和网络资源使用的网络软件，它为用户提供了访问网络和操作网络的入机接口。网络应用软件是指为某一个应用目的而开发的网络软件。

在网络系统软件中最重要的是网络操作系统，网络操作系统往往决定了网络的性能、功能、类型等。局域网上有很多种网络操作系统，目前使用最广泛的主要有 Microsoft 公司的 Windows、Novell 公司的 Netware、Banyan 公司的 VINES 以及 UNIX、LINUX 等。

网络应用软件是利用应用软件开发平台开发出来的一些软件，如 java、asp、SQL 以及其他专业应用软件。

3. 计算机网络的分类

计算机网络分类的标准很多，可以从计算机网络的地理区域、拓扑结构、信息交换技术、使用范围等不同的角度，对计算机网络进行分类。从计算机网络的地理区域分类，可把计算机网络分为：局域网（local area network，LAN）、城域网（metropolitan area network，MAN）、广域网（wide area network，WAN）；如果按照网络的拓扑结构分类，可以分为星型、环型、树型、总线型和混合型；按照使用范围可以分为：公用网和专用网；按变换方式可以分为：分组变换与报文交换；按通信方式可以分为：点对点网络和广播式网络等。

按网络的地理区域可以分成以下几类：

(1) 局域网 局域网作用范围小，分布在一个房间、一个建筑物或一个企事业单位。地理范围在 10～1000m，传输速率在 1Mbps 以上。目前常见局域网的速率有 10Mbps、100Mbps，局域网技术成熟、发展快，是计算机网络中最活跃的领域之一。

(2) 区域网 区域网作用范围为一个城市。地理范围为 5～10km，传输速率在 1Mbps 以上。

(3) 广域网　广域网作用的范围很大，可以是一个地区、一个省、一个国家及跨国集团，地理范围一般在 100km 以上，传输速率较低（小于 0.1Mbps）。

第四节　广播、有线电视及通信系统维护与管理

一、广播及有线电视系统的管理与维护

广播及有线电视系统的管理与维护主要有以下几方面：

1. 保证系统选用器件的质量标准

电子器件的质量高低对系统优劣影响很大。例如，放大器的噪声系数大小是限制其灵敏度的主要因素，所以一般的天线放大器要求其噪声系数为 5~8dB，线路放大器为 8~12dB。

2. 系统组成和传输网络要合理

系统组成和传输网络要合理，线路和器件的敷设要牢靠，特别是接点不能有松动和虚焊，输出端不能短路，输入端如需设置 75Ω 电阻的地方不能遗漏。

3. 调试用户端电平

要使用户能获得 4 级电视图像，一般应有 60dB 的信号电平才合理，否则图像质量变坏，并会产生雪花干扰。但信号太强也会使图像质量下降，一般彩电控制在 (75±5) dB，黑白电视控制在 (70±5) dB 为宜。

4. 调控较高的载噪比

噪声是反映各种内外干扰电压的总称。如果噪声过大，电视图像会有网状白线、黑线；画面会出现翻滚扭曲和重影等问题，同时伴音质量也会大为降低。因此，在共用电视系统中，载噪比一般不应低于 43dB。

5. "交调"与"互调"指数要符合规定

交调与互调都是信号对电视图像的干扰。交调干扰反映在画面上是有一条白而光的条带水平移动，即出现"雨刷现象"。互调干扰则是出现网纹或斜纹的干扰图像。我国规定交调指数 $CM>49$dB，互调指数 $IM>54$dB。

6. 经常对线路巡检

经常对线路巡检，对天线分配器、放大器、分支器等重要器件定期进行调试，保证参数的正确合理。

二、电话通信系统的管理与维护

1. 电信系统的维护

电信系统的维护主要有以下几方面。

(1) 交换系统本身的维护　设置在总机室内的交换系统是连接外线和内线的核心设备。要减少系统故障，首先要保证这一核心设备运转正常。现在的交换系统多为自动电话系统，要做到防尘、防震和防腐蚀性气体，并最好能使其在一定的温度和湿度范围内工作。

(2) 供电电源保障　一个电话通信系统一般应有交流-整流和蓄电池-直流的两路独立电源。两路电源的切换要方便，这样才可保障即使某一供电系统发生故障也不会对电话通信产生较大的影响。

2. 机房工作人员操作程序

用户程控交换机的操作一般可分成机务操作和话务操作两部分。为了确保程控交换机的正常运行，通信部门的机务员和话务员都必须严格按照操作程序进行规范操作。

(1) 机务工作的操作程序

① 每日主动检测交换机、各线路和其他硬件设备的工作情况，并认真翻阅交接记录。

② 接到用户或话务员的故障报告，应带好所需的工具及时前往抢修，力争在最短的时间内排除故障，并认真做好记录。

③ 如遇故障一时无法排除，应立即逐级汇报，并积极做好配合工作。

④ 如遇电话局电缆或交换机硬、软件发生重大故障，应立即通知有关单位前来抢修，同时在记录本上做好详细记录（故障发生的时间、地点、原因、抢修时间、人员姓名等）。

⑤ 一切以集体利益为重，在工作中要做到相互配合，发挥各自特长，及时排除故障。

⑥ 定时完成业主或使用人的各项电信业务。

⑦ 每月一次对业主或使用人电话费进行打印结算，并随时接受电话费的查询工作。

（2）话务工作的应急操作程序

① 如遇突发性停电，应转用自备蓄电池供电，以确保通信畅通，并及时向工程设备部门汇报，进行抢修。

② 如发现可疑电话，应迅速报告安全保卫部门，并做监听记录。

③ 如发生火灾，应采取自救措施，并同时报告消防部门。

④ 如发生突发性机器故障，应及时抢修。

⑤ 如接到报警电话，应迅速按其性质转报各有关部门。

3. 程控交换机房的维护与管理

完好的设备是优质服务的基础，电话通信部门的管理人员和操作人员要重视设备管理工作，要按照有关的制度要求，认真做好用户程控交换机的维护与管理。

（1）用户程控交换机机房的工作制度

① 机房内应有人进行 24h 值班，值班人员应认真做好当班记录，并做好交接班工作。

② 严格遵守岗位责任制和有关的各项规章制度。

③ 严禁与机房无关的人员进入机房，非本专业人员严禁操作、使用机房内的有关设备。

④ 严格遵循程控交换机机房的各项操作规程，按时完成周期检测，做好日常维护工作，确保程控交换机的正常运行。

⑤ 未经同意，不得随意修改各类管理数据。

⑥ 注意安全，避免发生人为故障。不得随意拆卸机器、设备零件，如遇较大故障，应及时逐级上报。

（2）用户程控交换机机房的环境卫生制度

① 机房环境应保持在最佳条件下，即温度在 20～25℃，相对湿度在 20％～70％ 范围内。

② 严格控制机房内的极限条件，即温度在 10～40℃，相对湿度在 20％～80％ 范围内。

③ 机房的防尘要求为：每年积尘应限制在小于 $10g/m^2$ 范围内。

④ 进入机房要在过滤门廊内换鞋以保证地面整洁。

⑤ 防静电地板要每天吸尘，绝对不能用扫帚清除。

【复习思考题】

1. 简述广播音响系统的常见类型及其特点。
2. 简述广播音响系统的常用设备及其作用。
3. 什么是有线电视系统？
4. 简述有线电视系统的发展趋势。
5. 简述有线电视系统的组成，并简要说明各个部分的作用。
6. 简述放大器的作用。
7. 简述分配器的作用。
8. 电话通信系统由哪几部分组成？各部分的作用是什么？
9. 电话交换设备的作用是什么？

10. 计算机网络的功能有哪些？
11. 简述计算机网络硬件系统和软件系统的组成。
12. 广播及有线电视系统的维护主要包括哪几个方面？
13. 电信系统的维护主要包括哪几个方面？
14. 简述用户程控交换机机房的环境卫生制度。

参 考 文 献

[1] 丁云飞. 物业设备管理. 广州：华南理工大学出版社. 2002.
[2] 崔莉. 建筑设备. 北京：机械工业出版社. 2002.
[3] 刘国生，王惟言. 物业设备设施管理. 北京：人民邮电出版社. 2007.
[4] 马铁春. 建筑设备. 北京：高等教育出版社. 2005.
[5] 付婉霞. 物业设备与设施. 北京：机械工业出版社. 2004.
[6] 潘蜀健. 物业管理手册. 北京：中国建筑工业出版社，1999.
[7] 高明远. 建筑设备技术. 北京：中国建筑工业出版社，1998.
[8] 李中兴. 空调运行管理. 北京：中国建筑工业出版社，1992.
[9] 沈瑞珠. 楼宇智能化技术. 北京：中国建筑工业出版社，2004.
[10] 黄河. 安防与电视电话系统施工. 北京：中国建筑工业出版社，2005.
[11] 卜宪华. 物业设备设施维护与管理. 北京：高等教育出版社，2003.
[12] 张自杰. 排水工程. 北京：中国建筑工业出版社，2000.
[13] 程双. 安防技术基础. 北京：电子工业出版社，2006.
[14] 杨岳平，徐新华，刘传富. 废水处理工程及实例分析. 北京：化学工业出版社，2003.
[15] 何杰，张娟.《物业设备设施管理》学习指导书. 北京：人民邮电出版社. 2005.
[16] 魏晓安，张晓华. 物业设备管理. 武汉：华中科技大学出版社. 2006.
[17] 伍培. 物业设备设施与管理. 重庆：重庆大学出版社. 2005.
[18] 区世强. 设备管理与维修. 北京：中国建筑工业出版社，2001.